Reif für die Insel!

»Was kümmert mich der Schiffbruch der Welt,
ich weiß von nichts als meiner seligen Insel.«
Friedrich Hölderlin

Reif für die Insel!

100 paradiesische Inselziele
in Deutschland und Europa

BRUCKMANN

Inhalt

01

Mallorca

Sie ist die größte Insel der Balearen. Wahrscheinlich bietet sie so viel wie keine andere Insel Europas: Mallorca ist ein Star bei den Promis und beliebt bei Meiers, Hubers und Schmidts. Die Insel ist gleichzeitig teuer und billig, bergig und flach, hässlich und wunderschön. Mallorca hat (fast) alles. Man muss nur wissen wo.

HIGHLIGHTS

Palma de Mallorca. Die Inselhauptstadt wird dominiert von der Kathedrale, außerdem sehenswert: Banys Arabs, das Rathaus, die Plaça Major, die Altstadt und der Mercat Olivar.

Valldemossa. Bekannt durch Frédéric Chopin und George Sand, die im 1399 gegründeten Kartäuserkloster überwinterten.

Fornalutx. Idyllisches Bergdorf am Puig Mayor, der höchsten Erhebung (1445 m ü. NN), mit Natursteinhäusern, Treppen und verwinkelten Gassen.

Pollença. Eine römische Brücke und 365 Stufen vom Rathaus auf den Kalvarienberg.

Randa. Drei Kirchen (13.–15. Jh.) auf drei Ebenen, ganz oben die Wallfahrtsstätte Senyora de Cura.

KULINARISCHE SPEZIALITÄTEN

Cap Roig: Rotkopf-Fisch, am besten vom Blech mit Olivenöl. – *Llagosta:* Languste im Zwiebelsud gegart oder mit Safran in Brotsuppe. – *Tumbert:* Dicker Eintopf mit Kartoffeln, Paprika, Auberginen und Tomaten. – *Paella:* Leckere Mallorca-Varianten des Klassikers, etwa *Fideuá* mit Nudeln statt Reis.

Aller Ehren wert: Die mächtige Kathedrale dominiert die Hauptstadt Palma.

Ein Kontrastprogramm für Kenner

Gilt der Grundsatz »Reisen bildet« auch für Mallorca? Die Insel wird in Deutschland kaum noch mit Reisen, sondern überwiegend mit Urlaub in Verbindung gebracht. Sie ist so vertraut, dass man manchmal denkt, die Leute würden vor dem eigenen Haus in den Bus einsteigen, ein paar Stationen fahren und wären dann im Urlaubsparadies. Mallorca gehört eben zu den beliebtesten aller Ferienziele Europas. In Zahlen ausgedrückt: Rund zwölf Millionen Touristen besuchen die Insel jährlich, davon kommt etwa ein Drittel aus Deutschland. Die Insel ist die bei Weitem wichtigste Ferienregion Spaniens – Palma hat nach den Millionenstädten Madrid und Barcelona den drittgrößten Flughafen des Landes. Daher ist der Tourismus auch die Haupteinnahmequelle. Zum Vergleich: Im Jahr 1960 wurden erst um die 360 000 Besucher gezählt.

Spanien

Wer Mallorca als »17. Bundesland« deutschem Territorium zuschlägt, denkt zuallererst an **El Arenal,** den östlichen Punkt der Playas de Palma. Der Baedeker spricht noch brav von einem Seebad, dabei ist dort längst jegliche Beschaulichkeit verloren gegangen. Ein Student vom Festland bloggt auf einer Studentenseite: »Überraschung ist nichts im Vergleich zu dem, was wir gefühlt haben, als wir im »Ballermann 6« waren. Es gab kein Mallorca mehr. Es gab nur Deutschland. Dort wird Deutsch gesprochen. Spanisch oder Katalanisch sind zwei Sprachen, die überhaupt keine Rolle spielen. Ich war einen Abend dort. Unruhig. Laut. Eng. Der Alkohol floss in Strömen. Jeder hektisch auf der Suche nach der nächsten großen Feier. Es war irgendwie eine amüsante Erfahrung, aber der eine Abend hat mir gereicht.«

Unwiderstehliches für Genießer

Es gibt auch ein anderes Mallorca: Ein Stillleben – etwa auf vielen Fincas im Inselinneren. Versteckte Ecken für Verliebte – etwa an den romantischen, bizarr geformten Buchten des Nordens. Kleine Fluchten für Faulenzer – wie die immer noch abseits vom Massentourismus gelegene **Cala Llombards** im Osten. Bilderbuch-Bilder aus Orangenhainen, in Puerto de Sóller und Valldemossa, bei Ses Salines und an zahlreichen anderen Plätzen. Und es gibt für jeden Geschmack einen Künstler in der Küche. Die junge, moderne **Cuina Mallorquina** kann eine Lammkeule sein, die in Honig und Orangen baden durfte. Oder ein St. Petersfisch, der mit Artischocken-Cannelloni unwiderstehlich aufgetragen wird.

Und da ist noch die Hauptstadt, **Palma de Mallorca,** mit gut 400 000 Einwohnern eine Großstadt, die fast die Hälfte aller Inselbewohner beherbergt – und dennoch ein kleines Juwel, in dem Touristen garantiert in der Minderheit sind. Palma ist eine der schönsten Städte am Mittelmeer. Wer durch die Altstadtgassen oder über die palmengesäumte Fußgängerallee **Passeig de Sagrera** bummelt, hat die Playas fast vergessen ... Wer ließe sich nicht von schicken Geschäften und hervorragenden Restaurants und appetitlichen Fischlokalen betören? Hier ein Eisstand, dort fliegende Händler in afrikanischen Gewändern, woanders eng umschlungene Pärchen, dann Geschäftsleute mit Schlips um den Hals und Jackett unterm Arm, zuletzt Matrosen, die schlanken Badenixen auf dem Weg zum Strand nachpfeifen. Palma ist ein großes Sehvergnügen!

»Treffpunkt der Winde« nennen die Mallorquiner Cap Formentor.

Strand-Schönheiten

Cala Llombards. Eine der schönsten Buchten an der Ostküste bei Cala Figuera. Klein, aber fein mit weißem Sand und türkisfarbigem Wasser, umrahmt von Wald und Klippen. Dazu gibt's ein paar Liegestühle, Sonnenschirme und eine kleine Strandbar.

Cala Santanyí. Liegt in der Nachbarschaft von Cala Llombards, ist flach abfallend und gut für Kinder geeignet. Durch die tief eingeschnittene Bucht ist der Strand zwar nur rund 100 m breit, aber dennoch lohnenswert.

Es Trenc. Der wohl schönste Strand der Insel im Süden bei Ses Salines. 1 km lang, unbebaut, weißer Sand, grünblaues Meer. FKK wird geduldet. Je nach Strömung wird manchmal Seegras angespült.

Cala en Timó. Eine seichte Bucht wie eine Mondsichel, südlich von Campos. Heller Sand, ein paar flachere Dünen und Felsklippen. Vor allem in der Nebensaison wenig besucht. Dann wird auch gern hüllenlos gebadet ...

Cala Pi. Sehr schöne, enge, geradezu fjordähnliche Bucht mit weißem Sand und hellblauem Wasser weiter in der Nähe vom Cap Blanc. Ein alter Wehrturm am Eingang der Hafenbucht wacht über die malerische Landschaft.

Strand-Schönheiten

Cala Deya. Schönste Bucht der Westküste. Schroffe Klippen, einladender Strand, die romantischsten Sonnenuntergänge, von mittelhohen Felswänden umgeben. Der Strand besteht aus einer Mischung von grobem Sand, Kies und Felsbrocken. Das Wasser ist türkisgrün und klar. Weniger für Kinder geeignet.

Caya Mesquida. 500 m Sandstrand mit Dünen, einer Ferienanlage und der Tramuntana dahinter. In der Nähe gibt's einen Safari-Park für die Kinder.

Cala Sant Vicenç. Steile Felswand vor tiefem Meer. Nur für Schwimmer geeignet. Liegt 4 km außerhalb der gleichnamigen Ortschaft.

Playa Formentor. Schöner Strand mit weißem Sand. Er liegt auf halber Höhe der Halbinsel Formentor im Norden.

Playa Albufera. Feiner Sand und Pinienwald an der weiten Bahia de Alcudia. Viele Hotels, komplette Strand-Infrastruktur.

Cala Millor. Bis zu 20 000 Badegäste teilen sich den breiten Sandstrand in der Saison. Lückenlose Hotelbebauung, aber der beste der Massenstrände.

Auch der kleine Strand Punta Negra bei Portal Nous kann sich sehen lassen.

So sieht ein mallorquinisches Gehöft aus: Lluc Alcari, westlich von Deià

Die Schönen des Morgens

Szenenwechsel: Mallorca am Morgen, an der Westküste, in der Bimmelbahn von **Port de Sóller** nach Sóller. Fast alle Hafenorte haben ein binnenländisches Pendant, gerade so weit abseits der Küste, um vor Piraten, die früher die Küsten heimsuchten, einigermaßen sicher zu sein. Vogelstimmen sind zu hören, Lavendelduft liegt in der Luft. Dann fürs Auge ein Schmankerl: **Sa Calobra,** die »Schlange«, eine wahnwitzige Straße. In Dutzenden von Autowerbespots in Szene gesetzt, gilt sie mit ihren Serpentinen und Haarnadelkurven als verrückteste Straße Europas.

Auf der anderen Seite Mallorcas, im Südosten, kann man die Leute am Strand von **Es Trenc** zur gleichen morgendlichen Stunde noch an zehn Fingern abzählen. Der wahrscheinlich schönste Strand der Insel ist gut einen Kilometer lang und unbebaut, schneeweiß strahlt der Sand, grünblau schimmert das Meer.

Andere halten **Camp de Mar,** obgleich nur 200 m lang und bebaut, für den schönsten Strand. Weshalb? Claudia Schiffer geht dort morgens häufiger spazieren. Sie hält Mallorca die Treue. Ihr Haus ist zwar verkauft, aber die Beauty-Queen kennt die Insel schon seit Kindertagen und

verbrachte ihren Urlaub zu den Glanzzeiten ihrer Model-Karriere regelmäßig zwischen Peguara und Port d'Antratx.

Paradiesische Ruhe

Mallorca ist aufregender, als viele meinen. Es kommt allerdings auf das richtige Timing an, um die unvergleichliche Atmosphäre zu spüren. Morgens ist fast immer der richtige Zeitpunkt, sei es zwischen Sóller und Sa Calobra oder an den Stränden von Es Trenc oder Camp de Mar.

Es geht aber auch anders: Nach dem ausgiebigen Frühstück am Hotelbuffet lässt man Pool oder Strand links liegen und bricht auf in die **Tramuntana-Berge,** die im Westen der Insel aus dem Meer erwachsen. Dann muss man nur noch den Mietwagen parken, die Wanderschuhe schnüren, den Picknick-Rucksack mit Weinflasche schultern und sich ein hübsches Fleckchen suchen. Unter dem Blau des Himmels schaut man auf Wälder, Kakteen und Küsten – und sagt sich, vielleicht in der Nähe der Turmruine **Ses Animes,** etwa 5 km nördlich von Estellences: »Ich weiß gar nicht, was die Leute haben. Mallorca ist doch gar nicht so voll … «

Mallorca ist ein Ort für Genießer, die wissen, wo sie ihr Plätzchen finden und wann sie dorthin kommen müssen. Für die anderen kann Mallorca das 17. Bundesland bleiben.

Auf der Sonnenterrasse des Fincahotels »de Reis«, im Valle de los Naranjos, bei Sóller.

Persönlicher Tipp
IM INNERN LIEGT DIE KRAFT

Das Tor öffnet sich langsam und sofort strömt durch die geöffneten Fenster des Mietwagens der betörende Duft von Orangenblüten. Die Residencia »Los Naranjos« ist ein kleines, feines Landhotel. Ein Anwesen, nur wenige Kilometer nördlich von Palma in Son Sardinas, inmitten einer riesigen Orangenplantage mit rund 2500 Bäumen. Der Gast residiert wie in einer Privatvilla und fühlt sich bald wie zu Hause. Man bedient sich aus dem Kühlschrank (und schreibt seinen Konsum einfach auf). Abends trifft man sich mit den anderen Gästen an einem großen Tisch zum Dinner. Und schließlich schlummert man in einem der luxuriösen elf Zimmer, die mit Liebe zum Detail eingerichtet sind (www.charmingsmallhotels.co.uk).

Solcherlei Unterkünfte gibt es vielfach. Schade wäre es, wenn man sie nicht für sich nutzt … Auf den Fincas und in den Herrenhäusern im Inselinneren lernt man ein Mallorca jenseits der Bettenburgen kennen. Dort kommt man zur Ruhe und findet Abstand.

Infos und Adressen

ANREISE

Flug: Palma de Mallorca wird von allen wichtigen Flughäfen bedient, in der Sommersaison häufig mehrmals täglich. **Auto:** Bestes Verkehrsmittel für Insel- und Strandtouren sind Mietwagen, die preiswert und in großer Auswahl angeboten werden. Gemietet werden können auch Motorräder. Alle größeren Orte haben Busverbindungen nach Palma. **Fähre:** Verbindungen nach Menorca, Barcelona und Valencia, wegen der günstigen Charterflug- und Mietwagenpreise aber nicht zu empfehlen.

BESTE REISEZEIT

Ganzjährig. Im Winter können die Temperaturen bis auf 0 °C zurückgehen. Regnerisch sind Dezember und Januar.

SEHENSWERT

Mirós Atelier. Die kreative Unordnung mit Staffeleien, Pinseln und nicht zu Ende gebrachten Werken erweckt den Eindruck, Miró sei nur nur kurz aus dem Haus gegangen. Im Palma-Vorort Cala Mayor. Di–Sa 10–18 Uhr, So bis 15 Uhr.

Andratx. Sehr gediegener Ort mit hoher Prominentendichte – deshalb auch »Düsseldorfer Loch« genannt (im Unterschied zum »Hamburger Hügel« bei Cala Pi im Südosten).

Tramuntana. Gebirge, das sich entlang der Westküste zieht, Weltnaturerbe, herrliche Wanderwege, bis zu 1443 m hoch (Puig Mayor). Sehr schön ist der Stausee Gorg Blau unterhalb des Puig Mayor.

Estellences. Liegt 150 m über dem Meer mit schöner Terrassenlandschaft auf der Bergseite. In der Nähe: Wachturm Ses Animes aus dem 16. Jh. mit schönem Blick.

Alaró. Berühmt für das Castillo, das auf einem mächtigen Felsklotz in 748 m Höhe thront. Die Ursprünge der Festung liegen in der römischen Zeit.

Deià. Künstlerdorf mit vielen Natursteinhäusern, an den Hängen des 1062 m hohen Teix gelegen. Berühmtester Bewohner des Orts ist Hollywood-Star Michael Douglas. Er residiert in der Zuckerbäckerstil-Villa S'Estaca.

Sóller. Liegt zwischen dem Puig Mayor und seinem Hafenpendant Port de Sóller. Die Fahrt mit der Oldtimer-Straßenbahn zwischen beiden Orten lohnt sich.

Sa Calobra. Große Klosteranlage und die schwarze Madonna von Mallorca, von den Mallorquinern sehr verehrt und das Inselpilgerziel Nr. 1.

Santuari de Lluc. Große Klosteranlage und Pilgerziel.

Weiß der Sand, blau das Meer: Der lange Strand von Cala Mesquida ist sehr beliebt.

Cap de Formentor. Eigenwillig geformte Halbinsel im äußersten Norden. Vom Mirador des Colomer (232 m ü. NN) hat man die beste Aussicht.

Cuevas de Arta. Mächtiges Höhlensystem an der Ostküste. Tägl. 10–17 Uhr.

Coves del Drac. Auch die Drachenhöhlen sind wunderschön und beherbergen den größten unterirdischen See Europas. Das Konzert am Ende von jeder Tour dort gehört zum Pflichtprogramm an der Ostküste. Tägl. 10–16 Uhr.

ESSEN UND TRINKEN

Can Eduardo. Seit 1943 gibt's dort frischen Fisch und Meeresfrüchte. Unvergleichliche Lage direkt am Fischmarkt von Palmas Altstadt. www.caneduardo.com

Refectori Convent de la Missió. Vorzügliches Restaurant in einem ehemaligen Priesterseminar mitten in der Altstadt von Palma. Hervorragende Degustationsmenüs, gute Weinkarte, gehobene Preise. www.conventdelamissio.com

Layn. Der Koch erhält täglich Fische frisch gefangen von den Booten am Hafen von Port D'Andratx. www.layn.net/restaurant-port-andratx-de

Can Costa. Mallorquinische Küche in einer urigen Ölmühle in Valldemossa zu vernünftigen Preisen. www.cancostavalldemossa.com

Es Moli. Landgut zwischen Valldemossa und Deià mit hervorragendem Restaurant, in dem fast ausschließlich traditionelle Gerichte serviert werden, und herrlicher Terrasse. www.esmoli.com

Es Guix. Rustikales Bergrestaurant im wildromantischen Tramuntana-Gebirge bei Lluc. Serviert werden gebratenes Zicklein und Mandelkuchen. www.esguix.com

Es Recó de Randa. Feines Restaurant mit herrlicher Aussicht bei Randa. Die Spezialitäten Spanferkel im Holzofen und Kabeljau auf mallorquinische Art sind sehr zu empfehlen. www.esrecoderanda.com

SHOPPING

Majorica-Perlen. Kunstperlen, den seltenen Naturperlen täuschend ähnlich. Handwerks- und Verkaufsshop in Manacor.

Schuhe. In der Altstadt von Palma bieten zahlreiche Schuhgeschäfte stets aktuelle Modelle an.

Palo. Ein typisch mallorquinischer Kräuterlikör, der mindestens einen Monat in Eichenfässern ruhen muss, ehe sein markantes Aroma zur Geltung kommt.

ÜBERNACHTEN

Residencia Los Naranjos. Wenige Kilometer nördl. von Palma in Son Sardinas und trotzdem schon auf dem Land in himmlischer Ruhe. Die Traumvilla mit 11 Zimmern in einem Orangenhain mit rund 2500 Bäumen verfügt über einen Pool (siehe Tipp). www.charmingsmallhotels.co.uk

Cases de Cas Garriguer. Natursteinhäuser am Rand von Valldemossa, umgeben von Kiefern und Olivenbäumen, mit Pool, zehn Zimmer. www.vistamarhotel.es

Finca Rural S'Olivaret. Landgut in der Nähe von Alaró. Tennis, zwei Pools, Sauna. 25 Zimmer, www.solivaret.com

Hotel Rural Ca n'Aí. Landsitz außerhalb von Sóller. Restauriertes, verspieltes Natursteinhaus mit elf Zimmern. www.canai.com

Hotel Rural Monnaber Nou. Herrenhaus mit 25 Zimmern, in dem sich Avantgarde und Tradition vereinen. Herrliche Lage im Tramuntana-Gebirge bei Campanet. www.monnaber.com

Son Brull. Ehemaliges Kloster bei Pollença mit einem Spa, in dem ausschließlich mallorquinische Naturprodukte verwendet werden. 25 Zimmer. Tennis, Golf und Strand in der Nähe. www.sonbrull.com

Hostal Cuevas. Zwölf Zimmer in einer mallorquinischen Villa direkt am Meer. Capdepra, www.hostalcuevas.com

Finca Son Amoixa. Herrensitz und Landgut (16. Jh.) oberhalb von Manacor, umgeben von Mandel-, Feigen- und Orangenbäumen. 14 Zimmer. Tennis, Pool, kleiner Spa. www.sonamoixa.com

Hotel Rural Sa Bassa Rotja. Schlafen im Himmelbett (24 Zimmer) in einer herrschaftlichen Finca bei Porreres, 40 km östlich von Palma. www.sabassarotja.com

Villa Hermosa. Ein kleines Schloss nahe Felanitx in einem Pinienwald. Zehn Zimmer. Pool und vielfältiges Sportangebot. www.hotel-villahermosa.com

WEITERE INFOS

Tourismusverband Mallorca, www.fomentmallorca.org

Elegant: Son Marroig, Herrenhaus und herzoglicher Landsitz im Tramuntana-Gebirge

02

Sardinien

Porto Cervo, Hauptort der Costa Smeralda, Badeparadies für Stars und Sternchen

HIGHLIGHTS

Su Nuraxi. Nuraghenfestung (Weltkultur-erbe) am Eingang von Barumini (2. Jahr-tausend v. Chr.).

Giara di Gesturi. Auf der mit Kork- und Steineichen bewachsenen Hochebene leben Wildpferde in Freiheit.

Porto Flavia. Besucherbergwerk an der Südwestküste mit Blick auf den Felskegel Pan di Zucchero.

Alghero. Katalanisch geprägte Altstadt mit trutzigen Wachtürmen, prachtvollen Palazzi und malerischen Gassen.

Capo Testa. Märchenlandschaft mit bizarr geformten, gewaltigen Granitfelsen an der Nordspitze Sardiniens.

KULINARISCHE SPEZIALITÄTEN

Bottarga: Sardischer Kaviar. Die Spezialität aus getrocknetem Meeräscherogen passt gerieben perfekt zu Spaghetti mit Venusmu-scheln. – *Pane Carasau:* krosses Fladenbrot. – *Culurgiones:* Ravioli mit Kar-toffelfüllung und frischer Minze. – *Seadas:* Die frittierten Käseteigtaschen mit Honig sind das berühmteste Dessert Sardiniens. – *Filu 'e Ferru:* Der Digestif ist ein starker, rus-tikaler Tresterschnaps. – *Ichnusa:* Sardische Biermarke und Kultbier par excellence.

Sie stehen regelmäßig auf der Hitliste der herrlichs-ten Badeziele der Welt, sie haben türkisfarbenes glas-klares Wasser, kalkweißen, feinen Sand und Schatten spendende Wacholderbäume als Kulisse: Sardiniens Strände. Doch die Insel bietet weit mehr. Sie blickt auf eine lange Tradition zurück und wartet mit ab-wechslungsreicher Gastronomie und einer Fülle von Sehenswertem auf.

Weißer Sand vor grandioser Naturkulisse

Die Hitze flirrt über der staubigen und holprigen Schotter-piste, die Sonne brennt vom tiefblauen Himmel herab, zir-pende Zikaden saugen den duftenden Macchiapflanzen den Saft aus der Rinde. Unter der Terrasse einer kleinen Strand-bar klirren Ichnusa-Flaschen. Helle Kinderstimmen und Gelächter liegen in der Luft, irgendwo spielt jemand Strand-tennis. Der Blick gleitet über weißen Puderzuckersand, glit-zernde Granitbrocken und azurblaues, kristallklares Wasser, dichte Vegetation im Hintergrund – die nur wenige Hundert Meter lange Sandzunge **Punta Molentis** bei Villasimius ist etwas ganz Besonderes. Wer in den Genuss eines solchen Traumstrandes kommen will, braucht nicht ans andere Ende der Welt zu jetten. Wahre Strandperlen für Groß und Klein lassen sich auch auf Sardinien entdecken.

Fast 2000 m ragen die Bergspitzen der Inselmassive stel-lenweise in die Höhe. Knorrige Kork- und Steineichenwäl-

Italien

der, aromatisches Macchiagewächs und Flüsse bestimmen das Inselinnere. Dazwischen verwunschene Pfade, rätselhafte Gräber und Rundtürme. An der Küste laufen die Gebirgsketten zu weichen Sandstränden und lauschigen Badebuchten aus. Im Norden, an der Costa Smeralda, geben diese sich elegant und mondän, wild und ungezähmt an der Westküste, karibisch schön im Süden und Osten.

Ein Strand für jeden Geschmack

Inselweit gibt es mehr als 240 Strände. Sie halten sich für Entspannungssuchende wie für Aktivurlauber bereit. Mancher ist von der **Cala Goloritzè** überwältigt, einer kleinen, schneeweißen Bucht im Osten der Insel, die sich an die gewaltige, schroffe Steilküste im Golf von Orosei schmiegt. Wer das fantastische Naturdenkmal nicht vom Meer aus ansteuern will, muss auf einer anderthalbstündigen, atemberaubenden Wanderung den Berg überqueren. Die Strand-Schönheit mit herrlich weißem Kieselsand und einmalig türkisblauem, glasklarem Wasser am Fuß der Karstklippen schmückt sich mit Felsnadel und Felstor.

Vom Strand **La Pelosa** am nordwestlichen Zipfel Sardiniens bietet sich ein grandioses Panorama auf die ehemalige **Gefängnisinsel Asinara** und die winzige, flache **Isola Piana.** In makellosem Weiß, gesäumt von herrlich klarem, blaugrünem Wasser, eingebettet zwischen Schieferfelsen und Macchiabüschen liegt Stintinos kleiner, feiner Sandstrand dem trutzigen Wachturm, der einst die Meerenge sichern sollte, zu Füßen. Vom alten Fischerdorf setzt man nach Asinara über und erkundet die Insel auf einer Tagestour mit dem Jeep, dem Bus oder Fahrrad. Man streichelt weiße Esel, legt Badepausen in golden schimmernden, kleinen Buchten

Bei den Festen treten regelmäßig Tanz- und Sängergruppen in sardischer Tracht auf.

Persönlicher Tipp

SOMMERLAUNE, JAZZMUSIK UND CANTI A TENORE

Aus Sardinien kommt einer der besten Musiker der europäischen Jazzszene: **Paolo Fresu.** Der Trompeter, dessen Stil oft mit dem des Miles Davis der 1950er-Jahre verglichen wird, richtet alljährlich im August ein musikalisches Highlight aus. Das achttägige Festival **Time in Jazz (**www.timeinjazz.it) um das kleine Weindorf **Berchidda** ist seit mehr als 25 Jahren eine feste Institution mit Konzerten nationaler und internationaler Musiker und Bands verschiedener Genres. Jazz in allen Facetten gehört immer dazu, gemischt mit polyfonen und populären Musikstücken. Hinzu kommen Ausstellungen, Filme, Dichterwettbewerbe und vieles mehr.

Für alle, die Musik mögen, ist auch **Santa Teresa di Gallura** eine gute Adresse. Während des **Musica sulle Bocche**-Festivals (www.musicasullebocche.it) Ende August wird nicht nur auf der Piazza, sondern auch in der Natur Musik gemacht. Besonders beliebt sind das Sonnenaufgangskonzert am herrlichen **Rena-Bianca**-Strand und das Sonnenuntergangskonzert am windumtosten Leuchtturm von **Capo Testa**.

Das Gigantengrab S'Ena e Thomes bei Dorgali stammt aus der Bronzezeit.

Der Nuraghe, ein gewaltiger prähistorischer Steinturm, ist ein Wahrzeichen Sardiniens.

Strand-Schönheiten

Punta Molentis. Weißer Puderzuckersand, glitzernde Granitbrocken und ein türkisblaues Meer auf der Landzunge bei Villasimius. Zutritt begrenzt.

Tuerredda. Phänomenale, kleine Bucht zwischen Capo Malfatano und Capo Spartivento mit hellem Sandstrand.

Cea. Vor der hellen Sandbucht bei Arbatax liegen Porphyrfelsen im smaragdfarbenen Wasser, die zum Schnorcheln wie geschaffen sind.

La Pelosa. Die Strandperle mit Blick auf die Insel Asinara erstreckt sich weiß und puderfein nördlich von Stintino. Besonders für Familien mit Kindern geeignet.

Oasi di Bidderosa. Fünf naturbelassene kleine Buchten, in denen türkisblaues Wasser an flache, weiße Sandstrände schwappt. Wacholderbäume rahmen die idyllischen Strandabschnitte nördlich von Orosei ein. Zutritt kostenpflichtig und begrenzt.

Cala Luna. Die mondsichelartige Kieselbucht an der Steilküste von Orosei ist keine Fata Morgana! Mächtige Karsthöhlen dienen als natürlicher Sonnenschutz. In der Saison fahren ab Arbatax, Santa Maria Navarrese und Cala Gonone täglich Boote zu den reizvollen Buchten im Golf.

ein oder besichtigt zu Fuß die einstige Strafvollzugsanstalt, in der Schwerverbrecher und Mafiosi inhaftiert waren.

Großartig und naturbelassen sind auch die zahlreichen Sandbuchten im Archipel **La Maddalena** an der Straße von Bonifacio. Caprera, Spargi, Budelli, Razzoli, Santo Stefano, Santa Maria – Namen für Robinson-Crusoe-Strände! Während der Fahrt dorthin über das offene Meer betört der Farbwechsel zwischen Macchia, schneeweißen Sandbändern, erstarrten Granitbuchten und Felsformationen. Spätestens in Sichtweite der rosafarbenen Spiaggia Rosa auf der **Isola Budelli** wird klar, dass es sich um einen Nationalpark handelt. Die berühmte sichelförmige Bucht darf man nur aus der Ferne bewundern.

Verlassene Bergwerke, unberührte Dünen

Naturstrände ganz anderer Art, aber nicht minder attraktiv, gibt es an der **Costa Verde** im Westen Sardiniens. Bei **Arbus** bilden ein trutziger Wachturm, der früher den Landstrich vor den Überfällen der Korsaren schützen sollte, eine verlassene Grubenstadt, ein verfallenes Erholungsheim für Bergarbeiterkinder und unendlich weite, golden schimmernde Sanddünen eine grandiose Kulisse. Welcher Strand der schönste ist, bleibt jedem selbst überlassen. Doch gibt es einen Favoriten: Über 50 m hoch türmt sich der Sand in der **Spiaggia di Piscinas.** Ein beeindruckendes Naturschauspiel, das sich etwa zwei Kilometer ins Landesinnere ausdehnt. Was viele nicht ahnen – in der zweiten Hälfte des 19. Jh. begann dort die Geschichte eines der größten Minendörfer Sardiniens, der Miniera di Ingurtosu e Gennamari. In großem Stil wurde Zink, Blei und Silber abgebaut.

Herrlich lange Sandstrände weist die Südküste auf. Rund um den Wehrturm von Chia und die Ruinen der karthagisch-römischen Stadt **Bithia** dehnt sich feiner Sand vor hohen Dünen mit knorrigen, Schatten spendenden Wacholderbäumen aus. Dahinter piepen und ziepen in seichten Lagunenseen Purpurhühner und Rosa Flamingos. Wie Perlen an einer Kette reiht sich hier ein Traumstrand an den anderen: Sa Colonia, Porto Campana, Su Giudeu und Cala Cipolla zählen zu den schönsten Badezielen der **Costa del Sud.**

Glamour an der Smaragdküste

An der **Costa Smeralda** tragen viele kleine Buchten vornehme und klangvolle Namen: Spiaggia del Principe,

Italien

Grande Pevero, Capriccioli oder Liscia Ruja. Der zerklüftete Küstenstreifen steht für Luxus, Stars und Glamour. In den feinen, weißen, zuweilen rosa getönten Sandbuchten am smaragdgrünen Meer sonnten sich schon Prinzen, Politiker, Milliardäre und Filmstars. Auch wenn die Sarden den exklusiven Küstenstrich nicht für das echte Sardinien halten, so sind die faszinierenden Farben des Meeres und die Strände der Costa Smeralda an Vielseitigkeit schwer zu überbieten. Wenn die Glocken der Kirche Stella Maris im mondänen **Porto Cervo** den Abend einläuten, findet man sich an der Promenade du Port ein oder weicht in das noch ursprüngliche **San Pantaleo** aus, um bei einem Aperitif mit sardischem Carasau-Brot, Schafskäse, Wurst und Oliven das süße Leben zu genießen. Häuser im typischen Landhausstil der Gallura-Region, schmucke Gassen, ein Ort, in dem Künstler wohnen. Dort hat man zwar nicht mehr das Meer im Blick, doch zur Saison kehren Urlauber ihren Jachten und der Marina di Porto Cervo den Rücken, um zur Happy Hour in die Bars des sardischen Bergdorfes zu fahren. Falls zufällig keine Prominenz vor Ort ist, schaut man eben den Künstlern bei der Arbeit zu.

Strand-Schönheiten

Cala Brandinchi. Weißer Traumstrand in malerischer Lage bei San Teodoro mit Blick auf den mächtigen Bergrücken der Insel Tavolara, Wacholderbüsche und kristallklares Wasser.

Capriccioli. Kleine Bucht bei Porto Cervo. Üppige Macchia-Vegetation, bizarre Granitfelsen, puderfeiner, heller Sand vor glasklarem, blaugrünem Meer – ideal unter anderem auch für Kinder geeignet.

Berchida. Dieses traumhafte, unberührte Fleckchen grenzt im Norden an die Oasi di Bidderosa.

Su Giudeu. Das kilometerlange, helle Sandband vor flachem, blauem Wasser und meterhohen Dünen im Hintergrund liegt an der Costa del Sud. Bei Familien sowie Wind- und Kitesurfern sehr beliebt.

Scoglio di Peppino. Feiner, goldener Sand und das flach abfallende Meer machen den Granitfelsen zwischen den Stränden der Costa Rei zu einem Paradies für Schnorchler und Sonnenanbeter.

Cala Domestica. Ein Juwel an der Südwestküste. Die abwechselnd feinsandige und kieselige Bucht bei Buggerru liegt geschützt zwischen hohen Kalkklippen in einem ehemaligen Minengebiet. Bei Tauchern und Schnorchlern sehr beliebt.

Die Cala Goloritzè im Golf von Orosei zählt zu den schönsten Badebuchten Sardiniens.

Jedes Jahr am 1. Mai lädt Cagliari zu einem Fest mit prachtvoller Trachtenshow ein.

Sardinien

Infos und Adressen

ANREISE

Flug: Direktverbindungen nach Cagliari, Olbia oder Alghero; **Fähre:** Ab Norditalien.

BESTE REISEZEIT

Mai–Oktober

SEHENSWERT

Grotta di Nettuno. Die nach dem römischen Meeresgott benannte Tropfsteinhöhle am Capo Caccia bei Alghero bietet wunderbare Farbspiele. Mai–Oktober tägl. 9–19 Uhr

Chiesa della Santissima Trinità di Saccargia. Das romanische Schmuckstück bei Codrongianus gehört zu den großartigsten mittelalterlichen Kirchen Sardiniens.

Cavalcata Sarda. Reiterfest und Trachtenschau in Sassari

Roccia dell'Orso. Wie ein stummer Wächter ragt der riesige Granitfelsen in Form eines Bären über dem Kap bei Palau.

Museo Etnografico Sardo. Das Volkskundemuseum in Nuoro beherbergt die größte ethnografische Sammlung der Insel. Di–So 9–13 und 15–18 Uhr

Museo Deleddiano. Auf den Spuren der sardischen Schriftstellerin und Nobelpreisträgerin Grazia Deledda. Di–So 9–13 und 15–18 Uhr

Museo Nivola. Skulpturen, Installationen, Sand-Castings des Bildhauers Costantino Nivola in Orani. Di–So 10–13 und 16.30–20 Uhr

Murales in Orgosolo. Wandgemälde an den Häuserfassaden des Bergdorfes der Barbagia

Villaggio Nuragico Tiscali. Mehr als 3000 Jahre altes Nuraghen-Dorf im Supramonte von Oliena

Gola di Gorroppu. Eine der tiefsten Schluchten Europas

Rocce Rosse. Die Porphyrklippen von Arbatax sind ein Wahrzeichen Sardiniens.

Tharros. Malerische phönizisch-griechisch-römische Hafenstadt auf der Sinis-Halbinsel im Golf von Oristano. Sommer: 9–20 Uhr

Museo Archeologico Nazionale. Das bedeutendste archäologische Museum der Insel in der Altstadt von Cagliari. Di–So 9–20 Uhr

Sant'Efisio. Einwohner der ganzen Insel treffen sich am 1. Mai in Cagliari zum größten Trachtenfest Sardiniens.

Nora. In der antiken Stadt stand einst die Stele, auf der zum ersten Mal der Name »Sardinien« erwähnt wird. Sommer 9–20 Uhr

Nekropoli di Montessu. Urgeschichtliche Totenstadt im Hinterland von Villaperucci mit knapp 35 Gräbern aus der Zeit vor den Nuraghen. Saison: 9–20 Uhr, letzte Führung 18.30 Uhr

ESSEN UND TRINKEN

Su Gologone. Exquisite regionale Küche (Tisch vorbestellen). Loc. Su Gologone, Oliena, www.sugologone.it

Lu Pisantino. Raffinierte sardische Küche mit Blick aufs Meer und in den Golf von Porto Cervo. Porto Cervo, Arzachena, www.ristorantelupisantinu.com

S'Apposentu. Gourmet-Restaurant von Roberto Petza mit Michelin-Stern. Vico Cagliari 3, Siddi, www.sapposentu.it

Il Muto di Gallura. Berühmtester Agriturismo mit gastlichem und deftigem Feinschmecker-Restaurant. Loc. Fraiga, Aggius, www.mutodigallura.com

Il Corsaro Nero. Vorzügliches Fischrestaurant am Strand von Portu Maga. Schöne Sonnenuntergänge. Loc. Portu Maga, Arbus, ristoranteilcorsaronero.it

S'Andira. Mediterrane Küche mit fantastischem Blick aufs Meer. Via Orsa Minore 1, Santa Teresa di Gallura, www.sandira.it

Trattoria Lillicu. Trattoria mit Tavernen-Ambiente im Marinaviertel (zur Saison reservieren!). Via Sardegna 78, Cagliari

Stella d'Oro. Köstliche lokale Gerichte. Via Vittorio Emanuele 25, Villasimius, www.hotellastelladoro.com

SHOPPING

I.S.O.L.A. Hochwertiges sardisches Kunsthandwerk. Sottopiazza Villaggio fase 1, Porto Cervo, www.isolaportocervo.com

Anna Grindi. Die Designerin stellt Kleider, Tücher, Taschen, Schuhe, Teppiche und Decken aus hauchdünnem Kork her. Showroom: Via Roma 47, Tempio Pausania, www.suberis.it

Lacesa Società Cooperativa. Schafskäse in allen Varianten, Ricotta für Gemüsetorten und Provola in der Käserei bei Macomer. S.S. 129 km

Die Arkaden an der Hafenpromenade in Cagliari laden ins Café und zum Shoppen ein.

95.700 Loc. Orosai, Birori,
www.formaggilacesa.it
Vigne Surrau. Vermentino
di Gallura DOCG, Carignano,
Muristellu, Cannonau di Sar-
degna DOC – allerhand Feines
aus Weintrauben und leckere
Weinverkostungen. Loc.
Chilvagghja, S.P. Arzachena
Porto Cervo, Arzachena,
www.vignesurrau.it
Antonio Marras. Der ehemalige
Chefdesigner von Kenzo gehört
zu den Stars der Fashionszene.
Seine Kollektionen sind in der
sardischen Tradition verankert.
Via Roma 56, Alghero,
www.antoniomarras.it
Le Pavoncelle di Lino. Wer
sardisches Kunsthandwerk
liebt, findet hier bezahlbare
Stücke. Piazza Azuni 5,
Sassari. www.facebook.com/
lepavoncelledilino

AUSGEHEN

Phi Beach. Schicker Open-Air-
Club mit Beach Bar, Restaurant
und Dance Floor unter den
Sternen. Atemberaubende Son-
nenuntergänge bei leckeren
Aperitifs. Forte Cappelini, Baia
Sardinia. www.phibeach.com
Sottovento Club. Edel-Disco
in Porto Cervo. Seit mehr
als 30 Jahren erste Adresse
an der Costa Smeralda.
Loc. Sottovento, Arzachena,
www.sottoventoclub.it
Libarium Nostrum. Trendiges
Café und Lounge-Bar im
Schlossviertel der Inselhaupt-
stadt. Von der Terrasse Blick
auf den Hafen. Via Santa
Croce 33/35, Cagliari,
www.caffelibarium.com
Sky Beach. Neue Nobel-
Disco an der Costa degli
Angeli mit Strandabschnitt.
Via Tirso, Quartu Sant'Elena,
www.skybeach.it
Maklas. Die Strandbar mit Blick
auf das azurblaue Meer bietet
alles, was man von einer guten
Lounge erwartet. Loc. S.Pietro,
Castiadas. www.maklas.it
La Capanna. Restaurant oder
Lounge mit elegantem Ambien-
te. Pflicht für stilvolle Nacht-
schwärmer. Via del Mare,
Spiaggia Simius, Villasimius,
www.lacapannavillasimius.it

ÜBERNACHTEN

L'Agnata di DeAndré. Ehemaliger Landsitz des italienischen Liedermachers Fabrizio
de André. Schmucke Zimmer,
erstklassige Küche. Loc. Agnata, Tempio Pausania,
www.agnata.com
Hotel Le Dune. Renoviertes Mi-
nengebäude mitten im Nichts.
Einfach, aber fein. Atemberau-

Romanisch-pisanische Kunst:
Abteikirche Santissima Trinità
di Saccargia bei Codrongianos

bende Sonnenuntergänge
und Sanddünen. Via Bau, 1 fraz.
Piscinas di Ingurtosu, Arbus,
www.leduneingurtosu.it
Anticos Palathos. Liebevoll
umgebautes historisches Gebäude mit urigen Innenhöfen im
quirligen Zentrum von Orosei.
Via Nazionale 51, Orosei,
www.anticospalathos.com
La Murichessa. Familiär.
Elegantes Gästehaus mitten im
Grünen nahe der Costa Smeralda. Gutes Preis-Leistungs-Verhältnis. Loc. Vaddimala, Canni-
gione, www.lamurichessa.it
Aquadulci Hotel. Modernes,
abseits gelegenes Hotel zum
Entspannen. Vor der Anlage
einer der schönsten Strände
Sardiniens. Loc. Capo
Spartivento, Domus de Maria,
www.aquadulci.com
Hotel Mariposas. Kleine
Anlage umgeben von Blumenpracht. Via Mar Nero 1, Villasi-
mius, www.hotelmariposas.it

WEITERE INFOS

Sardegna Turismo. Offizielles
Tourismusportal der Autonomen
Region Sardinien.
www.sardegnaturismo.it/de
Sardinien.com. Virtuelles
Reisemagazin mit News, Tipps,
Porträts und Veranstaltungen.
www.sardinien.com

Sizilien

KULINARISCHE SPEZIALITÄTEN

Arancine: Knusprige, mit Gemüse oder Fleisch gefüllte Reisbällchen. – *Caponata:* Süß-saurer gekochter Gemüsesalat. – *Sarde a beccafico alla palermitana:* Mit Anchovis, Pinienkernen, Rosinen und Petersilie gefüllte Sardinenröllchen. – *Pasta alla Norma (Catania):* Nudeln mit Auberginen, Tomaten und salzigem Ricotta. – *Cassata:* Reich verzierte Marzipantorte mit Ricotta und kandierten Früchten. – *Insalata di arance piccante:* Mit Oliven und Ricotta angemachte Orangenstücke.

Das mittelalterlich geprägte Cefalu liegt einzigartig zwischen Bergen und Meer.

In diesem Schmelztiegel der Kulturen hinterließen Phönizier, Griechen, Römer, Normannen, Staufer, Franzosen und Spanier ihre Spuren. Auf einem Rundkurs erlebt man Geschichte und Gegenwart dieser Insel zwischen Orient und Okzident. Berühmte Locations aus Film (u. a. »Der Pate) und Literatur (u. a. »Odysseus«) gehören genauso dazu wie eine fantastische Küche und das quirlige (süd)-italienische Straßenleben.

Antike Kultur und Genuss-Erlebnisse im Schatten des Ätna

Wie eine Kulisse schwebt der schneebedeckte Ätna über dem grandiosen griechischen Theater, darunter das glitzernde Meer. Die elegante Sommerfrische **Taormina** ist so touristisch wie pittoresk zugleich: Für europäische Adelige war die Stadt Station auf der »Grand Tour«. Danach kam die Prominenz. Eine große Hoteltradition entstand, in den Corso Umberto zogen mondäne Geschäfte ein.

Festes Schuhwerk und eine Bergjacke benötigt man für einen Ausflug auf den **Ätna** (3350 m ü. NN), einen der spannendsten Vulkane der Erde und ein einzigartiges Erlebnis für die Sinne. Man steigt über scharfkantige, tiefschwarze Lava, die von zarter Vegetation spärlich bewachsen ist. Am Fuß des Berges befinden sich hinter Lavasteinmauern Wein-, Mandarinen-, Mandel- und Orangengärten. Die **Giardini**

d'arancio werden liebevoll gepflegt, und man erntet sonnenverwöhnte, ungewohnt süße Früchte. Auf den mineralischen Böden gedeihen lokale Rebsorten wie Mascalese.

Homers Odysseus gab der Küste den Namen **Zyklopenküste,** denn dort stieß der Held auf den Zyklopen Polyphem. Am Fuß des Vulkans liegt auch das lebensfrohe und brodelnde **Catania.** Auf dem Fischmarkt kann man neben fangfrischem Fisch rohe Seeigel und Garnelen kosten. Eine Augenweide ist die unfassbare Vielfalt an Meerestieren. Baulich dreht sich alles um die Piazza del Duomo, den Dom Sant'Agatá, und das Wahrzeichen, die Skulptur eines Obelisken tragenden Elefanten. Im Jahr 1669 zerstörte der Ätna und etwas später, 1693, ein gewaltiges Erdbeben die zweitgrößte Stadt Siziliens, und es entstand das heutige barocke Gewand der aus Lava- und Kalksteinen schwarzweiß gemauerten Altstadt.

Syrakus und die Barockstädte des Val di Noto

Syrakus war die glänzende Hauptstadt der griechischen Kolonie Sizilien, noch heute eine der schönsten Städte der Insel. Es herrschten brutale Tyrannenkönige, Archimedes baute den größten Festungsgürtel, den die Antike kannte, um Angriffe der Karthager aus Nordafrika abzuwehren (Castello Eurialo). Auf der Halbinsel Ortigia befindet sich die prächtige Altstadt mit ihrem Gassenlabyrinth. Direkt am Meer entspringt die Quelle Fontana Aretusa, heute ein umbautes Idyll, nachts Treffpunkt der ganzen Stadt. Im Zentrum die festliche, umbaute Piazza del Duomo und der einzigartige Dom. Hinter seiner majestätischen Barockfassade spitzen im Innern Reste antiker Tempelsäulen aus der Wand hervor.

Der Hauch der Geschichte umweht jeden, der die archäologischen Stätten von Syrakus, die **Neapolis,** besucht: Das Teatro Greco wird im Sommer noch bespielt. Im Anfiteatro Romano kämpften einst Gladiatoren. Am Altar Hierons II. wurden einmal 450 Ochsen geopfert. In den Steinbrüchen schufteten Sklaven. Im Park der Villa Landolini liegt das archäologische sehenswerte **Museum Paolo Orsi.**

In der wohl schönsten Barockstadt Siziliens, **Noto,** glänzt alles in ungebremster Dekorationslust: der Palazzo Villadorata, die Chiesa Montevergini und der Dom. Im »Caffè Sicilia«

In der Töpferstadt Caltagirone findet man traditionelle wie moderne Motive.

Strand-Schönheiten

Mazzaro. Kieselstrand zum Entspannen und Sonnenbaden. Von Taormina aus per Seilbahn erreichbar. Südlich davon die famose Isola Bella, ein Mini-Eiland mit Villa eines schottischen Adligen.

Riserva Naturale di Vendicari. Saubere Sandstrände und kristallklares Wasser an einer geschützten Küstenregion südlich Noto. Dort können Meeresschildkröten und zahlreiche Vogelarten, insbesondere Flamingos, beobachtet werden.

Eraclea Minoa. Einer der schönsten Sandstrände der ganzen Südküste. Am Fuß ein imposanter Kreidefelsen. Neben antiken griechischen Tempelruinen ein kleiner Ferienort.

Scala die Turchi. Perfekter Sandstrand an der Südküste unterhalb eines abgestuften Kreidefelsens nahe Realmonte und Agrigento. Früher Unterschlupf für türkische und arabische Piraten.

Torre Salsa. Zu Fuß über das Naturschutzgebiet Riserva Naturale Torre Salsa erreichbarer Traumstrand mit Sand, Dünen und Felsen. An der Südküste nahe Realmonte gelegen.

Falconara. Sandstrand unterhalb einer Burg (14. Jh.).

Marinella di Selinunte. Ferienort unterhalb des Tempelfelds mit feinem Sandstrand.

Porto Palo. Langer Sandstrand mit Restaurant.

San Vito lo Capo. Vielleicht der schönste Sandstrand Siziliens vor dem Bergmassiv des Monte Monaco. Grandioses Halbrund von etwa 1 km Länge. Auch im Hochsommer erträglich. Kleine Hotels und Restaurants im arabisch angehauchten Ort. Ausflüge in den Zingaro-Park möglich.

Scopello. Traumbucht und Mini-Ort mit Meerblick-Hotel in der alten Tonnara wie aus dem Bilderbuch. Im August leider zu klein.

Castellamare di Golfo. Sympathischer Fischerort mit netten Sandstränden und Bergkulisse.

Mondello. Spiel- und Stadtstrand der Palermitaner zum Sehen und Gesehen werden.

Tindari. Lang gestreckte Sandbank an der Nordküste unterhalb einer jahrhundertealten Wallfahrtskirche mit gutem Wind für Surfer.

Wer ein paar Schritte wandert, gelangt im Zingaro-Nationalpark an einsame Buchten.

kann man sich mit Mandelgebäck verwöhnen. Barockpaläste weisen auch **Scicli**, die Bergstadt **Ragusa** sowie das verwinkelte, sehr stimmungsvolle **Modica** auf. Ganz nebenbei ist Modica die »Schokoladenhauptstadt« Siziliens, in der uralte Rezepte mit besonderen Zutaten gepflegt und zubereitet werden.

Nahe Piazza Armerina erlangte die **Villa Casale** Welterbe-Status: Die Mosaike der »Bikinimädchen« zierten einst den Fußboden einer antiken Luxusvilla. In der Töpferstadt **Caltagirone** bemalen Handwerker und Künstler in ihren Ateliers Fliesen, Schüsseln, Vasen aller Art mit schmuckfreudigem Dekor. Ideal für einen Einkaufsbummel!

Griechische Tempel und traumhafte Strände im Süden

Eine weitere griechische Gründung ist **Agrigento** mit dem Welterbe-Tempeltal »Valle dei Templi«. Mittelpunkt ist der in perfekten Proportionen errichtete, von Erdbeben verschonte **Concordia-Tempel,** um den sich weitere Tempel, Skulpturen und der Garten der Kolymbetra gruppieren.

Westlich der Stadt sollte man unbedingt Badetage an einigen herrlichen Stränden einlegen: Eraclea Minoa, Capo Bianco, Scala die Turchi, das Naturreservat Torre Salsa. Über den urtümlichen Fischerort **Sciacca** gelangt man zum zweiten riesigen Tempelfeld: **Selinunte.** Sehr malerisch auf einer Anhöhe über dem Meer liegt eine ganz Gruppe von Tempeln und anderen antiken Bauwerken. Gleich nebenan, am Strand von Marinella di Selinunte oder Porto Palo, sind Badepausen zu empfehlen, bevor man über den einsam in den Bergen gelegenen Tempel von **Segesta** nach **Trapani** kommt. Die arabisch geprägte Hafenstadt wartet mit einer reichhaltigen Fischküche auf. In den gleißend hellen Salinen von Trapani gewinnt man Meersalz.

Der Nordwesten und Palermo

Perfekt entspannen kann man an der sichelförmigen Bucht von **San Vito lo Capo:** Über 1000 m feiner Sandstrand zieht sich vor dem kleinen arabisch angehauchten Städtchen hin. Dahinter ragt die Steilwand des Monte Monaco auf – ein perfektes Bild. Weitere, einsamere Buchten im Naturreservat **Zingaro** erreicht man leicht zu Fuß oder per Boot. Romantisch ist unter anderem die

kleine Bucht von Scopello mit einem Hotel in der ehemaligen Tonnara direkt am Strand.

Mitten ins bunteste sizilianische Leben taucht ein, wer sich nach **Palermo** wagt. Phänomenal – sicher auch gewöhnungsbedürftig für den Mitteleuropäer – sind die pulsierenden Straßenmärkte, allen voran Ballaró und Vucciría, auf denen Marktschreier Thun- und Schwertfisch, Hammel- und Lammkeulen, gekochten Oktopus neben Artischockenbergen mit ausladenden Gesten feilbieten. Gleichzeitig locken auf dem Corso V. Emanuele trendige Boutiquen unweit der barocken Straßenkreuzung »Quattro Canti« und die geschichtsträchtige Kathedrale mit dem Grab des Stauferkaisers Friedrich II. Überwältigend ist der Glanz der mittelalterlichen Goldmosaike in der **Cappella Palatina** des Normannenpalastes.

Nicht nur wegen der außerordentlichen Lage mit Blick auf die riesige »Conca-doro«-Bucht empfiehlt sich der kurze Weg nach **Monreale.** Der Normannenkönig Wilhelm II. ließ den Dom mit biblischen Geschichten in Goldmosaiken ausstatten. Von unschätzbarem Wert ist auch der Klosterkreuzgang mit den reich geschmückten Doppelsäulen. – Palermo ist, immer wieder ein krönender Abschluss jeder Sizilien-Reise.

Shoppen oder Bummeln auf dem Corso Umberto in Taormina gehört zum Pflichtprogramm jedes Sizilienaufenthalts.

Persönlicher Tipp

MEMENTO MORI IN PALERMO

Westlich des Normannenpalasts liegt die **Mumiengruft der Kapuziner.** Ein Schauer umweht jeden, der in die Gänge hinabsteigt, um an mehreren Tausend **mumifizierten** Leichen die Zeitläufte an sich vorbeiziehen zu lassen. Hier lebte man den barocken Brauch, die Bedeutung des Lebens durch die Darstellung des Todes zu relativieren, auf einzigartige Weise: Man mumifizierte Frauen, Kinder und Männer vom 16. bis zum 19. Jh. Nur höher gestellte Familien konnten sich eine Einbalsamierung leisten. An Feiertagen brachten Angehörige Blumen oder zogen den Toten neue Kleider an.

Berühmt wurde der Leichnam eines schlafenden Mädchens, **Rosalia Lombardo;** sie gilt als »schönste Mumie der Welt«. 1920 auf Drängen ihres Vaters per Sondererlaubnis in die Gruft aufgenommen, ist sie heute in einem Glassarg zu sehen. Vor Kurzem bewies man, dass Meistermumifizierer Alfredo Salafia sie mittels einer Lösung aus Formaldehyd, Glyzerin, Zinksulfat und Chloriden samt ihrer inneren Organe in perfekter Weise »präpariert« hatte.

Einer der schönsten Kreuzgänge Europas befindet sich in Monreale nahe Palermo.

Infos und Adressen

ANREISE

Flug: Nach Palermo oder Catania. **Auto:** Von München nach Genua (ca. 8 Std.), anschließend mit der **Fähre** nach Palermo (tägl., Dauer: ca. 20 Std.)

BESTE REISEZEIT

April–November

SEHENSWERT

Mercato di Ballaró. Bunter und fideler Markt, das »Kaufhaus« der Stadtbewohner. Lebensmittel aller Art, aber auch Schuhe und Haushaltswaren. Entlang der Via Ballaró.

Mimmo Cuticchio. Sizilianisches Puppentheater um die Abenteuer des edlen Ritters Orlando (Roland), der eine Königin rettet. Palermo, www.figlidartecuticchio.com

Orto Botanico. Riesige tropische Baum- und Pflanzenwunder der ganzen Welt sind hier versammelt. Bereits Goethe lobte die Ruhe in diesem Paradies. Palermo, www.ortobotanico.unipa.it

Monreale. Im Dom erzählen 6000 m² Goldmosaike (ca. 1180) das Heilsgeschehen. Nebenan einer der schönsten Kreuzgänge überhaupt: verzierte Doppelsäulchen, jedes mit anderen Kapitell-Skulpturen.

Catacombe dei Cappuccini. Mumifizierte Kapuzinermönche wurden an Wänden aufgebahrt und von Angehörigen teilweise liebevoll betreut.

Corleone. Der Film »Der Pate« machte den Ort berühmt. Heute fordert ein bewegendes Anti-Mafia-Museum, umfassend dokumentierend, zum Widerstand gegen das organisierte Verbrechen auf. Via Orfanotrofio 7, Corleone

Cefalu. Das Goldmosaik des Christus Pantokrator beherrscht den mächtigen Normannendom. Die historische Altstadt mit »Dolce-Vita«-Stadtstrand liegt am Fuß der Rocca.

Savoca. Im bergigen Hinterland Taorminas gelegener, aus der Zeit gefallener Weiler, in dem »Der Pate« gedreht wurde.

Zingaro, Riserva naturale. Großes Macchiagelände mit Küstenwanderweg und herrlichen kleinen Buchten, nur zu Fuß erreichbar. Neben dem Habichtsadler viele seltene Arten beherbergend.

Trapani. Ein kulinarischer Spaziergang durch die barocke Altstadt. Von dort Ausflüge zu den Salzproduktionsstätten und zur Inselstadt Mozia. www.wwfsalineditrapani.it

Erice. Im Sommer kühles, kleines Bergdorf (750 m ü. NN), berühmt für seine Süßigkeiten. Per Seilbahn von Trapani aus erreichbar.

Segesta. Einsam inmitten der Berge gelegener, gut erhaltener dorischer Tempel. Griechen aus Selinunte hatten die dort ansässigen Elymer unterworfen.

Mazara del Vallo. Die Bronzestatue des »Tanzenden Satyr« fanden 1997 Fischer. Das

Der Tempel E auf dem riesigen Ausgrabungsgelände in Selinunte im dorischen Stil

Museo del Satiro setzt dem griechischen Weingott Dionysos ein Denkmal.

Selinunte. Traumhaft, direkt an der Küste gelegenes, großes Tempelfeld.

Gola Alcantara. Geologisch spektakuläre Schlucht: Heiße Lava rann in den Alcantara-Fluss und hinterließ Prismen-Stangen.

ESSEN UND TRINKEN

La Giara. Die phänomenale Dachterrasse ist ein Traum in Weiß. Vico la Floresta 1, Taormina, www.lagiarataormina.it

Osteria Antica Marina. Frischer Fisch pur, starker

Geschmack. Direkt am Fischmarkt. Via Pardo 29, Catania,
www.anticamarina.it

Ristorante Duomo. Exklusive
Kreationen in familiär-elegan-
tem Ambiente. Via Capitano
Bocchierei 31, Ragusa,
www.cicciosultano.it

Antica Dolceria Bonajuto. Der
siebte Himmel für alle Schokola-
denfans. Corso Umberto I. 159,
Modica, www.bonajuto.it

La Bettola. Zählt zu den
besten Restaurants ganz
Siziliens. Via Franco Macca-
gnone 37, Mazaro del Vallo,
www.ristorantelabettola.it

Cantina Siciliana. Hervorragende (west-)sizilianische Spezialitäten: Fisch, Meeresfrüchte, Couscous und Co.
Via Giudecca 36, Trapani,
www.cantinasiciliana.it

Caffè Maria. Die berühmtesten und besten Konfekt-
kreationen, Marzipanfrüchte,
Cassata-Torten Siziliens.
Via V. Emanuele 14, Erice,
www.mariagrammatico.it

**Antica Foccaceria San
Francesco.** 1834 gegründet.
Lokale Spezialitäten. »Pizzo«-
(Schutzgeld)-frei. Gegenüber
der Kirche San Francesco,
Via A. Paternostro, Palermo,
www.afsf.it

Casa del Brodo Ristorante.
Etwas verborgen, aber
perfekte Adresse für Fisch und
Meeresfrüchte. Corso Vittorio
Emanuele 175, Palermo,
www.casadelbrodo.it

Spinnato Antico Caffé.
Traditionscafé. Via Principe de
Belmonte 107–115, Palermo,
www.spinnato.it

ÜBERNACHTEN

Villa Belvedere. Unglaublicher
Blick aufs Meer von einem
1902 erbauten Palazzo.
Üppiger Garten. Pool um
eine hundertjährige Palme. Via
Bagnoli Croce 79, Taormina,
www.villabelvedere.it

Villa Schuler. 1905 gegrün-
detes Hotel, immer noch in
Familienbesitz. Herrliche
Terrasse mit Garten,
grandiose Aussicht. Via Roma,
Piazzetta Bastione, Taormina,
www.hotelvillaschuler.com

Case Perrotte. Agriturismo-
Bauernhof am Ätna mit
hervorragender lokaler Küche.
Via Andronico 2, Sant'Alfio,
www.caseperotta.it

Bad. Kultig-schräges B & B
mit kuriosen Möbeln und
hippen Designs. Unweit vom
Fischmarkt. Via Colombo 24,
Catania, www.badcatania.com

Villa dei Papiri. Wunderschöner Agriturismo außerhalb
von Syrakus. Contrada Cozzo
Pantano, www.villadeipapiri.it

Hotel Relais. Geräumige
und elegante Zimmer in
einem Palazzo mitten in
Modica. Via Campanella,
www.hotelrelaismodica.it

Locanda Don Serafino.
Erstklassiges Hotel mit
hervorragender Küche.
Via XI Febbraio 15, Ragusa,
www.Locandadonserafino.it

Hotel Villa Athena. Umwerfen-
des Hotel in einem Adelspalast
(18. Jh.) nahe des Concordia-
Tempels. Via Passeggiata
Archeologica 33, Agrigento,
www.hotelvillaathena.it

Vittorio. Restaurant mit Frem-
denzimmern. Porto Palo, Via
Firuli Venezia Giulia 9, Menfi,
www.davittorioRestaurant.com

Pensione Tranchina.
Familiär geführtes Haus
am Strand mit guter Küche.
Via A Diaz 7, Scopello,
www.pensionetranchina.com

Hotel Centrale Palace.
Viersternehaus in einem
eleganten Adelspalast. Perfekt
renoviert. Dachterrasse. Guter
Ausgangspunkt für Stadt-
spaziergänge. Corso Vittorio
Emanuele 327, Palermo,
www.centralepalacehotel.it

Quincanto Hotel & SPA.
Zentrales Hotel mit Wellness-
Center und sehr gutem
Restaurant in einem ehemali-
gen Palazzo. Corso Vittorio
Emanuele 327, Palermo,
www.quintocantohotel.com

**Antica Stazione Ferrovia di
Ficuzza.** Hotel in einem umgebauten Bahnhof mit Slow-
Food-Restaurant. An der SS
118 zwischen Palermo und Corleone, www.anticastazione.it

WEITERE INFOS

Regione Sicilia, Via Emanuele
Notarbartolo 9, Palermo,
www.italia.it/de/italien-
entdecken/sizilien

Die Lage des Amphitheaters mit
Blick auf den Ätna begründete
die touristische Karriere Taorminas im 19. Jahrhundert.

04

Korsika

Bergwelt und Meer vereinen sich auf Korsika zu einer traumhaften Kulisse.

HIGHLIGHTS

Cervione. Bergstädtchen in der Castagniccia mit repräsentativen Bauten und einer charmanten, kleinen Altstadt.

Bonifacio. Historische Festungsstadt auf Kreidefelsen mit Blick bis nach Sardinien.

Maison Bonaparte. Geburtshaus von Napoleon Bonaparte, heute ein Museum.

Golfe de Porto. Spektakuläre Felsenlandschaft. UNESCO-Weltnaturerbe.

Aiguilles de Bavella. Die sieben Bavella-Nadeln sind eines der schönsten Ausflugsziele im zentralen Bergmassiv Korsikas.

KULINARISCHE SPEZIALITÄTEN

Coppa: Rollbraten vom Wildschwein. – *Prisuttu:* Magerer Schinken. – *Brocciu:* Der Ziegenkäse dient auch als Füllung für verschiedene Speisen. – *Pulenta:* Brei aus Kastanienmehl und Wasser, zu dem z. B. Wildschweinleber gereicht wird. – *Sangui:* Korsische Blutwurst. – *Caprettu:* Ziege. – *Agnellu:* Lamm. – *Suppa Corsa:* Korsische Gemüsesuppe mit Speck. – *Suppa di Pesce:* Fischsuppe mit geriebenem Käse. – *Pietra:* Das korsische Bier wird aus Wasser, Malz und Kastanienmehl gebraut.

Die Insel Korsika, auch das »Gebirge im Meer« genannt, bietet vielfältige Eindrücke. Spektakuläre Schluchten und schroffe Gipfel, klare Flüsse und Wasserfälle, Wälder und Bergdörfer bilden ihr wildes Herz. Rundherum verführen Strände, kleine Buchten, Badeorte und Hafenstädte. Der beliebte Fernwanderweg GR 20 verbindet die Naturschönheiten.

Liebliche Strände, Märchenfelsen und abenteuerliche Bergstraßen

Je nachdem, in welche Richtung man auf Korsika abbiegt, kann ein Urlaub auf der Mittelmeerinsel höchst unterschiedlich aussehen. Nach der Landung in **Bastia** lohnt eine Erkundung dieser Hafenstadt. Im Musée de Bastia erfährt man viel über die Geschichte der Insel.

Ab **Vescovato** Richtung Süden reihen sich liebliche Strände nahe der Küstenstraße aneinander. Auf den Campingplätzen genießen viele Familen ihren Urlaub. Dazwischen befinden sich kleine Idyllen wie der duftende Wacholderwald am Strand von **Venzolasca**. In fast jeder Ortschaft weist ein Schild zum nahen Meer: *la mer* auf Französisch, *u mare* auf Korsisch. Der **Galea Parc** nahe Moriani, ein Museum mit botanischem Garten, informiert über die einheimische Pflanzenwelt. Bei **Aleria**, dem wirtschaftlichen Zentrum

Frankreich

der Antike, besichtigt man die ausgegrabenen Mauern der römischen Stadt, die aus »Asterix auf Korsika« bekannt ist. Auf insgesamt rund 80 km Länge bringen es die Sandstrände der östlichen Inselseite.

Von der Costa Verde bis Bonifacio

An der Costa Verde, der »grünen Küste«, ist das kastanienreiche Hinterland der **Castagniccia** ganz nah – hier lohnt ein Ausflug nach **Cervione.** Das schmucke Städtchen war 1736 unter König Theodor I. sieben Monate lang die Hauptstadt des Königreichs Korsika.

Weiter Richtung Süden folgen die »heitere« **Costa Serena**, die »Perlmuttküste« **Côte des Nacres** und schließlich, kurz hinter Porto Vecchio, die wunderschöne **Plage de Palombaggia**. Der beliebteste Strand Korsikas verzaubert mit seinem Farbenspiel. Ein besonderer Tipp in der Nähe ist die muschelförmige Bucht **La Rondinara**. Etwas versteckt hinter einem Berg bietet sie – außer im August – auch verschwiegene Plätze.

Wer mag, fährt noch weiter bis nach **Bonifacio,** der südlichsten Stadt der Insel. Die mittelalterliche Festungsstadt wurde im Jahr 828 vom toskanischen Grafen Bonifacio II. gegründet. Auf den hellen Kreidefelsen thronen die Bauten der Zitadelle und das von schmalen Gässchen durchzogene historische Viertel sowie die gotische Kirche Saint Dominique. Die »Königstreppe« **Escalier du Roi d'Aragon** wurde in den steilen Felsabhang geschlagen.

Auf der Landseite reicht der Blick von der Stadtmauer Bonifacios bis nach Sardinien. Die ganze Pracht der Stadt erschließt sich jedoch am besten vom Meer aus bei einer Bootsfahrt. Viele Ausflugsboote starten im Naturhafen, der gut geschützt unterhalb der Altstadt liegt. Sie steuern je nach Tour auch die **Grotten** von Bonifacio und die unter Naturschutz stehenden **Lavezzi-Inseln** an.

Entlang der Westküste

Von teils hoch aufragenden, zerklüfteten Felsen geprägt ist die westliche Seite Korsikas, gegliedert durch die vier großen Golfe von **Valico, Ajaccio, Sagone** und **Porto** und viele kleine Buchten. Einige bergen Traumstrände wie die **Plage d'Arone** südlich von Porto. Für Wassersport, besonders Tauchen, ist diese Region wie geschaffen.

Die Inselhauptstadt **Ajaccio** mit rund 65 000 Einwohnern hat zwar nicht den Charme der kleineren Hafenstädte, doch

Strand-Schönheiten

Nonza. Von majestätischen Felsen wird der feinsandige dunkle Strand am Cap Corse eingerahmt.

Plage de Vignola. Im Westen der Insel, unmittelbar am Golfe d'Ajaccio gibt es traumhafte Sandstrände wie diesen zu entdecken.

Plage de Palombaggia. Korsikas berühmtester Strand liegt südlich von Porto Vecchio. Ein Traum in mediterranen Farben: Türkisblaues Meer, weiße Dünen, ein grüner Piniengürtel und rote Felsen. Und dies mit Blick auf die Eilande des Naturreservats Iles Cerbicale.

Plage de la Rondinara. Mindestens so hübsch wie Palombaggia, doch etwas verschwiegener. Geformt wie eine große Muschel, bietet die tief eingeschnittene Bucht angenehmen Schutz vor Wind und Brandung.

Viele Strände und Buchten bieten karibisches Blau, hier die Plage de Saleccia

Strand-Schönheiten

Plage d'Arone. Wunderschöne Sandbucht, ca. 15 km südlich von Porto gelegen. Das Wasser gewinnt schnell an Tiefe, daher ist der Strand für Familien nur bedingt geeignet. Umso mehr kommen Ruhesuchende hier auf ihre Kosten.

Plage de Saleccia. Am Rande der »Wüste« Désert des Agriates verbirgt sich diese paradiesische Sandbucht. Zu erreichen über eine ca. 12 km lange Sandpiste (Abzweigung der D 81). Eine reizvolle Alternative ist die Anfahrt mit dem Ausflugsboot (ab Saint-Florent).

Plage de Lozari. Beliebter Strand im Nordwesten der Insel, nahe L'Ile Rousse. Mit ihrem seicht abfallenden Ufer ist die Bucht für Familien mit kleinen Kindern der perfekte Platz.

Baja de Tamarone. Der schönste Strand am Cap Corse liegt fast am nördlichsten Punkt der Insel bei Macinaggio. Er bietet viel Weite und gute Wandermöglichkeiten in der Umgebung.

Spektakulär liegt Bonifacio. Per Fähre ist es nur ein Katzensprung nach Sardinien.

Die Plage de Palombaggia gilt unangefochten als schönster Strand Korsikas.

mit der Maison Bonaparte, dem Geburtshaus Napoleons, eine ganz besondere Sehenswürdigkeit. Auf der Place d'Austerlitz zeigt ein imposantes Denkmal den Kaiser der Franzosen in seiner berühmten Pose. Die linke Hand zwischen die Knöpfe der Uniformjacke gesteckt, steht er über einer baumhohen Tafel mit dem Verzeichnis all seiner Siege. Auch lohnt ein Bummel über den Boulevard du Roi Jérôme mit seinen einladenden Straßencafés.

Landschaftlich am eindrucksvollsten ist der **Golf von Porto.** Der gleichnamige Hafenort liegt vor den **Calanches de Piana,** einer bizarren Felsenlandschaft aus rotem Granit, durch die einige Wanderwege mit herrlichen Aussichtspunkten führen. Ganze Geschichten sind in den verwitterten Felsen zu entdecken. So passiert man Formationen wie den »Indianerkopf« (La Tête d'Indien), das »Herz« (Le Cœur) oder die »Beichte« (La Confession). Den Golf von Porto erklärte die UNESCO 1983 zum Weltnaturerbe. Dazu gehört auch der **Naturpark La Scandola** auf der Halbinsel Girolata, die mit Ausflugsbooten zu erreichen ist. Der Baumheide (Bruyère) und ihrer Verarbeitung ist das winzige Musée de la Bruyère in Porto gewidmet; aus der Wurzelknolle der Pflanze werden Pfeifen hergestellt. Das Museum befindet sich unterhalb des Genuesen-Turms, der auch zu besichtigen ist.

Im Hinterland geht der Golf von Porto in die – nicht minder spektakuläre – **Spelunca-Schlucht** über. Die begleitende Serpentinenstraße führt weiter in das **Niolo-Hochtal,** ein Wander- und Hirtengebiet vor dem Monte Cinto (2706 m

Frankreich

ü. NN), der höchsten Erhebung Korsikas. Das östliche Ende des Tales bildet die wild zerklüftete **Scala di Santa Regina.** Auf dem in den Fels gehauenen Bergsträßchen wird Autofahren zum Abenteuer.

Berglandschaft mit Naturbadebecken

Für viele ist das Landesinnere das »wahre« Korsika, mittendrin **Corte,** Korsikas ehemalige Hauptstadt, mit ihrer ehrwürdigen Zitadelle. Der Regionale Naturpark Korsika (Parc natural régional de la Corse) erstreckt sich über eine Fläche von 3500 km². Seine Berglandschaften mit dichten Pinien- und Korkeichenwäldern bieten zahlreiche Wander- und Treckingmöglichkeiten. Erfrischung bieten klare Flüsse, Quellen und Badegumpen im Fels.

Der berühmte **Grande Randonnée (GR) 20**, ein ca. 220 km langer Fernwanderweg, verbindet die Orte Calanzana im Norden und Conca im Süden über das zentrale Hochgebirge. Besonders eindrucksvoll sind die Felsnadeln des **Bavella–Massivs** (Aiguilles de Bavella) und eine Fahrt über den zugehörigen Pass. Wer weiter Richtung Osten fährt, entdeckt am Flusslauf der **Solenzara** die schönsten Naturbadebecken Korsikas.

Zurück im Norden, bietet sich eine Rundfahrt um das **Cap Corse** an. Der fingerförmige Insel-Ausläufer wird auch als »Mini-Korsika« bezeichnet. Der Aufstieg zum **Seneca–Turm** wird mit einer fantastischen Aussicht über die Ost- und Westküste des Kaps belohnt.

Im malerischen Städtchen Calvi lässt es sich auf der Rue Clemenceau perfekt bummeln.

Persönlicher Tipp

DAS FLOSSRESTAURANT AM AUSTERNSEE

An der **Costa Serena** führt eine Schotterstraße in eine Landschaft, die eher an Finnland erinnert als an das Mittelmeer. Wie ein Süßwassersee ruht die Lagune des **Étang d'Urbino** vor bewaldeten Inseln und Bergen, ein Wanderweg führt am Wasser entlang. Am Ufer stehen Liegestühle, Sitzgruppen und Picknickplätze bereit, daneben gibt es einen urigen Laden mit Inselmode von Kallisté Créations. Hier betreiben Vincent und Luc Bronzini de Caraffa ein **schwimmendes Restaurant.** Auf einem Floß ragt es in den See hinein, und man sitzt sozusagen über der Delikatesse, die ganz frisch auf dem Teller landet: In dem Gewässer werden Korsikas Austern gezüchtet. Sehr zu empfehlen sind auch die Miesmuscheln im Teigmantel (moules frites). Zum Restaurant »Étang d'Urbino« (sarl.urbino@me.com) gelangt man über die N 198: Abzweigung zwischen Aléria und Ghisonaccia, ca. 4 km hinter Ghisonaccia.

Korsika

Infos und Adressen

ANREISE

Flug: Ganzjährig Direktflüge nach Bastia, Ajaccio, Calvi und Figari. Alternativ: Zwischenlandung z. B. in Nizza. **Fähre:** Ab Genua, Nizza und Marseille (Frankreich) sowie Genua, Livorno und Sardinien (Italien).

BESTE REISEZEIT

Mai–Oktober

SEHENSWERT

Musée de Bastia. Die Dauerausstellung informiert über die Geschichte der Stadt und Korsikas sowie ethnologische Aspekte. Sonderausstellungen. Mo–So 9–19 Uhr, Place du donjon/La Citadelle, Bastia, www.musee-bastia.com

Tour de Sénèque. Ein Aufstieg zum Seneca-Turm wird mit fantastischer Aussicht über die Ost- und Westküste des Cap Corse belohnt. Wanderung (ca. 20 Min.) ab dem Col de St-Lucie.

Palais Fesch Musée des beaux-arts. Das größte Kunstmuseum der Insel. Es beherbergt u. a. eine große Sammlung mit italienischer Malerei und bietet wechselnde Sonderausstellungen. Mo–Sa 10.30–18 Uhr, So 12–18 Uhr, Juli/August jeweils bis 20 Uhr. 50–52 rue

cardinal Fesch, Ajaccio, www.musee-fesch.com

Musée de la Maison Bonaparte. Napoleon Bonaparte erblickte in der Inselhauptstadt Ajaccio das Licht der Welt. In seinem Geburtshaus ist eine Ausstellung über sein Leben und Wirken zu besichtigen. Di–So 9–12 und 14–18 Uhr, Rue Saint-Charles 18, www.musee-maisonbonaparte.fr

Musée D'Archéologie Jérôme-Carcopino. Archäologisches Museum im restaurierten Fort Matra in Aléria. Die Fundstücke aus vorrömischer und römischer Zeit stammen aus der nahe gelegenen Ausgrabungsstätte (ebenfalls zu besichtigen) und der Nekropole von Casabianda. Mo–Sa 19–13 und 14–18.30 Uhr, Fort de Matra, www.cg2b.fr

Musée de la Corse. Das heimatkundliche Museum befindet sich in der – schon an sich sehenswerten – Zitadelle von Corte. Auf drei Ebenen gewährt es Einblicke in das

Leben und die Traditionen der Korsen, informiert über die wirtschaftliche, soziale und kulturelle Entwicklung der Insel. Di–So 10–18 Uhr, La Citadelle, Corte

Galea Parc. Das Museum mit botanischem Garten informiert über die Inseltradition und einheimische Pflanzen. Multimediale Ausstellungen. Mo–So 14–18 (Sommer 10–19) Uhr. Route de l'ex CNRO, Taglio/Isolaccio. www.parcgalea.com

ESSEN UND TRINKEN

Aux Fourchettes. Traditionelle korsische Küche am schönen Kirchplatz von Cervione. Place de l'Eglise, www.aux3fourchettes.com

Le Pirate. Restaurant in Erbalunga. Von außen unscheinbar und schlicht, doch die Küche erntete Michelin-Sterne. Man speist mit Blick auf den Hafen. Saisonal wechselnde Menüs. www.restaurantlepirate.com

Le 20123. Bodenständig speisen in Ajaccio – korsische

Küche in rustikalem Ambiete. www.20123.fr

Restaurant Étang d'Urbino. Austern und Fischspezialitäten am Lagunensee, zwischen Aléria und Ghisonaccia. sarl.urbino@me.com

Casa Musicale. Uriges Hotel-Restaurant im Künstlerdorf Pigna. Von der Terrasse des alten Herrenhauses hat man einen sagenhaften Blick über die Landschaft der Balagne bis zum Meer. www.casa-musicale.org

Stella d'oro. Speisen in schönster Altstadt-Lage. Fleisch- und Fischspezialitäten. 7 Rue Doria, Bonifacio

A Pignata. Authentische Küche mit Produkten der Region, teils aus eigenem Anbau. Malerisch gelegen im südlichen Hinterland bei Cucuruzzu. Auch Gästezimmer und kleines Schwimmbad. Route du Pianu, Levie, www.apignata.com

SHOPPING

Distillerie L. N. Mattei. In den Verkaufsräumen gibt es den legendären korsischen Aperitif, außerdem Spezialitäten wie Likör aus wilden Zitronen, Kastanienlikör und Myrtenlikör. Boutique Mattei, Place Saint-Nicolas, Bastia, www.capcorsemattei.com

Marché Couvert. Markt in Bastia. Reges Treiben und korsische Produkte, z. B. Kastanienhonig, Olivenöl. Montag- und Sonntagvormittag

Die Fischer in Centuri Port freuen sich über Zuhörer, die ihre Geschichten interessieren.

Realia Cosmetic. Korsische Naturkosmetik. Schönheitsprodukte aus Immortelle, Oliven und anderen einheimischen Pflanzen, erhältlich im kleinen Shop in Cervione (rechts neben der Kirche). Eigener Anbau und eigene Herstellung im nahe gelegenen Atelier. Levole, Cervione. www.realia-cosmetic.com

A Funderia. In der Gießerei werden original korsische Messer und andere Werkzeuge handwerklich gefertigt. Mo–Sa 10–19 Uhr, Avenue Christophe Colomb (beim Parkplatz vom Supermarkt Casino), Calvi

AUSGEHEN

Discothèque Via Notte. Hier wird gehottet, bis die Sonne aufgeht. Angesagte DJs, auch Livemusik. Route de Porra, Porto-Vecchio, www.vianotte.com

Lollapalooza. Club mit Cocktailbar und Restaurant im Hafen von Bonifacio. Wechselnde DJs. 25 Quai Jérôme Comparetti

Acapulco. Diskothek nahe Calvi. Auch Events mit verschiedenen Künstlern. Route de Calenzana, Calvi

ÜBERNACHTEN

Castel Brando. Charmantes Viersternehotel in Erbalunga (nördlich von Bastia). Zimmer und Suiten in einer Villa aus dem 19. Jh. und im angrenzenden Neubau. Pool und Spa sorgen für Wohlfühlatmosphäre. www.castelbrando.com

Le Bélvedère. Luxuriöses Ambiente mit Meerblick in Porto Vecchio. Vorzügliches Restaurant, Palmenterrasse und großer Pool direkt über dem Wasser. www.hbcorsica.com

Hôtel Palazzu u Domu. Zentrale und doch ruhige Lage in der Inselhauptstadt Ajaccio. Moderner Luxus trifft auf prunkvoll-klassisches Design. Idylle im begrünten Innenhof. www.palazzu-domu.com

Le lido. Im Golf von Valinco, direkt am Strand von Propriano, liegt dieses kleine, sympathische Hotel. Teils Zimmer mit Meerblick. www.le-lido.com

Hotel A Cheda. Ruhiges Landhaushotel im Süden Korsikas, nahe Bonifacio. Gemüse und Kräuter für die exklusive Küche werden im hauseigenen Garten kultiviert. www.acheda-hotel.com

Hotel Marinca. Viersternehotel in Olmeto mit Gourmet-Restaurant »Le Diamant Noir«. 55 Doppelzimmer und acht Suiten. www.hotel-marinca.com

Die Genuesenbrücken im Fango-Tal dienen auch als »Sprungbrett« für ein Flussbad.

Palazzu Pigna. Stilvolles Hotel an der Balagne. Panoramablick und romantisch eingerichtete Räume. www.hotel-corse-palazzu.com

Zum störrischen Esel. Familienfreundliches Feriendorf unter deutscher Leitung. Anspruchsvolles Aktiv- und Unterhaltungsprogramm (Touren, Exkursionen etc.) www.stoerrischeresel.com

WEITERE INFOS

Fremdenverkehrsamt Korsika. Agence du Tourisme de la Corse, 17 Boulevard du Roi Jérome, BP 19, 20181 Ajaccio Cedex 01, www.visit-corsica.com

05

Kreta

Wer Kreta genau unter die Lupe nimmt, fühlt sich wie in einer anderen Welt. Die größte griechische Insel ist facettenreich: Neben jahrtausendealten Relikten diverser Kulturen findet man stylische Cafés und Clubs, weitläufige Strände und winzige Buchten, lebhafte Städte und malerische Fischerdörfer sowie eine Bergwelt mit imposanten Schluchten und Bergdörfern im Dornröschenschlaf.

Insel der ersten europäischen Hochkultur

Nicht ohne Grund ist Kreta eins der beliebtesten Urlaubsziele Griechenlands. Die faszinierende Insel am südlichen Rand des Ägäischen Meers bietet Urlaub für jeden Geschmack und ein umfangreiches Freizeit- und Kulturangebot, sodass die meisten immer wieder gern zurückkommen. An der Nordküste locken die bekanntesten Urlaubsgebiete mit großen Hotels, weitläufigen Stränden und einem großen Wassersportangebot sowie die quirligen Städte – bis auf das kleine Ierápetra – die meisten Touristen an. Individualurlauber und Ruhesuchende zieht es eher in den von kleinen, weniger besuchten Küstenorten geprägten Süden.

Wer das wahre Kreta erleben will, sollte sich nicht auf die Touristenorte, die teilweise karibisch anmutenden Strände, die historischen Sehenswürdigkeiten und die landschaftliche Vielfalt beschränken. Das Einzigartige an Kreta machen seine Menschen aus. Die Kreter sind ein besonderes Volk mit

Griechenland

eigenen Regeln, Grundsätzen und Traditionen. Beim Plausch mit den Inselbewohnern wird der große Stellenwert von Familie, Freundschaft, Freiheitsliebe und Geselligkeit schnell erkennbar. In den Kaffeehäusern (*kafenía*) und den gemütlichen Kneipen (*rakádika*), in denen man sich zu *rakí* (Tresterschnaps) und *mezé* (Vorspeisen) trifft, kommt man mit Einheimischen gut ins Gespräch – notfalls auch mit Händen und Füßen.

Blühende und duftende Gebirgslandschaften

Das traditionelle Kreta lernt man am besten im Binnenland kennen. Die Bergregionen, die Weißen Bergen (Lefká Óri) im Westen, das Ida-Massiv mit dem Psilorítis (2456 m ü. NN) als höchster Erhebung sowie das Díkti- und Thrípti-Gebirge im Osten, verstecken stille Hochebenen und Täler mit unzähligen verschlafenen Dörfern und hervorragenden Wandermöglichkeiten. Mit dem Auto oder Motorrad kann man einsam in der Landschaft liegende byzantinische Kirchen, jahrhundertealte Klöster und altertümliche Schäfereien entdecken. Im Südwesten faszinieren wilde Schluchten, die, wie die berühmte Samariá-Schlucht, aus den Bergen ans Meer führen. Wer Kreta zwischen April und Juni besucht, staunt über die blühende Pflanzenwelt mit Mandel-, Granatapfel- und Obstbäumen, Kastanien, Oleander und Ginster und einem Meer von Narzissen, Anemonen, Tulpen und Klatschmohn. In den Bergregionen liegt oft der Duft vom endemischen *díktamos* (eine Art Oregano), Rosmarin und Thymian in der Luft.

Wahrlich karibische Gefühle kommen an den weiten Sandstränden von Elafonissi auf.

Strand-Schönheiten

Elafoníssi. Der Strand im äußersten Südwesten auf einem vorgelagerten Eiland ist im Sommer zwar überlaufen, er fasziniert aber mit Karibikflair und knietiefem, in hellen Blau- und Grüntönen schimmerndem Wasser. Im feinen Sand wachsen Strandhyazinthen und weiße Sandlilien.

Kedródasos. Nur 1 km westlich von Elafoníssi entfernter, von Zedern gesäumter und von Sanddünen geprägter Strand. Auch bei Campern beliebt.

Bálos. Südseehafte Lagune mit puderfeinem Sand und flachem, klarem Wasser zwischen der Halbinsel Gramvoússa und dem vorgelagerten Kap Tigáni im Nordwesten. Nach Bálos legen während der Saison täglich Boote in Kíssamos ab.

Falássarna. Für viele Kreter gilt Falássarna an der Westküste als schönster Strand der Insel. Flach, bis zu 100 m breit und mit feinem Sand, erstreckt er sich am Ende eines grünen Hangs.

Préveli. Trotz eines Großfeuers im Jahr 2010 begeistert der an einen Palmenhain grenzende Strand von Préveli an der markanten Mündung eines Bergbachs.

Der Pope Michális Georgoulákis betreibt in Assómatos ein Folkloremuseum.

Am Abend herrscht in den Fischtavernen am Hafen von Réthimno reges Treiben.

Persönlicher Tipp

UNTERM DACH VON NATURSTEINHÄUSERN

Individualurlauber, Rundreisende und Touristen, die Kreta nicht zum ersten Mal besuchen, zieht es immer wieder in die Abgeschiedenheit der kretischen Berge. Auf der Lassíthi-Hochebene im Osten der Insel kann man z. B. im kleinen Dorf Ágios Konstantínos romantisch im »Vilaéti« (www.vilaeti.gr) übernachten. Dort haben Gíorgos und seine Frau Alíki fünf uralte Natursteinhäuser mit Platz für bis zu sieben Personen liebevoll restauriert. Im angeschlossenen Restaurant wird der Gast mit Fleisch von den ansässigen Hirten, Kartoffeln aus biologischem Anbau von Alíkis Schwester und Gemüse aus dem Familienbetrieb verwöhnt.

Im Westen der Insel ist das Dorf Miliá Ziel von Agrotouristen (www.milia.gr). In dem verlassenen Bergdorf wurden 13 Natursteinhäuser nach ökologischen Prinzipien restauriert. Angeboten werden auch Wanderungen und Kochkurse. Im Restaurant werden regionale Gerichte serviert.

Die fantasievolle Rekonstruktion von Knossós gibt Einblick in die minoische Welt.

Die Anfänge Europas

Der Name Europa hat seinen Ursprung in Kreta. Zum Beweis genügt ein Blick in die griechische Mythologie: Göttervater Zeus, auf Kreta geboren, entführte in Gestalt eines Stiers die phönizische Königstochter Europa und zeugte mit ihr auf seiner Heimatinsel einen Sohn namens Minos. Er sollte später über Kreta und seine Bewohner, die Minoer, herrschen.

In die Palastzentren der Minoer – der nach König Minos benannten, ersten Hochkultur Europas (3./2. Jahrtausend v. Chr.) – zieht es heute nicht nur Archäologie-Interessierte. Die Relikte dieser bronzezeitlichen Kultur liegen wie in einem riesigen Freilichtmuseum zerstreut im zentralen und östlichen Inselteil. Außer den Palästen von Knossós, Festós, Mália und Zákros, die Zentren des minoischen Lebens waren, beeindrucken in wundervollen Landstrichen minoische Landsitze wie Agía Triáda, Gipfelheiligtümer, Nekropolen und Kulthöhlen. Die Kunst und das Leben der Minoer lernt man in den archäologischen Museen der Insel kennen. Dort werden zahllose Funde aus dieser Zeit ausgestellt. Ihren Niedergang erlebte die minoische Kultur vermutlich im Gefolge gewaltiger Erdbeben um 1450 v. Chr.

Griechenland

Klöster und Oliven

In der Provinz Iráklio mit der gleichnamigen, lebhaften Inselhauptstadt (auch Herakleion) und der Provinz Lassíthi mit der malerischen Provinzhauptstadt Ágios Nikólaos und den Landstädten Ierápetra und Sitía warten die bekanntesten Zeugnisse der minoischen Kultur auf Erkundung. Aus späteren Jahrhunderten stammen weitere archäologische Stätten und historische Monumente wie der älteste Gesetzeskodex von 450 v. Chr. in Górtis sowie die rund 1000 Kirchen und Kapellen aus byzantinischer Zeit (395–1204). Viele Gotteshäuser wie das im äußersten Osten liegende Kloster Toploú nahe dem Palmenstrand von Vái entstanden zu Zeiten der Venezianer, ebenso einige Festungen, z. B. auf dem Inselchen Spinalónga, und Stadtmauern, z. B. in Iráklio.

Die Venezianer förderten auf Kreta den Anbau von Oliven, dem bis heute wichtigsten landwirtschaftlichen Gut der Insel. Andere wichtige Erzeugnisse sind Trauben und Wein, Kartoffeln, Zitrusfrüchte, Tomaten und Gurken. Die Messará südlich von Iráklio ist die größte und fruchtbarste Ebene der Insel. Einen besonders guten Einblick in das Leben der kretischen Bauern erhält man außerdem auf der ertragreichen Lassíthi-Hochebene.

Charmante Städte mit orientalischem Flair

Als Kretas schönste Städte gelten Réthimno und Chaniá im Westen. Dort gibt es idyllische, stimmungsvolle Häfen sowie viele kleine Stadtpaläste und Herrenhäuser der Venezianer, von denen viele zu romantischen Unterkünften umgebaut wurden. Réthimno und Chaniá beeindrucken mit ihrem orientalischen Flair, ein Erbe der Osmanen, die rund 250 Jahre bis 1898 auf der Insel herrschten. Sie wandelten Kirchen in Moscheen um, bauten Hamams und Häuser mit Holzerkern. In den historischen Gassen treffen Junges und Modernes – Studenten einiger dort angesiedelter Fakultäten der Universität von Kreta – auf Altes und Traditionelles. So haben sich unter die urigen *kafenía* stylische Lounges und Diskotheken gemischt, die bis in die frühen Morgenstunden geöffnet haben. Für kulinarische Höhepunkte sorgen einfache Tavernen und schicke Feinschmecker-Restaurants.

Segeltuchbespannte alte Windmühlen wurden in der Provinz Lassíthi restauriert.

Infos und Adressen

In Ferienorten wie Mátala laden farbenfrohe Tavernen und Restaurants zur Einkehr ein.

ANREISE

Flug: Charter- und Low-cost-Flüge nach Iráklio und Chaniá von fast allen deutschen Flughäfen zwischen April und Oktober. Linienflüge ganzjährig über Athen oder Thessaloníki nach Chaniá, Iráklio und Sitía.
Fähre: Von Italien nach Pátras (Peloponnes). Weiter mit dem Auto nach Piräus. Von dort täglich Fähren nach Kreta.

BESTE REISEZEIT
Mai–Oktober

SEHENSWERT
Archäologisches Museum Iráklio. Das nach langer Restaurierung 2013 wiedereröffnete Museum zeigt eine einzigartige Sammlung minoischer Kunst. Mo 13–20 Uhr, Di–Sa 8–20 Uhr, So und Feiertage 8–15 Uhr. Odós Xanthoudídou 2

Kloster Arkádi. Nationalheiligtum der Kreter mit seiner prächtigen Renaissancefassade (500 m ü. NN). Dort ließen sich 1866 während eines osmanischen Angriffs Hunderte Frauen und Kinder in die Luft sprengen. April, Mai und Oktober tägl. 9–19 Uhr, Juni–September 9–20 Uhr, November–März 9–16 Uhr, www.arkadimonastery.gr
Festós (Phaistos). Die Ruinen des minoischen Palasts liegen in schönster Natur und bieten eine herrliche Aussicht über die Messará-Ebene bis zum Psilorítis. Mai–Oktober Mo–Sa 8–20 Uhr, So 8–15 Uhr, November–April tägl. 8–17 Uhr
Spinalónga. Die kleine Festungsinsel in der Mirabéllo-Bucht war die letzte Leprakolonie Europas. Viel besuchtes Ausflugsziel. Überfahrten etwa

alle halbe Stunde von Eloúnda und Pláka. April–Oktober tägl. 8.30–17 Uhr (Juli/August auch länger), November–März meist nur Sa und So 8.30–15 Uhr

ESSEN UND TRINKEN

Herb's Garden. Eine fantastische Aussicht auf den venezianischen Hafen bietet sich von der Dachterrasse des »Hotel Lato«, wo Chefkoch Pétros Kosmadákis exquisite kretische Köstlichkeiten kreiert. Odós Epimenídou 15, Iráklio, www.lato.gr
Parasies. Hübsches Restaurant mit exzellenten Fleischgerichten vom Holzkohlegrill und Gemüse aus biologischem Anbau. Platía Istorikoú Mouseíou, Iráklio
Ziaféti. Im gemütlichen *rakádiko* vom jungen Wirt Stélios Papadákis wird die typisch

kretische Gastlichkeit mit schmackhaften *mezédes* geboten. Odós Fountalídou 22, Sitía
Veneto. Historische Gemäuer mit einem großen Weinkeller schaffen in einem über 700 Jahre alten venezianischen Gebäude das ideale Ambiente für köstliche griechische und mediterrane Gerichte. Odós Epimenídou 4, Réthimno www.veneto.gr
Avlí. Stilvoll und mit Liebe zum Detail eingerichtetes Restaurant mit blumenreichem Innenhof. Katerína Xekálou verfeinert traditionelle kretische Küche. Daneben Übernachtungsmöglichkeiten in luxuriösen Appartements und entzückenden Candy Suites. Xanthoudidou 22/Radamanthios, Réthimno, www.avli.gr
Ta Chálkina. Das *rakádiko* mit riesiger Außenterrasse im venezianischen Hafen von Chaniá bietet köstliche traditionelle *mezédes*. Beliebt ist das Lokal, in dem an vielen Tagen auch Livemusik gespielt wird, bei jeder Altersklasse. Aktí Tompázi 29–30, www.chalkina.com
Mylos tou Keratá. Das seit 1960 in einer alten Wassermühle untergebrachte Traditionslokal von Giórgos

Koukoutsákis hat einen romantischen Garten. Plataniás, www.mylos-tou-kerata.gr

Loúkoulos. Michális Xanthoudákis serviert in seinem Restaurant am Strand Fisch und Fleisch aus dem Holzofen sowie köstliche Gerichte mit Meeresfrüchten. Maráthi (Akrotíri-Halbinsel)

Vráchos sto Kíma (Waves on the rock). In der Taverne am Meer serviert Thodorís Xanthoudákis hervorragenden frischen Fisch. Ravdoúcha (Rodopoú-Halbinsel).

Gramboússa. Köstliche kretische Gerichte in urigem und mit liebevollen Details gestaltetem Ambiente. Blick aufs Meer. Kalyvianí (Gramvoússa-Halbinsel), www.gramboussa-restaurant.gr

SHOPPING

Aerákis. Alteingesessenes Musikgeschäft für kretische und griechische Musik. Platía Koraí 1, Iráklio, www.aerakis.net

Atelier Ceramica. Bei Restaurateur Nic Gabriel bekommt man handgemachte Kopien archäologischer Funde aus allen Museen Griechenlands. Odós Paleológou 28, Ágios Nikólaos

Women's Cooperative. Die Frauenkooperative verkauft Selbstgemachtes, z. B. *kaltsoúnia* (Gebäck) und *skioufichtá* (kretische Nudeln). Kritsá (am Parkplatz), tägl. 8–13 und 17–21 Uhr

Avli Raw Materials. Griechische Delikatessen zum Probieren und Kaufen: Weine, Liköre, Oliven und Olivenöl. Odós Arabatzóglou 38–40, Réthimno

Lappa Avocado. Die Gebrüder Manoussákas stellen Avocado- und Johannisbrotbaumprodukte her. Argiroúpoli (am Stadttor), www.lappa-avocado.gr und http://cretacarob.com

AUSGEHEN

Mare. Die moderne Café-Bar am Meer hat ein gemütliches Ambiete. Internationale Gerichte. Odós Sof. Venizélou, Iráklio, www.mare-cafe.gr

50–50. Moderne *rakádiko* mit Bar und Tanz. Leckere *mezédes*. Odós 1866 20, Iráklio, www.peninta-peninta.gr

Livingroom. In der stilvollen, modernen Lounge wird abends richtig gefeiert. Odós Venizélou 5, Réthimno, www.livingroom.gr

Villa Mercedes. Im größten Club der Provinz Chaniá wird im Sommer unter Palmen bis an den Strand zu griechischem und internationalem Mainstream getanzt. Agía Marína (Hauptstraße)

ÜBERNACHTEN

Megaron. Schickste, 2003 eröffnete Adresse von Iráklio in einem Bau aus den 1920er-Jahren mit 58 Zimmern und Suiten. Herrlicher Blick auf den Hafen. Odós Doúkos Baufort 9, Iráklio, www.gdmmegaron.gr

Minos Beach Art Hotel. Ältestes Luxushotel der Insel in einem 60 ha großen Garten.

Stadtnah und doch ruhig gelegen. Zahlreiche Stammgäste. Aktí Eliá Sotírchou, Ágios Nikólaos, www.bluegr.com

Cretan Villa. Restauriertes Stadthaus aus dem 18. Jh. mit neun gemütlichen Zimmern im Zentrum von Ierápetra. Odós Lakérda 16, www.cretan-villa.com

Vamos Traditional Village. Ein Hotel in einer alten Mädchenschule und restaurierte alte Häuser auf der Apokóronas-Halbinsel für ökologisch Interessierte und Aktive. Vámos, www.vamosvillage.gr

Casa Delfino. Kleine Luxusherberge in einem venezianischen Palast (17. Jh). 24 stilvoll eingerichtete Zimmer und Suiten sowie hauseigenes Spa. Odós Theofánous 9, Chaniá, www.casadelfino.com

WEITERE INFOS

Griechische Zentrale für Fremdenverkehr (EOT). Odós Xanthoudídou 1, Iráklio, April bis Oktober tägl. 8.30–20.30 Uhr, November–März 8.30–15 Uhr, www.heraklion.gr

Städtische Touristeninformation Chaniá. Odós Milonogiáni 53, Mo–Fr 8.30–14 Uhr, www.chania.eu

Die eindrucksvollen Felswände der Samariá-Schlucht ragen bis zu 600 m empor.

35

06

Zypern

Bizarr und zerklüftet zeigt sich die Felsküste bei Agia Napa, dem meistbesuchten Badeort.

HIGHLIGHTS

Nikosia (Lefko a). Geteilte Inselhauptstadt; im Nationalmuseum ist Aphrodite zu sehen.

Paphos. Im Haus des Dionysos sind die Mosaikbilder zu bewundern (Weltkulturerbe).

Koúrion. Amphitheater, Apollon-Heiligtum und freigelegte Grundmauern (1. Jh.) liegen direkt am Meer.

Assinoú. Die innen mit Fresken bemalte, 900 Jahre alte Scheunenkirche gehört ebenfalls zum Weltkulturerbe.

Troodos-Gebirge. Mit dem Olympos (1951 m ü. NN), dem höchsten Berg Zyperns, sowie hübschen Dörfern mit Kirchen und Klöstern.

KULINARISCHE SPEZIALITÄTEN

Halloumi: Nationalkäse, roh zum Frühstück oder gegrillt zum Abendbrot. – *Meze:* Tellerchen mit Gemüse, Pasten, Käse, Wurst, Oliven und Tintenfisch – satt machende traditionelle Vorspeise. – *Mittelmeer-Fisch:* Am besten frisch (die Augen müssen klar sein, nicht milchig) und dann gegrillt. Alternativ: *Fish 'n' Chips* – denn nicht nur für die Verfassung, Linksverkehr und Roundabouts stand die ehemalige Kolonialmacht Pate.

Das Land, wo Aphrodite dem Meer entstieg, gehört zu den wenigen Gebieten in Europa, in dem die Sonne auch im Winter regelmäßig scheint. Es werden zwar keine tropischen Temperaturen erreicht wie im Sommer, wenn das Thermometer leicht bis auf 40 Grad klettert, aber auch dann zeigt sich die Insel von ihrer besten Seite.

Die Insel der Aphrodite – eine romantische Erinnerung

Die schmale Mondsichel blinzelt an wenigen Stellen durchs Dickicht. In der Ferne rauscht ein Wasserfall. Stimmen sind zu hören. Pech gehabt: Das **Bad der Aphrodite** ist besetzt. Den ganzen Tag über traute sich niemand ins klare Wasser. Doch in der Dunkelheit der Nacht machen sich junge Urlauberpärchen zur versteckten Grotte auf, die, so der Mythos, schon der griechischen Liebesgöttin als Badeplatz diente. Die einen erhoffen sich Leidenschaft und Liebesglück, die anderen reichen Kindersegen, wieder andere ewige Jugend. Frauen wünschen sich Schönheit und göttliche Erotik. Unverdrossene meinen: Dort gibt's für jeden etwas. Der »Supermarkt des Glücks« liegt in der Abgeschiedenheit der **Akàmas-Halbinsel** im äußersten Nordwesten der drittgrößten Mittelmeerinsel. Hinter herunterhängenden Zweigen soll Akàmas Aphrodite beim Bad in dem vom Wasserfall gespeisten Naturpool beobachtet haben. Sie verliebte sich in den

neugierigen Schönling, der sie mit seinen Blicken verschlang, und machte ihn zu ihrem ersten irdischen Liebhaber.

Von Sonnenaufgang bis Sonnenuntergang pilgern Junge und Alte, Schöne und nicht ganz so Schöne, Singles und Pärchen zu diesem Jungbrunnen, um das Wasser zu spüren, daraus einen Schluck zu nehmen oder sich neckisch zu bespritzen. Die Aphrodites von heute tragen rote Pumps oder weiße Turnschuhe, Minirock oder enge Jeans, nabelfreies T-Shirt oder Trägerkleidchen. Der moderne Akàmas in Schlabberhosen schiebt das Sonnenschild des Baseballkäppis nach hinten. Aus manchem Rucksack lugt ein grüner Flaschenhals heraus. Ein untrügliches Zeichen für eine Weinflasche mit besonderem Inhalt: weiß, leicht und trocken. Der Stoff, aus dem Träume sind – Aphrodite-Wein, für vier Euro in jedem Lebensmittelladen zu bekommen.

Göttliche Gunst, Schätze der Vergangenheit

Der Sage nach wurde Aphrodite aus Schaum geboren – auf Zypern, der Schnittstelle von Europa, Asien und Afrika. Uranos, der Himmelsgott, verstieß die Kinder, die ihm Gaia, die Mutter Erde, gebar. Nur einer hatte Glück: Kronos konnte sich vor dem bösen Vater verstecken. Die Mutter gab ihm eine Sichel, um Uranos zu entmannen. Dessen Glied fiel ins Meer, Schaum bildete sich und daraus erwuchs Aphrodite.

Tatsächlich schäumt die Gischt um die mächtigen Felsen von **Pétra tou Romioú,** wie der göttliche Geburtsort an der

Die Scheunenkirchen im Troodos-Gebirge sind als UNESCO-Weltkulturerbe gelistet.

Strand-Schönheiten

Pétra tou Romioú. Geburtsstelle der Aphrodite an der Südküste. Ein Muss für den Touristen, eher geeignet für einen kurzen Badestopp.

Baths of Aphrodite. Fans baden auch an den groben Kiesstränden in der Nähe des »Bads der Aphrodite«.

Akàmas-Halbinsel. Ein Dorado für Wanderer, die an unberührten und unbenannten Stränden gern einen Badestopp einlegen. Der Weg bis fast an die Spitze zum Fontana Amorosa mit herrlich türkisfarbenem Wasser lohnt sich!

Ayia Napa. Wer zum Baden eine komplette Infrastruktur mit Buden, Schirmverleih, Liegestuhl und Wassersportmöglichkeiten sowie feinkörnig gelbem und flach abfallendem Sandstrand wünscht, ist hier richtig. Ideal für Familien mit kleinen Kindern. Perfekt ist **Nissi Beach,** 3 km westlich der Stadt. Das griechische Wort Nissi bedeutet Inselchen und bezieht sich auf eine kleine Insel, die dem Strand eine zusätzliche Note gibt.

Der Esel ist auf Zypern noch immer als genügsames Arbeitstier im Einsatz.

Strand-Schönheiten

Governor's Beach. Einer der beliebtesten Strände der Insel zwischen Larnaka und Limassol.

Lady Mile Beach. Lang gezogener Sandstrand in der Nähe von Limassol auf der Halbinsel von Akrotiri. Auf der einsameren Westseite liegt ein Schiffswrack.

Koúrion Beach. Erholung im Meer nach dem Bad in antiker Kultur.

Lara Beach und **Coral Bay.** Brandung und dunkler Sand nördlich von Paphos.

Latchi. Bekannt für seinen pittoresken Hafen und den langen dunklen Sandstrand, der sich bis Polis zieht. Auch in der Hochsaison findet jeder ein abgeschiedenes Plätzchen.

Kato Pyrgos. Abgelegen und in Sichtweite zur Grenze nach Nordzypern liegt dieser kaum besuchte Kiesstrand zwischen den Kirchen Agia Varvara und Agios Nikolaos – wie alle Strände auf Zypern völlig schattenlos.

Nissi Beach mit seinem flachen Strand ist das Familien-Dorado bei Ayia Napa.

Wird von Touristen bislang kaum besucht: Nordzypern, hier das Salamis-Theater.

Südküste östlich von Paphos heißt. Die Badebucht mit ihren aus dem Meer ragenden Felsklötzen und den weißen Kalksandsteinklippen gehört zu den schönsten Küstenabschnitten der Insel. Auch hierher kommen Paare, um die Gunst der Aphrodite zu erheischen. Ein kleiner Baum am Strand ist Zeuge: Die Blätter seiner Äste sind kaum noch zu sehen wegen der vielen Tücher und Geschenke, die daran geknotet worden sind mit dem Wunsch nach Liebe, Lust und Leidenschaft.

Gut zwei Millionen Feriengäste kommen pro Jahr nach Zypern. An 340–350 Sonnentagen kann man im Meer baden und sich danach Wein und **Meze** schmecken lassen. Dabei kann man für rund 10 Euro fast 20 unterschiedlich zubereitete Gerichte probieren.

Zypern lockt auch mit den Kulturschätzen einer fast 9000-jährigen Geschichte, darunter den Mosaiken von Paphos, die von der UNESCO zum Weltkulturerbe erhoben wurden, dem Theater von Koúrion sowie den Klöstern und Kirchen im Troodos-Gebirge. Ihre wahre Pracht offenbaren die außen oft unscheinbaren Gebäude erst im Inneren: Die Scheunenkirche Assinoú etwa ist vollständig mit Fresken bemalt, die leuchten, als seien sie nicht im 13. Jh., sondern erst vor 13 Tagen entstanden.

Die Teilung, mit Händen zu greifen

Aber die Zyprioten durchleben derzeit nicht nur eine schlimme Wirtschaftskrise, ihre Heimat ist auch immer noch ein geteiltes Land. Besonders in Nikosia wird das deutlich. In

Zypern

der geteilten Stadt bleibt kein Raum für Aphrodite-Romantik. Die ist ins Nationalmuseum verbannt: In der Mouseiou Street ist Aphrodite nichts anderes als eine leblose Steinskulptur – ohne Macht, ohne Mythos, ohne Wirkung.

Zypern wird 1571 von den Türken erobert, 1878 geben sie die Insel an die Briten ab und erst 1960 wird nach langem Kampf die Unabhängigkeit erreicht. Nur 14 Jahre währt das Glück, frei zu sein. Dann will die griechische Militärjunta in Athen den Anschluss Zyperns an Griechenland. Und bevor irgendetwas geschieht, besetzen Truppen aus der Türkei am 20. Juli 1974 den Norden, wo die meisten der türkischen Zyprioten leben, um eine mögliche Enosis, also den Anschluss an Griechenland, zu verhindern. »Taksim« lautet die Parole aus Ankara: Teilung. Etwa ein Drittel der damaligen Bevölkerung wird 1974 zu Flüchtlingen im eigenen Land. Viele werden von den Türken vertrieben, verlieren Haus, Hof und die Hotels in der damaligen Touristenhochburg Famagusta. Etwa 60 000 Siedler aus Anatolien kommen vom türkischen Festland, Häuser und Hotels werden an Ausländer verkauft. Auf der Insel gibt es nun seit vier Jahrzehnten zwei Staaten: die (griechische) Republik Zypern, ein Mitglied der Europäischen Union, und die nur von der Türkei anerkannte Türkische Republik Nordzypern.

Besucher aus Deutschland empfinden die befestigte Demarkationslinie als eher harmlos – sie haben noch eine andere Mauer im Kopf. Irgendwie wirkt alles wie ein Sandkastenspiel, auch wenn es für die mehr als 700 000 Einwohner bitterer Ernst ist.

Der Apollotempel war einst das religiöse Zentrum des Stadtkönigreichs Kourion.

Persönlicher Tipp

FÜR DIE MODERNE APHRODITE

Das Haus ist prächtig mit den Stilmitteln des reichen kulturellen Erbes Zyperns in Szene gesetzt: hellenistische Motive, römische Mosaike und venezianische Fresken. Das Luxushotel »Anassa«, keine 2 km vom »Bad der Aphrodite« entfernt, lockt mit einem Spa und mit Komfort wie kein zweites Haus auf Zypern und wie nur wenige in Europa (www.anassa.com.cy). Die Übersetzung von Anassa aus dem Altgriechischen lautet schließlich »Königin« … So ist es nicht verwunderlich, dass sich diese Adresse seit der Eröffnung 1998 vom Geheimtipp auch zum Hideaway der Politiker (Angela Merkel), Filmstars (Brad Pitt), Sportler (Andre Agassi mit Steffi Graf) und Unternehmer (Jil Sander) gemausert hat. Mit Caroline von Monaco weilt sogar ab und zu blaues Blut im weißen Hoteldorf am Meer. Entsprechend gut verkaufen sich die Top-Räumlichkeiten des Resorts: geräumige, luxuriös eingerichtete Suiten mit Panoramaterrassen, auf denen im Privatpool oder im eigenen Jacuzzi mediterran geträumt werden darf.

Infos und Adressen

ANREISE

Flug: Nach Paphos und Larnaka von vielen deutschen Flughäfen aus (rd. 4 Std.). Der Zeitunterschied beträgt plus eine Stunde. **Auto:** Mehrfach täglich Busverbindungen zwischen den größeren Städten. Für Regionalfahrten empfiehlt sich das Sammeltaxi, für Kurzstrecken das Taxi – beide preiswert. Am praktischsten für Inseltouren sind Mietwagen. Achtung: Linksverkehr! **Fähre:** Ab Piräus, sind aber nicht zu empfehlen.

Als würde Göttin Aphrodite selbst zum Bade laden: der Infinity Pool des »Hotels Anassa« in Latchi.

BESTE REISEZEIT

Ganzjährig. Im Dezember und Januar manchmal regnerisch.

SEHENSWERT

Agios Neophythos. Im Jahr 1159 beschloss Neophythos, den Rest seines Lebens in einer Einsiedelei zu verbringen. Seine Frau war entsetzt. Der Mann entschlossen: Mit Spaten, Axt und Gottes Hilfe erschuf er sie in einer Steilwand. Aus der Einsiedelei wurde später die Höhlenkapelle. Nördlich von Paphos, tägl. 9–16 Uhr.

Lemba. Das Dorf der Töpfer und Maler in der Nähe von Paphos.

Agios Georgios. Berühmter Wallfahrtsort bei Paphos. In der alten Kapelle zündet man eine Kerze an, wiederholt dreimal den Namen der oder des Geliebten und kehrt die Kerze nach unten. Flackert die Kerze weiter, ist die Liebe groß. Erlischt sie jedoch, erlischt auch bald die Liebe. Tägl. 8.30–17 Uhr.

Agia Chrysorrogiatissa. In den westlichen Ausläufern des Troodos-Gebirges, unter Touristen bekannt als »Unaussprechliches Kloster«. Weinverkostung. Immer geöffnet.

Agros. 1000 m hoch und bildschön zwischen Weinbergterrassen im Osten des Troodos-Gebirges gelegenes Dorf.

Markthallen Limassol. Größter und interessantester Markt auf Zypern. Alle Köstlichkeiten zum Anschauen – und Kaufen. Tägl. geöffnet von Sonnenaufgang bis Sonnenuntergang.

Wine Festival Limassol. Größtes Weinfest der Insel Ende August/Anfang September im Stadtpark mit Konzerten und Folkloredarbietungen.

Kataklysmos Larnaka. Größter Jahrmarkt Zyperns in der Zeit um Pfingsten an der Uferpromenade zur Erinnerung an die Errettung der Menschheit vor der Sintflut (um Pfingsten). Konzerte, Sportveranstaltungen und Ausstellungen gehören ebenfalls zum Programm.

Zypern ist berühmt für seine Mosaiken, hier dargestellt der Kampf zweier Gladiatoren.

Kafenes. So werden die Kaffeehäuser auf Zypern genannt. In den Kafenes gibt's kalte und warme Getränke. Früher öffentlicher Treffpunkt für die Männer jeder Gemeinde – heute dürfen auch Frauen Platz nehmen.

Hamam. Altes türkisches Bad, z. B. am Tillyrias-Platz (16. Jh.) in Nikosia. Besonders außerhalb des Hochsommers ein Vergnügen. www.hamambaths.com

SHOPPING

Staatliches Kunsthandwerkszentrum Limassol. Kunsthandwerk zum Schauen und Kaufen. Tägl. 8–13 und 16–18 Uhr, Mi und Sa nur vormittags.

Stickereien. Typisches Souvenir, seit Jahrhunderten von Hand gemacht, besonders in Pano Lefkara zwischen Limassol und Larnaka. Achtung: Billigwaren sind aus Fernost!

Ikonen. Handgemalt haben auch sie ihren Preis. Am besten gibt man sie bei Ikonenmalern, die in großen Klöstern wie Agios Georgios oder Agios Minás arbeiten, in Auftrag. Bis zur Fertigstellung und Zustellung vergehen allerdings einige Monate.

Sherry oder Brandy. Eine Erinnerung an den schönsten Zypern-Urlaub.

ESSEN UND TRINKEN

Xefoto. Alte Taverne mit Livemusik und sehr gutem Meze, dazu Wein vom Fass. Nikosia, Aischylou 6

Pyrkos Tavern. Frischer Fisch und guter Service. Vasa Kilaniou, Limassol, www.pyrkostavern.com

Psarolimano Fish Tavern. Frischer Fisch zu vernünftigen Preisen direkt am kleinen Hafen von Larnaka. www.psarolimano.com

Pelican Restaurant. Bestes Fischlokal in Paphos, direkt am alten Hafen. Frisch-Fisch an der Kühlvitrine zum Aussuchen. 102 Apostolos Pavlos Avenue

ÜBERNACHTEN

Annabelle. Spitzenklasse mit Pools und Strand, nur ein paar Schritte vom Hafen von Paphos entfernt. www.annabelle.com.cy

Almyra. Schickes Familienhotel in Weiß und aus Glas für gehobene Ansprüche, direkt an der Küste bei **Paphos.** www.almyra.com

Kermia Beach Hotel. Bezahlbare nette Bungalows direkt am Strand von Ayia Napa. Einen großen Pool gibt's trotzdem. www.kermiabeach.com

Londa Hotel. Boutique-Resort in edlem, mediterranem Design an der 9 km langen Promenade von Limassol. www.londahotel.com

Grand Resort. Eine der absoluten Top-Adressen von Limassol in ausgezeichneter Strandlage. www.grandresort.com.cy

Skarinou Village. Zimmer in Natursteinbungalows in Strandnähe, ca. 25 km von Larnaka entfernt. www.skarinouhotels.bookonline2save.com

Asty Hotel. Günstiges, familiengeführtes Boutiquehotel mit 53 Zimmern in Nikosia. www.astyhotel.com

WEITERE INFOS

Fremdenverkehrszentrale Zypern, www.visitcyprus.org.cy

Irland

Rock of Cashel mit gotischem Dom: auch bekannt als »Irlands Akropolis«

Irland ist eine sehr grüne Insel, das weiß jeder. Was viele nicht wissen, ist, dass man auf der Reise durchs Land in Herrenhäusern, Schlössern und Burgen übernachten kann. Wohnen wie ein Lord und dabei die unvergleichliche üppige Natur genießen. Außerdem kann man stimmungsvolle Klosterruinen, Friedhöfe und Überreste aus der Steinzeit entdecken.

Europas glänzende grüne Perle

Ein Urlaub in Irland, da denken die meisten an Regen, Sturm, Kälte und Wassertemperaturen für Hartgesottene. Doch auch in Irland scheint die Sonne, auch in Irland kann man sich ins Meer wagen – der Golfstrom sorgt für moderate Temperaturen. Und sollte es doch mal regnen, gibt es genug Highlights zu sehen, welche die Zeit auf angenehme Weise vertreiben.

In Belfast, der Hauptstadt des britischen Nordirland, wird man trotz eindrucksvoller Bauten aus dem 19. Jh. und lebendiger Fußgängerzonen nicht zwingend länger verweilen. Immer noch liegt ein Schatten über der Stadt … Weitaus spektakulärer ist der **Giant's Causeway,** Nordirlands größtes Naturwunder: Wie Orgelpfeifen ragen an der Nordküste 40 000 vieleckige Basaltsäulen entlang der Brandung aus dem Boden. Und auf einer steilen Klippe ganz in der Nähe thront der reizende Mussenden Temple, Teil des Landsitzes von Frederick Augustus Hervey, dem Bischof von Derry. Der

Rundbau, nach dem Vorbild eines römischen Vesta-Tempels erbaut, barg einst die Bibliothek des herrschaftlichen Anwesens. Ebenso abenteuerlich am Abgrund gelegen ragen die Ruinen von **Dunluce Castle** über dem Atlantik empor. Richard de Burgh, Earl von Ulster, errichtete die Burg über einem weit älteren Küstenfort. Zur Ruine wurde die Festung, als die Bewohner sie nach der Niederlage der Katholiken gegen die Truppen von Republikaner Oliver Cromwell für immer verließen.

Königsresidenzen und Druidenkreise

Gleich hinter der Grenze zur Republik Irland lädt die wildromantische **Inishowen-Halbinsel** an menschenleerem weißem Strand zum Baden ein. Die gewaltigen Mauerreste von Grianan of **Aileach,** einer kreisrunden Königsresidenz aus dem 5. Jh., eröffnen einen herrlichen Rundblick auf die raue Küstenlandschaft. Ganz in der Nähe der geheimnisvolle Druiden-Menhirkreis von **Beltang.** Die kleinen Städtchen Glenties und Ardara sind von friedlichen Seen und farbenprächtigen Mooren umgeben – Landschaften, die einem aus der historischen Landschaftsmalerei vertraut sind. Hier liegt **Markree Castle** aus dem 16. Jh., auch Dracula's Home genannt. Größte Sehenswürdigkeiten der Region sind drei **Klosterruinen** inmitten des satten Wiesengrüns: **Boyle Abbey, Ross Abbey** und **Cong Abbey** mit gut erhaltenen romanischen Bögen und Fensterkreuzen.

200 Meter tief fallen die berühmten Klippen von Moher senkrecht in den Atlantik ab.

Strand-Schönheiten

Lanhinch. Herrlicher Sandstrand mit gewaltiger Brandung, besonders bei Wind- und Kitesurfern beliebt.

Pollan und Tullagh Bay. Einsame weiße Strände auf der Halbinsel Inishowen vor türkisfarbenem Meer – wenn nur das Wasser nicht gar so frisch wäre!

Ballinskelligs. Friedliche Buchten mit breitem weißem Sandstrand am Rand einer Heidelandschaft, 2 km südlich von Dungeagan (Kerry).

Inchydoney Beach. Malerischer, sehr beliebter Sandstrand, unterteilt von grasbewachsenen Hügelchen, auf der Halbinsel Inchydoney.

Dog's Bay Strand. Sandstrände vor herrlicher Naturkulisse westlich von Galway nahe Roundstone. FKK ist, wenngleich, wie in ganz Irland, zwar nicht erlaubt, aber bei diskretem Verhalten geduldet.

Ballybunion North & South Beach. Zwei breite Strände mit grauweißem Sand vor ausgedehnten Dünenfeldern. Überwacht von Rettungsschwimmern, die hier Wettbewerbe austragen.

Das megalithische Dolmengrab von Poulnabrone ist mehrere Tausend Jahre alt.

Lisdoonvarnas Rundturm ist ein gut erhaltenes Beispiel mittelalterlicher Wehrhaftigkeit.

Strand-Schönheiten

Garrylucas Strand. Der breite Strandabschnitt schließt sich an eine grasbewachsene, teilweise auch mit Dünen durchsetzte Landschaft an. Im Sommer von Rettungsschwimmern überwacht.

»Irische Riviera«. Die Badeorte Ballycotton, Ardmore, Dungarvan und Youghal rund um Cork haben alle schöne Sandstrände. Für irische Verhältnisse ist die Wassertemperatur annehmbar.

Kilmurvey Beach. Herrlicher Strand auf den Aran Islands in der Bucht von Galway (Inishmore). Der blendend weiße Sand kontrastiert mit dem azurblauen Wasser – natürlich nur, wenn die Sonne scheint.

Rossbeigh Beach. Beliebter Strand in der Nähe von Killorglin. Er bietet Touristen, welche die Panoramaküstenstraße »Ring of Kerry« befahren, eine willkommene Erfrischung.

Silver Strand Bay. Familienfreundlicher, recht belebter, flach abfallender Sandstrand am Fuß beeindruckender Klippen nahe Galway.

Prachtvoll präsentiert sich wilde Natur in **Connemara,** einem Landstrich, wo Erika und gelb blühender Stechginster blühen. Zu bewundern gibt es die verwitterten, verwunschen mit Moos bewachsenen Klosterruinen von **Clonmacnoise** und **Clonfert** mit ihren bedeutenden Steinmetzarbeiten, steilen Rundtürmen und wunderbaren Steinkreuzen. Südlich schließt sich der **Burren** an, ein mächtiger Kalkstock, der in Stufen und steilen Wänden zum Meer hin abbricht. Die Karstflächen sind durchzogen von bizarren Ausspülungen und einem fast mediterran anmutenden Pflanzenbewuchs. Unweit davon erheben sich die eindrucksvollen Ruinen von **Corconroe Abbey** und die mächtigen **Dolmen von Poulnabrone.** Unbestrittener Höhepunkt sind die weltberühmten, 200 m hohen **Klippen von Moher**.

In Stein gemeißelt

Ganz anders dagegen zeigt sich der Südosten der Insel: Bedingt durch milde Temperaturen und hohe Luftfeuchtigkeit wachsen feuerrote Fuchsienhecken über den Sträßchen fast zusammen, gedeihen die Rhododendrenbüsche übermannshoch und können Palmen den Winter im Freien überdauern. Der wundervolle Herrensitz **Bantry House** bietet die reizvollste Übernachtungsmöglichkeit der Insel und ist ein idealer Ausgangspunkt für Ausflüge zum **Ring of Kerry** und auf die **Dingle-Halbinsel;** die Küstenstraßen erlauben atemberaubende Ausblicke. Ein besonderes Kleinod am Wegesrand ist das **Gallarus' Oratory,** eine Kapelle in Form eines kieloben liegenden Schiffes aus dem 12. Jh., und erbaut ganz ohne Mörtel, wie auch die gut erhaltenen Klosterruinen von **Ardmore, Kilkooley und Muckross,** Letztere mit einer 500 Jahre alten Eibe.

   Cork ist Irlands drittgrößte Stadt. Ihr historischer Kern erstreckt sich auf einer Insel zwischen zwei Armen des Flusses Lee. Neben den vielen Pubs, Restaurants und Kneipen ist der bunte Traditionsflohmarkt Caol quai Hauptanziehungspunkt.

   Im Süden blühen im Sommer himmelblau die Leinfelder, darüber ein leuchtender Regenbogen – und man fühlt sich versetzt in eine Zauberwelt. Wer will, kann die sattgrüne Märchenlandschaft mit dem Pferd erkunden: auf Touren zum imposanten **Hochkreuz von Moone** oder zur **Holycross Abbey** mit ihrem herrlichem Chorschiff. Über 60 m hoch erhebt sich das Felsplateau **Rock of Cashel** nördlich des gleichnamigen Städtchens. Auf der »Akropolis Irlands« drän-

Irland

gen sich die Sehenswürdigkeiten: ein hoher Rundturm mit Kegeldach am Querschiff der gotischen Kathedrale und die **Cormac's Chapel.** Ihr reicher Skulpturenschmuck gilt als vollendetes Beispiel irisch-romanischer Baukunst.

Dublin – Irlands lebendige Metropole

Dublin ist die pulsierende Hauptstadt der Republik Irland. Buchstäblich ins Auge sticht die 120 m hohe Stahlnadel **»The Spire«** (2003), eine der neuesten Errungenschaften der 1000-jährigen Metropole. Die nachts beleuchtete längste Skulptur der Welt ist ein beliebter Treffpunkt in der belebten **O'Connell Street.** Ganz in der Nähe erinnert eine Statue an den irischen Nationaldichter James Joyce, der Dublin mit seinem *Ulysses* ein literarisches Denkmal setzte. Pflichtprogramm neben dem altehrwürdigen **Trinity College** (1591) mit dem **Book of Kells,** einem Schmuckstück frühmittelalterlicher Buchillustration, und den beiden **Kathedralen St. Patrick's** und **Christ Church** ist das **Nationalmuseum** mit seiner einzigartigen Sammlung irischer Altertümer, darunter die Tara-Brosche (720), ein vergoldetes Bronze-Kleinod von zeitloser Schönheit, und der 1200 Jahre alte, silberne Ardagh-Kelch.

Nördlich der Metropole sollte man sich den Besuch von **Newgrange** nicht entgehen lassen. Die steinzeitliche Kultstätte ist eine gewaltige Grabanlage, die in vorkeltischer Zeit (um 300 v. Chr) errichtet wurde. Das von einem künstlichen Hügel bedeckte Ganggrab zählt zu den bedeutendsten Megalithanlagen in der ganzen Welt.

»The Bank on College Green« ist eine der beliebtesten Bars im Zentrum Dublins.

Der herrschaftliche Ansitz »Muckross House« südlich von Killarney ist heute Museum.

Irland

Infos und Adressen

ANREISE

Flug: Direktflüge aus Deutschland entweder über Belfast oder Dublin; **Fähre:** Verbindungen nach Cork ab Cherbourg, nach Rosslare ab Roscoff, Le Havre, Pembroke und Fishguard, nach Dublin ab Liverpool und Holyhead, nach Belfast ab Liverpool, Fleetwood, Stranraer, Cairnryan und Troon.

BESTE REISEZEIT

Juni–August

SEHENSWERT

Dunluce Castle. Malerische Burgruine im für seinen Whiskey berühmten Städtchen Bushmills.

Burren National Park. 260 km² große, wildromantische Karstandschaft.

Connemara National Park. Naturbelassene Torf- und Heidelandschaft mit vielen Seen und Mooren.

Rock of Cashel. Mittelalterliche Stadt auf einem mächtigen Felsklotz.

National Museum of Ireland. Eine der umfangreichsten Sammlungen nationaler Geschichte in Europa. Kildare Street, Dublin, Di–Sa 10–17 Uhr, So 14–17 Uhr. www.museum.ie

Moone. Das figurengeschmückte Hochkreuz aus Granit gilt als das schönste Bibelkreuz Irlands.

Grianan of Aileach. Ein bis zu 4 m hoher Steinwallkreis, so legte man in vorchristlicher Zeit Befestigungen an.

Dolme von Poulnabrone. Steinzeitliche Grabstätte aus einer riesigen monolithischen Steinplatte.

Kilkenny. Einer der besterhaltenen mittelalterlichen Ortskerne Irlands.

Galway. Alte Hafenstadt mit schmalen Gassen und malerischen Brücken. Lebhaft und mit viel Flair. »Heringsprozession« im September.

Mellifont Abbey. Die Ruinen des früher bedeutendsten Zisterzienserklosters Irlands ragen einsam aus dem Tal des Mattoch River hervor.

Mountusher Gardens. Musterbeispiel für kunstvollen englischen Parkanlagenbau nahe Wicklow.

Powerscourt Gardens. Prachtvoller Park mit Schloss und Wasserfall, vor allem zur Rhododendronblüte.

Trim Castle. Am Boyne entstand im 13. Jh. die mächtigste Burg Irlands.

Croagh Patrick. Im Jahr 441 bestieg der Hl. Patrick, der Schutzpatron Irlands, den 764 m hohen Berg, um zu fasten und zu beten.

Adare. Wunderschönes Dorf mit Burg, Kloster- und Kirchenruinen.

Aran Islands. Inishmore, Inishmaan und Inisheer. Hauptsehenswürdigkeit ist das monumentale prähistorische Fort Dun Aengus auf einem 100 m hohen Steilufer.

Carrickfergus Castle. Besterhaltene Burganlage Irlands mit normannischer Halle.

Robertstown. Historische Station am Grand Canal. Die Uferhäuserzeile aus dem 18. Jh. hat wieder ihr altes Gesicht.

ESSEN UND TRINKEN

Aherne's. Eines der besten Fischlokale Irlands, North Main Str 163. Youghal, Co. Cork, www.ahernes.net

Oyster Taverne. Mahagonigetäfeltes Nobelrestaurant mit schmackhaften Fisch- und Steakgerichten. Cork, Market Lane.

King Sitric. Feines Fischrestaurant am Hafen des Fischerortes Howth. www.kingsitric.ie

Man Friday. Spitzenrestaurant in Hanglage. Scilly, Kinsale, Co Cork, www.manfreidaykinsale.ie

The President's Restaurant of Longueville House. Gourmet-Tempel in einem georgianischen Haus, umgeben von Wäldern. Mallow, Co. Cork. www.longuevillehouse.ie

Locks. Französische Küche von höchstem Niveau. Windsor Terrace 1, Portobello, Dublin, www.locksbrasserie.com

The Lord Edward. Der Ruf des Restaurants im historischen Zentrum von Dublin basiert auf seinen Meeresfrüchte-Kreationen. Christchurch Place 23, Dublin, www.lordedward.ie

»Jameson Whiskey Distillery« in Midleton ist Irlands bekannteste Whiskey-Brennerei.

Die Aran Islands vor Galways Küste gelten immer noch als Geheimtipp.

Schlosshotel Ashford Castle. Fünfsternehotel in pracht-vollem Park. Cong, Co. Mayo, www.ashford.ie

Lakeside Hotel. Direkt am größten See des Shannon River. Ballina, Killaloe, Co. Clare, www.lakesidehotel.ie

Kilgraney House. Reizendes Georgian House mit Blick über das Barrow-Tal. Bagenals-town, Co. Carlow. www.kilgraneyhouse.ie

Glenlo Abbey House. Ein-drucksvoller Herrensitz inmitten einer Parklandschaft. Bushypark, Co. Galway, www.glenlo.com

Currarevagh. Viktorianisches Landhaus am Ufer des Lough Corrib. Oughterard, Connemara, Co. Galway. www.currarevagh.com

Glin Castle. Eines der ge-schichtsträchtigsten Landgast-häuser Irlands, Glin, Co. Lime-rick, www.glincastle.com

Delphi Lodge. Reizendes altes Herrenhaus in fantastischer Lage am Meer. Leenane, Co. Galway, www.delphilodge.ie

SHOPPING

Caol quai. Traditioneller Floh-markt in Cork mit bunt zusam-mengewürfelten Straßenbuden.

Grafton Street. Dublins Haupteinkaufsmeile zwischen Trinity College und St. Ste-phen's Green. Beste Zeit zum ruhigen Bummeln ist zwischen 9 und 11 Uhr. In den Seiten-straßen gibt es Einkaufsgale-rien wie Arcades und Power-scourt Town House Centre.

Dawson Street. Ein Mekka für Buchfans, ob im Water-stone's oder Hodges-Figges. Dublin

Moore Street Market. Multi-kultureller Straßenmarkt mit Obst und Gemüse. Dublin

AUSGEHEN

Temple Bar District. Dublins Boheme-Viertel zieht Touristen magisch an, zu Speis und vor allem zu Trank. www.temple-bar.ie

Brazen Head. Pub in ehemali-ger Poststation mit 300-jähri-ger Geschichte. Lower Street 20, Dublin.

Mulligan's. Geschwärzte Wände zeugen von der großen Beliebtheit des Pubs. Poolbeg Street 8, Dublin

O'Donoghue's. In dem Pub fanden Anfang der 1960er-Jah-re die »Dubliners« zusammen; sie belebten die Tradition der irischen Ballade wieder. Merrion Raw 15, Dublin.

Slattery's. Irische Musik gibt's fast jeden Abend. Capel Street 129, Dublin

ÜBERNACHTEN

Inmitten von Parklandschaften, an Flussufern, an der Küste oder an sattgrünen Schafwei-den kann man in Herrenhäu-sern, Burgen und Schlössern übernachten. Jedes Haus ist in-dividuell, überall wird man mit offenen Armen empfangen, sitzt mit den Eigentümern oder an-deren Gästen an großen runden Tischen beim English Breakfast und abendlichen Dinner (www.irelandsbluebook.com, www.hiddenireland.com, www.tourismresources.ie)

Markree Castle Hotel. Neugoti-sches Schlosshotel inmitten ei-nes Parks, auch Dracula's Home genannt. Collooney, Co. Sligo, www.markreecastle.ie

Shelbourne Hotel. Irlands feinste Hoteladresse. St. Stephen's Green 27, Dublin, www.theshelbourne-renaissance.h-rez.com

Glenadalough House. Altes Herrenhaus im Herzen von Wicklow (»Garden County«). Caragh Lake, www.glendaloughhouse.ie

Hilton Park. Kleines Landhotel in einem alten Herrenhaus, umgeben von grünen Wiesen. Clones, Co. Monaghan, www.hiltonpark.ie

WEITERE INFOS

Tourism Ireland. www.discoverireland.com/de

Northern Ireland Tourist Board. www.discovernorthern-ireland.com

Der größte Strand aller Nord-
seeinseln – die »Sandbank
des Meeres«.

Amrum

Wo sich eben noch Meer befand, sind bei Ebbe nur noch Schlick und Wattwürmer.

HIGHLIGHTS

Kniepsand. 12 km langer und bis zu 1,5 km breiter Sandstrand.

Watt. Seit 2009 UNESCO-Weltnaturerbe. Wanderung bei Ebbe und gutem Wetter mit Führer 6 km von Norddorf nach Dunsum (Föhr), zurück mit dem Bus nach Wyk und mit der Fähre nach Amrum.

Dünen. Ein Netz von Bohlenwegen erschließt die großartige Dünenlandschaft. Vier Aussichtsplattformen.

Leuchtturm. Ältester Leuchtturm (42 m) an der deutschen Küste (1875). Vom Rundbalkon grandiose Aussicht – bei klarem Wetter bis zum Festland.

Windmühle. Erbaut 1771, heute Heimatmuseum. Am Südende von Nebel.

KULINARISCHE SPEZIALITÄTEN

Nordseegarnelen: Im Sommer kommen die Krabben frisch vom Kutter und werden im »Steuerhaus« auf der Steenodder Mole verkauft. – *Pannfisch:* Fischfilets gemischt in der Pfanne in Senfsauce mit Bratkartoffeln. *Teepunsch:* Tee mit Köm, gesüßt mit Zucker und Kandis. – *Tote Tante:* Kakao mit Rum und Schlagsahne.

Amrum ragt von den drei großen Nordfriesischen Inseln am weitesten hinaus ins Meer. Der 12 km lange und 1,5 km breite Kniepsand gehört zu den breitesten Sandstränden der Welt. In den fünf Dörfern mit ihren 2200 Einwohnern stehen zahlreiche reetgedeckte Friesenhäuser inmitten idyllisch-bunter Obst- und Blumengärten.

Geest, Marsch, Dünen und eine Riesensandbank

Amrum ist 3 bis 4 km schmal und 13 km lang und die schlankeste unter den Nordfriesischen Inseln. Sie weist drei Bodenformen auf: Der von Nord nach Süd sich erstreckende **Dünenwall** nimmt fast die Hälfte der Fläche ein. Seine Kuppen erreichen mehr als 30 m; südwestlich von Norddorf befindet sich mit 32 m ü. NN die höchste. Dieser Wall trennt das **Marschland** und den **Geestkern** im Osten vom **Kniepsand** im Westen. Vor 400 Jahren ragte dieser als »Amrumer Barriere« weit nach Westen ins Meer. Nach und nach sorgten Wind, Wellen und Meeresströmungen dafür, dass die Sandbank sich um fast 90 Grad »drehte« und vor den natürlich gewachsenen Inseldünen schließlich zur Ruhe kam. So finden wir auf kleinem Raum endlos erscheinende Dünen, fruchtbaren Marschboden und eine Heidelandschaft, die in der Inselmitte teils mit Ulmen, Pappeln, Kiefern und Fichten

aufgeforstet wurde. Im Sommerhalbjahr brüten auf Amrum Tausende **See- und Watvögel.**

Vom frühgeschichtlichen Ankerplatz zum Heilbad

Die windgeschützte Bucht bei **Steenodde** wird seit frühgeschichtlicher Zeit als Anker- und Hafenplatz genutzt. Der Name bedeutet »Steinspitze« und weist auf Steine und Findlinge hin. Hier fand man auch Grabstätten und Siedlungsspuren aus der Jungsteinzeit sowie den **Krümwaal,** einen Erdwall. Deutlich sichtbar zieht er sich, rund 2 m hoch und 1800 m lang, südlich der Nebeler Mühle in einem großen Bogen bis zum Watt; keiner kann bis heute überzeugend erklären, welche Aufgabe dieser frühgeschichtliche Überrest hatte. Weitere Ausgrabungen förderten u. a. zwei steinzeitliche Grabkammern und bronzezeitliche Hügelgräber zutage. Der heutige Ort Steenodde wurde jedoch erst 1721 gegründet.

Das angrenzende **Süddorf** ist das wohl älteste Inseldorf. Urkundlich erstmals 1464 erwähnt, dürfte es als Siedlungsort aber um vieles älter sein. Aus Süddorf stammten zahlreiche Kapitäne und »Commandeure« aus der großen Zeit des **Walfangs** im 18. Jh. Die meisten von ihnen fuhren – Monate oder gar Jahre – auf niederländischen Schiffen. Wer nicht »draußen« blieb, kam recht wohlhabend wieder nach Hause.

Markenzeichen Reetdach – das perfekte friesische Haus umgibt ein blühender Garten

Strand-Schönheiten

Der 10 km² große Kniepsand westlich des Dünengürtels ist das Besondere an Amrum. Er ist gut über Bohlenwege durch die Dünen und Waldwege zu erreichen. Breiter gibt es keinen Sandstrand an der deutschen Nordseeküste, nur der Sandstrand der Rivalin Sylt ist länger. Dafür rühmt sich Amrum, den ältesten und größten FKK-Strand auf den Nordfriesischen Inseln zu besitzen; im Einzugsbereich aller fünf Dörfer gibt es im Sommer Abschnitte, wo die Hüllen fallen dürfen – ebenfalls bewacht. Einer der beiden Amrumer Campingplätze in den Dünen wird von einem FKK-Verein betrieben. Die besten Voraussetzungen zum Wind- und Kitesurfen bietet der Norddorfer Strand (mit Surfschule). Bei Wittdün am Südzipfel endet der Kniepsand; er geht in den schmalen Südstrand über. Die Strandpromenade führt um die Spitze herum zum Nordstrand neben dem Fähranleger.

Die Kapitänshäuser mit blauweißer Kachelung zeugen vom Reichtum der Bewohner.

DURCH UND UM AMRUM HERUM

Der **Insel-Paul**, ein als Eisenbahn verkleidetes Bähnchen für den Straßenverkehr, ist zwischen den Inseldörfern unterwegs. Sein Vorgänger war eine Schmalspurbahn, die von Dampflokomotiven gezogen wurde. Für eine individuelle Sightseeingtour sind knuffige **Elektroautos** eine umweltfreundliche Alternative zum eigenen »Schnauferl«. Ganz auf die eigene Kraft setzt, wer das **Fahrrad** nimmt: Zwischen Wittdün, Süddorf, Nebel und Norddorf verläuft ein gut befahrbarer Wirtschaftsweg, durch den Inselwald radelt man wieder zurück (insgesamt 20 km). Wo das Fahrrad stecken bleibt, kommt das **Pferd** voran. Auf einem Reiterhof darf man sich auf Islandpferde schwingen und, sofern fest im Sattel, den Strand entlanggaloppieren.

Mit Schiffen der **Adler-Flotte** kommt man zu den Halligen, nach Sylt und Föhr sowie zu den Sandbänken, auf denen sich Seehunde und sogar Kegelrobben ausruhen und sich um ihren Nachwuchs kümmern. Eilige »Inselhüpfer« können im Sommer ein Expressboot nach Sylt, zur Hallig Hooge oder nach Nordstrand nehmen.

Fröhliche Farben und prächtige Gärten sind typisch für die Häuser auf Amrum.

Ende des 19. Jh. weckte Amrum, das bis 1864 zu Dänemark gehörte, das Interesse von Badeurlaubern. 1890 wurde die Insel offiziell als Heilbad anerkannt und 1900 **Wittdün** (»Weiße Düne«) mit neuem Fährhafen auf der bis dahin unbesiedelten Südspitze der Insel gegründet. Die Wandelbahn – die Wittdüner Strandpromenade – führt ganz um diese Spitze herum. Sie entstand 1914–21 als Uferschutzmauer gegen Sturmfluten. Der Großdüner **Leuchtturm,** heute das Wahrzeichen der Insel, nahm 1875 den Betrieb auf.

Etwas weiter nördlich liegt **Nebel,** ein Flecken mit engen Gässchen und prächtigen, überwiegend reetgedeckten altfriesischen Häusern. Um 1600 entstanden, war Nebel das Dorf der Seefahrer, Bauern und Handwerker. Als Kirchdorf hatte es eine Schule und die Amtsverwaltung. Neben dem alten Friedhof steht die **St. Clemens-Kirche,** erbaut um 1200 als Nebenkirche von St. Johannis auf Föhr, mit einem der ganz wenigen reetgedeckten Kirchdächer. Auf den reliefverzierten, »sprechenden« Grabsteinen des Friedhofs findet man außer den Lebensdaten auch die Todesursache vermerkt. Die reetgedeckte **Windmühle** auf dem Geestrücken, ein Erdholländer von 1771, war bis 1964 in Betrieb und ist heute ein Museum.

Die Friesen und der Fremdenverkehr

Das **Öömrang Hüs** präsentiert eine »Friesenstube« von 1736 und verwahrt u. a. das »Amrumer Archiv« mit zahlreichen Nachlässen und historischen Dokumenten. Das Maritur widmet sich naturkundlichen und »maritimen« Themen und stellt u. a. das spannende Leben des Seemanns und Abenteurers Hark Olufs vor, der in die Sklaverei geriet und als gemachter Mann zurückkehrte. Das friesische Öömrang, eine westgermanische Sprache, wird übrigens noch von etwa der Hälfte der Insulaner gesprochen.

Eingebettet zwischen Wäldchen, Dünenketten, Heideflächen und Marschlandschaft südlich der Odde, einer Landzunge, liegt **Norddorf.** Friedrich von Bodelschwingh, Gründer der gleichnamigen Anstalten in Bethel, gilt als Erfinder des Fremdenverkehrs auf Amrum, als er 1890 das erste Seehospiz für Erholungsbedürftige gründete. Heute kann Norddorf mit einem Wattbad an der Odde, einem Kurmittelhaus und einem beheizten Meerwasserschwimmbad glänzen. Bei allen Höhepunkten – das Beste an Amrum ist und bleibt aber der feine schneeweiße Sandstrand.

Amrum

Infos und Adressen

ANREISE

Flug: Nach Sylt. Weiter (April bis Oktober) mit der »MS Adler-Express« von Hörnum (45 Min.). **Auto:** Bis Dagebüll. **Bahn:** IC-Kurswagen bis Dagebüll-Mole. **Fähre:** Mit den Linienschiffen der W.D.R. (Wyker Dampfschiffs-Reederei, www.faehre.de) nach Wittdün (ca. 2 Std.). Weiter mit dem Bus (halbstündlich). Alternative: Mit der »MS Adler Express« von Strucklahnungshörn/Nordstrand (www.adler-schiffe.de).

BESTE REISEZEIT

Ganzjährig. Badesaison Juli/August

SEHENSWERT

Öömrang Hüs. Friesenstube von 1736 in einem ehemaligen Kapitänshaus. Wasswai 1, Nebel
Maritur. Natur und Seefahrt vor dem Hintergrund zweier Amrumer Schicksale. Im ehemaligen Schwimmbad von Norddorf. Strunwai 31
Vogelkoje. Bis 1935 Fanganlage für Wildenten und -gänse, heute Naturerlebnisraum am Rand eines Wäldchens mit Wildgehege.
Odde. Natur- und Vogelschutzgebiet auf der nördlichen Landzunge. Führungen.
Amrum Badeland. Meerwasser-Wellenbad, u. a. mit Saunalandschaft und Dampfbad, in den Dünen bei

Wittdün. Am Schwimmbad 1, www.wittduen.net
Biaken. Traditionsfest, ursprünglich Opferfeuer für den germanischen Gott Wotan, seit dem Mittelalter Abschiedsfest für Seefahrer und Walfänger. Am Abend des 21. Februar werden die »Biakenbonker«, große Reisighaufen, abgebrannt.
Ringreiter-Wettbewerbe. Publikumsmagnet im Sommer.

ESSEN UND TRINKEN

In historischen Reetdachkaten gibt es vielfältige gastronomische Angebote, von altfriesischen Seefahrerkneipen über Cafés und Teehäusern bis hin zu modernen Restaurants.

Ual Öömrang Wiartshüs. Hochgelobte Fischküche im reetgedeckten Friesenhaus. Schickes Ambiente. Hotel angeschlossen. Bräätlun 4, Norddorf, www.uöw.de
Seekiste. Außergewöhnliche Kombinationen, z. B. krosse Heringsfilets und Lammfrikadellen, in uriger Atmosphäre, Smääljaat 2, Nebel, www.seekiste-amrum.de
Dat Achterdeck. Der Seebär lädt zu klassischen regionalen Gerichten ein. Uasterstigh 5, Nebel, www.dat-achterdeck.de
Strand 33. Leichte internationale Küche. Terrasse mit herrlicher Aussicht auf Sand und Meer. Strunwai 33, Norddorf, www.strand33.de/wb

Weltenbummler. Der Name ist Programm für die Speisekarte. Angeschlossen »Insel Hotel Kapitän Tadsen«. Stianoodswai 17, Steenodde, www.weltenbummler-amrum.de
Likedeeler. Frische Experimentierfreude mit Zutaten der regionalen Küche, Stianoodswai 29a, Steenodde, www.likedeeler-amrum.de

ÜBERNACHTEN

Vitalhotel Weiße Düne. Viersterneprogramm in Pastelltönen zum Durchatmen und Entspannen. Wittdün, www.weisse.duene.de
Üs Eilun. Ruhiges Gästehaus mit individuell eingerichteten Zimmern. Nei Stich 14, Norddorf, http://gaestehaus-amrum.de
Hotel Friedrichs. Familiengeführtes Dreisternehaus (1898). Helle Zimmer. Gutbürgerliches Restaurant. Uasterstigh 18. Nebel, www.hotel-friedrichs.com
Seeblick Genuss und Spa Resort. Hotelanlage auf Viersterneniveau mit Restaurant und Hallenbad. Strunwai 13, Norddorf, www.seeblicker.de

WEITERE INFOS

AmrumTouristik. Wittdün/Amrum, Inselstraße 14b, www.amrum.de

Überblick gewinnen: Der Besuch auf einem Leuchtturm gehört zu Amrum einfach dazu.

Usedom

HIGHLIGHTS

Ahlbecker Seebrücke. Wie eine Filmkulisse wirkt die 280 m lange Holzkonstruktion.

Historisch-Technisches Informationszentrum. In Peenemünde wird u. a. an die V1- und V2-Raketen erinnert, die im »Dritten Reich« dort entwickelt wurden.

Schmetterlingsfarm. In einer Halle am Bahnhof Trassenheide flattern 2000 tropische Schmetterlinge.

Bäderarchitektur. Die Villen lassen sich am besten auf der Promenade zwischen Bansin und Ahlbeck genießen.

Sieben-Seen-Blick. Plattform nahe Bansin mit namengebendem Ausblick.

KULINARISCHE SPEZIALITÄTEN

Hering: Der Allerweltsfisch kommt variantenreich auf den Teller; im April gibt es »Heringswochen«. – *Tüfte:* Was aus der Kartoffel (Tüfte) gezaubert werden kann, erfährt man im September während der »Tüftentage«. – *Aal:* Frisch geräuchert gibt es ihn an jeder Ecke, auch Flunder und Dorsch sind beliebte Speisefische. – *Soljanka:* Als Relikt der DDR hält sich die Suppe auf den Speisekarten.

An Land gezogene Fischerboote: malerische Fotomotive auf Usedom und anderswo.

Lange Zeit wurde Usedom als »Badewanne von Berlin« verspottet. Zu DDR-Zeiten fanden viele Urlauber hier ihr Strandparadies, das ihnen außerhalb ihres Landes versagt blieb. Die Zeiten sind vorbei: Mittlerweile haben alle Deutschen die Insel entdeckt, die nach aufwendigen Sanierungen, besonders der drei Kaiserbäder, wieder als chic gilt.

Deutschlands Insel der Sonne und der Strände

Usedom bedeutet Sommer. Usedom bedeutet Sandstrand. Usedom bedeutet Auszeit vom Alltag – die kann ein Wochenende dauern oder den kompletten Jahresurlaub einnehmen. Hier findet jeder sein Glück, und die Marketingstrategen wissen diese Sehnsucht mit Usedoms Slogan zu nähren: **»Deutschlands Sonneninsel«.** Wahre Anhänger wollen »ihre« Insel aber nicht darauf reduziert wissen, weshalb auch im Frühling, Herbst und Winter wetterfeste Naturfreunde ihre Runden an den windigen Stränden drehen.

Im Sommer ist auf Usedom Verlass, und es zeigt sich meistens von seiner besten Seite: Die Quartiere vom Campingplatz bis zum Luxushotel präsentieren sich adrett. Der Sand glitzert verheißungsvoll. Ziehen Wolken am blauen Himmel auf, so vertreibt der Wind sie so schnell, wie er sie herange-

Deutschland

Steilküste Stubbenfelde. Neben dem für Usedom üblichen stadtnahen Sandstrand bietet Stubbenfelde noch einen Strandabschnitt unmittelbar unterhalb des Teufelsbergs. Von der Steilküste per Treppe zu erreichen, ideal für romantische Abende am Lagerfeuer.

FKK-Strand Trassenheide. Freunde der Freikörperkultur sonnen sich in der Nähe des Campingplatzes von Trassenheide auf einem der insgesamt zehn FKK-Strände Usedoms.

Ahlbeck. Wer es mondän mag, sucht sich seinen Strandplatz unmittelbar an der Seebrücke. Die Strandkörbe sind begehrt und bei schönem Wetter entsprechend schnell vermietet.

Heringsdorf. Im Schatten der Seebrücke herrscht der größte Trubel, denn dort können Kinder auf dem Trampolin springen. Hungrige und durstige Strandbesucher haben einen kurzen Weg zu allen Arten der Gastronomie.

Hundestrand Zinnowitz. Wer seinen vierbeinigen Freund nicht zu Hause lassen möchte, findet hier einen von über zehn Hundestränden der Insel – nahe der Seebrücke und bequem zu erreichen.

Die Seebrücke von Ahlbeck: Tummelplatz von Beachvolleyballern und Strandfreaks

Infos und Adressen

ANREISE

Auto: Von Westen über Wolgast, von Süden über Anklam und Zecherin (Brückenöffnungszeiten beachten); **Zug:** Umsteigen in Züssow, weiter mit Usedomer Bäderbahn bis Swinemünde

BESTE REISEZEIT

Juni–August mit höchster Sonnengarantie

SEHENSWERT

Golm. Naturschutzgebiet und Gedenkstätte für die Opfer des Zweiten Weltkriegs. www.golm-usedom.de
Die Welt steht kopf. Ein umgedrehtes Haus sorgt für Verwirrung. Wiesenweg 2c, Trassenheide, www.weltstehtkopf.de

ESSEN UND TRINKEN

Haithabu. Wikinger-Restaurant mit rustikaler Atmosphäre. Friedrichstraße 7, Seebad Ahlbeck, www.haithabu-usedom.de
Kosserower Salzhütte. Fischrestaurant mit hauseigener Räucherei. Hauptstraße 52, Ostseebad Koserow, www.koserower-salzhuette.de

ÜBERNACHTEN

Steigenberger Grand Hotel und Spa. Luxus pur an der Strandpromenade. Liehrstraße 11, Seebad Heringsdorf, www.steigenberger.com
Hotel Ostende. Gediegenes Wohnen in einer Villa von 1910. Dünenstraße 24, Seebad Ahlbeck, www.hotel-ostende.de

WEITERE INFOS

Usedom Tourismus. Waldstraße 1, Seebad Bansin, www.usedom.de

weht hat. Nur die Ostsee könnte wärmer und weniger abweisend sein, aber alle Sandburgenbauer und Strandkorbmieter nehmen sie gern so, wie sie ist.

Als Usedoms Perlen glänzen die drei **Kaiserbäder** Bansin, Heringsdorf und Ahlbeck. Die mondäne **Bäderarchitektur** hat oftmals ein Jahrhundert auf dem Buckel und präsentiert sich heute wieder in alter Frische. Fußgänger und Radfahrer freuen sich über die Promenade, auf der besonders an Wochenenden das Motto »Sehen und gesehen werden« gilt. Wen es noch weiter nach Osten zieht, der passiert, ohne es zu merken, die Grenze zu Polen. Was viele Besucher nicht wissen: Auch das Nachbarland hat Anteil an der schönen Insel. Mit **winouj cie** (Swinemünde) liegt dort sogar Usedoms einzige größere Stadt.

Texel

Traumhäuschen auf Zeit: An vielen Strand-übergängen kann man Strandhütten mieten.

HIGHLIGHTS

Nationalpark Duinen van Texel. Natur pur – insgesamt 4300 ha umfasst dieser Nationalpark.

Ecomare. Das Umweltzentrum hat eine Seehundaufzuchtstation und bietet Wattwan-derungen an.

Kaap Skil. Das architektonisch interessante Museum zeigt das Leben am und mit dem Meer. Ein Highlight ist das riesige Hafen-modell.

Vuurtoren Texel. Vom Leuchtturm aus hat man einen herrlichen Panoramablick.

Schipbreuk- en Juttersmuseum Flora. Strandgut aus über 70 Jahren ist in diesem kleinen Museum versammelt.

KULINARISCHE SPEZIALITÄTEN

Texel-Lamm: Wunderbar pikantes Fleisch, das durch das salzige Gras auf den Weiden würzig-salzig schmeckt. – *Juttertje:* Der Name dieses Kräuterlikörs bedeutet »Strand-räuber«. – *Texels Skuumkoppe:* Weißbier aus der Texelse Bierbrouwerij. – *Texeler Spargel:* Wird zwischen Mutter- und Vatertag geerntet und serviert.

Texel ist die grünste der Westfriesischen Inseln. Die ungewöhnlich abwechslungsreiche Landschaft zieht rund ums Jahr viele Besucher an. Ganz Holland, so ist oft zu hören, findet man hier auf einer einzigen Insel: Ausgedehnte Sandstrände, lauschige Wäldchen, grüne Wiesen, malerische Dörfer und kleine Gehöfte – an Texel kann man sich nicht sattsehen.

Baden, Sport treiben und sich verwöhnen lassen

Texel tanzt aus der Reihe: Anders als ihre Nachbarinseln ent-stand die größte und westlichste Watteninsel nicht aus Sandablagerungen. Texel ist Teil eines eiszeitlichen Hügelrü-ckens und wurde erst durch die verheerende **Allerheiligen-flut** Anfang des 12. Jh. vom Festland getrennt. Die Bewohner vergrößerten die Insel im Laufe der Zeit durch **Einpolderun-gen.** Heute ist Texel knapp 170 km² groß. Badegäste kom-men auf Texel ebenso auf ihre Kosten wie Sportler. An den Stränden kann man baden, wandern, reiten oder Drachen steigen lassen, surfen, paddeln, Katamaran segeln und Strandbuggy fahren. Naturfreunde finden hier mehrere Na-turschutzgebiete. Ein **Radwegenetz** von mehr als 130 km Länge erschließt die Insel und verbindet die hübschen Orte miteinander.

Niederlande

Die Westküste Texels liegt zur offenen Nordsee hin. Ein rund 30 km langer Sandstrand bildet die Küstenlinie. Dahinter schützt ein ausgedehnter **Dünengürtel** das Inselinnere mit seinen Wald- und Heidelandschaften. Der höchste Punkt der Insel trägt mit 15 m ü. NN den stolzen Namen »Hoge Berg«. Die Ostküste ist zum **Wattenmeer** hin gelegen, das seit 2009 zum UNESCO-Weltnaturerbe zählt. Auch hier gibt es zahlreiche Strandabschnitte.

Die **Strände** sind in Zonen aufgeteilt. Zur Orientierung wird in der Regel nicht der offizielle Name, sondern die Kilometerbezeichnung verwendet: So ist der besonders beliebte Strandabschnitt **Hoornderslag** allgemein als Paal 9 bekannt.

Infos und Adressen

ANREISE

Fähre: Von Den Helder, ca. 100 km nördlich von Amsterdam, einmal pro Std. (Fahrt ca. 20 Min.).

BESTE REISEZEIT

Ganzjährig, Badesaison Juli bis September

ERLEBENSWERT

Ronde om Texel. Bei der größten Katamaran-Regatta der Welt starten im Juni bis zu 600 Boote.
Ouwe Sunderklaas. Am 12. Dezember verkleideten sich früher Groß und Klein, um Dämonen auszutreiben.
Meierblissen. Am Abend des 30. April begrüßen Freudenfeuer das Ende der dunklen Jahreszeit.

ESSEN UND TRINKEN

Culinaire Verwennerij Bij Jef. Sterne-Restaurant in ehemaliger Pfarrei. Köstliche, moderne Küche

(»verwennen« = verwöhnen). Herenstraat 34, Den Hoorn
Restaurant de Luwte. Gänsebrust und Lamm frisch von der Insel werden in der offenen Küche vor den Augen der Gäste zubereitet. Warmoesstraat 2, Den Burg

ÜBERNACHTEN

Hotel 't Anker. Kleines, gemütliches Familienhotel in zwei historischen Häusern im Herzen von De Cocksdorp. Kikkertstraat 24, www.t-anker.texel.com
De Zeven Provinciën. Das älteste Hotel der Insel eröffnete 1666 in Oudeschild. De Ruyterstraat 60, www.herbergtexel.nl
Grand Hotel Opduin. Vier-Sterne-Wellness-Hotel in den Dünen bei De Koog. Ruijslaan 22, www.opduin.nl

WEITERE INFOS

VVV Texel. www.texel.net

Der 150 Jahre alte Leuchtturm De Cocksdorp markiert das Nordende der Insel.

Strand-Schönheiten

Paal 9, 10, 12, 15, 17, 19, 20, 21 und 28. An diesen Strandabschnitten bieten Strandpavillons Badegästen Speisen und Getränke, im Herbst und Winter können sich Strandwanderer hier aufwärmen. Die Strandkioske vermieten Strandhütten. Von Juni bis September sorgen Strandwachen für sicheren Badespaß – ideal für Familien mit Kindern.

Mookbai bis Paal 9 und Paal 22–27. Hier fühlen sich Naturfreunde wohl. Der zweite Abschnitt liegt auf der Höhe zweier Naturschutzgebiete. Wer Stille und Weite schätzt, ist hier genau richtig.

Paal 9–17, 19–22, 27–28 und 32–33. In diesen Bereichen haben Surfer, Paddler, Segler und Drachenfreunde genügend Platz.

Paal 28–32. Der lang gezogene Strandabschnitt bietet Kitesurfern und Strandseglern optimale Bedingungen. Ein zweiter, kleinerer Sportstrand liegt zwischen Paal 17 und 19.

Paal 9 und Paal 27. Diese beiden Strandabschnitte sind offiziell als Nacktbadestrände ausgewiesen.

HIGHLIGHTS

Lopar. Grüne Halbinsel im Norden mit ausgedehnten Sandstränden, die seicht ins Meer abfallen

Kalifront-Wald. Einer der letzten Steineichenwälder des Mittelmeerraums, von Rad- und Wanderwegen durchzogen

Gornja Ulica. Historische »Bergstraße«, die an den Hauptsehenswürdigkeiten der Altstadt von Rab entlangführt

Stadtpark Komrčar. Ausgedehnte Parkanlage der späten Gründerzeit in Rab-Stadt

Heilig-Kreuz-Kirche (Rab-Stadt). Im Sommer klassische Donnerstagskonzerte

KULINARISCHE SPEZIALITÄTEN

Brudet: Suppe aus frisch gefangenem Fisch, serviert mit Polenta oder Weißbrot. – *Kroštule:* Fettgebackenes als Dessert. – *Odojak na ražnju:* Spanferkel, das vor den Konobe (Gasthäusern) im Ganzen gegrillt wird. – *Weiße Herbsttrüffel:* Hochpreisige Spezialität, die auf Omelett oder in Nudelgerichten angerichtet wird. – *Wildspargel:* Lange, dünne Triebe des wilden Spargels, u. a. verarbeitet zu Spargelomelett.

Der romanische Turm der Marienkirche überragt die Altstadt von Rab.

Römische, byzantinische und venezianische Spuren – schon viele Kulturen wussten die Schönheit der Insel in der Kvarner Bucht zu schätzen. Im Osten karg und unnahbar, überrascht Rab im Westen mit üppigem, fruchtbarem Grün. Touristische Hotspots sind die schönen Sandstrände und die Inselhauptstadt mit ihrer venezianisch geprägten Altstadt, die sich ihr mittelalterliches Flair erhalten hat.

Mondänes Badeparadies mit großer Vergangenheit

Bis ins 20. Jh. hinein war die südlichste Insel des Kvarner Golfs ein verträumtes Fleckchen Erde in der nördlichen Adria, doch dann kam der Tourismus. Die Urlauber eroberten begeistert die waldreiche Region, die mit traumhaften, ansonsten in Kroatien eher raren Sandstränden aufwarten kann. Heute ist der Fremdenverkehr die Haupteinnahmequelle der Insulaner geworden.

Überall auf der Insel, aber vor allem auf der nördlichen Halbinsel **Lopar,** um Rab-Stadt herum und auf der südlichen Halbinsel **Kalifront** mit ihrem Ferienkomplex **Suha Punta** sind Hotels und Ferienwohnungen entstanden. Denn das milde Mittelmeerklima lädt von Mai bis Oktober zum Baden ein. Die weiten Strände und kleinen Buchten bieten

Kroatien

Paradiesstrand. Flacher, weiter und sehr beliebter Sandstrand (auch San-Marino-Strand) in der Crnika-Bucht, 3 km von Lopar entfernt, ideal für Familien mit kleineren Kindern, die hier unbesorgt im warmen Wasser planschen können.

Saharastrand. Wer lieber textilfrei badet, ist in der hübschen Sandbucht im Norden der Halbinsel Lopar genau richtig. Zu erreichen über einen etwa 30-minütigen schönen Fußweg von Lopar aus oder mit dem Boot. Ohne Verpflegungsmöglichkeit!

Pudarica. Grobkörniger Sandstrand, hervorragende Wasserqualität. Ideal für Wasserratten, die nicht planschen, sondern auch richtig schwimmen möchten; in der Nähe von Barbat.

Kampor-Mel. Etwas abgeschiedener Sandstrand in der Bucht Kamporska Draga mit nettem kleinem Lokal. Für alle, die Ruhe und Entspannung suchen.

Euphemija. Mehrere kleine Badebuchten vor dem Fischerort Kampor, die zum Baden und Schnorcheln einladen.

Infos und Adressen

ANREISE

Flug: Nächster Flughafen auf der Nachbarinsel Krk; **Auto:** Von München über Salzburg, Villach, Bled, Kranj, Ljublana, Novo Mesto, Zagreb, Karlovac, Senj, Küstenstraße Richtung Split, Stinica (Fähre nach Rab) oder von Nürnberg über Regensburg, Passau, Linz, Graz, Maribor, Zagreb. **Fähre:** Stinica (Festland)–Mišnjak (Rab), Valbiska (Krk)–Lopar, Rijeka (Pak)–Rab-Stadt oder Baška (Krk)–Lopar (nur in der Hauptsaison)

BESTE REISEZEIT

Mai–Oktober

SEHENSWERT

Franziskanerkloster der Heiligen Euphemija. Klosterkomplex (15. Jh.) am Ortseingang von Kampor, von Rab über die Uferpromenade zu erreichen

Kirche der heiligen Maria der Großen. Romanische Kirche mit 25 m hohem Campanile im historischen Zentrum von Rab-Stadt

ESSEN UND TRINKEN

Konoba Rab. Ländliche Küche. Kneza Branimira 3, Rab-Stadt

Grand. Café-Restaurant in den Ruinen des Fürstenpalastes. Srednja, Rab-Stadt

ÜBERNACHTEN

Pansion Tamaris. Kleines gepflegtes Hotel in idyllischer und zentraler Lage. Palit 285, Rab-Stadt

WEITERE INFOS

Touristeninformation. Arba 8, Rab-Stadt, www.tzg-rab.hr

Mit 2500 Sonnenstunden pro Jahr bietet die Insel Rab Urlaubsvergnügen pur.

Wasservergnügen für jeden Geschmack. Auch wer gern textilfrei badet, ist auf Rab an der richtigen Adresse. Hier soll der britische König Edward VIII., berüchtigt für seinen freien Lebenswandel, bereits im Jahr 1936 ein hüllenloses Schwimmvergnügen beantragt und damit die lokale FKK-Bewegung ins Leben gerufen haben.

Mit ihren vier direkt hintereinander aufgereihten Kirchtürmen besitzt die auf einer schmalen Landzunge gelegene **Stadt Rab** eine Silhouette, die unverkennbar ist. Ein undurchdringliches Gewirr von schmalen und gewundenen Gassen durchzieht die mittelalterliche Altstadt. Die »Bergstraße« **Gornja Ulica** führt an der Heilig-Kreuz-Kirche, an den Kirchen der Heiligen Justina und des Heiligen Andreas und schließlich an dem bedeutendsten Bauwerk, der **Kirche der Heiligen Maria der Großen,** vorbei.

Menorca

Die rotsandige Cala Pregonda ist eine der wenigen Sandbuchten an der Nordküste.

HIGHLIGHTS

Torralba d'en Salort. In der Ausgrabungsstätte erhebt sich die imposante monolithische Taula de Torralba.

Naveta d'es Tudons. Nirgends sonst in Europa gibt es ein ähnlich altes, perfekt erhaltenes Bauwerk.

Monte Toro. Vom Dach der Insel bietet sich ein einmaliger Blick über Hügel und Schluchten.

Maó (Mahón). Die Inselmetropole hat einen der schönsten Naturhäfen des Mittelmeers.

Ciutadella. Die altehrwürdige Bischofsstadt ist eine der schönsten Städte Spaniens.

KULINARISCHE SPEZIALITÄTEN

Ensaimadas: Schneckenförmiges Hefegebäck gefüllt mit Kürbiscreme, Pudding oder Sahne. – *Queso Mahón*: Käse von trockener Konsistenz, gereift in Baumwolltüchern. – *Salsa de Mahón*: Ein menorquinischer Bauer soll das Rezept für die Mayonnaise aus Ei und Olivenöl erdacht haben. – *Alberginies al forn*: Im Ofen gebackene mit Brot und Ei gefüllte Auberginen. – *Palo*: Likör aus der Johannisbrotbaumfrucht.

Warum in die fernen Tropen schweifen, wenn man einen Hauch von Karibik auch fast vor der Haustür erleben kann? Menorca heißt die Insel, die solche Träume erfüllen kann. Sie ist die kleinere der beiden Gymnaesiae, wie das Eiland und ihre fünfmal größere Schwester Mallorca in der Antike auch gern genannt wurden.

Rau und lieblich vereint in Harmonie

Allein schon die azurblauen sanften Wellen der pinienbestandenen **Cala Macarellata** mit feinkörnigem Rosé-Strand oder die Cala Trebalugar mit jadegrünem Meer hinter blütenweißem Sand lässt einen ins Schwärmen geraten. Dabei sind dies nur zwei der vielen Traumbuchten Menorcas. Kein Wunder, dass die UNESCO die ganze Insel zum Biosphärenreservat erklärt hat.

Menorca bezaubert seine Besucher mit einem Mix aus stiller Ästhetik und unberührter Natur – und die Fähigkeit zu überraschen. Die Schönheit der Küsten und die des Inlands bilden ein harmonisches Ganzes. Trotz fehlender bedeutender Anhöhen – der **Monte Toro** misst gerade mal 358 m ü. NN – ist die Landschaft abwechslungsreich: rau im Norden wie die rotsandige **Cala Pregonda,** lieblich im Südosten wie die weite Sandbucht **Son Bou.**

Spanien

Doch weist die kleine Welt der Menorquiner noch zwei weitere Pole auf: An einem Ende **Ciutadella,** die alte Hauptstadt, pittoresk und von leichter Melancholie, mit einem Hafen, der zu den romantischsten des Mittelmeerraums zählt. Am anderen Inselende **Maó (Mahón),** die quirlige Handelshauptstadt, gesegnet mit einem begehrten Naturhafen. Welche zu bevorzugen ist, wissen die Menorquiner selbst nicht – schon immer schwelt Rivalität zwischen beiden Städten.

Menorca ist auch eine Welt untergegangener Kulturen. Prähistorische Zivilisationen haben ein reiches Erbe mit eindrucksvollen Überresten hinterlassen, darunter die Kultstätten Torralba d'en Salort, Torre Llafuda, Talati del Dalt und Torre d'en Galmés. Das älteste vollständig erhaltene Bauwerk Europas, die Grabstätte **Naveta d'es Tudons,** erinnert an einen kieloben liegenden Schiffsrumpf.

Der Pfad führt zur Cala Tortuga, beliebt wegen des weißen Sands und türkisen Meeres.

Strand-Schönheiten

Cala Trebalugar. Das smaragdgrüne Meer spült sanft an den schneeweißen feinen Sandstrand. Der Traumstrand blitzt ganz unvermittelt am Fuße eines Pinienhains durch die Baumkronen.

Cala Macarellata. An der nur zu Fuß oder per Boot erreichbaren Minibucht mit ihrem Rosé-Sand und der sanften Dünung glasklaren aquamarinfarbenen Wassers fühlt man sich in die Karibik versetzt.

Cala Turqueta. Sandstrand mit türkisfarbenem Wasser, teils beschattet von dichten, duftenden Pinienschirmen und durchsetzt mit Klippen zum Sonnenbaden.

Cala Pregonda. Rotsandige Badebucht mit markanten Felsformationen westlich von Fornells.

Son Bou. Der längste Strand der Insel mit goldgelbem Sand, sanft abfallend und daher sehr familientauglich, wird eingerahmt von herrlicher Natur und den Feriensiedlungen Sant Jaume di Mediterrani und Torre Soli.

Playa de Punta Prima. Der weiße, feine Sandstrand an der Südostspitze Menorcas mit dem Panoramablick auf die vorgelagerte Leuchtturminsel Isla del Aire zählt zu den beliebtesten der Insel.

Infos und Adressen

ANREISE

Flug: Direktflüge nach Menorca oder über Barcelona;
Fähre: Verbindungen nach Barcelona (ca. 8 Std.) und Palma de Mallorca (ca. 6 Std.)

BESTE REISEZEIT

April–November

SEHENSWERT

Iglesia Santa María. Auf der größten und schönsten Orgel Europas in Maó werden regelmäßig Konzerte gegeben.
Festes de Sant Joan. Im Juni Reiterspiele und Feuerwerk zu Ehren des Heiligen in Ciutadella.
Fornells. Reizender, weiß gekalkter Fischerort an der rauen Nordküste.

ESSEN UND TRINKEN

Andraira. Feine katalanische Küche mit Lammspezialitäten. Maó, Calle d'es Forn
La Caraba. Ungewöhnliche menorquinische Speisen. Sant Lluís, Calle S'Uestrà 78
La Guitarra. Gemütliches Kellerrestaurant mit regionaler Kost. Ciutadella, Calle Dolores 1

ÜBERNACHTEN

Hotel Port Mahón. Renommiertes Hotel mit Pool und herrlichem Blick von der Terrasse aus. Maó, Av. Port de Maó 13

WEITERE INFOS

Tourismus Balearen.
www.illesbalears.es

13 Fuerteventura

Die Insel weist sicherlich die besten Bademöglichkeiten des Kanarischen Archipels auf. Ursache für die weiten Strände mit feinstem Sand sind die »starken Winde«, wie der Inselname übersetzt heißt, die stets vom Osten her wehen und hellen Sand aus der nur 100 km entfernten Sahara mitführen. So konnte sich über Jahrtausende mitten im Meer eine Wüste bilden.

Starker Wind über der Wüste im Atlantik

Zusammen mit Lanzarote und Gran Canaria bildet Fuerteventura als zweitgrößte Insel die östliche Gruppe der Kanaren. Sie erstreckt sich mondsichelförmig von Südwesten nach Norden: 100 km lang, 30 km breit, eine Küstenlänge von 340 km mit feinsten, größtenteils unberührten Sandstränden. Dieser einzigartige Naturreichtum sorgt dafür, dass man die erfrischenden Meeresfluten allerorts noch recht ungestört genießen kann und man bei Strandläufen selbst an so bekannten Orten wie der **Playa Sotavento de Jandía** auf vielen Kilometern niemandem begegnet. Obwohl an diesem Strand gleich zwei Urlaubszentren liegen: **Costa Calma** und **Morro Jable;** dort legen Fähren nach Gran Canaria ab.

Für nahezu karibische Eindrücke sorgt eine flache unterseeische Plattform, die um Fuerteventura einen Ring aus flachem, kristallklarem Wasser legt. Das Meer schimmert in unterschiedlichen Türkistönen und lädt zum Tauchen ein.

Spanien

Infos und Adressen

ANREISE

Flug: Direktflüge nach Fuerteventura, Puerto del Rosario;
Fähre: 2-tägige Verbindungen vom spanischen Festland ab Cádiz (zwei Tage)

BESTE REISEZEIT

September–Mai

SEHENSWERT

Ecomuseo La Alcogida. Freilichtmuseum für bäuerliche Inselkultur. Tefia, Di–Fr, So 9.30–17.30 Uhr
Fiesta Nuestra Señora. Jedes Jahr im Oktober findet die größte Trachtenprozession der Insel statt. Puerto del Rosario
Bootsprozession. Geschmückte Fischerboote sind im Juli zu Ehren der Schutzheiligen der Fischer, Nuestra Señora del Carmen zu sehen. Morro Jable

ESSEN UND TRINKEN

La Vaca Azul. Fischrestaurant mit Meeresblick-Terrassen am alten Hafen von El Cotillo
Esquinzo. Restaurant mit herrlichem Blick von der Klippe aus. Volcàn de Vayoyo 10, Marina Bay
Casa Santa Maria. Preisgekröntes, stilvollstes Inselrestaurant, Plaza Santa Maria 1, Betancuria

ÜBERNACHTEN

Mahoh. Zum Hotel umgestaltetes Gehöft aus dem 18. Jh. mit Himmelbetten. Pool im Garten. www.mahoh.com
La Era del Corte. Stilvolles Ambiente in einem Herrenhaus aus dem 19. Jh., fern des Trubels. Calle La Corte 1, Antigua, www.eradelacorte.com

WEITERE INFOS

Turismo Fuerteventura. www.fuerteventuraturismo.com

Strand-Schönheiten

Playas de Sotavento de Jandía. 25 km langer Strand mit hellem, goldgelben Sand auf der Halbinsel Jandía, unterteilt in Playa Costa Calma, Playa Esquinzo, Playa de Butihondo und Playa del Matorral. Besonders hübsch ist die 2 km lange Playa Barca mit vorgelagerter Lagune, die sich bei Ebbe in ein Watt verwandelt – und damit zu einem Plansch-Paradies für die lieben Kleinen.

Playa de Barlovento. Nur mit dem Jeep via Cofete erreichbarer, kilometerlanger Sandstrand an der windigen Nordküste. Das Baden ist wegen starker Strömungen gefährlich, auch vor Wassersport wird gewarnt.

Playa de Cofete. Der völlig unberührte Sandstrand ist durch die Felsklippe El Islote von der Playa de Barlovento getrennt. Vorsicht vor Unterströmungen!

Playa Corralejo. Vor der Kulisse gewaltiger sichelförmiger Dünen lässt sich auf 8 km Sandstrand südlich von Corralejo vortrefflich baden.

Playa de la Guirra. Die schönste von mehreren kleinen Badebuchten an der Costa Caleta de Fuste wird durch Wellenbrecher geschützt. Ideal für Kinder.

Typisch für die Insel der »starken Winde« sind Windmühlen wie diese in El Roque.

Der König des Sports auf Fuerteventura aber ist das **Windsurfen.** Alljährlich kommen Tausende Surfbegeisterte zu einem der weltbesten Surfspots.

Auch der Inselnorden weist kleine Touristenzentren auf. Lohnenswertes Ziel ist der **Parque Natural Corralejo** mit seiner gewaltigen Dünenlandschaft. Von Corralejo setzen Boote über zum vulkanischen **Felseneiland Lobos.** Im Norden liegt auch **Puerto del Rosario,** das sich zum schmucken Städtchen gemausert hat, seit es das historische Betancuria als Inselmetropole ersetzt hat. Ein Glück, denn so wurde **Betancuria** als hübschestes Städtchen Fuerteventuras bewahrt.

14

Gran Canaria

Die Dünen von Maspalomas: Europas größter Sandkasten befindet sich auf Gran Canaria.

HIGHLIGHTS

Las Palmas. Die Inselhauptstadt hat viel zu bieten: Kathedrale, Plaza Santa Ana, Casa de Colón, einen Jugendstil-Kiosk und die Playa de las Canteras zum Flanieren.

Teror. Fein herausgeputzter Ort mit vielen Bürgerhäusern aus dem 16. und 17. Jh. und Wochenmarkt.

Cenobio de Valerón. Großes mehrstöckiges Höhlensystem, 300 m tief.

Roque Nublo. 1803 m ragt die Felsnadel in den Himmel. Wunderbare Wanderwege in der Umgebung.

Puerto de Mogán. Der vielleicht netteste Badeort Gran Canarias an der Südküste.

KULINARISCHE SPEZIALITÄTEN

Potaje de Berros: Suppe aus Kresse und Kichererbsen. – *Puchero canario:* Eintopf aus Fleisch, Paprikawurst und Kartoffeln. – *Papas con Mujo:* Schrumpelkartoffeln, die in Salzwasser gekocht werden, bis das Wasser verdunstet ist. Die Salzkruste auf der Schale wird mitgegessen. Dazu Saucen aus Knoblauch, Chili und Koriander. – *Gambas al Ajillo:* Garnelen und Knoblauch in Olivenöl. – *Gofio:* Die Polenta der Kanaren.

Die meisten der jährlich drei Millionen Besucher auf Gran Canaria kennen die Insel wie ihre Westentasche. Die Insel ist nahezu kreisrund, hat schöne Strände, und die Statistiker zählen an der Costa Canaria 300 bis 330 Sonnentage im Jahr. Braucht man mehr? Wie gut die Kenntns über die beliebteste Kanarische Insel aber wirklich ist, zeigt sich an drei Geschichten.

Legenden über Hunde und die Sahara

Die Canarios lieben Legenden, die Wahrheit verschwindet dahinter meist aber ein bisschen. »Der Sand«, behauptet Emilio, »ist einzigartig. Er ist durch und durch afrikanisch, auch wenn er schon Jahrhunderte auf Gran Canaria liegt.« Emilio verteilt Prospekte für einen »super Pub mit der besten Stimmung auf der Insel« am Eingang von Europas größtem Sandkasten, den **Dünen von Maspalomas;** sie nehmen eine Fläche von 5 km² ein und sind fast 60 m hoch. Emilio ist gebürtiger Canario und nicht der Einzige, der die Geschichte vom Sahara-Sand am Kanaren-Strand erzählt. Fremdenführer tun es ihm nach, Hotelportiers und Taxifahrer – sofern sie nicht vom spanischen Festland kommen. Einen echten Canario stört es nicht, dass der Sand von Maspalomas gar nicht aus der Sahara gekommen sein kann. Die Körner sind einfach zu schwer für eine solche lange Reise. Selbst an den sogenannten afrikanischen Tagen, wenn es über 40 °C heiß wird

und der Scirocco Hitze aus Afrika bringt, wird kein Sand, sondern allenfalls Staub herübergeweht. Gran Canaria gehört schließlich nur politisch zu Europa. Seine geografische Lage weist die Insel eher zu Afrika gehörig aus. **Las Palmas de Gran Canaria** ist 1750 km von der spanischen Hauptstadt Madrid entfernt, aber nur 200 km vom afrikanischen Kontinent. In Wahrheit stammt der Dünensand aus dem Meer, und zwar von Schalentieren, die im Laufe der Zeit von Wasser und Wind zerrieben wurden.

Insgesamt stehen auf Gran Canaria 19 km Sandstrände, verteilt auf rund 70 Buchten und 236 km Küstenlinie, zur Auswahl. **Güí-Güí** (»Wi-Wi« ausgesprochen) sind die schönsten und abgelegensten Strände. Ihre Lage an der schroffen Steilküste des Westens ist es zu verdanken, dass die wenigen Besucher unter sich bleiben. Sowohl Güí-Güí Grande als auch Güí-Güí Chico sind nur per Boot übers Meer oder nach zweistündiger Wanderung ab Tasartico zu erreichen.

Wo Kolumbus wohnte und was Plinius schrieb

Auch Francesco, ebenfalls gebürtiger Canario, aber aus der Hauptstadt Las Palmas, kennt eine Geschichte. Er wohnt in der Nähe der **Casa de Colón,** einer der prachtvollsten Bauten mit geheimnisvollem Portalschmuck, typisch kanarischen Holzbalkonen, romantischem Patio und Brunnen mitten in Las Palmas. Die Touristen belagern das Haus des **Christoph Kolumbus,** als könnte sich der Entdecker Amerikas jeden Augenblick dem Volke zeigen. Und Tag für Tag verbreiten Einwohner, Guides und andere, die es hören wollen, dass Kolumbus auf seiner ersten Reise nach Amerika 1492 auf Gran Canaria Station gemacht hat. Richtig ist dagegen: Die Casa de Colón war die Residenz der spanischen Statthalter. Kolumbus hat das Haus nie betreten, auch wenn es sein kann, dass er auf seinen weiteren Reisen 1493, 1498 und 1502 der Insel einen kurzen Besuch abgestattet hat. Dabei gehen neuere Forschungen davon aus, dass Kolumbus auf der Suche nach einem westlichen Seeweg nach Indien auf Gomera, nicht aber auf Gran Canaria, haltmachte. Aber sollte man deshalb von der schönen Geschichte abgehen, dass Kolumbus die schmucke Casa de Colón von Las Palmas bewohnte?

Und wo sind die Kanarienvögeln, nach denen Gran Canaria benannt wurde? Antwort: Es gab und gibt keine, abgesehen von einigen Exemplaren im Zoo oder in Privathaushalten. Der Name »Gran Canaria« kommt nicht von den bunten

Die wohlgeformten Dünen von Maspalomas bieten sich für einen Spaziergang an.

Strand-Schönheiten

Maspalomas. Europas größter Sandkasten auf einer Fläche von 5 km². Die Dünen sind fast 60 m hoch. Paare lieben die kleinen Mulden. Auch gibt es eine FKK-Zone.

Playa del Inglés. Eine auf dem Reißbrett entstandene Ferienstadt mit noch immer schönem, 4 km langem hellsandigem Strand. Mit Zona Naturista.

Güí-Güí. Ungefähr das genaue Gegenteil der Playa del Inglés: Die schönsten und abgelegensten Strände der Insel an der schroffen Steilküste des Westens sind nur per Boot oder nach zweistündigem Fußmarsch ab Tasartico zu erreichen.

Veneguera. Auf der Karte zwar nahe Puerto Mogan, aber dennoch eher beschwerlich über eine 11 km lange unbefestigte Straße zu erreichen. Der Einsatz wird mit einer menschenleeren Bucht aus dunklem Sand belohnt.

Playa de Amadores. Karibisch anmutender Strand bei Puerto Rico mit (nahezu) weißem Sand, türkisblauem Wasser und angepflanzten Kokospalmen.

Auch in der Hauptstadt gibt es Rum zu kaufen, etwa in der Einkaufsstraße Triana.

Persönlicher Tipp
AUTOGRAMME AUF DEM FASS

In der Rumfabrik von Arucas, 15 km westlich von Las Palmas, sieht man gleichsam Schwarz auf Weiß, welche bekannte Nase schon an dem hochprozentigen Destillat gerochen hat. In der Zeit, als der Zuckerrohranbau auf Gran Canaria seine zweite Blütezeit erlebte, ernannte Königin Christina die Rumfabrik von Arucas zum Königlichen Hoflieferanten. Seitdem ist die Fabrik der größte Arbeitgeber von Arucas. Pro Stunde können bis zu 12 000 Flaschen Rum abgefüllt werden, und mit einer Produktion von jährlich 3,5 Mio. Litern zählt die Fabrik zu den größten Rum-Produzenten in Europa. Der Fabrik ist ein Rum-Museum angegliedert. Hier können Besucher alles über die Geschichte und Technik der Schnapsbrennerei erfahren.

Etliche Prominente, die zu Gast waren, haben sich auf den alten Holzfässern mit einem Autogramm verewigt, darunter der spanische König Juan Carlos, die Sänger Plácido Domingo und Julio Iglesias, der Schauspieler Antonio Banderas und der ehemalige deutsche Kanzler Willy Brandt.

Ob kugelrund oder schlank und rank, die Kakteen von Gran Canaria sind eine Zierde.

Singvögeln, Tiere spielen aber schon eine Rolle. Der römische Naturforscher Plinius der Ältere nannte das heutige Gran Canaria »Große Hundeinsel«, abgeleitet von »canis«, dem lateinischen Wort für Hund. Die Bronze-Hunde auf dem **Domplatz Santa Ana** von Las Palmas sind eine Erinnerung daran, ebenso die Erhebung der Hunde zu Wappentieren der Stadt. Archäologen blieben den Beweis, dass auf der Insel viele Hunde lebten, in Form von Hundeskeletten bislang schuldig. Aber was ist eine schöne Geschichte gegen schnöde Tatsachen?

Infos und Adressen

ANREISE

Flug: Fast alle Charter-Airlines fliegen Gran Canaria von vielen deutschen Flughäfen das ganze Jahr über an. Die Entfernung von Frankfurt nach Las Palmas beträgt 3320 km, was eine Flugzeit von 4,5 Std. bedeutet. **Auto:** Es gibt eine enorme Auswahl an Mietwagen und Motorrädern, sodass die Preise sehr günstig und stabil sind. Mehr als 300 Guaguas (Busse) bedienen fast jede Ortschaft auf der Insel. Aber ab 19 Uhr ist Feierabend. **Fähren:** Die Schwesterinseln können alle mit Schiffen erreicht werden, dies kann aber bis zu 8 Std. dauern für eine Passage.

BESTE REISEZEIT

Ganzjährig. Auf der Insel des ewigen Frühlings ist es im Sommer erträglich, im Winter behaglich warm. Schwimmen ist zu jeder Jahreszeit möglich.

SEHENSWERT

Puerto de las Nieves. Steilküste im Norden mit dem Dedo de Dios (»Finger Gottes«) genannten Felsen.
Barranco de Agaete. Das fruchtbare, tropisch anmutende 7 km lange Tal an der Westküste erinnert an eine Oase.
Artenara. In dem auf 1250 m ü. NN gelegenen Höhlendorf ist auch die Kirche in den Tuffstein hineingebaut worden.

Fataga. Schönes Bergdorf mit kanarischen Steinhäuschen.
Lucha canaria. Altkanarischer Ringkampf, der noch auf dem Land ausgeübt wird.

ESSEN UND TRINKEN

Orillas del Mar. Im ältesten Restaurant von Puerto Mogán gibt es stets frischen Fisch und leckere Paella.
www.apartamentoselpetromar.com/restaurante_en.php
El Senador. Direkt an der Strandpromenade unterhalb des Leuchtturms von Maspalomas. Natürlich kommen Meeresfrüchte und Fisch auf den Tisch.
www.restauranteelsenador.com
El Poncho. Hervorragende Steaks vom Grill an der Playa del Inglés.
www.elponcho-grancanaria.com

FOTOTIPP

Wie ärgerlich! Wieder hat man das falsche Licht zum Fotografieren erwischt. Auf Gran Canaria gibt es eine Grundregel: Jeden Ausflug sollte man stets im Osten beginnen und Richtung Westen beenden. So genießt man zumindest die Landschaften meistens im rechten Licht.

SHOPPING

Kunsthandwerk. Fündig wird man in einem Laden der Fedac in Las Palmas oder an der Playa del Inglés. Die Fedac ist nicht gewinnorientiert, und das Geld kommt bei den Handwerkern an, die nach traditionellen Verfahren Artesanías herstellen, z. B. Keramiken aus Atalaya, Korbwaren und Flechtwaren aus Ingenio, Webarbeiten aus

Aus Aloe-Pflanzen mit den fleischigen Blättern werden wertvolle Substanzen gewonnen.

Telde oder die aus Horn, Silber und Keramik gearbeiteten Bananenmesser, die Cuchillos canarios, aus Guía.
Aloe-Produkte. Aloe Vera Productos de las Islas Canarias gibt es z. B. als Sonnenmilch mit vorbeugender, aber auch heilender Wirkung.

ÜBERNACHTEN

Santa Catalina. Das kanarischste aller Hotels auf Gran Canaria, ein Juwel der Kolonialarchitektur mit kunstvoll geschnitzten Holzbalkonen. Wenn der König auf Gran Canaria ist, übernachtet er in der Juan-Carlos-Suite.
www.hotelsantacatalina.com
Reina Isabel. Der schmucklose Neubau an der Playa de las Canteras genießt den Ruf, *das* Jet-Set-Hotel Gran Canarias zu sein.
www.reinaisabel-laspalmas.com
Hotel Rural la Hacienda del buen Suceso. Charmante Hacienda in ländlicher Umgebung und doch nahe der Hauptstadt.
www.haciendabuensuceso.com

WEITERE INFOS

Pueblo Canario. Plaza des Las Palmeras, 3, Las Palmas de Gran Canaria, www.grancanaria.com

15

Formentera

HIGHLIGHTS

Sant Francesc Xavier. Hauptort der Insel mit zahlreichen Geschäften und einem Heimatmuseum.

Ses Salines. Die stillgelegten Becken für die Salzgewinnung wurden 1992 zum Europäischen Naturreservat erklärt.

Leuchtturm Far de Formentera. Einsames Gebäude am östlichsten Punkt der Insel, wo die Klippen 140 m zum Meer abfallen.

Tropfsteinhöhle Jeroni. 700 m² große Höhle mit konstanter Innentemperatur von 22 °C.

Es Caló. Kleines Fischerdorf mit Restaurant direkt am Hafen.

KULINARISCHE SPEZIALITÄTEN

Burrida de ratjada: Geschmorter Rochen, der mit gehackten Mandeln auf den Teller kommt. – *Bull d'Anfos:* Innereien des Zackenbarsches, mit Gemüse serviert. – *Coca de Albaricoques:* Als Dessert angebotene Aprikosenfladen. – *Cazuela de Requesón:* Süße, mit Orangen und Zitronen aromatisierte Quarkspeise. – *Frígola:* Likör, der neben dem Hauptbestandteil Thymian noch viele weitere Kräuter enthält.

Aus der Luft offenbart sich, wie schmal und fragil Formenteras Nordspitze ist.

Wer den Weg nach Formentera gefunden hat, der ist nicht bequem mit einem Billigflieger eingetroffen. Zu erreichen ist die Balearische Insel nur per Fähre von ihrer großen Schwester Ibiza aus. Diese eher beschwerliche Anreise erspart dem mit kilometerlangen Stränden gesegneten Eiland den Massentourismus.

Beschauliches Kleinod der Balearen

Es war eine weise Entscheidung, auf Formentera keinen Flughafen zu bauen. So ist von Bettenburgen und amüsierwilligen Partygängern nichts zu sehen. Sollen sich doch die beiden Nachbarinnen Mallorca und Ibiza mit ihnen herumschlagen! Die meisten Besucher Formenteras schätzen die Behaglichkeit und Überschaubarkeit ihres Urlaubsdomizils. Vom Hafen in La Savina geht es am bequemsten per Taxi zur Unterkunft. Ab dann muss niemand mehr ein Auto besteigen. Bei rund 20 km Länge ist jede Sehenswürdigkeit auf einem geliehenen Fahrrad oder Roller zu erreichen. Ampeln gibt es keine, Steigungen kaum, nur der Wind scheint immer von vorn zu kommen.

Ganz oben auf der Beliebtheitsskala stehen die Sandstrände, aus denen die **Platja des Migjorn** an der Südseite herausragt. Schier endlos zieht sich das helle Band, an dem sich auch dann noch stille Winkel finden, wenn die Insel im Sommer die meisten Touristen anzieht. Gegen die Trägheit ei-

Spanien

Platja de ses Illetes, Platja de Llevant.
An der sehr schmalen Nordspitze der Insel
kann man je nach Wind- und Wetterlage
an den westlichen Platja de ses Illetes oder
den östlichen Platja de Llevant wechseln.
In ferner Zukunft wird das Meer den Strand
verschwinden lassen.

Platja des Migjorn. Kilometerlanger Strand
an der Südküste, unterteilt in zahlreiche
Abschnitte mit eigenen Bezeichnungen, z. B.
Es Arenals, Racó Fondo und Es Valencias.

Ses Platgetes. Der Strand gewinnt durch
seine Lage unmittelbar nördlich des Fischer-
dorfes Es Caló, in dem man nach dem
Sonnenbad seinen Durst löschen kann.

Platja de Cavall d'en Borràs. Feiner Sand
und klares Wasser zwischen dem Hafen
von La Savina und der Mühle Molí des
Carregador, in der einst das Salz der Salinen
aufbereitet wurde.

Cala Saona. Höhepunkt der an Stränden
armen Westseite und einziger Inselstrand in
einer natürlichen Bucht. Nach einem kurzen
Weg durch Pinienwäldchen erreicht man den
Aussichtspunkt Punta Rassa.

Traumhafte Strandidyllen auf Formentera:
hier eine Szene am Strand von Sa Roqueta

Infos und Adressen

ANREISE
Flug: Nach Ibiza, von dort mit
der **Fähre** nach La Savina
(30 Min.)

BESTE REISEZEIT
Mai–Oktober, Frühlingsblüte im
Februar/März, Juli–September
Hauptsaison

SEHENSWERT
**Leuchtturm am Cap de
Barbaria.** Leuchtturm am südlichsten Punkt von Formentera
Hippiemarkt in El Pilar.
In der Sommersaison erinnert
der Markt immer mittwochs und
sonntags an die gute alte Zeit
der 1960er-Jahre.

ESSEN UND TRINKEN
Fonda Pepe. 1953 eröffnete
Kultkneipe, die von den
Legenden der Hippie-Ära zehrt.

Sant Ferran de ses Roques,
Carrer Major 40
Blue Bar. International ange-
hauchte Speisekarte bei
bester Strandlage, auf halber
Strecke zwischen Sant Ferran
de ses Roques und Es Caló.
www.bluebarformentera.com

ÜBERNACHTEN
Hotel Bahía. Preisgünstiges
Haus in der Nähe der Fähranle-
gestelle. Passeig de Marina 30,
La Savina, www.hbahia.com
Es Pas Formentera Agroturismo.
Exklusives Haus mit Außen-
pool und Strandnähe. Venda
Ses Clotades, Es Caló,
www.formenteraagriturismo.com

WEITERE INFOS
**Fremdenverkehrsamt von
Formentera.** La Savina,
Formentera, www.formentera.es

nes Sonnenbades lässt sich am besten auf dem Rad ankämp-
fen – etwa auf dem Weg zum Leuchtturm am **Cap de Barbaria.** Zwischen dort und Afrika erstreckt sich nur noch das
Mittelmeer, und bei klarem Himmel suchen viele sehnsuchts-
volle Blicke den Horizont nach dem fernen Kontinent ab.

Dass Formentera familiär ist, zeigt sich spätestens abends
in den leicht abzählbaren Restaurants und Bars. Wer länger
hier verweilt, wird dort immer wieder auf bekannte Gesich-
ter stoßen. Etwa im »**Fonda Pepe**«, das seit sechs Jahrzehnten zu den Legenden der einst bei Hippies beliebten Insel
gehört. Auch der »**Pirata-Bus**« zählt zu den Institutionen.
Wer die Bar an der Platja des Migjorn nicht sofort findet,
braucht sich nur an den klassischen Rocksongs zu orientieren, die zwischen den Dünen erschallen.

16

Zumindest in der Nebensaison möglich:
einsame Strandbucht, hier bei Limnionas

HIGHLIGHTS

Kos-Stadt. Mit vielen Überresten aus
Antike, Mittelalter und der Zeit der türkischen
Herrschaft. Kreuzritterfestung (16. Jh.) und
12 m dicke Hippokrates-Platane.

Asklepieion. Heiligtum und Kurort in der
Nähe der Inselhauptstadt. Bedeutendster
archäologischer Komplex auf Kos.

Antimachia. Eine Festung (15. Jh.) im Inselinneren. Gesamtfläche 45 000 m².

Kéfalos. Ältester Ort mit herrlicher Aussicht aufs Meer. In der Antike Hauptstadt
von Kos.

Kardamena. Zentrum des Nachtlebens.

KULINARISCHE SPEZIALITÄTEN

Inselkäse: *Xinomyzithra*, säuerlich schme-
ckend; Kuhmilch-Käse *Galomyzithra*; vor
allem *Krasotyri*, mit einem Schuss Wein
gemacht. – **Scordalia:** Knoblauchmus. Wer
Knoblauch mag, träumt später davon … –
Fisch-Meze: Fischbällchen, Muscheln, Oktopus und ein Fischsüppchen. – **Sarsoymades:**
Eine mit Honig gemachte traditionelle Insel-
Süßigkeit.

Die Leidenschaft, der man in Griechenland leichter
als irgendwo sonst in Europa verfallen kann, ist Inseln
sammeln. Etwa 120 der weit über 2000 griechischen
Inseln sind das ganze Jahr über bewohnt und per Linien-
schiff zu erreichen. Eine davon ist Kos, mit immerhin
20 000 Einwohnern und einer 2700-jährigen Geschichte.

Insel des Hippokrates und der Anhalter

554 n. Chr. machte ein Erdbeben alles zunichte. Die Kultstätte
des Heilgottes Asklepios und Sitz einer für damalige Verhältnisse außerordentlich fortgeschrittenen Ärzteschule lagen in
Schutt und Asche. Bis heute ist das Ruinenfeld zu sehen, und
mit etwas Fantasie mag man sich auch Thermen, Propyläen
und Tempel vorstellen. **Hippokrates** hieß der berühmteste
Vertreter der Ärzteschule. Er führte die Medizin aus den dunklen Mächten der Magie und der Quacksalberei heraus. Als Hippokrates um 460 v. Chr. geboren wurde, soll Kos 160 000 Einwohner gehabt haben – achtmal mehr als heute.

Das Herrliche an Griechenland sind Geschichten und Sagen.
Das Beste an den Inseln: Nahe der antiken Stätten gibt's
(fast) immer Cafés, Tavernen und Bademöglichkeiten. Im
Falle des **Asklepieion** ist das Meer nur 100 m entfernt. Kos
hat für jeden Geschmack etwas zu bieten: weite Sandstrände,
klares Wasser, viele Sportmöglichkeiten, winzige Bergdörfer

Griechenland

Liegt nur 50 km südöstlich von Kos und ist einen Ausflug wert: die Insel Symi.

und zahlreiche historische Sehenswürdigkeiten – vom Asklepieion aus Hippokrates' Tagen bis zum Kastell der Kreuzritter in der Inselhauptstadt. In **Kos-Stadt** und in **Kardamena** an der Südküste machen Partysüchtige die Nacht zum Tage, den gerade im Süden besonders die Windsurfer schätzen: Sie finden ideale Reviere in der Bucht von **Kéfalos.**

Costas bekreuzigt sich an jeder Kirche, jeder Kapelle, jedem Kreuz am Wegesrand dreimal – schnell, aber ehrfürchtig. Vom Basilikumpflücken kommt er und stellt sich dem knallgelben Mietwagen in den Weg. Er reicht einen duftenden Basilikumzweig durchs Fenster und sagt kurz: »Kéfalos!« Warum laufen, wenn der Fremde sowieso dorthin fährt …?

Infos und Adressen

ANREISE

Flug: Charterflüge, in der Saison mehrfach wöchentlich.
Fähre: Von Piräus (21 Std.) oder anderen griechischen Inseln.

BESTE REISEZEIT

April–Oktober

SEHENSWERT

Archäologisches Museum. Hellenistische und römische Skulpturen. www.kosinfo.gr/de
Asfendiou. Bergdorf, berühmt für Kunsthandwerk, Oliven und Wein.
Dikalos. Höchster Berg von Kos (850 m ü. NN). Ausgangspunkt für eine Wanderung ist Zia, 15 km südwestlich von Kos-Stadt.

ESSEN UND TRINKEN

Old Pyli. Wohl bestes Fischrestaurant der Insel. Amaniou, www.old-pyli-taverna.de
Petrino. Gehobene Klasse am Theologou Square in Kos-Stadt. www.petrino.kosweb.com
Faros. Fischtaverne direkt am Fischerhafen von Kéfalos. www.kos-kefalos.com
Oromedon. Bei Wein und Meze den Sonnenuntergang genießen. Zia, papacosta@internet.gr

ÜBERNACHTEN

Mitsis Norida Village. Behagliche Vier-Sterne-Bungalows. www.mitsishotels.com
Neptun Hotel. Für Sportler: Tennisplätze, Mountainbikes, Surfbretter, Pools. Hallenbad. Nahe Mastichari, www.neptune.gr
Tonis Bungalows. 45 Bungalows für den schmalen Geldbeutel. Pyli, www.pylibayhotel.com

WEITERE INFOS

Griechisches Fremdenverkehrsamt. Neue Mainzer Str. 22, Frankfurt am Main, www.kos-info.de

Strand-Schönheiten

Tingaki. Beliebtester Sandstrand der Insel in einer attraktiven Bucht, 12 km von Kos-Stadt entfernt. 10 km lang, kristallklares Wasser, flach abfallend und damit familientauglich. Zahlreiche Hotels, Restaurants, Bars und Souvenirläden. Viel Trubel.

Embros Therme. Kleiner Kiesstrand mit Naturbecken im Meer nahe Kos-Stadt. In das Becken strömt heißes Thermalwasser, sodass Baden bis tief in den Herbst hinein möglich ist. Immer Sommer aber fast zu warm.

Paradise Beach. Unverbauter Strand mit hellem Sand in der Nähe von Kéfalos. Auch Surfer und Kiter fühlen sich dort wohl.

Agios Ioannis. Schmale Sandstrände vor unberührter Heidelandschaft im Nordwesten. Mit kräftiger Brandung für Starkwindsurfer. Achtung, Schwimmer: Starke Strömungen!

Agios Fokas. Sehr schöner, lang gezogener Kiesstrand an der Ostküste. Nach ungefähr 10 m abfallend.

Paros

Die Kykladeninsel verspricht einen geruhsamen Strandurlaub fernab vom Trubel der benachbarten Insel Mykonos, aber gewürzt mit architektonischen Glanzlichtern. Der weiße, durchscheinende parische Marmor war in der Antike bei den griechischen Bildhauern sehr begehrt. Heute locken viele Sandstrände, die byzantinische Kirche Ekatontapoliani und das Schmetterlingstal.

Weißer Marmor, goldgelbe Strände

In den Hafen Parikia fahren die Fähren aus Athen ein. Ein Wahrzeichen der Stadt ist die Windmühle an der Hafenpromenade. Die Hauptsehenswürdigkeit ist aber die Kirche **Ekatontapoliani** (ab 6. Jh.), die »Kirche der hundert Pforten«. Die Ikonostase besteht aus schimmerndem parischem Marmor, ebenso das in Form eines Kreuzes gestaltete Taufbecken. In der Altstadt und im venezianischen Kastroviertel wurden häufig Säulen und Steine aus antiken Tempeln in den Mauern der Häuser verbaut.

Nördlich und südlich von Parikia befinden sich zwei kleine Strände. Die Badelustigen zieht es aber eher in den hübschen Ort **Naoussa** oder an die Ost- und Südküste. Naoussa mit seinen verwinkelten Gässchen ist der touristische Brennpunkt von Paros mit vielen Tavernen, Läden und kleinen Hotels. Taxiboote bringen die Urlauber zu den schönen Badebuchten rings um das Städtchen.

Griechenland

Strand-Schönheiten

Golden Beach. Langer und breiter goldgelber Sandstrand mit kristallklarem Wasser bei Drios im Süden der Insel mit idealen Bedingungen für Windsurfer.

Pounda. Ein eher kleiner palmengeschmückter Strand im Südosten. Der bei jungen Leuten sehr beliebte Strand ist für seine bis tief in die Nacht dauernden Partys berühmt-berüchtigt.

Kolimbithres. Die malerische, von Felsformationen gesäumte Badebucht westlich von Naoussa wird von Taxibooten angefahren; man kommt auch mit dem Pkw in die Nähe des Strands. Weitere, mit Booten von Naoussa aus zu erreichende Badebuchten sind Monastiri (mit FKK-Abschnitt), Langeri und Santa Maria.

Molos. Der abgeschiedene Sandstrand nahe des kleinen Ortes Marmara im Osten ist fast noch ein Geheimtipp (nur mit dem Pkw zu erreichen).

Parasporos. Schönster Strand des 3 km entfernten Hauptortes Parikia mit Tavernen und Beachbar.

Hier scheint die Zeit stillzustehen – blumengeschmückte Gasse in Parikia.

Infos und Adressen

ANREISE

Flug: Ganzjährig nach Athen, weiter von Piräus mit der Fähre nach Parikia; auch Flüge von Deutschland nach Santorin oder Mykonos. Der Flughafen von Paros wird von kleineren Maschinen von Athen aus angeflogen, die Flüge sind häufig ausgebucht.

BESTE REISEZEIT

Mai–Oktober

SEHENSWERT

Archäologisches Museum. Das Glanzstück des Museums in Parikia ist eine unscheinbare Steintafel mit einer Inschrift, die Teil der Parischen Chronik von 264/263 v. Chr. ist. Di–So 8–15 Uhr

ESSEN UND TRINKEN

Levantis. Kleines Spezialitäten-lokal mit schönem Innenhof an der Marktstraße von Parikia

Moschonas. Urige Taverne im Hafen von Naoussa mit guten Fischgerichten und herrlicher Aussicht

ÜBERNACHTEN

Chroma Paros. Ansprechende Anlage mit schönen Zimmern und großem Pool in Naoussa. www.akshotels.com/de/chroma-paros-hotel.html
Lefkes Village. Boutiquehotel im Dorf Lefkes im Inselinnern. www.lefkesvillage.com

WEITERE INFOS

Griechische Zentrale für Fremdenverkehr. Neue Mainzer Straße 22, Frankfurt am Main. www.gnto.gr

Auf kleinen Tagestouren lässt sich das Inselinnere erkunden. Auf dem Weg von Parikia nach Naoussa sollte man einen Abstecher zu den **Marmorstollen von Marathi** unternehmen, wo der berühmte parische Marmor gebrochen wurde. Südlich von Parikia liegt das **Schmetterlingstal.** Im Sommer kann man dort die in der Abenddämmerung ausschwärmenden, orange-schwarz-weiß gefärbten Bärenspinner beobachten.

Eines der schönsten Dörfer ist **Lefkes** in der Inselmitte mit seinem Volkskundemuseum. Ein gepflasterter Fußweg, die »Byzantinische Straße«, führt über das Dörfchen Prodromos bis zu den Stränden an der Ostküste. Von Pounda, im Sommer auch von Parikia aus, gibt es eine Schiffsverbindung zur Nachbarinsel **Antiparos.** Sehenswert sind das Kastroviertel des Hauptortes und die gut begehbare Tropfsteinhöhle.

Lefkada

Megali Petra ist nur einer von drei wunderschönen Sandstränden nahe Kalamitsi.

HIGHLIGHTS

Lefkada (Stadt). Schöne Lage an der Lagune, erdbebensichere Gestaltung der Obergeschosse der traditionellen Häuser.

Kap Dukato. Sagenumwobene Südspitze der Insel mit grandioser Aussicht; auf der weißen Kalkklippe steht ein Leuchtturm.

Karia. Hübsches Bergdorf, in dem Mitte August eine folkloristische Bauernhochzeit gefeiert wird.

Meganisi. Im Südosten vorgelagertes Inselchen mit buchtenreicher Küste, idyllischen Stränden und Meeresgrotten; Fähren steuern die zwei Hafenstädtchen an.

KULINARISCHE SPEZIALITÄTEN

Savoro: Gebratene Meerbarbe mit aromatischem Kräutersud und Rosinen, wird kalt serviert. – *Aliada:* Knoblauchsauce zum Fisch. – *Ladopita:* Mit viel Olivenöl gebackener Sesamkuchen. – *Avgotaracho:* Paste aus dem Rogen von Meerbarben. – *Sofigado:* Rindfleischragout mit Quitten. – *Soumada:* Erfrischungsgetränk aus Bittermandeln. – *Vertzami oder Barzemino:* Alte rote Rebsorte, aus der ein kräftiger Rotwein gekeltert wird. – *Mantolata:* Waffel mit Mandelcreme.

Wie Perlen auf einer Schnur reihen sich die Bilderbuchstrände an der Küste der Insel Lefkada aneinander. Breite Sandstrände wechseln sich mit malerischen Buchten ab. Die gebirgige Insel gehört zum Archipel der Ionischen Inseln und liegt vor der Westküste des griechischen Festlands. Vom Kap Dukato soll sich die Dichterin Sappho aus Liebeskummer in den Tod gestürzt haben.

Zwischen Berg und Tal: gerade noch eine Insel

Durch eine lang gestreckte Lagune im Norden ist Lefkada fast mit der Berglandschaft Akarnanien auf dem griechischen Festland verbunden. Über eine Schwenkbrücke geht's in die Haupt- und Hafenstadt **Lefkada** der 293 km² großen Insel. Das Städtchen ist viel zu schade zum Durchfahren. Sehenswert sind außer den Museen die Reste der Stadtmauer und des Theaters des antiken Leukas sowie die Festungsanlagen von Santa Maura aus dem 14. Jh. und die Windmühle auf der Nehrung. In der **Lagune** wurde die Marina nach dem Erdbeben von 2003 neu gestaltet. Der lange Strand der Nehrung ist bei Kitesurfern beliebt, der zweite Kitespot liegt im Süden beim beliebten Badeort **Vassiliki**. Feinsandige Traumstrände befinden sich nördlich und südlich des kleinen Ortes **Agios Nikitas** im Nordwesten, von steilen Felsen eingerahmte Badebuchten an der Westküste und auch im Süden.

Griechenland

Die Ostküste lockt mit reizvollen grünen Landschaften und kleinen Badestränden. Der hübsch gelegene Ort **Nidri** ist das Touristenzentrum mit kleinen Hotels, Tavernen und Bars. Von dort kann man Bootsausflüge zu den vorgelagerten kleinen Inseln unternehmen. Eine nur 4 km lange Wanderung führt zu einer Schlucht, deren Ende der **Wasserfall von Dimosari** bildet.

Noch nicht so bekannt ist das Inselinnere mit seinen malerischen Bergdörfern und Klöstern. Besonders sehenswert ist das große **Bergdorf Karia** in der Inselmitte mit alten ionischen Häusern, schattigen Plätzen und einem kleinen Volkskundemuseum, das die traditionellen Webarbeiten und Stickereien ausstellt. Südwestlich der Hauptstadt liegt das einzige, noch bewohnte **Mönchskloster Faneromeni** mit seiner schönen Gartenanlage.

Der Strand bei Porto Katsikis – mit unübertroffenem Azur ein Muss für alle Strandfans.

Infos und Adressen

ANREISE
Flug: Linienflüge nach Preveza (Flughafen Aktio), im Sommer auch Charterflüge. Von dort per Bus oder Taxi auf die Insel. **Fähre:** Von den italienischen Fährhäfen Venedig, Ancona, Bari oder Brindisi über Igoumenitsa nach Lefkada

BESTE REISEZEIT
Mai–Oktober

SEHENSWERT
Archäologisches Museum von Lefkada. Das im Kulturzentrum untergebrachte Museum zeigt Funde von der mittleren Steinzeit bis zu den späten römischen Jahren, So–Sa 9–14 Uhr
Kloster Faneromeni. Bewohnte Klosteranlage oberhalb der Stadt Lefkada mit kleinem Ikonenmuseum, So–Mo 8–14 und ab 16 Uhr

ESSEN UND TRINKEN
Poseidon. Gut besuchte Taverne in der Hauptstraße von Agios Nikitas
Regantos. Traditionsreiche Taverne auf dem Marktplatz von Lefkada
I Rachi. Unvergesslicher Sonnenuntergang auf der Terrasse, Exanthia

ÜBERNACHTEN
Odyssey. Ideal für einen Urlaub unweit der Traumstrände bei Agios Nikitas. www.odysseyhotel.gr
San Nicolas. Stilvolles Boutiquehotel an der Südostküste bei Poros. sannicolas.gr

WEITERE INFOS
Griechische Zentrale für Fremdenverkehr. Neue Mainzer Straße 22, Frankfurt am Main. www.gnto.gr

Strand-Schönheiten

Pefkoulia. Mehrere Kilometer langer Strand mit feinem weißem Sand nördlich von Agios Nikitas mit (inoffiziellem) FKK-Abschnitt. Leicht von der Küstenstraße zu erreichen.

Milos. Von Agios Nikitas zu Fuß oder in der Hochsaison mit dem Taxiboot erreichbar, relativ einsame wunderschöne Bucht mit feinem Sandstrand.

Kathisma. Feiner Sandstrand mit allen Einrichtungen für einen perfekten Badetag im Kreis der Familie.

Porto Katsiki. Wunderschöne, leicht geschwungene Badebucht zwischen steilen Felsen im Südwesten der Insel, zu der man leicht über Treppen oder per Boot gelangt.

Vassiliki. Langer Kiesstrand im Süden, aufgrund des beständig wehenden Winds bei Surfern und Seglern sehr beliebt.

Mikros Gialos. Kleiner idyllischer Strand an der Südküste in einer windgeschützten Bucht unterhalb von Poros.

Nidri. Nahe des beliebten Touristenorts an der Ostküste liegen mehrere schmale Kiesstrände, die zu Fuß oder mit dem Boot zu erreichen sind.

19

Náxos

Karibisch anmutende Sandstrände begeistern besonders in der Gegend von Pláka.

HIGHLIGHTS

Kástro-Viertel. Im romantischen Viertel mit den verwinkelten Gassen fühlt man sich ins Mittelalter versetzt.

Portára. Das monumentale Marmortor ist der Überrest eines Tempels, mit dessen Bau um 530 v. Chr. begonnen wurde.

Chalkí. Den Hauptort der Tragéa-Ebene umgeben einige byzantinische Kirchen aus dem 9. und 10. Jh.

Demeter Heiligtum. Anschaulich rekonstruierter Marmortempel aus der Zeit um 530 v. Chr.

Apóllonas. Nahe dem Ferienort Apóllonas liegt eine 10,45 m lange, unvollendete Marmorstatue eines Jünglings, ein sogenannter Kouros.

KULINARISCHE SPEZIALITÄTEN

Kítro: Zitronatzitronen-Likör, der in verschiedenen Varianten mit unterschiedlich hohem Alkoholgehalt hergestellt wird. – G*lyká tou koutalioú:* In Sirup eingekochte Fruchtstücke. – *Tirokafteri:* Scharfe Käsecreme. – *Kefalotíri:* Salziger Hartkäse aus Schafs- und Ziegenmilch. – *Graviéra:* Hartkäse, meist aus Schafsmilch.

Obwohl die größte und landschaftlich vielfältigste Insel der Kykladen Besuchern ein Rundum-Programm liefert, ist der Massentourismus bislang ausgeblieben. Mit prächtigen, kilometerlangen Stränden und dem 1004 m hohen Zas, dem höchsten Berg des Archipels, ist Náxos nicht nur Badeparadies und Windsurf-Spot, sondern auch ideal für Wanderungen und Entdeckungstouren.

Die schönsten Strände der Kykladen

Die größte der 25 ständig bewohnten Inseln der Kykladen verspricht vielfältige Landschaften, stille und urige Dörfer, Ruinen aus der Antike, byzantinische Kirchen und einige der besten Sandstrände der Ägäis. Náxos war im Mittelalter Sitz eines venezianischen Herzogtums, das die ganze Inselgruppe umfasste. Deutlich wird dies besonders im sich den Hang hinaufziehenden **Kástro-Viertel** der geschäftigen Inselhauptstadt **Chóra** mit ihrem von Cafés und Tavernen gesäumten Hafen. Relikte aus dieser Zeit – hauptsächlich in Form wehrhafter Wohntürme – kann man aber auch verstreut zwischen den Gebirgszügen der Insel entdecken. Unterwegs trifft man zwischen den uralten Olivenhainen der fruchtbaren **Tragéa-Ebene,** die den Einwohnern mit der Landwirtschaft den wichtigsten Wirtschaftszweig neben dem Tourismus bietet, außerdem auf Dörfer mit Charme wie Chalki, Filóti oder Apírathos.

Griechenland

Der beliebteste, rund 20 km lange Abschnitt **feinsandiger Strände,** die abschnittsweise von Tamarisken und Wacholder gesäumt werden oder niedrige Dünenlandschaften bilden, beginnt am südlichen Stadtrand von Chóra. Das beliebte Strandgebiet, das sich durch bizarre, aber nicht allzu hohe Felsabschnitte abwechslungsreich gestaltet und sich zwischen Chóra und **Pirgáki** erstreckt, ist neben dem Ferienort **Apóllonas** im Nordosten auch das wichtigste Tourismusgebiet der Insel. Wer viel Trubel, moderne Beach-Bars und gute Wassersportmöglichkeiten sucht, besucht die stadtnahen Strände Ágios Geórgios, Ágios Prokópios und Agía Ánna. Für Ruhesuchende eignen sich vor allem die Strandabschnitte südlich von **Pláka.** Surfer zieht es nach Mikrí Vígla und Kastráki.

Vom Tempeltor »Portára« hat man einen tollen Ausblick auf die Hauptstadt Chóra.

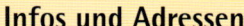

Infos und Adressen

ANREISE

Flug: Linienflüge nach Athen oder Charterflüge nach Mykonos.
Fähre: Von Piräus (4–5 Std.) und Rafína (3,5–6 Std.) oder von Mykonos (ca.1 Std. 25 Min.)

BESTE REISEZEIT

Mai–September

SEHENSWERT

Archäologisches Museum. Ein hellenistisches Fußbodenmosaik und eine große Sammlung kykladischer Idole. Di–So 9–15.45 Uhr, Kástro-Viertel, Chóra
Panagía Drossianí. Eine der ältesten Kirchen der Ägäis inmitten eines Olivenhains zwischen Chalkí und Moní

ESSEN UND TRINKEN

Typografío. Gute Fleischgerichte und Pasta in romantischem Ambiente. Kástro-Viertel, Chóra

Ippokampos. Kreativ gestaltete mediterrane Küche an der Strandpromenade von Ágios Geórgios
Pétrino. Hausmannskost und regionale Spezialitäten in einem schönen Gartengelände an der Küstenstraße. Pláka

ÜBERNACHTEN

Chateau Zevgoli. Hervorragendes Hotel mit zehn traditionell eingerichteten Zimmern unterhalb des Kástro-Viertels. Boúrgos-Viertel, Chóra, www.chateau-zevgoli.gr
Naxian Collection. Zehn luxuriöse Villen und Suiten auf einem Hügel. Panoramablick. Ágios Prokópios, www.naxiancollection.com

WEITERE INFOS

Offizielle Webseite der Gemeinde. www.naxos.gr

Strand-Schönheiten

Agía Ánna. Zahlreiche Beach-Bars, Tavernen und Wassersportmöglichkeiten bieten am gut besuchten Sandstrand von Agía Ánna ein vielfältiges Tagesprogramm.

Pláka. Am langen, feinsandigen Strand kann man abschnittsweise Sonnenschirme und Liegen mieten oder sich einfach ein Plätzchen zwischen den Sanddünen suchen.

Kastráki. Der 3 km lange Strand verspricht feinen Sand, aber auch Abschnitte mit schönen Felsformationen. Zedern spenden an einigen Stellen Schatten.

Mikrí Vígla. Ideale Windbedingungen haben den zweigeteilten Sandstrand zum Hotspot für Wind- und Kitesurfer gemacht.

Pánormos. Von der kleinen, mit Palmen bewachsenen Bucht mit türkisfarbenem Wasser im Südosten der Insel kann man den Blick – oft auch allein – bis zu den kleinen Kykladen Schinoússa und Iráklia schweifen lassen.

Psilí Ámmos. Der feine Sand des Strands mit flach abfallendem Ufer wird im Hinterland teilweise von Wacholderbüschen begrenzt. Der Sonnenschirm muss selbst mitgebracht werden.

Bornholm

Wackelsteine. Tonnenschwere Findlinge (Rokkesten) lagern auf kleinen Kieseln; sie konnten früher leicht bewegt werden.

Bornholms Middelaldercenter. Leben wie vor mehr als 700 Jahren.

Bornholms Kunstmuseum. Hervorragende Sammlung Bornholmer Maler in ungewöhnlicher Architektur.

NaturBornholm. Modernes Natur- und Erlebniszentrum.

Trabrennbahn. Ein Hauch von Ascot in den Wäldern von Almindingen.

KULINARISCHE SPEZIALITÄTEN

Sol over Gudhjem: Goldener Räucherhering (oder Bornholmer Wildlachs) auf Brot mit Zwiebelringen, grobem Salz und Eigelb. – *Saltstegt Sild:* Gesalzener Brathering, filetiert, serviert mit Rhabarber- oder Stachelbeerkompott. – *Adventskuchen:* Feigen, Mandeln, Ingwer, Mohn, Nelken und Rosinen verleihen dem Stollen einen ganz eigenen Geschmack. – *Krølle-Bølle:* Eiscreme vom Inselmaskottchen.

Das besondere Licht Gudhjems lockt seit Generationen Künstler in den Ort.

Als Urlaub noch Sommerfrische hieß, gehörte Bornholm bereits zu den beliebtesten Reisezielen in der Ostsee. Voll besetzte Dampfschiffe von der deutschen Küste begründeten zur vorletzten Jahrhundertwende einen regelrechten touristischen Boom. Dienten damals Hotels in mondäner Seebäderarchitektur als Unterkunft, nächtigen die Gäste heute im Ferienhaus.

Dänemarks Osten: »hyggelig« und farbenfroh

Wenn über Bornholm die Sonne aufgeht, dann schlummert das übrige Dänemark noch. Rein geografisch betrachtet gehört Bornholm nämlich als **östlicher Vorposten** des kleinsten skandinavischen Königreichs viel eher zum großen Nachbarn Schweden, der nur eine knappe Stunde Fährüberfahrt entfernt ist. Doch das Schicksal einer höchst wechselhaften Geschichte wollte es anders. Immer wieder belagert und besetzt als **Spielball** der umliegenden Mächte, machte sich Bornholm schließlich 1658 selbst dem dänischen König zum Geschenk. Ein Attentat, ausgeführt von mutigen Bornholmer Bürgern, die noch heute wegen ihres Heldentums verehrt werden, brachte den schwedischen Gouverneur mitten in der Hauptstadt Rønne zur Strecke. Damit war die letzte Besatzung durch Schweden beendet.

Dänemark

Perle der Ostsee

Capri des Nordens – das sind die Attribute, mit denen die beliebte Ostseeinsel euphorisch beschrieben wird. Ein Grund dafür ist sicher die Anzahl der Sonnenstunden im Jahr, die weit über dem Durchschnitt des Mutterlandes liegt. Die besonderen Farben, die beschaulichen Dörfer, ein abwechslungsreiches Landschaftsbild mit allen typischen Elementen eines romantischen Andersen-Märchens, mit Wäldern und Stränden und das sehr spezielle Licht locken seit jeher Künstler nach Bornholm. Auch das Bürgertum aus der Hauptstadt Kopenhagen kam und kommt gern auf die Sonneninsel, um die beinahe mediterrane Atmosphäre zu genießen, die ganz besonders »hyggelig« ist. Der unübersetzbare dänische Begriff für »besonders gemütliche Gemütlichkeit« hat auf Bornholm absolute Berechtigung.

In den Dörfern Svaneke und Gudhjem beispielsweise scheint die Zeit stehen geblieben zu sein. Kopfsteinpflastergassen, bunte, manchmal auch schiefe Fachwerkhäuser in verwinkelten Gassen gruppieren sich um kleine Häfen. Üppige Stockrosen recken ihre Blüten in den blauen Himmel, in den ebenso farbenfrohen Gärten gedeihen selbst Feigenbäume.

Charakteristisch ragen die eckigen Schornsteine der Fischräuchereien aus dem Gewirr von niedrigen Hausdächern.

Ein langer Holzsteg führt hinaus auf den weißen Sandstrand von Dueodde.

Strand-Schönheiten

Dueodde. Einer der allerschönsten Strände Europas befindet sich in der Südostecke Bornholms. Mehrere Kilometer lang und teilweise über 500 m breit, wurde er bereits 1936 unter Schutz gestellt. Am flachen Ufer haben vor allem Kinder ihren Spaß. Die Dünen dienen als Windschutz. Ständig ändert die zauberhafte Dünenlandschaft aus allerfeinstem, fast weißem Sand ihre Gestalt. Verwendet als Löschsand für Tinte, begrenzt er in Stundengläsern die Redezeit der Bornholmer Geistlichen.

Sømarken. Westlich von Dueodde liegen die Strandgebiete von Vester und Øster Sømarken. Sie sind weniger weitläufig und nicht von Dünen durchzogen. Schwimmen, Stranderholung und Wassersport sind problemlos möglich.

Arnager. Dem Strand vorgelagert ist der Hafen, zu dem ein langer Holzsteg führt.

Balka. Weitläufiges Strandgebiet an der Ostküste von Nexø. Ideal für Spaziergänge. Beim Baden ist wegen der Strömungen etwas Vorsicht geboten.

Volkstanz in der folkloristischen Umgebung des Landwirtschaftsmuseums Melstedgård.

Kulinarische Köstlichkeit: die goldgelb geräucherten Heringe

Für die dort goldgelb geräucherten Heringe genießt die Insel überregionalen Ruhm. Die Zubereitung des populären Speisefisches geht auf schottische Soldaten zurück, die einst auf den Erbseninseln stationiert waren. Sie räucherten die Fische langsam über schwelendem Erlenreisig, wobei diese ihre charakteristische Färbung annahmen. Nach gut sechs Stunden werden sie noch warm verzehrt. Die Zubereitungsform findet noch heute Verwendung, und den unvergleichlichen Genuss eines solchen Herings an der frischen Luft schätzen sowohl die Bornholmer wie auch jeder Besucher. Neun Räuchereien sind noch in Betrieb, andere wurden zu Ferienhäusern, Galerien oder Kunsthandwerkateliers umgebaut.

Bornholmer Markenzeichen

In mancherlei Hinsicht unterscheidet sich Bornholm vom Mutterland Dänemark. Die Menschen sind etwas ruhiger, etwas ausgeglichener, vielleicht auch etwas sturer, was sie natürlich weit von sich weisen. Ihre Sprache weist Ähnlichkeiten zum Schwedischen auf; den Dialekt, das **Bornholmsk,** bezeichnen die Dänen gern als »Ersatzschwedisch«.

Zwischen Höfen, Feldern und Wäldern fallen vor allem die vier strahlend weißen **Rundkirchen** aus dem 13. Jh. auf. Sehr geräumig im kreisrunden Inneren dienten sie neben dem religiösen Zweck auch als wehrhafte Fluchtburg. Kleine Öffnungen in den oberen Turmgeschossen konnten zur Beobachtung anrückender Feinde ebenso genutzt werden wie als Schießscharten. Der Aufstieg gestaltet sich aufgrund der Enge recht beschwerlich. Die hölzernen Glockentürme stehen jeweils einige Meter von den eigentlichen Kirchengebäuden entfernt.

Mit **Hammershus** erhebt sich an der Westküste Bornholms oberhalb felsiger Klippen eine imposante Burgruine, die größte Nordeuropas. Erbaut durch den Bischof von Lund, spielte Hammershus ab Mitte des 13. Jh. eine wichtige Rolle bei den stetig wechselnden Befehlshabern über die strategisch so wichtige Insel. Die Burg galt als uneinnehmbar. Wer dort residierte, hatte die Macht. Hammershus harrte aus im Wechselspiel der Politik, bis es 1743 nicht mehr von Nutzen war. Das stolze Gebäude verfiel, seine Bewahrung sicherte letztlich der Denkmalschutz – erstaunlich früh, bereits im Jahre 1822. Ihre eigentümliche Mystik offenbart die Burg besonders in der Abenddämmerung.

Bornholm

Infos und Adressen

ANREISE

Flug: Rønne wird täglich von Kopenhagen aus angeflogen;
Auto: Mietwagen bei lokalen wie internationalen Anbietern;
Fähre: Von Ende März bis Anfang Oktober ist Bornholm direkt von Saßnitz/Rügen erreichbar (ca. 3,5 Stunden). Alternativ von Travemünde oder Rostock nach Trelleborg (Schweden) und dann von Ystad nach Rønne

BESTE REISEZEIT

April–Oktober

SEHENSWERT

Almindingen. Weitläufiges Waldgebiet mit Aussichtsturm Rytterknægten, vorzeitliche Relikte, geologische Besonderheiten
Andersen Nexø Museum. Geburtshaus des Schriftstellers Martin Andersen-Nexø (»Pelle, der Eroberer«), www.andersennexoe.dk
Bornholms Automobilmuseum. Sammlung historischer Fahrzeuge und zum Verkehrswesen, www.bornholmsautomobilmuseum.dk

Bornholms Museum. Inselhistorie einst und jetzt, www.bornholmsmuseum.dk
Brændesgårdshaven/Joboland. Freizeitpark mit Tierpark und Wasserwelt. www.joboland.dk
Døndal. Höchster Wasserfall Dänemarks
Erichsensgård. Bornholmer Bürgertum im 19. Jh. www.bornholmmuseer.dk/erichs
Granit Værkstedet. Holländerwindmühle und Steinschleiferei. www.aarsdalemoellegranitvaerkstedet.dk
Grønbechs Gård. Ausstellungen hochwertigen Kunsthandwerks. www.groenbechsgaard.dk
Helligdomsklipperne. Bizarre Felsformation an der Nordküste bei Rø
Helligpeder. Lauschiges Fischernest an der Westküste
Jons Kapel. Sagenumwobene Felshöhle an der Westküste
Madsebakke. Felszeichnungen aus der Bronzezeit
Melstedgård. Lebendiges Landwirtschaftsmuseum. www.bornholmsmuseer.dk/melstedg

Oluf Høst Museum. Atelier und Wohnhaus des berühmten Malers. www.ohmus.dk
Teglkås. Gemütliches Fischerdörfchen

ESSEN UND TRINKEN

Louisekroen. Hervorragende Steaks im beschaulichen Fachwerkhaus des Dorfkrugs. Bølshavn 22, Svaneke
Gudhjem Røgeri. Geräuchertes vom Allerfeinsten in authentischer Atmosphäre am Hafen. www.smokedfish.dk
Restaurant Kadeau. Zweigstelle des Kopenhagener Gourmettempels. www.kadeau.dk
Restaurant Le Port. Gelungene Kombination aus französischer und dänischer Küche. www.leport.sk1.dk

SHOPPING

Pia Stæremose. Modedesign vom Feinsten. www.scandicwear.com
Vingården. Bornholmer Wein, Likör und Whisky. www.a7.dk
Bornholmer Aquavit. Variationen des beliebten

dänischen Getränks. www.bornholmersnaps.dk
Bornholmer Ure. Edle mechanische Standuhren. www.bornholmerure.dk
Hjorths Fabrik. Traditionelle Bornholmer Keramik. www.bornholmsmuseer.dk/hjorths
Lakrids by Johan Bülow. Skandinavische Spezialitäten. www.lakrids.nu
Pernille Bülow. Preisgekrönte Glaskunst. www.pernillebulow.dk
Østerlars Sæbemageriet. Seifensiederei an der Rundkirche. www.saebemageriet.dk

ÜBERNACHTEN

Hotel Balkastrand. Modernes Haus, Schwimmbad und Tagungsmöglichkeiten in Strandnähe. www.hotelbalkastrand.dk
Christiansø Gæstgiveri. Urige Unterkunft auf den Erbseninseln. www.christiansoekro.dk
Birkelund. Ferienwohnungen im alten Bauernhof. www.birkelund.info
Hotel Siemsens Gaard. Gemütliches Dorfhotel direkt am Hafen. www.siemsens.dk

WEITERE INFOS

Dänisches Fremdenverkehrsamt. www.visitdenmark.de

Typisch für die Region: weiß getünchte Rundkirche mit hölzernem Glockenturm (links)

Jersey

Mit zahlreichen ausgewiesenen Tracks durch sattgrüne und urwüchsige Vegetation ist Jersey ein Eldorado für Wanderer. Außerdem weist das »Green Lane«-System herrliche Panoramawege für Fahrradfahrer aus. Bildschöne Strände und magische Buchten gibt es zuhauf, was die bekannteste der Kanalinseln zu einem besonderen Naturerlebnis macht.

Verklärte Romantik in der Kampfzone

Auf der größten und klimatisch wärmsten Kanalinsel wechseln sich bizarre Felsbuchten mit breiten, feinsandigen Stränden, seeumtoste Klippen mit sanft geschwungenen Dünengebirgen, vegetationsstrotzende, saftiggrüne Landschaften im Inselinnern mit bunten Fischerei- und Jachthäfen, Steineichen mit Palmen, manchmal auch Regen mit Sonne ab. Jerseys Faustpfand liegt in seiner homogenen Schönheit. Neben den intakten Naturlandschaften hat Jersey mit **St. Helier** noch ein Inselhauptstädtchen zu bieten, das mit städtebaulichem Feingefühl besticht.

Auf einer Fahrt über die Insel zwingt Hobbyfotografen beinahe jede Straßenbiegung auf die Bremse: mächtige Ritterburg gefällig, hübsche Giebelhäuser mit Fischerbooten im Vordergrund? Galoppierende Reiter bei Ebbe am Strand, das Spritzwasser wirbelnder Hufe als rosafarbener Perlennebel gegen die untergehende Sonne? Der Friedhof der **St. Brelade's Church** (11. Jh.), im aufsteigenden Morgendunst

Großbritannien

über der Bucht? Mancher Besucher mag sich der seltsam verklärten Stimmung wegen in der keltischen Kapelle neben dem Gotteshaus finden und durch den Bilderband **The German Cemetery at St Brelade's Church** blättern, der von der Kirchenverwaltung am Eingang ausgelegt ist: Auf historischen Schwarzweißfotos marschiert General Otto von Stülpnagel mit seiner Truppe auf den jetzt so friedlichen Kieswegen des Kirchhofs. Andere Bilder zeigen Gräber und Holzkreuze der Gefreiten Ernst Wolf und Walter Herwig, 2. Panzerjägerdivision, Abteilung 652, gestorben 1941. Bis heute pilgern Kriegsveteranen von weit her auf diesen Friedhof aus dem Zweiten Weltkrieg.

Strand-Schönheiten

St Ouen's Bay. Die 9 km lange Bucht an der Westküste mit einem fantastischen Blick auf den Rocco Tower und den La Corbiere-Leuchtturm ist die Lieblingsbucht der Wellenreiter und Surfer. Überwachter Strand, bei Flut und Westwind mit hohen Wellen. Kiosk bei Le Braye.

St. Brelade's Bay und **Ouaisné Bay.** Zwei ineinander übergehende Buchten an der Südküste mit Promenaden vor den Hotels und vielen Restaurants.

Portelet Bay. Eine stille Bucht mit Kiosk an der Südspitze bei Noirmont. Die kleine Insel Ille au Guerdain ist bei Ebbe zu Fuß zu erreichen.

Beauport Bay. Die sehr versteckte und verschwiegene Bucht im Süden ist nur über einen steilen Pfad vom oberen Parkplatz zu erreichen. Nicht überwacht, ohne Kiosk.

Grève de Lecq. Schöne Bucht an der Nordküste, umrandet von Klippen und »bewacht« von einem alten Martello-Turm. Mit Restaurants.

Imposant thront Mont Orgueil Castle über dem Hafen der Ortschaft Gorey.

22

Juist

Unter dem Einfluss der Gezeiten entstehen immer neue Dünen und Sandbänke.

HIGHLIGHTS

Nationalpark-Haus Juist. Informationen zum Nationalpark Niedersächsisches Wattenmeer. 9 m langes Zwergwalskelett. Geführte Watt- und Salzwiesenwanderungen.

Küstenmuseum. Ausstellung zu Inselgeschichte, Schifffahrt, Fischerei, Gezeiten, Deichbau. Im Loog

Kalfamer. Am Ostende entstehen unter dem Einfluss der Gezeiten ständig neue Dünen. Wichtiges Vogelrast- und Nistgebiet. Seehund-Beobachtung.

Billriff. Sandbank (bei Ebbe) am Westende. Seehunde und in der Vogelzugsaison Rastplatz für Zugvögel.

Hammersee. Süßwasserbiotop mit Aussichtsplattform.

KULINARISCHE SPEZIALITÄTEN

Sanddornkuchen: Aus den Beeren des Sanddornbusches. – *Ostfriesentorte:* Ein Gedicht aus Quark, Sahne und Rum-Rosinen. – *Krabben:* Mit Pellkartoffeln und Sauerrahm. – *Seezunge:* Gebraten mit Salzkartoffeln. – *Miesmuscheln:* z. B in Weinsud. – *Steckrübeneintopf:* Mit Zwiebeln, Kartoffeln und Schweinerippchen.

Töwerland, »Zauberland«, nennt sich Juist. Tatsächlich verzaubert die nahezu unberührte Natur: ein endlos wirkender weißer Sandstrand, traumhafte Dünenlandschaften und die besondere Salzwiesenvegetation als idealer Lebensraum für geschützte Tier- und Pflanzenarten. Dazu kommen ein Süßwassersee und ein kleines verwunschenes Waldgebiet mit seltener Flora.

Die schönste Sandbank der Welt

Juist mit seinen bis zu 22 m hohen Dünen wird von vielen Urlaubern als »schönste Sandbank der Welt« bezeichnet. 1398 erstmals erwähnt und seit 1840 **Seebad,** gilt die Insel auch als eigensinnigste unter den ostfriesischen Schwestern. Jedenfalls ist Juist mit 17 km die längste und mit 500 bis 900 m Breite die schmalste unter ihnen. Auch wenn sich die Lage der Insel kaum veränderte, zerrte die See doch immer an ihr, 1877 so heftig, dass fast der Durchbruch gelungen wäre. An dieser Stelle dehnt sich heute der **Hammersee** aus, der einzige »richtige« Süßwassersee auf den Ostfriesischen Inseln.

An der Südwestseite Juists befindet sich das **Naturschutzgebiet Bill.** Das weiter im Südwesten vor Juist gelegene 12 km große **Memmert** ist unbewohnt. Das unter Naturschutz stehende Eiland ist ein Refugium für rund 40 Vogelarten, darunter seltene Arten wie die Fluss-, Küsten-, Brand- und Zwergseeschwalbe. Memmert darf nur mit schriftlicher Ge-

nehmigung der Nationalparkverwaltung betreten werden, der Inselvogt bietet aber außerhalb der Brutzeit Führungen an. Wer will, kann von Juist aus Bootsausflüge zu den **Seehundsbänken** machen. Wahrzeichen der Insel ist der 13 m hohe **Wasserturm** auf einer Düne; er überragt alle anderen Gebäude, da man auf Juist Hochhäuser zu verhindern gewusst hat. Wer »hoch« baut, meint damit den zweiten oder dritten Stock – darüber baut nur noch der Himmel seine Wolken. Das passt zum vorsichtigen Naturell der Insulaner. Obwohl keine Autos fahren dürfen, hat der Inselrat eine Verfügung gegen »Verkehrslärm« erlassen. **Pferdekutschen** sind seither zum Schritttempo verdammt. Auch die Wellenmaschine im Meerwasserhallenbad arbeitet so geräuscharm wie möglich – um die Inselruhe nicht zu stören.

Infos und Adressen

ANREISE

Flug: Von Norden-Norddeich;
Bahn: RE/IC bis Norddeich-Mole;
Fähre: Zweimal täglich von Norddeich-Mole (ca. 1,5 Std.), tideabhängig

BESTE REISEZEIT

Ganzjährig. Badesaison Juli/August

SEHENSWERT

Kutschenmuseum. Vom Schlitten bis zum Landauer. Mai–Oktober Mi u. Sa 16–18 Uhr. Dünenstr./Karl-Wagner-Str.
Memmertfeuer. Leuchtturm hinterm Hafen. Im Sommer geöffnet.
Dree Water Utkiek. Aussicht auf Wattenmeer, Hammersee und die »richtige« See. Strandaufgang Loog
Juister Musikfestival. Um Christi Himmelfahrt.
www.juister-musikfestival.de

ESSEN UND TRINKEN

Hafenrestaurant. Frischer Fisch.
www.hafenrestaurant-juist.de
Domäne Bill. Ausflugslokal am Westende.

ÜBERNACHTEN

Strandhotel Kurhaus Juist. »Weißer Schwan« (1898) mit Glaskuppel hinter den Dünen. Strandpromenade 1, www.kurhaus-juist.de
Hotel Achterdiek. Familiengeführtes Verwöhnhotel hinterm Deich mit erstklassigem Restaurant. Wilhelmstr. 36, www.hotel-achterdiek.eu
Hotel Pabst. Traditionsherberge mit Restaurant Rüdiger's. Strandstr. 15–16, www.hotelpabst.de

WEITERE INFOS

Kurverwaltung Juist. Strandstr. 5. www.juist.de

Der Strandkorb: Gipfel der Entspannung mit Meeresrauschen im Hintergrund

Strand-Schönheiten

Der Strand ist genauso lang wie die Insel: 17 km. Hinter dem Dünengürtel, der nur auf ausgewiesenen Wegen betreten werden darf, erwartet den Urlauber feiner, weißer Sand. Erstaunlich breit sind die unbefestigten Strandstreifen. Dort findet jeder einen ungestörten Platz zum Faulenzen und Buddeln. Sportliche Betätigung wird nicht vernachlässigt; angeboten werden Beachvolleyball, Beachsoccer und Strandgymnastik (am roten Rettungsturm 2) sowie Kitesurfing (östlich des Hauptbadestrandes). Für den Auslauf mit Hund sind zwei Strandabschnitte freigegeben (Leinenpflicht!). Wer kein »Strandläufer« ist, setzt sich aufs Pferd oder lässt sich in einer offenen Pferdekutsche mitnehmen. Die meistbesuchten Strandabschnitte befinden sich an der Badedüne. Strandkörbe oder Strandzelte können vor Ort gemietet werden. Die Badezeiten richten sich nach den Gezeiten.

23

Pellworm

Das Nordseeheilbad Pellworm, mit 37 km² die drittgrößte der Nordfriesischen Inseln, ist vor allem grün. Mehr als 6000 Schafe sowie 3000 Kühe und Pferde teilen sich die wind- und sonnenreiche Insel im Nationalpark Schleswig-Holsteinisches Wattenmeer mit etwa 1000 Einwohnern. Grün ist auch die Energiegewinnung durch Biomasse, Fotovoltaik und Windkraft.

Friesisch-grün hinterm Seedeich

Pellworm liegt ungefähr anderthalb Meter unter dem Meeresspiegel und wird durch einen 8 m hohen und 28 km langen Deichring geschützt. Dieser **Seedeich** umschließt 13 Köge, dem Meer abgetrotztes fruchtbares Marschland, das wiederum von eigenen Deichen geschützt wird. Die rund 50 **Bauerngehöfte** sind zum großen Teil auf Warften, künstlich aufgeschichteten Hügeln, errichtet. So stabil der Deichring auch aussieht, versinkt er doch an einigen Stellen allmählich im Meer. Deshalb muss die »Hauptverteidigungslinie« gegen die Nordsee stetig ausgebessert und stabilisiert werden.

Auf Pellworm gibt es auch Strände – natürlich grün; insgesamt neun Badestellen sind ausgewiesen. Aktivurlauber können surfen, reiten – und Krabben pulen, Naturliebhaber sich gemütlich über die Insel kutschieren lassen oder naturkundliche Touren im Watt oder Kutterfahrten zu den Seehundsbänken unternehmen.

Die Kirche **St. Salvator** aus dem 11. Jh. im Westen der Insel besitzt eine Orgel des berühmten Orgelbauers **Arp Schnitker**

Deutschland

An der Wasserkante warten grüne Wiesen-strände auf Gäste, die bei Flut in der Nordsee baden oder bei Ebbe das Watt erkunden können. Strandkörbe, Kinderspielplätze sowie Strandduschen und WC gibt es überall. Häufig ist auch ein Kiosk in der Nähe. Der von der DLRG bewachte Südstrand am Leuchtturm ist besonders für Familien mit Kindern geeignet, zum einen, weil die Kleinen im seichten Wasser gefahrlos planschen können, zum anderen, weil es am Innendeich einen »Trockenstrand« aus Sand zum Buddeln gibt – die Eltern können mitmachen oder aus dem Strandkorb zuschauen. An drei Strandabschnitten können Hund und Herr gemeinsam auf- und auslaufen. An einem Abschnitt ist FKK erlaubt. Natürlich verfügt Pellworm mit der »PelleWelle« auch über ein Erlebnisbad für den wettergeschützten Wasserspaß.

Weite Grünstrände und ein paar hübsche Sandbuchten hat Pellworm zu bieten.

Infos und Adressen

ANREISE

Bahn: Bis Husum. Weiter mit dem Bus zum Fähranleger Strucklahnungshörn. **Auto:** Über Husum Richtung Nordstrand zum Fähranleger. **Fähre:** Tide- und wetterabhängig nach Pellworm (Tammensiel). Mitnahme des Autos nach vorheriger Anmeldung unter www.faehre-pellworm.de

BESTE REISEZEIT

Ganzjährig, Badesaison Juli/August

SEHENSWERT

Schutzstation Wattenmeer Pellworm. Naturkundliches Info- und Erlebniszentrum. Klostermitteldeich 14, **www.schutzstation-watten-meer.de**
Hybridkraftwerk. Kombination aus Fotovoltaik-Anlage und Windkraftwerk (1983).

Schifffahrtsmuseum. Alles über Pellwormer Fischer, Seeleute und die Seenotrettung. Am Hafen
Pellwormer Kinnerstuv. Basteln, werkeln, malen und spielen für alle von 8 bis 88 im Wattenmeer-haus.
Trifun. Insel-Triathlon im August. www.trifun-pellworm.de

ESSEN UND TRINKEN

Zur Alten Kirche. Gutbürgerliches Restaurant im Westen. Regionale Küche. Alte Kirche 1, www.zur-alten-kirche.de

ÜBERNACHTEN

Kastanienhof. Fünf-Sterne-Ferienwohnungen unterm Reetdach oder in der Nordermühle hinterm Seedeich. www.nordermuehle-pellworm.de

WEITERE INFOS

Kur- und Tourismusservice. Uthlandestr. 2, www.pellworm.de

von 1711. Ihr Turm hat die Flutkatastrophen 1362 (Große Mandränke) und 1634 als Ruine überlebt und ist heute das Wahrzeichen Pellworms. Die letzte von einst 14 Windmühlen ist die **Nordermühle** aus dem 17. Jh. Vor dem Wattmuseum erinnert eine Tafel an **Detlev von Liliencron**, der in seiner Zeit als Verwalter (»Hardesvogt«) auf Pellworm 1882/83 die berühmte Ballade »Trutz, blanke Hans« schrieb.

Das Rungholt-Museum Bahnsen widmet sich untergegangenen Kulturlandschaften, im Besonderen der sagenhaften Handelsstadt **Rungholt,** die 1362 im Meer versank und bis heute ihre Relikte im Schlick freigibt. In der **Vogelkoje,** früher eine Falle für Wildenten und Wildgänse, fühlen sich Fischreiher, Kiebitze, Lerchen und Seeschwalben wohl.

Baltrum

Strandspaziergang in der lupenreinsten Luft, die Deutschland zu bieten hat.

HIGHLIGHTS

Alte Inselkirche. Baltrums Wahrzeichen. Erbaut 1826, Orgel mit 196 Pfeifen, hölzernes Glockentürmchen mit Schiffsglocke (1786).

Aussichtsdüne. Panorama über die ganze Insel (Ostdorf).

Nationalpark-Haus. Ausstellung über Flora und Fauna. Filme, Vorträge und organisierte Wattwanderungen, z. B. nach Neßmersiel auf dem Festland (6,5 km) in 2,5 Std., zurück mit der Fähre.

Museum Altes Zollhaus. Geschichte der Insel und der Insulaner im Westdorf. 10–12 Uhr und 15–18 Uhr.

KULINARISCHE SPEZIALITÄTEN

Nordseefisch: Am besten frisch von der Theke, auch geräuchert oder gebraten, aus dem Fischgeschäft (West- und Ostdorf). – *Deichlamm:* Geschmort mit dicken Bohnen und Thymiankartoffeln. – *Salzwiesenkalb:* Zartes Fleisch mit Gewürzkruste. – *Hochzeitssuppe:* Mit Huhn, Rindfleisch und Spargel. – *Holunderlikör:* Großmutters Rezept.

Auf Baltrum, der »Dornröscheninsel«, ticken die Uhren langsamer. Die 5 km lange, bis zu 1,5 km breite und mit rund 500 Einwohnern kleinste der bewohnten Ostfriesischen Inseln zählt für ihre vielen Stammgäste zu den schönsten Deutschlands. Es gibt keine Autos, den Verkehr übernehmen Pferdekutschen, kleine Kinder und kleinere Lasten werden mit dem Bollerwagen transportiert.

Die ostfriesische Dornröscheninsel

Schon von der Fähre aus kann man sich dem poetischen Bild der »Märcheninsel« nicht entziehen – und, nach der Anlandung, beginnt der Zauber sogleich zu wirken. Baltrum ist bekannt für seine unglaubliche Ruhe. Bei einem Spaziergang, beim Baden oder einfach Auf-der-Bank-Sitzen blättern Stress und Hektik ab. Bei Wanderungen entlang der Dünen entdeckt man die Strandflora und -fauna. Östlich der Siedlungen beginnt ein 60 ha großes Naturschutzgebiet, in dem sich seltene Seevögel beobachten lassen. 627 Tier- und Pflanzenarten wurden auf Baltrum gezählt, zu den größeren gehören Rehe, Fasane und die allgegenwärtigen Kaninchen. Sehr präsent sind auch Pferde. Sie werden den Kutschen vorgespannt, dienen zum Ausritt – oder sind einfach geduldige Objekte zum Streicheln. An der Seeseite der Insel erwarten den Besucher unvergleichliche

Deutschland

7 km weißer, feinsandiger Strand, an manchen Stellen bis zu 100 m breit. Dort ist Platz für alle: für Romantiker, für Familien mit Kindern, die nichts lieber tun als im Sand buddeln, für Volley- und Fußballer, für Wind- und Kitesurfer und für Kajak- und Brandungspaddler.

Wer sich abseits des Strandes betätigen möchte, kann zwischen verschiedenen Aktivitäten und Veranstaltungen wählen. Die Baltrumer – vier Fünftel sind Mitglied im einem Kultur- und Sportverein – organisieren ein vielfältiges Kultur- und Unterhaltungsprogramm, führen Theaterstücke auf, organisieren Konzerte, Lesungen, Volkstanzgruppenabende und Auftritte der Shanty-Chöre. Alles vollzieht sich wohltuend entspannt, aber anspruchsvoll und kommt aus der Kraft, die bekanntlich in der Ruhe wohnt. Wach geküsst werden muss Dornröschen nicht mehr …

Infos und Adressen

ANREISE
Fähre: Von Neßmersiel (30 Min.) oder Norden-Norddeich (90 Min.) zweimal täglich (bei Flut), www.baltrum-linie.de. **Auto:** Bis Neßmersiel. Parkplatz und Inselgarage (gebührenpflichtig). **Zug:** IC oder RE bis Norddeich

BESTE REISEZEIT
Ganzjährig, Badesaison Juli/ August

SEHENSWERT
Pfahlschutzwerk. Restauriertes Küstenschutzdenkmal aus dem Jahr 1880 im Südwesten.
Alte Friesenhäuser. Im Westdorf und kleineren Ostdorf.
Gezeitenpfad. Rundwanderweg als 7 km langer Naturlehrpfad. Mit »Infomodulen«.
Veranstaltungen und Feste. Traditionelles »Anbaden« am 15. Mai. Mittsommernachtsregatta der Segler. Inselfest im Juli.

ESSEN UND TRINKEN
Fresena. Restaurant im freundlichen Familienhotel. Westdorf, www.fresena-baltrum.de
Moby Dick. Restaurant im Hotel. Deftiges und Delikates in maritimer Atmosphäre. Westdorf, www.seehof-baltrum.de

ÜBERNACHTEN
Ferienwohnungen, Privatzimmer, Pensionen und acht Hotels sind meist schon früh ausgebucht. Eine kostengünstige Übernachtungsmöglichkeit ist der Zeltplatz des Niedersächsischen Turnerbundes (NTB).

WEITERE INFOS
Gemeinde- und Kurverwaltung. www.baltrum.de

Typisches Bild: in flache Dünensenken eingebettete Reetdachhütten

Strand-Schönheiten

7 km feinster, weißer Sandstrand, im Mittelabschnitt mit touristischer Infrastruktur, im Osten unberührte Natur. Er ist bis zu 100 m breit – bei Niedrigwasser bis 200 m – läuft flach ins Meer und eignet sich deshalb auch gut für Kinder. Dennoch sind die Badezeiten zu beachten! Der »Bade- und Burgenstrand« hat insgesamt vier Abschnitte. Abschnitt A erstreckt sich im östlichen Teil des Westdorfs vom Übergang an der Surfschule/Kajakvermietung bis zum Übergang Strandcafé. Am Abschnitt D können sich die Vierbeiner austoben (Übergang bei Starks Strandladen) – allerdings nur angeleint. In einer alten Strandhalle ganz in der Nähe dürfen im Sommer, wenn die Strandkörbe an der frischen Luft sind, Junge und Junggebliebene abhängen oder sich austoben.

Spiekeroog

Alte Inselkirche. Ältestes Gotteshaus auf den Ostfriesischen Inseln. Wertvolle Innenausstattung.

Nationalpark-Haus Wittbülten. Ausstellung (Pottwal-Skelett), Aquarium und Café. Geführte Watt- und Nationalparkwanderungen.

Vogelkolonien. Im Kernbereich des Nationalparks Niedersächsisches Wattenmeer. Leegde und Ostplate.

Museumspferdebahn. Älteste regelmäßig (Oster- bis Herbstferien) fahrende Pferdebahn in Deutschland (ab 1885/1981).

Aussichtsdüne. Herrlicher Rundumblick. Bronzeskulptur »De Utkieker« von Hannes Helmke.

KULINARISCHE SPEZIALITÄTEN

Updrögt Bohnen: Getrocknete Bohnen mit Speck, Mettwurst und Kartoffeln. – *Buuskohl:* Eintopf aus Weißkohl, (Zwiebel-)Mett und Nudeln. – *Ostfriesentee:* Schwarzer Tee mit Kluntje (weißer Kandis) und 'n Wulkje Rohm (Tropfen Sahne). – *Friesenfeuer:* Kräuterschnaps. – Bohntjesupp: »Friesische Bohnensuppe« aus Branntwein, Rosinen und Kluntje.

Das vierbeinige »Deichpflegepersonal« war schon zu Störtebekers Zeiten ein verlässlicher Helfer auf den Inseln.

Spiekeroog westlich von Wangerooge ist die hübsche, sorgsam restaurierte, rundherum gepflegte »Dorfschöne« mit dem größten Baumbestand unter den Ostfriesischen Inseln. Neben diversen Strandaktivitäten erwartet den Besucher ein abwechslungsreiches Dorfleben und weitverzweigte Reit- und Wanderwege.

Weiter Strand, weiße Dünen, Wald und ein idyllisches Dorf

Die Insel am Ausgang des Jadebusens vor Wilhelmshaven ist rund 9 km lang und 2 km breit. Sie besitzt einen breiten, bis 25 m hohen Dünengürtel. Seit der erstmaligen Erwähnung 1398 hat sich das Antlitz Spiekeroogs deutlich verändert. 1570 und 1870 schlugen Sturmfluten Breschen. Seit Mitte des 19. Jh. wird die Insel wieder größer; im Osten lagert sich Sand an, der im Westen abgetragen wurde.

Im Spätmittelalter war Spiekeroog eine Insel der Fischer. Anfang des 15. Jh. fanden die »Likkedeeler« um den Seeräuber Klaus Störtebeker dort Unterschlupf. Eine wichtige Einnahmequelle für die Bewohner war jahrhundertelang das **»Strandgut-Fischen«.** In der 1696 erbauten **Inselkirche,** der ältesten auf den Ostfriesischen Inseln, soll ein Teil des Kirchenschmucks aus dem Bauch eines spanischen Armada-Schiffes stammen, das 1588 vor Spiekeroog auf Grund lief.

1840 begann der Badebetrieb, und es dauerte nicht lange, bis die Insel ein echtes Nordsee-Ferien- und Heilbad wurde.

Deutschland

Hinter der herrlichen Dünenlandschaft, die man auf einem eigens eingerichteten Weg erwandern kann, dehnt sich über 15 km ein feinkörniger, weißer, bei Flut bis zu 100 m breiter Sandstrand aus. Spaziergänge entlang der Wasserlinie sind höchstes – und gesundes – Vergnügen. Baden sollte man nur an den ausgewiesenen Abschnitten zu den tideabhängigen Badezeiten (nicht bei Ebbe). Neben Strandkörben lassen sich auch nachgebaute historische Badekarren mieten. Für Aktive bieten sich diverse »Sandball«-Sportarten an; zu den Hauptanlaufstellen gehören die Strandsporthalle und die Sportbude. Eine Kiteschule bietet am Westend ihre Dienste an. Bei »Schietwetter« und außerhalb der Badesaison geht's ins neue InselBad & DünenSpa (Noorderpad 25), das aus dem »Schwimmdock« hervorgegangen ist.

Zweibeiner, Räder und Kutschen – im Naturschutzpark arbeiten noch Pferdestärken.

Infos und Adressen

ANREISE

Fähre: Ab Neuharlingersiel (ca. 50 Min., Wassertaxi: ca. 15 Min.). Gepäckservice vom Fähranleger direkt zum Quartier

BESTE REISEZEIT

Ganzjährig. Badesaison Juli/August

SEHENSWERT

Inselmuseum. Alles zur Inselgeschichte: Schifffahrt, (Strandgut-)Fischerei, Badeleben, Flora und Fauna. Norderloog 1

Muschelmuseum. Kuriose Privatsammlung mit fantasievollen Namen für die 4000 Ausstellungsstücke. Kurzentrum, Noorderpad 25

ESSEN UND TRINKEN

Capitänshaus. Fischrestaurant. Noorderloog 11

Spiekerooger Teestube. Restaurant in einem 200 Jahre alten Inselhaus. Beim Inselmuseum, Noorderpad 1

Spiekerooger Leidenschaft. Stilvoll regionale Küche genießen und komfortabel wohnen. Noorderpad 6, www.spiekerooger-leidenschaft.de

ÜBERNACHTEN

Hotel Zur Linde. Ältestes Hotel am Platz (1856). Restaurant und Bar. Wellness-Bereich im Hotel Spiekeroog. Noorderloog 5, www.hotelzurlinde.eu

Hotel Inselfriede. Familiengeführtes Viersternehaus mit Atmosphäre. Restaurant Friesenstube. Süderloog 12, www.inselfriede.de

Zeltplatz. Weitgehend naturbelassener Zeltplatz in den Süderdünen. Westend 7

WEITERE INFOS

Kurverwaltung. Noorderpad 25, www.spiekeroog.de

Die Bewohner legten kleine Wälder an, 1860 pflanzte man im Friederikental Kiefern, Eichen, Erlen und Birken.

Sehenswert sind die Vogelkolonien im Osten und die Salzwiesen im Süden, wo ein einzigartiges **Wattenrandbiotop** entstanden ist. Erholsam sind diese – streng geschützten – grünen Zonen ebenso wie das malerische altfriesische Dorf im Westen, in dem die Mehrzahl der gut 1000 Insulaner wohnt. Man findet eine ursprünglich gebliebene Idylle mit teils unter Denkmalschutz stehenden, charmanten **Friesenhäusern** und Katen, Teestuben und Kneipen vor. Autos sind verboten, einen Flugplatz gibt es nicht. Den »rollenden« Verkehr übernehmen meist Elektrokarren, Bollerwagen und eine **Museumspferdebahn.**

26

Hiddensee

Ein unvergessliches Erlebnis: Kutschfahrt durch die üppige Ginsterlandschaft.

HIGHLIGHTS

Bodden. An Bord eines Ausflugsschiffes die seichte Buchtenlandschaft zwischen Hiddensee und Rügen erkunden.

Leuchtfeuer Dornbusch. Vom Leuchtturm aus einen grandiosen Rundumblick über die Insel genießen.

Gerhart-Hauptmann-Haus. Sich im ehemaligen Wohnhaus Gerhart Hauptmanns in Kloster auf die Spuren des Schriftstellers begeben.

Hiddenseer Goldschatz. Im Heimatmuseum die Replik des goldenen Geschmeides aus der Wikingerzeit bewundern.

Blaue Scheune. Sich im geschichtsträchtiges Künstlerhaus (Vitte) inspirieren lassen.

KULINARISCHE SPEZIALITÄTEN

Boddenzander: Auf vielfältige Art zubereiteter Zander aus den Bodden. – *Brathering:* Süßsauer eingelegter fangfrischer Hering. – *Hiddenseer Aalsuppe:* Gesäuerter Aal in Fischbrühe mit kleinen Klößchen. – *Sanddorngeist:* Aus den Früchten des Sanddorns hergestellter hochprozentiger Schnaps. – *Sanddorntorte:* Sahnetorte verfeinert mit den inseltypischen orangefarbenen Sanddornbeeren.

Nur per Schiff erreichbar, autofrei und von der Sonne verwöhnt – die kleine Insel ist ein Ferienparadies für alle, die sich für Stille, Entschleunigung und intakte Natur begeistern können. Zu den rund 1200 Einwohnern gesellen sich im Sommer unzählige Besucher. Doch wer sich und der Insel mehr als einen Tag Zeit gibt, erlebt eine geruhsame Auszeit.

Hochland, Heide, Ostseestrand

An ihrer breitesten Stelle gerade einmal knapp 4 km schmal, liegt die kleine Ostseeinsel in der wunderschönen Boddenlandschaft zwischen Zingst und Rügen. Die »Perle der Ostsee«, die bereits viele prominente Gäste wie Thomas Mann, Albert Einstein, Asta Nielsen und den hier begrabenen Gerhart Hauptmann angezogen hat, bietet mit ihrer geschützten Flora und Fauna eine einzigartige Naturschönheit: Der nördliche Teil, der bewaldete **Dornbusch**, ist ein sanftes Hochland mit steilen Klippen. Im Nordosten strecken die beiden durch Küstenerosion entstandenen Landzungen **Alter Bessin** und **Neuer Bessin** ihre Fühler nach Rügen aus. Der Mittelteil der Insel präsentiert sich von Sommer bis Herbst als leuchtend blühende Dünen- und Heidelandschaft. Im Süden geht der flache **Gellen** in ein bedeutendes Brutgebiet über, das zum Schutz der Vögel für die Öffentlichkeit nicht zugänglich ist.

Deutschland

Drei Dörfer prägen das Leben von Hiddensee: Hauptanlaufpunkt der Fähren ist **Kloster** im Norden. Der aus einer Zisterzienserabtei entstandene kleine Ort hat mit seinen von dichten Gärten umgebenen Villen, den zahlreichen Restaurants sowie dem **Gerhart-Hauptmann-Haus** und dem **Heimatmuseum** viel Abwechslung zu bieten. Ein bisschen städtischer geht es in **Vitte,** dem Sitz der Inselverwaltung, zu. Hier ziehen Attraktionen wie die **Blaue Scheune,** das »**Karusel**« und die **Seebühne** die Besucher an.

Für Stadtmenschen besonders eindrucksvoll ist das kleine **Neuendorf** im Süden, eine Ansammlung von schilfgedeckten Häusern, weit verstreut auf einer Wiesenfläche. Hier gibt es keine befestigten Straßen, sondern nur Fußpfade von Haus zu Haus.

Infos und Adressen

ANREISE

Fähre: Von Stralsund oder Schaprode (Rügen) aus mehrmals täglich nach Neuendorf, Vitte und Kloster, in der Saison zusätzliche Verbindungen von Rügen (Breege, Dranske, Wiek, Ralswiek) und Zingst. **Wassertaxi:** Schnelle Verbindung von Stralsund, Ralswiek oder Schaprode nach Hiddensee

BESTE REISEZEIT
April–Oktober

SEHENSWERT
Karusel. Architektonisch markante ehemalige Sommerresidenz des Stummfilmstars Asta Nielsen. Vitte, Boddenseite
Kutschfahrten. Mit dem Pferdewagen gemütliche Erkundungstouren unternehmen.

ESSEN UND TRINKEN
Zum kleinen Inselblick. Urgemütliche Kombination aus Café, Restaurant und Trödelladen. Kloster, Birkenweg 2
Gasthof & Café Rosi. Kleines Restaurant mit inseltypischen Spezialitäten. Neuendorf, Pappelallee 11

ÜBERNACHTEN
Zum Klausner. Pensionszimmer, Appartements und kleine Ferienhäuschen im idyllischen Dornbuschwald.
www.klausner-hiddensee.de
Hotel Godewind. Kleines familiengeführtes Hotel in zentraler Lage und mit viel rustikalem Charme. Vitte, Süderende 53, www.hotelgodewind.de

WEITERE INFOS
Insel Information Hiddensee. Vitte, Norderende 162, www.seebad-hiddensee.de

Ob Sonne oder Wind: Hiddensees Strände sind immer ein Erlebnis.

Strand-Schönheiten

Vom Gellen, dem Südende der Insel, bis an die Nordspitze erstreckt sich an der Westküste von Hiddensee über 13 km ein naturnaher, frei zugänglicher Ostseestrand, der allen Feriengästen genügend Platz bietet. Hervorragend geeignet zum Baden und für Wasserspaß aller Art, aber auch für lange Spaziergänge an der Strandlinie, bei denen man nach Bernstein und anderem Strandgut Ausschau halten sollte. Durch den intensiven Wasseraustausch zwischen Nord- und Ostsee ist beste Wasserqualität garantiert. An ausgewiesenen Stellen ist außerdem textilfreies Baden möglich.

Auf der Höhe der Orte Vitte, Kloster und Neuendorf gibt es von Rettungsschwimmern bewachte Strandabschnitte, die besonders für Familien mit kleineren Kindern zu empfehlen sind. In diesen Küstenregionen sind Hunde nicht erlaubt. In den Ortslagen werden Strandkörbe zum Verleih angeboten.

27 Wangerooge

Inselbahn. Erste Orientierungsfahrt mit der Schmalspurbahn vom Westanleger der Fähren bis ins Zentrum.

Alter Leuchtturm. Panoramablick von der Aussichtsplattform des schwarz-rot-weiß gestrichenen Leuchtturms.

Weltnaturerbe Wattenmeer. Exkursionen in Begleitung von geprüften Wattführern in das weite Wattenmeer im Süden der Insel.

Seehundbänke. Spannende Erkundungsfahrt zu den Meeressäugern.

Naturschutzgebiet. Spaziergänge und Radtouren zu Möwen, Seeschwalben und Austernfischern.

KULINARISCHE SPEZIALITÄTEN

Bookweetenschubber. Eierpfannkuchen aus Buchweizenmehl, meist mit durchwachsenem Speck. – *Granat:* Frische Nordseegarnelen mit Schale oder bereits gepult. – *Labskaus:* Fischergericht aus püriertem Pökelfleisch und gestampften Kartoffeln, dazu saure Gurken und Rote Bete. – *Matjes:* Junge Heringe in Salzlake gereift. – *Ostfriesentorte:* Biskuitboden bestrichen mit Schlagsahne und in Branntwein eingelegten Rosinen.

Aus der Vogelperspektive eindrucksvoll: die weit ins Meer hineinragenden Buhnen

Sonne, Wind, Sand und Wellen, dazu viel Ruhe und Gemütlichkeit. Diese wohltuende Mischung ist seit Langem das Geheimrezept der kleinen Badeinsel im niedersächsischen Wattenmeer. Seit über 200 Jahren wird Wangerooge, die östlichste der bewohnten Ostfriesischen Inseln, bereits von Feriengästen besucht, die hier vor allem gesunde Entspannung erwarten.

Ruhige Familieninsel mit Badetradition

Wer es eilig hat, ist auf der knapp 8 km² großen autofreien Nordseeinsel leider fehl am Platz. Die kleine **Inselbahn**, welche die Festlandbesucher am Fährhafen abholt und in das etwa 3 km entfernte Inseldorf bringt, ist das wichtigste Verkehrsmittel. Ansonsten erkundet man am besten zu Fuß oder per Fahrrad ganz geruhsam die größtenteils unter Naturschutz stehenden Strand-, Dünen- und Marschgebiete der Insel. Dabei stößt man an der Ostspitze auf den ehemaligen **Ostanleger,** dessen mit Sand überzogene Überreste ein eindrucksvolles Fotomotiv ergeben, und ganz im Westen auf den markanten **Westturm,** in dem heute die Jugendherberge untergebracht ist. Der Dorfkern wird vom **Café Pudding** bestimmt, dem auch aus der Vogelperspektive gut sichtbaren, auf einem runden Dünenhügel gelegenen Wahrzeichen. Ganz in der Nähe erhebt sich der 1855/56 errichtete **Alte Leuchtturm,** der als ältestes Bauwerk Wangerooges gilt.

Deutschland

Infos und Adressen

ANREISE

Flug: Von Harlesiel mehrmals täglich (5 Min.); **Auto:** Bis Harlesiel. **Fähre:** Gezeitenabhängige Verbindung von Harlesiel mehrmals täglich; **Zug:** Bis Bahnhof Norden oder Sande/Friesland, weiter mit dem Tidebus zum Schiffsanleger Harlesiel

BESTE REISEZEIT

ganzjährig; Badesaison Juli/August

SEHENSWERT

Inselmuseum. Exponate zur Wangerooger Geschichte. Alter Leuchtturm, Zedeliusstr. 3, www.leuchtturm-wangerooge.de
Rosenhaus. Informationszentrum des Nationalparks Niedersächsisches Wattenmeer mit Ausstellungen zu Wattenmeer und Naturschutz. Friedrich-August-Str. 18, www.nationalparkhaus-wangerooge.de

ESSEN UND TRINKEN

Café Pudding. Rundes Wahrzeichen an der Strandpromenade mit variantenreicher Speisekarte
Strandlust. Gehobene Küche mit internationaler Ausrichtung. Obere Strandpromenade

ÜBERNACHTEN

Westturm. Außergewöhnliche Jugendherberge im historischen Turm. www.jugendherberge.de
Upstalsboom Strandhotel. Vier-Sterne-Unterkunft direkt am Meer. Strandpromenade 21, www.upstalsboom.de

WEITERE INFOS

Kurverwaltung. Strandpromenade 3, Wangerooge, www.wangerooge.de

Strand-Schönheiten

Hauptbad. Weitläufiger bewachter Bade- und Burgenstrand direkt unterhalb des »Café Pudding«. Das Baden außerhalb der festgelegten, von Ebbe und Flut abhängigen Badezeiten, ist auf Wangerooge generell verboten. Aushang zu Hoch- und Niedrigwasserzeiten an der Strandpromenade und am »Café Pudding«.

Westbad. Direkt an das Hauptbad angrenzender »Tagesstrand«; hier werden auch Strandkörbe an Kurzzeiturlauber und Tagesgäste vermietet. Strandservice an der weißen Strandkarre an der unteren Strandpromenade. Surf-, Kite- und Katamaran-Schule für Anfänger und Fortgeschrittene.

Ostbad. Östlicher Teil des etwa 4,5 km langen Strandes; hier sind auch Hunde erlaubt.

Am Westende. Kleiner, feiner Badestrand in der Nähe der Jugendherberge im Westturm mit einem vielfältigen Angebot an Wassersportaktivitäten.

»Oase«. Meerwasser-Erlebnisbad mit Außen- und Innenbecken sowie Whirlpools, Geysiren, Wasserfall, Gegenstromanlage, Sprungbecken und 70-m-Rutsche für die raueren Tage.

Sonne, Sand und Meer locken seit Beginn des 19. Jahrhunderts Badegäste an.

Wie ein auf dem Bauch liegendes Seepferdchen erstreckt sich Wangerooge 7 km vor der ostfriesischen Küste. Doch diese Form hatte das Eiland nicht immer. Wind und Wellen nagen seit Jahrhunderten an der Insel. Sie tragen Land im Westen ab und verlagern es in die östliche Region. Trotz massiver Schutzmaßnahmen hält diese **West-Ost-Drift** bis heute an. Aber auch andere Einflüsse veränderten das Erscheinungsbild der Insel: 1854/55 setzte eine verheerende Sturmflut dem aufstrebenden Fremdenverkehr des Seebades ein abruptes Ende, und 1945 zerstörte ein schwerer Luftangriff große Teile der Bebauung. Doch die Inselbewohner gaben nie auf, und so bekam die kleine Nordseeinsel immer wieder ein neues Gesicht.

Pantelleria

Wie ein grauer Elefantenrüssel ragt die Felsformation südlich der Cala Levante ins Meer.

HIGHLIGHTS

Specchio di Venere. »Spiegel der Venus« wird der 12 m tiefe Binnensee vulkanischen Ursprungs genannt. Sein Schlamm dient als Schönheitsmittel.

Montagna Grande. Der erloschene Vulkankrater (836 m ü. NN) ist von 24 kleineren Nebenkratern umgeben und der höchste Punkt der Insel.

Castello Barbacane. In der mittelalterlichen Hafenfestung sind Marmorköpfe aus dem julisch-claudischen Kaiserhaus ausgestellt.

Gadir. Hübschester Ort an der Nordostküste, wo Modedesigner Giorgio Armani seit Jahren Urlaub im eigenen Anwesen macht.

KULINARISCHE SPEZIALITÄTEN

Kapern: Die Blütenknospen des Kapernstrauchs am besten direkt beim Produzenten kaufen: Cooperativa Agricola Produttori Capperi oder La Nicchia – *Pesto Pantesco:* Sauce aus Tomaten, Knoblauch, Basilikum, Pepperoni und Olivenöl, die zu Spaghetti, Fisch und Fleisch gereicht wird. – *Ravioli amari:* Mit lokalem Ricotta und Pfefferminze gefüllte frische Pasta. – *Passito:* Likörwein aus ortstypischen Zibibbo-Trauben. – *Moscato:* Goldgelb, aus angetrockneten Trauben gekeltert.

Giorgio Armani, Isabella Rossellini, Carole Bouquet, Sting, Madonna und Gabriel García Márquez – viele Berühmtheiten haben die mit 83 km² größte und westlichste Insel vor der Küste Siziliens als Rückzugsort für sich entdeckt. Wer gern gutes Essen und Wein genießt, kleine Felsbuchten kilometerlangen Sandstränden vorzieht oder Wanderungen zu Fuß oder auf dem Pferderücken liebt, ist hier genau richtig.

Schwarze Perle zwischen Sizilien und Nordafrika

Vor etwa 350 000 Jahren ist Pantelleria in der ersten von acht Eruptionen aus dem Meer gewachsen, bei einem Vulkanausbruch vor 45 000 Jahren bildeten sich Hügel und Binnenseen wie der von heißen Quellen gespeiste **Specchio di Venere.** Die »Tochter der Winde«, wie die Araber das Eiland nennen, verdankt ihren Wohlstand der dunklen Lava-Erde. Ihre Fruchtbarkeit und die strategisch wichtige Lage zogen über die Jahrtausende viele Besucher an: Sesioten, Phönizier, Griechen, Römer, Byzantiner, Araber, Normannen und Spanier. Die muslimischen Herrscher aus Nordafrika brachten Palmen, Baumwolle, Oliven- und Zitrusfrüchte auf die Insel, verbesserten die Qualität der Muskattrauben (hier unter dem Namen **Zibibbo** bekannt) und führten die **Dammusi** ein, aus Lavastein errichtete Häuser mit einem Kuppeldach, das zum Auffangen von Regenwasser dient.

Italien

Auch heute noch ist die Landwirtschaft von größerer Bedeutung als der Fischfang. Die »besten Kapern der Welt«, wie Gourmets behaupten, stammen von hier, und in den **Weinkellern** von Donnafugata oder Carole Bouquet werden die edlen Tropfen **Passito** und **Moscato** gekeltert. Auch wenn seit Jahren die Landflucht grassiert, ist die »schwarze Perle« im Mittelmeer sehr beliebt. Die landschaftliche Schönheit zieht vor allem im Sommer Fotografen, Künstler und Touristen in ihren Bann. Danach warten vielfältige Freizeitmöglichkeiten – Wandertouren, Schwimmen, Schnorcheln und Tauchen – und kulinarische Erlebnisse.

Infos und Adressen

ANREISE

Flug: Nach Rom, Palermo oder Trápani, in der Saison auch nach Mailand und Bologna.
Fähre: Von Trápani (5 Std. 40 Min.), im Sommer auch Tragflügelboote (2 Std.) und Schnellboote von Mazara del Vallo (2,5 Std.)

BESTE REISEZEIT

Mai–Oktober

ERLEBENSWERT

Festa della Madonna della Margana. Prozession (Ende Juni) mit der Statue des Inselheiligen mit traditioneller Musik und Tanz und typischen Speisen wie *Mustaccioli panteschi*
Tour mit einem Fischerboot. Erkundung der Höhlen und Grotten mit ihrem klaren Wasser entlang der Küste

ESSEN UND TRINKEN

La Nicchia. Seit 1987 führt Gianni Busetta das Landgasthaus mit herrlichem Garten. Empfehlenswert: *Bresaola di tonno* und die typisch sizilianische *Caponata*. Nur abends geöffnet. Scauri Basso
Osteria Il Principe e Il Pirata. Auf der Terrasse dieses typischen Inselhauses genießt der Gast sizilianische Gaumenfreuden und einen herrlichen Blick aufs Meer. Punta Karace 7

ÜBERNACHTEN

Hotel Santa Teresa. 18 restaurierte Häuser auf einer 40 ha großen Farm im Valle di Monastero. Via Contrada Monastero Alto-Sibà, Scauri Siculo, www.design-hotels.com/santateresa
Zubebi Resort. Liebevoll restaurierte Dammusi mit Meerblick, eingebettet in Weinberge und Olivenhaine. Zubebi, www.zubebi.com

WEITERE INFOS

Pro Loco. www.prolocopantelleria.it und www.pantelleria.it

Dank des fruchtbaren Vulkanbodens fällt die Gemüseernte auf der Insel üppig aus.

Strand-Schönheiten

Cala Levante und **Arco dell'Elefante.** Die Felsformation (»Elefantenbogen«) südlich von Cala Levante lädt zum Schwimmen und Schnorcheln ein.

Cala Cinque Denti Die kleine windgeschützte Bucht liegt an der Nordostküste nördlich von Punta Spadillo.

Punta Fram. Die westlichste Spitze der Insel zwischen Pantelleria und Scauri erinnert an eine Mondlandschaft.

Cala Rotonda. In dieser Bucht wurde – wie in der Balata dei Turchi – früher Obsidian abgebaut.

Balata dei Turchi. Einst von Piraten als Anlaufstelle genutzt, ist die malerische Felsenbucht heute ein beliebter Badeplatz, den man auf der Landseite über steile Pfade erreicht.

Balata di Sataria. Der Name leitet sich vom griechischen *soteria* ab, was so viel wie »Gesundheitsgrotte« bedeutet. In ihrem Inneren kann man ein Thermalbad nehmen. Wasser aus heißen Quellen (40 °C) fließt in drei Wannen zusammen.

Cala Tramuntana. Zählt mit seinem Faraglione zu den Hauptfelsenstränden des Eilands.

Alicudi und Filicudi

HIGHLIGHTS

Montagna. Höchstgelegener Ortsteil von Alicudi mit nur wenigen bewohnten Häusern in schöner Landschaft.

Scoglio della Galera. Markante Klippe an der schroffen Westküste von Alicudi, nur mit dem Boot zu erreichen.

Zucco Grande. Verlassenes Dorf in herrlicher Lage über dem Meer (Panoramaweg).

Grotta del Bue Marino. Die Meeresgrotte fasziniert mit eindrucksvollen Reflexionen.

La Canna. 71 m hoher Vulkanschlot, der als Felsnadel aus dem Meer ragt; beliebter Kletterfelsen.

KULINARISCHE SPEZIALITÄTEN

Insalata liporata: Gemischter Salat mit Kapern, Kartoffeln und geröstetem Brot. – *Pane Cunzatu:* Brot mit Tomaten, Kapernäpfeln und geräuchertem Mozzarella. – *Coniglio in agro dolce:* Kaninchen in süßsaurer Sauce. – *Sesamini:* In Sesam gewälztes Mürbegebäck. – *Spicchitedda:* Süße Teigkringel mit Weinsauce. – *Granita:* Sorbetähnliche, erfrischende Süßspeise, oft aus Zitronensaft. – *Malvasia delle Lipari:* Süßer Weißwein (Aperitif).

Die dunkle Felsnadel La Canna vor Filicudi bildet den Überrest eines Vulkanschlots.

Die kleine, annähernd kreisrunde Insel Alicudi ist der richtige Ort zum Abschalten. Maulesel bewältigen den Verkehr auf den Treppenwegen des einzigen Ortes Alicudi Porto. Nur neun Seemeilen entfernt liegt die etwa doppelt so große Insel Filicudi. Drei Viertel ihrer Fläche sind als Naturschutzgebiet ausgewiesen. Die beiden westlichsten Inseln des Liparischen Archipels haben sich strikt dem Massentourismus verwehrt.

Grotten, Saumpfade und erloschene Vulkane

In der Saison öffnen das einzige Hotel Alicudis, eine Pension und eine Bar. Außerdem gibt es eine Tauchstation in Alicudi Porto. Ein Netz aus Natursteintreppen verbindet die einzelnen Häuser und Ortsteile und bietet Einwohnern wie Besuchern ein kostenloses tägliches Fitnessprogramm. Gepäck oder größere Einkäufe können mit dem Maultier transportiert werden. Seit den 1980er-Jahren haben Aussteiger aus Italien und Deutschland verlassene Bauernhäuser renoviert – besonders schön in **Tonna** und **Pianicello** –, die sie auch an zivilisationsmüde Touristen vermieten. Saumpfade führen ab der Kirche San Bartolo auf die Hochebene **Timpone delle Femmine.** Der Name erinnert an die Überfälle von Piraten im frühen Mittelalter, vor denen Frauen und Kinder in Sicherheit gebracht wurden. Der Weg zum erloschenen Vulkan **Filo dell'Arpa** führt durch teils unwegsames, mit Heidekraut bewachsenes Gelände.

Italien

Infos und Adressen

ANREISE

Flug: Nach Neapel oder Palermo; **Fähre:** Dienstag- oder Freitagabend von Neapel zur Insel Salina. Von dort mehrmals täglich Tragflügelboote nach Alicudi oder Filicudi. Alternativ Direktverbindungen von Palermo mit Tragflügelboot (Mitte Juli bis Mitte September)

BESTE REISEZEIT

Juni–September

SEHENSWERT

San Bartolo. Kirche im ehemaligen Zentrum von Alicudi mit herrlichem Blick auf das Meer (340 m ü. NN)

Capo Graziano. Bronzezeitliche Siedlung auf der Halbinsel Capo Graziano; die Funde sind in der Zweigstelle des Archäologischen Museums von Lipari in Filicudi Porto ausgestellt.

ESSEN UND TRINKEN

Restaurant Ericusa. Fischspezialitäten-Restaurant im gleichnamigen Hotel. Via Regina Elena, Alicudi

La Sirena. Schmackhafte Küche, herrliche Terrasse. Via Pecorini Mare, Filicudi

ÜBERNACHTEN

Ericusa. Einziges Hotel auf Alicudi mit einfachen Zimmern direkt am Meer. www.alicudihotel.it

La Canna. Kleines Hotel mit hübschen Zimmern, traumhafter Aussicht und gutem Restaurant oberhalb Pecorini. Filicudi, www.lacannahotel.it

WEITERE INFOS

Italienische Zentrale für Tourismus ENIT. Barckhausstraße 10, Frankfurt am Main. www.enit-italia.de

Natur und Ruhe erwarten den Besucher auch auf Filicudi, der größeren Schwester von Alicudi. Wanderer, Taucher und Bergsteiger kommen auf der knapp 10 km² großen Insel voll auf ihre Kosten. Die einzige Asphaltstraße verbindet **Filicudi Porto** mit **Valdichiesa** im Inselinnern, einem Ort mit hübscher Barockkirche, und dem Hafen **Pecorini**. Eine Wandertour führt zum erloschenen Vulkan **Monte Fossa delle Felci**, der höchsten Erhebung. Auf jeden Fall sollte man die Insel per Boot umrunden. An der Steilküste haben sich mehrere Grotten gebildet. Die schönste ist die **Grotta del Bue Marino** im Westen mit ihrem türkisblauen Wasser. Auf der Halbinsel **Capo Graziano** im Südosten wurden die Überreste einer bronzezeitlichen Siedlung ausgegraben.

Traumplatz über dem Meer: Der Baustil auf den Äolen überzeugt durch einfache Formen.

Strand-Schönheiten

Perciata. Den einzigen größeren Strand von Alicudi kann man von Alicudi Porto zu Fuß erreichen. Der kleine Kieselstrand überzeugt mit glasklarem Wasser. An alle anderen Strände der Insel gelangt man nur mit dem Boot. Auch diese kleinen einsamen Badebuchten im Norden und Westen der Insel zeichnen sich durch sehr sauberes Wasser aus.

Bazzina. Von der Kirche San Bartolo aus erreicht man auf steilen Pfaden den kleinen Kieselstrand von Bazzina auf Alicudi. Bequemer ist der Weg von der Mole Richtung Norden am Meer entlang.

Le Punte. Kiesstrand unterhalb der Halbinsel Capo Graziano, einige Gehminuten von Filicudi Porto entfernt; das türkisblaue Meer lädt zum Schnorcheln und Tauchen ein.

Filicudi Porto. Grobkieseliger Strand in Hafennähe, in der Hochsaison stark frequentiert.

Pecorini. Schmaler Kiesstrand zwischen Mole und den bei Tauchern beliebten Klippen von Punta Stimpagnato.

30 La Maddalena

La Maddalena lädt zum Einkaufsbummel vor pittoresker Kulisse ein.

HIGHLIGHTS

Strada Panoramica. Die Umrundung der Hauptinsel auf der Panoramastraße ist der Höhepunkt jeder La-Maddalena-Reise.

Museo del Compendio Garibaldino. Das Gutshaus, in dem der italienische Held des Risorgimento 1856–82 lebte, ist weitgehend original erhalten.

Fortino di Arbuticci. Restauriert präsentiert sich die Militäranlage mit dem neuen Garibaldi-Museum.

Borgo Stagnali. Im ehemaligen Militärlager sind zwei Museen und ein Zentrum für Umwelterziehung untergebracht.

Grotta di San Francesco. Krustenanemonen, Schwämme, Meeresaale, Hummer; den prächtigen Bewohnern der kleinen Höhle kann man bei einer Tauchtour begegnen.

KULINARISCHE SPEZIALITÄTEN

Zimminu: Fischsuppe nach Art der Maddalenini. – *Bardolini in Burrida:* Der Katzenhai in einer Nuss-Sauce wird als Vorspeise gereicht. – *Casciatine:* Käsegebäck mit Ricotta und Rosinen. – *Mirto:* Sardischer Likör aus der Myrte. Eiskalt und in gekühlten Gläsern genießen.

Willkommen im Paradies! Das einsame Archipel im Nordosten von Sardinien bezaubert mit 62 Eilanden, traumhaften Buchten, macchiagesäumten Postkartenstränden und anderen Naturschönheiten. Dazu gibt es alte Festungen und im charmanten Hafenstädtchen mediterranes Flair und pittoreske Gassen.

Diamanten im Tyrrhenischen Meer

Jenseits von Palau liegen sie, die zauberhaften Inseln des La-Maddalena-Archipels. Die unbewohnten und unberührten Eilande sind paradiesisch schön, und jedes besticht mit einer besonderen Attraktion – von atemberaubenden Wasserfarben, flachen Lagunen, schneeweißen Sandstränden, traumhaften Buchten aus verwittertem Granitgestein bis zu aus dem Wasser ragenden, bizarren Felsformationen.

Bei Einfahrt der Fähre in den Hafen der kleinen Hauptinsel **La Maddalena** bietet sich ein fabelhafter Anblick auf eine ganze Reihe von Palazzi sowie Dutzende Fischerboote und Jachten. Ringsum schimmert das kristallklare Wasser marineblau. Palmen, Läden und Speiselokale säumen die Hafenpromenade. Das quirlige, 1770 gegründete Städtchen, zugleich Hauptort der Inselgruppe, bezaubert mit engen Gassen, steilen Treppen und stilvollen Cafés.

Als militärisches, politisches, wirtschaftliches und kulturelles Zentrum an der Meerenge zwischen Sardinien und dem

Italien

französischen Korsika sind mit La Maddalena viele berühmte Namen verbunden: Napoleon Bonaparte versuchte die Insel 1793 zu erobern. Der britische Admiral Horatio Lord Nelson hielt sich 1804 vor der Seeschlacht am Kap Trafalgar im Archipel auf, um die französische Mittelmeerflotte auszukundschaften. Der italienische Freiheitskämpfer Giuseppe Garibaldi ließ sich auf Caprera nieder und verbrachte dort auch seine letzten Tage. Nachdem Viktor Amadeus III., König von Sardinien-Piemont und Herzog von Savoyen, 1767 beschlossen hatte, hier einen **Marinestützpunkt** anzulegen, waren La Maddalena und die anderen Inseln des Archipels immer wieder Schauplatz von Kriegshandlungen. Heute wird die Insel wegen ihrer landschaftlichen Schönheit und atemberaubenden Küstenlinie aufgesucht. Der Dünenstrand **Bassa Trinita,** die bezaubernde Cala Francese, die Cala Lunga di Porto Massimo und die Felsen von **Punta Tegge** machen ihren besonderen Reiz aus.

Entrückte Welten

In den 1970-er und 1980-er-Jahren wurde der Maddalena-Archipel für den Tourismus erschlossen. Nach und nach »strandeten« immer mehr Urlauber auf den bewohnten und unbewohnten Eilanden. Zu den bekanntesten gegründeten Nationalparks gehören nach La Maddalena und **Caprera** insbesondere Santo Stefano, Spargi, Budelli, Razzoli, Soffi, Mortorio, Nibani und Santa Maria mit macchiagesäumten und puderzuckerweißen Stränden am smaragdfarbenem Meer. Zu den reizvollsten Buchten des Archipels gehören Cala Corsara, Cala Connari und Cala Granara auf **Spargi.** Die **Isola di Razzoli** besticht durch ihre imposante Küste mit bizarr geformten Felsen, die den abstrakten Skulpturen von Henry Moore ähneln. Stimmungsvoll und prächtig ist auch der Leuchtturm an der Straße von Bonifacio. Auf der **Isola Santa Maria** liegt ein altes Kloster, das im Mittelalter Benediktinermönche aus Bonifacio gegründet haben. Der italienische Regisseur und Oscar-Preisträger Roberto Benigni erkor diese Insel der Ruhe und Entspannung zu seiner Sommerfrische, er besitzt dort zwei Villen.

Die rosa Wüste

Zu den Höhepunkten des Archipels gehört die nur von einem Wächter bewohnte **Isola Budelli** mit ihrer berühmten rosafarbenen **Spiaggia Rosa.** Malerisch eingebettet zwischen

Strand-Schönheiten

Bassa Trinità. Strand auf La Maddalena mit den schönsten Dünen des Archipels. Der weiße Sand ist weich wie Mehl.

Cala Corsara. In der zauberhaften Bucht auf Spargi trifft kristallklares, türkisfarbenes Wasser auf feinen weißen Sand. Die Felsen im Wasser ähneln Märchenfiguren. Nur mit dem Boot zu erreichen.

Cala Soraya. Der kleine, strahlend weiße Sandstrand, ebenfalls auf Spargi, trägt die Anmut bereits im Namen. Hier sonnte sich in den 1950er-Jahren Soraya Esfandiary-Bakhtiary, Kaiserin von Persien. Ebenfalls nur mit dem Boot zu erreichen.

Cala Coticcio (auch Tahiti). Feiner weißer Sand, klares Wasser, blassrote Felsen sowie einzelne Zistrosen, Mastix- und Wacholdersträucher: Diese malerische Kulisse macht die klitzekleine Bucht auf Caprera zum Traumstrand Nr. eins.

Spiaggia del Relitto. Bucht mit Schiffswrack, das wie ein Fischgeripppe halb im Wasser und halb im Sand liegt. In der Regatta-Saison bietet der feine, weiße Strand auf Caprera einen wunderbaren Blick auf die Jachten, die um das Eiland segeln.

La Maddalena hat eine 180 km lange Küstenlinie mit azurblauem Meer zu bieten.

Wer mit dem Boot auf Tour gehen will, muss die strengen Naturschutzregeln beachten.

Jahrelang war Budelli, das Eiland mit dem berühmten rosa Strand, in privater Hand.

Porphyr- und Granitfelsen sowie ausgedehnter Macchiavegetation strahlt die kleine sichelförmige Bucht etwas Südseehaftes aus. Seine Farbe hat der erst 1964 mit dem Film »Il Deserto Rosso« (Die rote Wüste) aus seinem Dornröschenschlaf erwachte Strand von den roten Schalen massenhaft im Meer lebender Einzeller (Foraminiferen), die in den **Seegraswiesen** vor der Insel leben. Ihre Gehäuse vermischen sich mit dem weißen Sand und geben ihm einen rosa Ton. Damit dieses Unikat erhalten bleibt, darf die Bucht heute nur noch aus der Ferne bewundert werden.

Doch bereits wenige Meter weiter bietet ein anderer paradiesischer Strand würdigen Ersatz: An der **Spiaggia del Cavaliere** geht man in einer blau und türkis leuchtenden, phänomenalen Bucht mit schneeweißem Strand und grüner Macchia vor Anker. Hingestreckt auf dem weichen, hellen Sand kann man hier besonders außerhalb der Hochsaison ungestört von Ausflugsschiffen seinen eigenen Gedanken nachhängen und die Zeit vergessen. Mit etwas Glück sieht man dann **Delfine** das Meer durchstreifen. Der Große Tümmler stattet den Inseln Corcelli, Barrettini und der Westküste Capreras im Mai, Juni und September einen Besuch ab.

La Maddalena

Infos und Adressen

ANREISE

Flug: Ganzjährige und saisonale Direktverbindungen nach Olbia; **Fähre:** Ab Norditalien ganzjährig oder zur Saison nach Golfo Aranci oder Olbia. **Verbindungen nach La Maddalena** ab Palau (ca. 30 Min.).

BESTE REISEZEIT

Mai–Oktober

SEHENSWERT

Altstadt von La Maddalena. Italo-Flair mit Palazzi und Jachthafen Cala Gavetta.

Museo Diocesano. In einem Nebenraum der Pfarrkirche Santa Maria Maddalena gibt es u. a. eine Urkunde Lord Nelsons zu bewundern. Mo–Fr 10–13.30 und 16.30–20 Uhr

Santa Maria Maddalena. Am 22. Juli feiert La Maddalena ein buntes Patronatsfest mit Bootsprozession ab Jachthafen Cala Gavetta.

Chiesa della S.S. Trinità. Älteste Kirche des Archipels (1768) zu Füßen des Militärbauwerks Batteria della Trinità.

Museo Geo-Mineralogico Naturalistico. Das kleine Museum gibt Einblicke in die Geologie und Mineralogie des Archipels. Juni–Sept. Mo–Sa 9.30–13 und 15.30–19 Uhr

Museo del Mare e delle Tradizioni Marinaresche. Fischerei war früher das wichtigste Gewerbe im Archipel. Das Museum blickt darauf zurück. Juni–Sept. Mo–Sa 9.30–13 und 15.30–19 Uhr

Forte San Vittorio (auch Guardia Vecchia). Die Befestigungsanlage auf dem höchsten Punkt der Insel (146 m ü. NN) ist heute Sitz des Hafenamts.

ESSEN UND TRINKEN

La Grotta. Das familiengeführte Restaurant in einer Gasse nahe des Jachthafens Cala Gavetta bietet seit 1985 Feinstes aus dem Meer. Exquisite Langusten. Via Principe di Napoli 3, La Maddalena, www.lagrotta.it

La Roca. Außerhalb des Zentrums, an der Strandpromenade von Padule. Exzellente lokale Küche, leckere Fischgerichte, Blick aufs Meer und Palau. Via Domenico Millelire 18, La Maddalena, www.laroca.it

Art Café. Trendige Cocktailbar in der Fußgängerzone. Leckere Drinks, köstliche Cappuccini und knusprige Brioches zum Frühstück. Via Garibaldi 10, La Maddalena, www.lamaddalena.it/ art_cafe.htm

Gelateria Dolci Distrazioni. Zart schmelzendes, selbst gemachtes Eis zum Mitnehmen. Largo Matteotti 8, La Maddalena, www.dolcidistrazioni.it

Zì Antò. Bruschetta, frischer Fisch und leckere Aperitifs. Terrasse direkt am Meer. Loc. Punta Tegge, La Maddalena, www.puntategge.com

SHOPPING

Mercato Civico. Kleine Markthalle nahe des Rathauses. Stände mit einheimischem Obst und Gemüse, regionalen Spezialitäten und fangfrischem Fisch. Piazza Garibaldi, La Maddalena

AUSGEHEN

Charlie Bar. Coole Cocktails und Livemusik nach dem Abendessen. Via Garibaldi 110, La Maddalena. www.facebook.com/ charliebar.lamaddalena

Disco Bulldog. Diskothek mit drei Tanzflächen, kleinen Lounge-Ecken und Pool. Loc. La Ricciolina, La Maddalena

ÜBERNACHTEN

Residenza Mordini. Zentrales Boutiquehotel in historischem Gebäude. Schmuckstück mit Doppelzimmern, Suiten und angeschlossenem

Die Panoramastraße Strada di Spalmatore bietet atemberaubende Ausblicke.

Bistro. Via Principe Amedeo 3, La Maddalena, www.residenzamordini.com

Hotel e Residence Villa del Parco. Bezauberndes, etwas außerhalb gelegenes edles Hotel mit Doppelzimmern und Suiten. Via Don Vico, La Maddalena, www.villadelparco.com

Residenza Borgo Punta Villa. Neue Apartmentanlage mit Pool, ca. 2 km vom Ortszentrum. Via Chiusedda, La Maddalena, www.puntavilla.it

WEITERE INFOS

Ufficio Turismo Comunale. Piazza Barone des Geneys, La Maddalena, www.comune.lamaddalena.ot.it

31

Procida

Am Hafen von Corricella wurden die Osteria-Szenen von »Il Postino« gedreht.

HIGHLIGHTS

Abbazia di San Michele. Die Abtei von 1026 wurde im 16. Jh. wieder aufgebaut. Sehenswert: Bibliothek und Beinhaus.

Terra Murata. Vom höchsten Punkt der Insel (89 m ü. NN) hat man einen herrlichen Blick auf das Meer und den Hafen von Corricella.

Hafen Corricella. Steinstufen führen hinunter zu dem nostalgischen Hafen.

Marina Chiaiolella. Am kleinen Jachthafen gibt es zahlreiche exzellente Fischlokale, umrahmt von über 100 Jahre alten Fischerhäusern.

Istituto Nautico Francesco Caracciolo. Zu einer der ältesten Seefahrtschulen Italiens gehört ein Park mit Palmen und Bougainvillen.

KULINARISCHE SPEZIALITÄTEN

Lingue di Procida: Eine Art Blätterteigzunge, die wahlweise mit Konditorcreme oder Nutella gefüllt ist. – *Insalata di limoni:* Salat aus milden Zitronen, angemacht mit Peperoncino, Knoblauch und Minze. – *Coniglio alla Procidana:* Kaninchengericht mit Knoblauch, Weißwein und Tomaten. – *Limoncello:* Eiskalt zu trinkender Zitronendigestif.

Seit jeher steht sie – völlig zu Unrecht – im Schatten ihrer glanzvollen und berühmten Schwesterinseln Capri und Ischia. Doch gerade dieses Schattendasein hat dem kleinen Eiland sehr gut getan. Auf Procida gibt es weder Massentourismus noch riesige Hotels. Und genau dadurch konnte sich die Insel ihren einzigartigen nostalgischen Charme bewahren.

Nostalgisches Juwel am Golf von Neapel

Sie ist nur 4,14 km² groß, ihre höchste Erhebung misst gerade einmal 89 m, und doch steht Procida ihren Nachbarinseln in Sachen Schönheit in nichts nach. Zwischen pastellfarbenen Häuserzeilen, bunten Fischerbooten und schmalen Gassen scheint die Zeit stehen geblieben zu sein.

Wenn man am Hafen **Marina di Sancio Cattolico** mit der Fähre in Procida ankommt, ist man entzückt von den bunten Häusern, die ein bezauberndes nostalgisches Flair versprühen. Und schon bald spürt man: Auf Procida ticken die Uhren langsamer. Die 12 000 Inselbewohner bewegen sich mit Vesparollern, zu Fuß oder mit dem Fahrrad vorwärts, erledigen ihre Einkäufe in den kleinen Geschäften der **Via Vittorio Emanuele.** Die wenigen Touristen tun es ihnen gleich oder lassen sich mit halboffenen Microtaxis an ihr Ziel bringen. Procida, deren Name auf den Arzt Giovanni da Procida aus dem 13. Jh. zurückgeht, ist von Touristenströ-

Italien

Infos und Adressen

ANREISE

Flug: Nach Neapel.
Fähre: Ab Neapel (ca. 1 Std., Tragflächenboot 30 Min.) oder Pozzuli (ca. 35 Min.)

BESTE REISEZEIT

April–September

SEHENSWERT

Marina di Sancio Cattolico. Der Fährhafen bezaubert mit den pastellfarbenen Häuschen und bunten Booten.
Isolotto di Vivara. Das 0,4 km² kleine Insel-Naturreservat ist über eine Brücke mit Procida verbunden.
Karfreitagsprozession. Am frühen Morgen des Karfreitags wird der »Tote Christus« in großem Geleit zur Terra Murata getragen.
Sagra del Mare. »Kirchweihfest des Meeres« am letzten Juliwochenende mit der Wahl der Inselschönheit.

ESSEN UND TRINKEN

Ristorante Caracalé. Feine kampanische Küche mit Fisch-spezialitäten. Via Marina di Corricella, 62
Ristorante La Pergola. Fangfrischer Fisch, hausgemachte gefüllte Nudeln und romantisches Flair im Limonenhain. Via Salette, 10

ÜBERNACHTEN

Hotel La Scivola. Boutiquehotel mit Zimmern und Appartements in Pastelltönen. Großer Garten im Innenhof. Via Principe Umberto, 28 www.lascivolahotel.it
La Casa sul Mare. Kleines Hotel über dem Hafen von Corricella mit azurblauen Zimmern. Terrassen und Garten mit Meerblick. Via Salita Castello, 13, www.lacasasulmare.it
La Tonnara Hotel. Familiengeführtes Hotel mit 14 modern eingerichteten Zimmern. Blick auf den Jachthafen von Chiaiolella. Via Marina Chiaiolella 51b, www.latonnarahotel.it

WEITERE INFOS

Tourismus Procida.
www.procida.net

Der flach ins Meer abfallende Strand von Pozzo Vecchi ist auch für Familien ideal.

Strand-Schönheiten

Spiaggia del Postino. Am Strand von Pozzo Vecchio wurden einige besonders schöne Filmszenen von »Il Postino« (Der Postmann) gedreht. Schwarzer Vulkansand, kleine Snackbar, die auch Liegestuhl-Komplets vermietet.

La Chiaia. Frei zugänglicher Strand im Südosten mit vielen Buden, der bis zum frühen Abend in der Sonne liegt. Die vorgelagerten Felsen bilden eine Art natürliches Schwimmbecken mit seichtem Wasser – ideal für Kinder.

Il Faro. Felsenbucht mit tiefem Wasser im Nordosten der Insel. Ideal für Taucher, Schnorchler und alle, die etwas Einsamkeit lieben.

La Chiaiolella. Der längste Strand der Insel liegt im Süden und ist auch bei Einheimischen sehr beliebt.

men verschont geblieben, nur wenige Boutiquehotels und Privatvermieter bieten Fremden eine Unterkunft. Viele sind fasziniert und kehren oft hierher zurück, wie einst auch die Schriftstellerin Elsa Morante, die auf Procida ihren Roman-erfolg *Arturos Insel* ansiedelte. Zwischen den kleinen Fisch-lokalen am Hafen von **Corricella** und dem von Tuffstein umrahmten Strand von **Pozzo Vecchio** wurden auch einige Szenen des Films »Il Postino« (Der Postmann) gedreht.

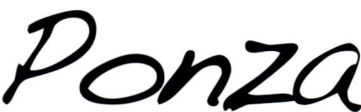

Ponza

HIGHLIGHTS

Grotte di Pilato. Eine Ansammlung von in den Tuffstein geschlagenen Höhlen und Salzwasserbecken aus der Römerzeit. 1997 hat man hier eine Marmorstatue und Öllampen aus römischer Zeit entdeckt.

Corso Pisacane. Ponzas Flaniermeile mit den vielen kleinen Bars und Geschäften lädt zu einem abendlichen Bummel mit Hafenblick ein.

Faraglioni di Lucia Rosa. Angeblich stürzte sich an diesem Aussichtspunkt die unglücklich Verliebte Lucia Rosa von den Klippen hinab ins tosende Meer.

KULINARISCHE SPEZIALITÄTEN

Biancolella: Aus der einheimischen Rebsorte wird ein frischer Weißwein und Sekt hergestellt. – ***Platterbsen***: Unbedingt probieren sollte man die damit zubereitete inseltypische Zuppa. – ***Spaghetti mit Ricciola***: Mit Tomaten oder in bianco mit einer besonderen Thunfischart zubereitet. – ***Calamari ripieni***: Mit einer Mischung aus Parmesan, Pinienkernen und Rosinen gefüllte Kalmare in würziger Tomatensauce.

Auf Ponza vermieten viele Privatanbieter Ferienhäuser mit großzügigen Terrassen.

Sie ist nostalgisch, aber auch ein bisschen mondän. Die Italiener lieben sie, die meisten Deutschen kennen sie gar nicht: Ponza, die sichelförmige, große Hauptinsel der sechs Pontinischen Inseln vor der Küste Latiums. Vor allem aber ist sie mit ihrer unberührten Natur und türkisfarbenen Wasserbecken ein Ort, der Inselträume wahr werden lässt.

Badewannen in Tuffsteinfelsen

Ponza, die 7,3 km² große Insel am Golf von Gaeta, besticht nicht nur durch wunderbar klares Wasser und eine abwechslungsreiche Küste, sondern auch durch ein sehr vielfältiges Landesinnere. Die pastellfarbenen Häuserfassaden des kleinen **Hafens** bezaubern den Besucher schon bei der Ankunft.

In der Antike nannte man sie Pontia, und bereits die Römer schlugen hier Salzwasserbecken in die Tuffsteinfelsen, um ihren Fisch fangfrisch zu halten. Heute leben etwa 3300 Menschen auf Ponza, in der italienischen Hochsaison im August bevölkern rund 10 000 Besucher die Insel. Doch selbst dann wirkt das hügelige Eiland nie überfüllt, bietet es doch zusammen mit seinen fünf Nachbarinseln viele abwechslungsreiche Freizeitmöglichkeiten.

Nicht nur das Baden an den kleinen Stränden, in den Buchten und den **Piscine Naturali**, den natürlichen Bassins,

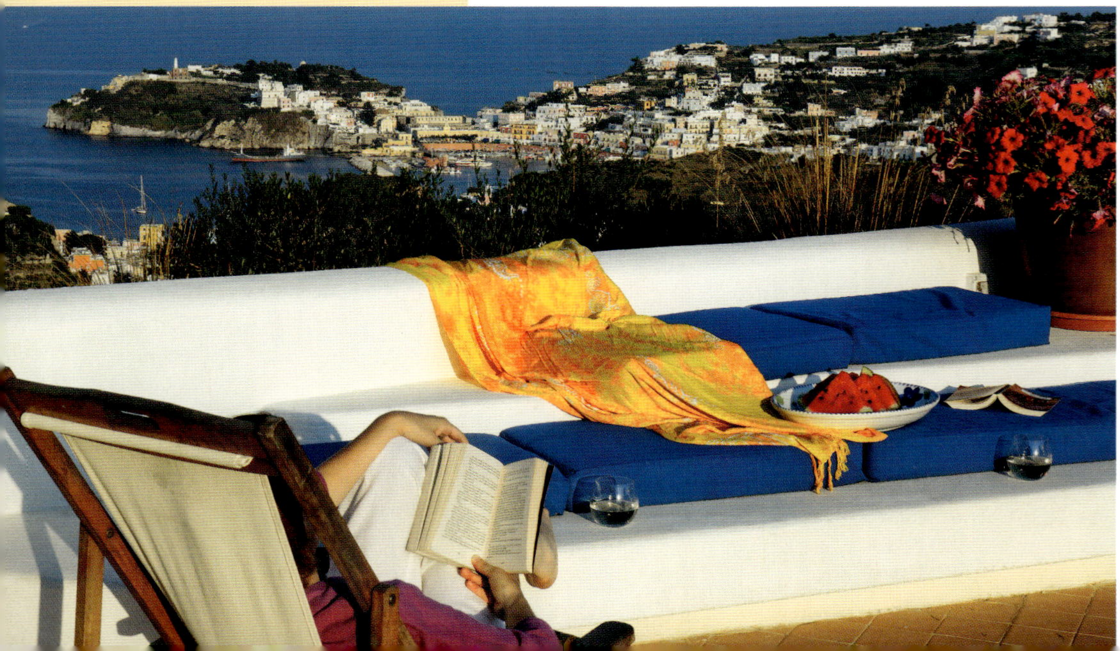

Italien

Strand-Schönheiten

Cala Feola. In der kleinen, nur zu Fuß oder per Boot erreichbaren Felsenbucht schwimmt man durch einen vom Fels geformten Bogen zu natürlichen Bassins und kleinen Grotten mit klarem, türkisblauem Wasser ohne Wellengang. Beliebt bei Schnorchlern.

Chiaia di Luna. Der schmale weiße Sandstrand wird durch eine knapp 100 m hohe Tuffsteinwand begrenzt; man erreicht ihn über einen 168 m langen Tunnel aus römischer Zeit.

Frontone. Feiner Kiesstrand mit Felsen, der mit einem Shuttle-Boot oder auf einem etwa 20-minütigen Spaziergang vom Hauptort Ponza zu erreichen ist.

Bagno Vecchio. In dieser Bucht kann man in eine Grotte hineinschwimmen. Das klare Wasser schillert in einem hellen Blau und Grün.

Cala Fonte. Von der Kalk- und Tuffsteinbucht im Norden der Insel erlebt man unvergessliche Sonnenuntergänge.

Die Cala Felci trägt den Namen der Farne (felci), die bis zum Strand hinunter wachsen.

Infos und Adressen

ANREISE

Flug: Nach Neapel oder Rom, zum Fährhafen mit Taxi oder Bus. **Fähre:** Von Neapel (nur Hochsaison, 3 Std.) und Formia (1–2,5 Std.) oder Rom-Fiumicino (nur Hochsaison, 3 Std.), Anzio (1–2,5 Std.) und Terracina (2,5 Std.)

BESTE REISEZEIT

April–September

ERLEBENSWERT

Fest des Schutzpatrons San Silverio. Farbenprächtige Meeresprozession mit der Statue des Heiligen (20. Juni) **Inselrundfahrt.** Um die Insel und zu den Nachbarinseln Palmarola und Ventotene

ESSEN UND TRINKEN

Acqua Pazza. In dem mit einem Michelin-Stern dotierten Restaurant gibt es die wohl beste Fischsuppe der Insel. Piazza C. Pisacane, 10
A Casa di Assunta. Familiäres Lokal auf einer kleinen Anhöhe mit Blick auf den Hafen. Inseltypische Küche zu fairen Preisen. Via Aversano

ÜBERNACHTEN

Villa Laetitia. Das B & B der Modedesignerin Anna Fendi besticht durch schöne Natürlichkeit. Viele bunt gemusterte Majolika-Kacheln. Salita Scotti. www.villalaetitia.com
La Limonaia a mare. B & B im Zentrum von Ponza mit Zitronengarten und Frühstücksterrasse. Via Dragonara snc. www.ponzaviaggi.it/LaLimonaia.de

WEITERE INFOS

Tourismus Ponza. www.ponzaviaggi.it, www.ponza.com

die einem Swimmingpool gleichen, ist ein Hochgenuss. Auch Spaziergänge im Hinterland, etwa von der Hauptstraße Corso Pisacane bis zum **Leuchtturm** oder zum **Monte Guardia** (279 m ü. NN), sind vor allem im Frühjahr, wenn der Ginster blüht, ein Vergnügen. 7 km ist sie lang und 2,3 km breit – eine schöne Größe, um es den Inselbewohnern gleichzutun und vom Hauptort **Ponza** mit einem Motorroller die Küste entlang bis zur Nordspitze zu brausen und dort einen Blick auf die gegenüberliegende unbewohnte Insel **Gavi** oder die Jachten der Reichen und Schönen zu werfen. Um dann wieder weiterzufahren und die Ruhe der Insel ganz für sich zu entdecken.

Salina

Auf der Terrasse des Hotels »Signum« hat schon Massimo Troisi gespeist.

HIGHLIGHTS

Malfa. In Weingärten, Olivenhainen und Kapernfeldern eingebettetes Städtchen.

Saline. Am Abend spiegelt sich das Licht im namensgebenden Salzsee an der östlichen Landzunge Punta Lingua wider.

Wallfahrtskirche Madonna del Terzito. Im Hochtal von Valdichiesa befindet sich das älteste Marienheiligtum des gesamten Archipels.

Museo dell'Emigrazione Eoliana. Thema des Museums im Palazzo Marchetti von Malfa ist das Schicksal äolischer Auswanderer.

Monte Fossa delle Felci. Eine Wanderung auf den erloschenen Vulkan gibt atemberaubende Blicke auf Salinas Schwesterinseln frei.

KULINARISCHE SPEZIALITÄTEN

Insalata di capperi: Kapern-Kartoffelsalat mit Tomaten und schwarzen Oliven. – *Malvasia delle Lipari:* Auf Salina werden die Malvasiertrauben für den berühmten Süßwein angebaut. – *Caponatina alla liparota:* Auberginenragout mit Kapern. – *Riso nero con calamaretti:* Schwarzer, risottoähnlicher Tintenfischreis.

Didyme – Zwilling: So haben einst die alten Griechen Salina genannt. Denn das Aussehen der zweitgrößten Äolischen Insel ist von zwei Vulkangipfeln geprägt, dem Monte Fossa delle Felci (962 m ü. NN) und dem Monte dei Porri (860 m ü. NN). Beide recken ihre sattgrünen Kegel in den Himmel und warten nur darauf, von Naturfreunden erobert zu werden.

Bezauberndes Naturkind

Salina ist in der Tat der ideale Rückzugsort für alle, die Ruhe und unberührte Natur suchen. Und das obwohl sie längst eine cineastische Berühmtheit ist. Nicht nur die Brüder Taviani drehten hier 1984 den archaischen Epsiodenfilm »Kaos«, auch Michael Radford fing 1994 in dem oscargekrönten Liebesfilm »Der Postmann« das Inselflair ein.

Salina ist mit 26,8 km² die zweitgrößte und zugleich die grünste der liparischen Schönheiten. Im Gegensatz zu ihren Inselschwestern verfügt sie über eine **Süßwasserquelle**, die ihr zusammen mit dem fruchtbaren Vulkanboden und dem mediterranen Klima eine üppige Vegetation beschert. 1983 wurde fast die gesamte Insel bis auf die unmittelbare Umgebung der Orte und einen schmalen Küstenstreifen im Nordosten zum **Naturpark** erklärt. Besonders reizvoll: ein Bootsausflug entlang der zerklüfteten Westküste.

Italien

Stets haben die freiheitsliebenden Inselbewohner auf den Erhalt ihrer Landwirtschaft gesetzt, nie wollten sie, dass Salina zum Tummelplatz für Touristen verkommt. Diese Haltung konnten sie stets verteidigen, steht Salina doch als einzige Insel des Archipels nicht unter der Verwaltung von Lipari. Dank der florierenden Landwirtschaft stammen noch heute 95 Prozent der italienischen **Kapernproduktion** aus Salina und Pantelleria. Im Frühjahr verwandeln die **»Orchideen der Äolen«** Salina in ein hellviolettes und rosafarbenes Blütenmeer und verzaubern schon nach wenigen Stunden alle, die am Hafen von **Santa Marina Salina** angekommen sind, um hier ihre Batterien wieder aufzuladen.

Die pastellfarbenen Häuserzeilen machen den Charme dieser grünen Insel aus.

Infos und Adressen

ANREISE
Flug: Nach Neapel oder Palermo, weiter zum Fährhafen mit Taxi oder Bus. **Fähre:** In der Hauptsaison ab Milazzo mehrmals täglich: je nach Schiffstyp: 1,5–3,5 Std., auch von Messina, (2 Std.), Palermo (3,5 Std.), Neapel (5,5 Std.) und Reggio Calabria (2,5 Std.)

BESTE REISEZEIT
April–September

SEHENSWERT
Sagra del cappero. Kapern-Erntedankfest am ersten Juni-Wochenende in Pollara

ESSEN UND TRINKEN
Da Franco. Meeresspezialitäten oberhalb von Santa Maria di Salina. Empfehlenswert: Kalamari vom Grill. Traumpanorama. Via Belvedere.
Ristorante Al cappero. Traditionelle Trattoria. Wunderbare Sonnenuntergangs-Location. Via Chiessa 38

ÜBERNACHTEN
L'Ariana. Einfache, aber stilvolle Zimmer in alter Patriziervilla mit Steinterrasse direkt über dem Meer. Rinella, Via Rotabile, 11. www.hotelariana.it
Hotel Signum. Charmantes Hotel in Malfa, bestehend aus 200 Jahre alten Fischerhäusern inmitten von Wein- und Kaperngärten. Via Scalo, 15. www.hotelsignum.it
La Locanda del Postino. Ruhig gelegene und liebevoll im mediterranen Stil eingerichtete Locanda in Pollara mit Terrassen und feiner Inselküche. Via Picone, 10. www.locandadelpostino.it

WEITERE INFOS
APT Äolische Inseln. www.eoliando.it/info/info_salina.htm (Webseite nur auf Italienisch verfügbar)

Strand-Schönheiten

Pollara. Auf halber Strecke zwischen Malfa und Valdichiesa führt eine Stichstraße zu einer der schönsten Buchten der Insel in Form eines natürlichen Amphitheaters hinab. Teile des Films »Il Postino« wurden hier gedreht.

Rinella. Schmaler Badestrand im Südwesten vor einer steil aufragenden hellgelben Felswand, der besonders bei Familien sehr beliebt ist. Im August daher leider oft recht voll.

Capo Faro. Lang gestreckter, nicht sehr stark frequentierter Strand mit feinem, dunklem Sand im Nordosten der Insel.

Scario. Von *Macchia mediterranea* umgebene Bucht mit Felsen und Kies im Norden der Insel, fünf Gehminuten von Malfa entfernt.

Santa Marina di Salina. Steinstrand mit vorgelagerten Felsen und azurblauem Wasser im Osten Salinas, zu Fuß von Santa Maria zu erreichen.

Lingua. Flacher, gut ausgestatteter Strand im Südosten mit einer Mischung aus Sand und pastellfarbenen Kieselsteinen.

34 Brijuni-Inseln

HIGHLIGHTS

Museum. Fotoausstellung, die Josip Tito mit Größen seiner Zeit zeigt.

Safari-Park. Zebra, somalische Schafe, indische Rinder, Dromedar, Lama und Elefant genießen die Aussicht aufs Adriatische Meer.

Aussichtsturm Ciprovac. Besterhaltener von drei Aussichtstürmen, die Paul Kupelwieser errichten ließ. 1900 im Stahlwerk Vitkovice hergestellt.

Kupelwieser-Mausoleum. Maria Kupelwieser (1850–1915) wurde hier neben ihrem jüngeren Sohn Karl, der nach dem Tod seines Vaters (1919) die Inselverwaltung übernahm, beigesetzt.

KULINARISCHE SPEZIALITÄTEN

Istrisches Rotwein-Süppchen: Mit Teran- oder Borgonja-Wein und Brot aus der Lehm-Bukaleta. – *Manestra:* Eintopf von gefleckten Bohnen, Knochen vom istrischen *Pršut* (Schinken), Kartoffeln und Mais. – *Fuzi:* Handgemachte Nudeln in Trüffelsauce und mit geriebenem Schafskäse. – *Skampi Buzara:* Mit Zwiebeln, Knoblauch, Tomatenmark, Weißwein und Petersilie gedünstete Scampis, abgelöscht mit Cognac.

Das Bootshaus des »Neptun«-Hotels befindet sich im Hafen von Veli Brijun.

Vierzehn Eilande umfasst der Istrische Archipel, der seit 1900 für gehobene Lebensart steht, 1893 vom Wiener Großindustriellen Paul Kupelwieser gekauft und vom deutschen Bakteriologen Robert Koch zügig von der Malaria befreit, wurden die Brijuni-Inseln (Brionische Inseln) gezielt zum Tummelplatz der High Society gestylt.

Titos luxuriöses Erbe im Adriatischen Meer

Kaum waren die ersten Ferienvillen und Strandherbergen eröffnet, stellten sich die Schönen und die Reichen auf den abgelegenen Eilanden ein, um sich mit herrlichem Meerblick Kurzweil zu verschaffen: in der Spielbank, auf dem Polo-Platz oder dem ersten 18-Loch-Golfplatz Europas. Die historische VIP-Liste war lang: Darin waren die Schriftsteller James Joyce und Thomas Mann, Kaiser Wilhelm II. und Curt Hagenbeck verzeichnet, der auf der Hauptinsel **Veli Brijun** einen **Zoo** anlegte. Nach dem Zweiten Weltkrieg übernahm Jugoslawiens Staats- und Parteichef Josip Tito das Inselparadies der Belle Époque und erklärte den gesamten Archipel zur Sommerresidenz der Regierung. Die **Fotogalerie des Museums** auf Veli Brijun bevölkern politische Schwergewichte aus allen Ecken der Welt. »Wenn Fidel Castro vom Flughafen in Pula zum Fährhafen in Fažana heraufkam«, lächelt Reiseführerin Franca, »stand längs der Strecke hinter jedem Strauch ein Polizist!« Jachten mussten den Archipel weitläufig umsegeln. Auch Willy Brandt und Walter Ulbricht

Kroatien

Infos und Adressen

ANREISE

Flug: Nach Triest (Sommer) oder Zagreb. **Auto:** Bis Fažana. **Tipp:** Tagesausflug von Rovinj

BESTE REISEZEIT

Mai–Oktober, im Frühjahr/Herbst gemäßigte Temperaturen

ERLEBENSWERT

Inselrundfahrt. Was auf der Hauptinsel sehenswert ist, fährt die Touristenbahn an: die Verige-Bucht mit Überresten einer Villa rustica (1. Jh. n. Chr.), das venezianische Kastell (16. Jh.) mit archäologischem Museum, die gotische St. Germanus-Kirche (15. Jh.). **Golf.** 18-Loch-Platz mit Meeresblick. Verleih und Bar. Green-Fee-Karte in Fažana.

ESSEN UND TRINKEN

Galija. Mediterrane Küche nahe des Fähranlegers

Karmen: Seaside-Restaurant auf zwei Terrassen im Hotel »Karmen«. Nur im Sommer geöffnet **Plaža.** Fisch und Meeresfrüchte **Školjka:** Snack-Bar zwischen St. Germanus-Kirche und Kaštel

ÜBERNACHTEN

Neptun Istra. Hotel mit 87 Zimmern, beste Adresse der Insel, am Fähranleger. Zwei Restaurants **Karmen.** Schwesterhotel des »Neptun Istra«. 53 Zimmer **Villa Primorka.** Mit Seeblick in herrlicher Parkanlage gelegene Villa für acht Gäste. Schwesterhaus **Villa Dubravka** für vier Personen

WEITERE INFOS

Informationsbüro des Nationalparks Brijuni, Brionska 10, Fažana, www.brijuni.hr (auch Hotelbuchung)

Strand-Schönheiten

Veli Brijun ist mit Stränden und kleinen sandigen Buchten (Gospa, Draga, Drazica, Rankun, Slana, Uvala Borova, Uvala Trstika) gesegnet. Dorthin gelangt man mit dem Fahrrad, dem elektrischen Golfmobil oder zu Fuß.

Neptun-Beach. Gute und zentrale Bademöglichkeiten gibt es nahe des Bootsanlegers westlich des Hotels »Neptun«.

Saluga Beach. Nur fünf Fußminuten vom »Hotel Neptun« entfernt bietet der Hauptstrand Veli Brijuns feinen Sand, eine Beach Bar und ein kleines Restaurant.

Verige. An der bildschönen Bucht an der Ostküste gibt es Grundmauern eines römischen Landsitzes zu sehen.

Dobrika. Badestrand an der Westküste mit den Resten eines byzantinischen Castrums, einer Basilika (6. Jh.) und einer Benediktinerabtei (10. Jh.)

Antiker, byzantinischer und venezianischer Zeit entstammen die archäologischen Funde.

residierten im noblen **Hotel »Neptun«.** Heute sind es Berühmtheiten aus Film, Showbusiness und Wirtschaft. Bill Gates ließ sich wie viele andere auch im Cadillac, Baujahr 1951, einem Geschenk des US-Präsidenten Dwight D. Eisenhowers an Tito, über die einzige Straße der Insel chauffieren.

Seit 1983 sind die Brijuni-Inseln **Nationalpark,** und nur die größte Insel des Archipels, Veli Brijun, bietet maximal 300 Übernachtungsgästen Unterkunft. Alle anderen Eilande sind für die Öffentlichkeit nicht zugänglich (vor allem Titos Privatinsel Vanga). Die Landschaft des Archipels ist bildschön: Zypressen, Steineichen, Pinien, Eukalyptus und Olivenbäume zeichnen Impressionen zwischen stahlblauen Buchten, in denen zahllose Wasservögel brüten.

Lastovo

Mediterranes Naturidyll und Seglerparadies
sind die Markenzeichen kroatischer Inseln.

HIGHLIGHTS

Lastovo. Hauptort der Insel mit bezaubernder
Renaissance-Architektur, romanisch-gotischen
Kirchen und den Ruinen einer venezianischen
Festung.

Fumari. Schornsteine wie Minarette. Den ältesten noch erhaltenen Schornstein Dalmatiens
trägt das Haus Biza Antica (16. Jh.) in Lastovo.

Hum. Hügel (417 m ü. NN) mit herrlichem Rundblick über den Archipel.

Kap Struga. Malerische Klippen mit einem
Leuchtturm von 1839, einem der ältesten der
Adria.

Steineichen- und Pinienhaine. Wanderung von
Pasadur zur Bucht von Kručica

KULINARISCHE SPEZIALITÄTEN

Peka: Lamm- oder Ziegenfleisch, langsam
gegart im gusseisernen Topf unter einer Metall-
oder Tonglocke (Peka), die mit Asche und Glut
bedeckt ist. – *Mora:* Inseltypisches Brot aus dem
Steinofen. – *Buzzara:* Garnelen mit Knoblauch
und Weißwein. – *Usoljena riba:* Eingelegte Sardinen. – *Brodet:* Dalmatinischer Eintopf
aus kleinen Fischen. – *Jastog na dalmatinski:*
Hummer in Tomaten- und Weißweinsauce.

Mit ihren kaum 1500 Einwohnern erscheint die
Insel, noch als Geheimtipp an der kroatischen Küste
gehandelt, wie verwunschen. Hierher kommt man,
um über Hügel und durch dichten Wald zu wandern,
an einsamen Stränden zu schwimmen oder im Sommer Schiffsausflüge zu unbewohnten Eilanden in der
Nachbarschaft zu unternehmen.

Augusta insula – Dalmatiens Waldinsel

Die südlichste Insel Mitteldalmatiens inmitten eines kristallklaren fischreichen Meeres war von 1976 bis 1989 **militärisches Sperrgebiet** und für Ausländer daher tabu. Das
ist der Grund, warum Lastovo in seiner wilden Ursprünglichkeit bewahrt und 2006 zum **Naturpark** erklärt wurde
und sich zu einem ganz besonderen Urlaubsziel für Indivi-
dualreisende entwickelte. Mit 46 anderen kleinen und
kleinsten Inseln bildet Lastovo einen 55 km² großen Archipel gleichen Namens, der zwischen den Weltkriegen zu
Italien gehörte.

Lastovo hat eine bewegte Vergangenheit. In den ersten
schriftlichen Zeugnissen aus dem 4. Jh. v. Chr. wurde die Insel als »Ladesta« erwähnt. Kein Geringerer als **Augustus**
machte sie als »Augusta insula« zu seinem persönlichen Eigentum. Der Kaiser rühmte ihr mildes Seeklima.

Kroatien

Höchster Punkt der Insel mit 417 m ü. NN ist der **Hum.** Wie auch andere Hügel ist er von sattgrünem Wald ummantelt. Zu 70 Prozent aus **Wald** bestehend, ist Lastovo die waldreichste Insel Dalmatiens. Die Hänge hinauf wachsen die Häuser des Inselhauptorts **Lastovo,** der sich inmitten eines üppig-grünen Talkessels ausdehnt. Die wie Reihen eines Amphitheaters angeordneten Häuserzeilen werden durch verwinkelte Treppengassen erschlossen. Die Kirchen Sveti Vlaho und Sveti Kuzma i Damian gehören zu den hübschesten der insgesamt 46 Inselkirchen.

In einer weiten Bucht von **Veliko Jezero** lohnt das Fischerdorf **Ubli** einen Besuch. Von dort aus setzt man zu den vorgelagerten Inselchen über. Im Süden lädt die Bucht **Skrivena Luka** zum Baden ein.

In den kleinen Inselrestaurants steht oft Hummer auf der Speisekarte.

Infos und Adressen

ANREISE

Flug: Nach Split oder Dubrovnik. **Bahn:** Tägl. EC-Verbindung nach Split (ca. 19 Std.). **Auto:** München via Ljubljana und Zagreb bis Split (940 km). **Fähre:** Dreimal tägl. Verbindungen von Split über Vela Luka/Korčula nach Ubli/Lastovo (2,5 oder 5,5 Std.) oder zweimal pro Woche von Dubrovnik über Palače, Vela Luka/Korčula nach Ubli/Lastovo (ca. 4 Std.).

BESTE REISEZEIT

April–Oktober

SEHENSWERT

Lastovski Poklad. Karneval mit Strohpuppenverbrennung zu Ehren des Hl. Georg, der die Insulaner vor Piraten schützte. **Kručica.** Baden in einer Kieselbucht mit erfrischenden Unterwasserquellen

ESSEN UND TRINKEN

Porto Rosso. Fischrestaurant und typische Konoba an der Bucht von Skrivena Luka **Augusta Insula.** Uferrestaurant mit regionalen Spezialitäten und preisgekröntem Wein der Familie Jurica. Zaklopatica

ÜBERNACHTEN

Solitudo. Kleines, von Pinienwald umgebenes Hotel mit angeschlossenem Tauchzentrum. 20 m vom Strand. Ubli Uvala Pasadur **Leuchtturm.** Vier Wohnungen für Selbstversorger auf einer 70 m hohen Steilklippe im historischen Leuchtturm. Kap Struga

WEITERE INFOS

Lastovo Tourismus. www.lastovo.net, www.lastovo-tz-net

Strand-Schönheiten

Skrivena Luka. Schönster Sandstrand der Insel gleich unterhalb des Leuchtturms in einer weitläufigen Bucht. Da fast ganz durch zwei lang gestreckte Halbinseln umschlossen, ist sie vor den kalten Westwinden geschützt und daher ideal für Familien.

Zaklopatica. Das Fischerdorf liegt an einem Sandstrand mit Schatten spendenden Pinien.

Prežba. Die kleine vorgelagerte, unbewohnte Insel wartet mit Kies- und Felsstränden auf. Durch eine Brücke mit dem Dörfchen Pasadur verbunden.

Mrčara und **Kopište.** Zwei naturbelassene Inseln mit windgeschützten Felsbuchten, hohen Klippen und völlig unberührten Kiesel- und Sandstränden. Aufgrund des dichten Bewuchses auch ein Paradies für Botaniker.

Vrhovnjaci. Mini-Archipel aus sieben Inselchen: Bratac, Sestrice, Mrkjenta, Smokvica, Srednji Vlašnik, Gornji Vlašnik und – die größte – Glavat. Teilweise Sandstrände.

Sapljun. Auf der idyllischen Insel befindet sich der schönste Strand des Lastovo-Archipels mit feinem weißem Sand.

El Hierro

Das kleine felsige El Hierro ist ein Wander-paradies, das fantastische Ausblicke bietet.

HIGHLIGHTS

Mirador de Jinama. Aussichtsterrasse mit atemberaubendem Blick über El Golfo.

El Sabinar. Jahrhundertealter Wacholderwald aus bizarr geformten knorrigen Bäumen.

Faro de Orchilla. Einsamer Leuchtturm, der den südwestlichsten Punkt Europas markiert und früher als das Ende der Welt galt.

Roque de la Bonanza. Tuff- und Basaltfor-mation wenige Meter vor der Küste von Las Playas.

Camino de la Virgen. 28 km langer Prozessionsweg über die Höhen der Insel mit einzigartigen Aussichtspunkten.

KULINARISCHE SPEZIALITÄTEN

Gofio: Traditionelles Nahrungsmittel aus Weizen- oder Maismehl, das mit Wasser oder Milch angerührt herzhaft oder süß zubereitet wird. – *Papas arrugadas:* In Meersalz ge-kochte kleine Kartoffeln, die mit speziellen Saucen (*mojo rojo* oder *mocho verde*) ser-viert werden. – *Potaje:* Gehaltvoller Gemüse-eintopf, u. a. mit Kartoffeln, Möhren und Weißkohl. – *Quesadillas:* Kleine flache Käse-kuchen aus Frischkäse.

Massentourismus und seine baulichen Auswüchse sucht man auf El Hierro zum Glück vergeblich. Die mit rund 280 km² kleinste Kanarische Insel hat sich durch ihre Abgeschiedenheit viel von ihrer Ursprünglichkeit bewahrt. Mit ihrer landschaftlichen Vielfalt belohnt sie Naturliebhaber, die sich Zeit für die stille Anmut der Insel nehmen.

Wahre Schönheit am Ende der Welt

Sanfte Täler und bewaldete Hochebenen, aber auch schroffe Steilklippen und scharfkantige Lavafelder – die Vulkaninsel bietet eine faszinierende klimatische wie landschaftliche Mix-tur. Regen ist auf El Hierro zwar selten, dafür gibt es aber viel Nebel, der besonders in die Lagen über 500 m ü. NN Feuchtig-keit und damit gute Bedingungen für üppiges Pflanzenwachs-tum bringt. Die meisten Besucher zieht es in das weite Tal **El Golfo**, den Obst- und Gemüsegarten der Insel. Dort wachsen Tomaten, Pfirsiche, Weintrauben; auf den Plantagen werden Bananen und Ananas für den Export kultiviert. Zu den Haupt-orten gehören das von Gärten geschmückte **Valverde** und das von Weinbergen umgebene **Frontera**.

Die Vielfalt der Landschaft lässt sich am besten zu Fuß er-kunden. Die Insel ist von einem Netz alter Verbindungswege, den **Caminos Reales**, durchzogen. Auch wenn El Hierro nicht mit weiten Sandstränden aufwarten kann, gibt es selbst an

Spanien

Las Playas. Lang gezogener Kiesstrand am Mar de Las Calmas. Beste Wasserqualität und grandiose Aussicht auf die steil aufragenden Vulkanfelsen.

Playa del Verodal. Mit seinem schwarz-rot schimmernden Sand gehört der unterhalb einer Felswand gelegene Strand zu den schönsten der Insel. Eher zum Sonnenbaden geeignet, da das Schwimmen aufgrund der starken Brandung nur für Geübte zu empfehlen ist.

Cueva del Diabolo. Von der Bucht von Tacorón führt ein etwa 20-minütiger Fußweg zur Teufelshöhle, die mit ihren leuchtend roten Wänden und dem kleinen Sandstrand ein besonderes Badeerlebnis verspricht.

La Caleta. Vor den rauen Strömungen des Atlantiks geschützt und doch direkt am Meer: großzügiges Meerwasserbad mit Liegeterrassen, mehreren Steinbecken und direktem Meereszugang.

Charco Manso. Inmitten grandioser Lavaschluchten gelegenes Felsenbecken mit herrlich klarem Wasser. Vorsicht: Bei rauer See ist das Baden wegen der heftigen Brandung außerordentlich gefährlich.

Der Glockenturm der Marienkirche in Frontera erhebt sich über dem Ort.

Infos und Adressen

ANREISE

Flug: Keine Direktverbindung, aber täglich Anschluss ans europäische Flugnetz über Zwischenstopps auf Teneriffa, La Palma und Gran Canaria. **Fähre:** Tägliche Verbindungen von Teneriffa

BESTE REISEZEIT

Ganzjährig mildes Klima

SEHENSWERT

Ecomuseo de Guinea. Museumssiedlung. Carretera General Las Puntas, s/n Frontera, Di–Sa 10.30–14 und 17–19 Uhr, So 11–14 Uhr

Lagartario. Aufzuchtstation der großen endemischen Ur-Echsen, neben dem Ecomuseo. Di–Sa 10.30–14 und 17–19 Uhr, So 11–14 Uhr

ESSEN UND TRINKEN

Mirador de la Peña. Vom Lanzaroter Architekten César Manrique gestaltetes Restaurant am gleichnamigen Aussichtspunkt

Bar Los Reyes. Beliebte Bar mit authentischem Flair im Zentrum von Valverde

ÜBERNACHTEN

Punta Grande. Vier-Zimmer-Kleinsthotel auf einem vom Meer umspülten Felsplateau. Las Puntas

Parador El Hierro. Erste Adresse der Insel mit viel Komfort und Service an der Bucht von Las Playas. Eigener Zugang zum Meer und Meerwasserpool.

Villa El Mocanal. Gepflegtes Landhotel mit 15 Zimmern. El Mocanal

WEITERE INFOS

Patronato de Turismo de El Hierro. Calle Dr. Quintero 4, Valverde, www.portal-de-canarias.com

der wilden Felsküste bei **Las Puntas** schöne Felsenbecken und Naturpools (*charcos*), die ein einzigartiges Badevergnügen nahe bei den gewaltigen Atlantikwellen versprechen.

Der Leuchtturm **Faro de Orchilla** im Südwesten erinnert daran, dass die Insel in der Antike zum Ende der Welt bestimmt worden war und jahrhundertelang als Heimat des »Nullmeridians« galt, bis dieser schließlich in Greenwich verortet wurde. Internationale Aufmerksamkeit erlangte El Hierro erneut 2011, als das Meer vor der Südküste, dem Tauchparadies der Insel, durch den **Ausbruch eines Vulkans** unter der Meeresoberfläche in Bewegung geriet und sich eine neue Insel bis knapp unter die Wasseroberfläche erhob.

La Palma

In eine üppige und abwechslungsreiche Flora gebettet: kleines Dorf an der Ostküste

»Die schöne Insel«, so wird La Palma von den Einwohnern der Kanarischen Inseln genannt, die damit auf den üppigen Pflanzenbewuchs anspielen. Kein Wunder, dass die Insel in ihrer Gesamtheit zum Biosphärenreservat erklärt wurde. Doch wird auch der klare Himmel gerühmt. Auf dem höchsten Punkt hat man eines der weltweit wichtigsten Observatorien errichtet.

Sattes Grün im Schatten der Vulkane

La Palma ist die Insel mit der größten Höhe im Verhältnis zur Fläche: 2426 m stehen 700 km² gegenüber. Allein schon deswegen bieten sich hier für Aktivurlauber ganz hervorragende Wandermöglichkeiten. Dabei ist man häufig auf geologisch jungem Boden unterwegs – zuletzt ergoss der sehr aktive **Vulkan Teneguía** im Jahr 1971 gewaltige Mengen Lava über die Insel.

In den letzten Jahren wurden viele Wanderwege markiert, auch werden die Wege besser gepflegt. Doch sollte man sie nicht verlassen, allein schon deshalb, weil sie meist durch eine geschützte Landschaft führen. Vor allem der gebirgige Norden mit der **Caldera de Taburiente** und den vielen, von sattgrüner Vegetation überzogenen Tälern und jäh aufragenden Gebirgszügen zieht viele Besucher an. Besonders gut kann man dort die üppige Flora bewundern, mit über 70 Endemismen, das heißt, ausschließlich auf La Palma vor-

Spanien

Playa de Puerto Naos. Längster Inselstrand aus dunklem Lava-Sand, von Palmen gesäumt. Bei Badewetter herrscht Trubel.

Playa Nogales. Feinkörniger Lava-Sandstrand unterhalb einer hohen Felswand für Ruhesuchende, die beim Sonnenbad einen grandiosen Blick aufs Meer genießen wollen – die Sonne verschwindet allerdings schon am frühen Nachmittag hinter den Felsen.

Playas de la Zamora. Zwei kleine Strände aus Lava-Sand an der Südwestküste, zum großenteil gegen die Brandung geschützt. Gute Tauchmöglichkeiten. An Wochenenden zieht es die Einheimischen dorthin.

Playa de los Cancajos. Familientauglicher, da durch Wellenbrecher gegen die heftige Brandung geschützter Strand an der Ostküste. Allerdings oft überlaufen.

Playa Puerto Tazacorte. Schwarzer Sandstrand ohne Steine im Wasser.

Playa de las Monjas. Am steinigen Strand nahe Puerto de Naos wird FKK geduldet. Die Brandung ist allerdings zu stark zum Baden.

Der endemische »Wildprets Natternkopf« gedeiht nur auf La Palma und Teneriffa.

Infos und Adressen

ANREISE

Flug: Direktflug oder via Gran Canaria bzw. Teneriffa. **Fähre:** Verbindungen ab Cádiz (2,5 Tage)

BESTE REISEZEIT
September–Mai

SEHENSWERT

Museu Insular. Im Museum der palmerischen Kultur ist die volkskundliche Abteilung mit ihrem Kunsthandwerk am eindrucksvollsten. Santa Cruz, Plaza San Francisco, Mo–Fr 9.30–13.30 und 16–18.30 Uhr

Iglesia El Salvador. Die Kirchendecke im Mudejarstil ist die schönste der Kanaren. Santa Cruz

Fiesta del Diablo. Patronatsfest im Dorf Tijarafe mit symbolischer Teufelsverbrennung als Höhepunkt

ESSEN UND TRINKEN

Casa Osmunda. Gourmetlokal in historischem Gebäude. Breña Alta, Subida a la Concepción 2

Enriclai. Authentische Hausmannskost hinter der Markthalle. Santa Cruz, Calle Dr. Santos Abreu 2

ÜBERNACHTEN

Hacienda San Jorge. Von palmerischen Künstlern entworfene Anlage am Strand. Playa de los Cancajos, www.hsanjorge.com

Parador de La Palma. Staatliches Hotel mit großzügigem Garten und Pool in reizvoller Natur. El Zumacal, Breña Baja, www.paradores.de

WEITERE INFOS

Turismo La Palma:
www.lapalmaturismo.com

kommenden Pflanzenarten. Angesichts der wundervollen Natur des Talkessels soll Tanausú, Oberhaupt eines Stammes von Ureinwohnern, gerufen haben: »Vacaguaré« (Ich will sterben), als ihn die Spanier verschleppten: Ein Leben fern der Heimat konnte er sich nicht vorstellen. Eine botanische Rarität ist auch der **Bosque de los Tilos,** einmalige Lorbeerwälder von nahezu urweltlicher Anmutung, die allerdings immer wieder durch Brände gefährdet sind.

Auch in kultureller Hinsicht braucht sich die Insel nicht zu verstecken. Ob an der Prachtstraße Via Real oder an der Plaza de España, die Inselhauptstadt **Santa Cruz de La Palma** strotzt nur so vor malerischen historischen Gebäuden mit bunt lackierten Holzbalkons und Loggien, Sandsteinsimsen und weiß gekalkten Wänden, beschattet von Kanarischen Dattelpalmen.

Lésbos

Der beliebte und flach abfallende Sandstrand von Skála Kalloní: ideal für Kinder

HIGHLIGHTS

Versteinerter Wald. Einige der 1–10 Millionen Jahre alten Baumstämme sind bis zu 12 m lang.

Ólympos. Von Agiasós wandert man auf den Gipfel des Ólympos. Atemberaubende Aussicht.

Archäologische Museen. Im neuen und im alten Museum von Mytilíni sind u. a. hellenistische Mosaike und Skulpturen ausgestellt.

Plomári. Nicht nur Sitz berühmter Ouzo-Brennereien, sondern auch ursprünglichster Küstenort von Lésbos.

Moní Limónos. Das Kloster wurde während der osmanischen Herrschaft heimlich als Schule genutzt.

KULINARISCHE SPEZIALITÄTEN

Giouslemédes: Mit Schafskäse und Minze gefüllte Blätterteigtaschen. – *Kolokitholoúlouda:* Zucchiniblüten mit Käse und gepökelten Sardinen, Pelamiden oder Streifenbarben gefüllt. – *Fáva:* Grünes Erbsenpüree. – *Sougánia:* Reis und hackfleischgefüllte Zwiebeln, meist mit einer Zitronen-Ei-Sauce serviert. – *Baklavoú:* In Zuckersirup getränkte Blätterteig-Süßspeise, gefüllt mit Mandeln und Grieß. – *Ouzo:* Spirituose mit Anisgeschmack.

Lésbos oder Mytilíni, wie die Griechen ihre drittgrößte Insel meist nennen, ist nur 15 km von der kleinasiatischen Küste entfernt. Die von orientalischen Einflüssen geprägte Insel ist sehr fruchtbar und wird erst in letzter Zeit vom Tourismus entdeckt. Lésbos fasziniert mit malerischen Hafenorten, ruhigen Sandstränden und abgeschiedenen Dörfern.

Antike Lyrik, Olivenöl und Ouzo

Die Landschaft ist abwechslungsreich. Der Westen zeigt sich hauptsächlich kahl, die Gegend von Eresós gar wüstenartig; die bergige Ostseite der Insel ist hingegen fruchtbar und bewaldet. Im Norden und Süden wird Lésbos von zwei Bergen, dem **Lepétimnos** und dem **Ólympos** (beide 968 m ü. NN), geprägt. Andere Regionen, besonders das Gebiet um Mória und die tief ins Land einschneidenden Golfe von Kalloní und Gerás, werden von **Olivenbäumen** geprägt. Mit über 13 Millionen Olivenbäumen ist es kaum verwunderlich, dass das auf der Insel hergestellte Olivenöl eine der Haupteinnahmequellen der Einwohner darstellt. Ebenfalls wichtig sind die auf der Insel ansässigen, international bekannten **Ouzo-Brennereien,** etwa in Plomári. In der Antike war Lésbos ein geistig-kulturelles Zentrum. Der wichtigste griechische Philosoph Aristoteles lehrte im damaligen Mytilene. Außerdem war Lésbos die Heimat der größten griechischen Dichterin Sappho.

Griechenland

Geschäftige Inselhauptstadt

Mehr als ein Viertel der rund 86 000 Inselbewohner lebt in der Inselhauptstadt **Mytilíni,** die für Besucher zwar keine schönen Strände, aber zahlreiche Sehenswürdigkeiten bereithält. Schon in der Antike gab es in Mytilíni zwei Häfen. Den von Kleinindustrie umgebenen Hafen im Norden nutzen Fischer, im großen Südhafen laufen die Fähren ein. Verbunden werden beide Häfen durch die Marktstraße **Odós Ermoú** mit orientalischem Flair. Zwischen den oft niedrigen Häusern ragt die Kuppel der großen Kirche **Ágios Therapón** von 1860 auf. An ihr erkennt man die Einflüsse des Westens auf die griechische Architektur.

Zwischen den beiden Hafenbuchten erhebt sich auf einer Landzunge die mächtige genuesisch-türkische **Burg,** die im 6. Jh. in byzantinischer Zeit erbaut und unter dem Genuesen Francesco I. Gattelusi im 14. Jh. sowie später von den Osmanen erweitert wurde. Genutzt wurden für die Burg auch Teile der dort einst stehenden antiken Akropolis. Nördlich von Mytilíni befindet sich das Dorf **Mória** mit zahlreichen Ölmühlen und einem Aquädukt aus dem 3. Jh. inmitten eines Olivenhains.

Hübsche Dörfer im Norden und Westen

Ein Halt auf dem Weg zur Nordküste lohnt im Bergdorf **Mandamádos,** wo Käsereien und Töpferwerkstätten besichtigt werden können. Rund einen Kilometer außerhalb sieht man die Wallfahrtskirche **Moní Taxiárchon,** in der Pilger die als wundertätig geltende Wachsikone des Erzengels Michael verehren. Gen Norden geht es weiter ins Bergdorf **Sykaminiá** mit seinen alten Steinhäusern und steilen Gässchen. Rund um den zugehörigen Hafen gruppieren sich hübsche Tavernen und kleine Kiesstrände.

Der beliebteste Ferienort neben dem Fischerhafen **Skála Kalloní** ist das malerische **Mólyvos** (auch Míthymna), dessen ziegelgedeckte Steinhäuser sich den Hang bis zum Gattelusi-Kastell (14. Jh.) hinaufziehen. Mólyvos ist seit den 1960er-Jahren Pionier im Tourismus von Lésbos. Touristisch geprägt ist auch das Dorf **Pétra** (griechisch »Stein«), das den Namen einem 27 m hohen Felsen zu verdanken hat, auf dem die Wallfahrtskirche der Panagía von 1747 thront. Sehenswert ist auch das Archontikó Veneziáno, ein Herrenhaus aus dem 17. Jh. mit schönen Deckenmalereien.

Strand-Schönheiten

Vaterá. Der von Strandbars, Tavernen und Hotels gesäumte, etwa 8 km lange Sandstrand ist besonders bei Familien beliebt und bietet gute Wassersportmöglichkeiten.

Ágios Isídoros. Der von viel Grün umgebene, touristisch erschlossene Kies- und Grobsandstrand ist ideal zum Schwimmen. Er gehört zu den saubersten Stränden Griechenlands und trägt das Öko-Label »Blaue Flagge«.

Skála Kallonís. Der touristisch erschlossene Sandstrand am Golf von Kalloní wird bevorzugt von Familien besucht – gern gesellen sich Pelikane dazu. Großes Wassersportangebot.

Skála Eresoú. Der mit der »Blauen Flagge« ausgezeichnete, 2,5 km lange Strand aus Sand und Kieseln ist perfekt für Wassersport und ein Wind-Surf-Spot. Kristallklares Wasser. Besonders schön ist es in den Tavernen und Strandbars während des Sonnenuntergangs.

Ágios Ermogénis. Der winzige, malerische Strand wurde nach der gleichnamigen Kapelle auf dem angrenzenden Felsen benannt. Schöne Farbkontraste bilden das türkis schimmernde Wasser und der Piniensaum.

Katzen sind vor allem in den Städten und Dörfern allgegenwärtig auf Lésbos.

Später auf der Speisekarte: Tintenfisch-Tentakel im Hafen von Mólyvos

Das römische Aquädukt bei Mória war Teil einer 26 Kilometer langen Wasserleitung.

In einem grünen Tal trifft man südlich auf das wichtigste und größte Kloster der Insel, **Moní Limónos** (1523). In Richtung Westen führt eine kurvenreiche Straße über Ántissa durch eine karger werdende Landschaft bis Eresós. Unterhalb von **Ántissa** liegen direkt am Meer die Überreste der antiken Stadt, die von einem Mauerring geschützt wurde. In westlicher Richtung geht es durch raues Gelände mit einem **versteinerten Wald** bis zum Küstenort **Sígri.**

Bewaldeter Inselsüden

Zwischen den beiden Golfen erstreckt sich ein landschaftlich sehr schönes Gebiet. Das größte Bergdorf der Insel ist **Agiasós** am Fuß des Ólympos. Der blumenreiche Ort mit seinen hübschen Steinhäusern und gepflasterten Gassen ist nicht nur romantisch, sondern mit seiner Kirche Kímisis tis Theotókou auch ein wichtiges Pilgerziel; die verehrte Marienikone soll vom Evangelisten Lukas gemalt worden sein. Westlich führt die Straße nach **Políchnitos**; die dortigen Thermalquellen gehören zu den heißesten Europas (91 °C). **Plomári** südlich von Agiasós an der Küste ist durch seine Ouzo-Brennereien, etwa Barbagiánnis und Arvanítis, bekannt. Sehenswert ist dort auch eine alte Seifenfabrik.

Lésbos

Infos und Adressen

ANREISE

Flug: Charterflüge nach Lésbos von April/Mai bis Oktober von allen größeren deutschen Flughäfen.

BESTE REISEZEIT

Mai–Oktober

SEHENSWERT

Teriade-Museum. In dem 1979 eröffneten Museum findet man außergewöhnliche Sammlungen von Werken internationaler Künstler wie Matisse, Chagall, Leger und Picasso sowie Werke bekannter griechischer Künstler. Di–So 9–17 Uhr, Variá, www.museumteriade.gr

Theófilos-Museum. Das 2013 nach umfassender Renovierung wiedereröffnete Museum präsentiert Werke des neugriechischen Malers Theófilos, der aus Lésbos stammt. Di–So 8–14 Uhr, Variá

Naturgeschichtliches Museum. Das moderne Museum zeigt Teile versteinerter Bäume und klärt auch über die Ursachen der Versteinerungen auf. Juli–September Mo–Sa 9–18 Uhr, So 10–18 Uhr, Oktober–Juni tägl. 9–17 Uhr, Variá

ESSEN UND TRINKEN

Remezzo. Eine der beliebtesten Fischtavernen der Insel serviert köstliche Fisch- und Meeresfrüchtegerichte. Empfehlenswert: Hummer. Am Hafen von Sígri

Kalderími. Seit 1960 werden in der bei Einheimischen besonders beliebten Taverne kreativ verfeinerte Vorspeisen *(mezédes)* und Hauptgerichte serviert. Odós Tháson 2/Ecke Odós Ermoú, Mytilíni

Strátos. Fisch, Meeresfrüchte, Salate und *mezédes* zu einem guten Preis-Leistungs-Verhältnis. Blick auf die Fischerboote. Skála Políchnitou, am Hafen

Bérdema. Leckere griechische Hausmannskost sowie regionale Spezialitäten mit Tischen am Hafen. Plomári

Lemvourgío. Exzellente kreative Küche mit vielen frischen Kräutern. Steinerne Olivenpresse aus dem 19. Jh. Ideal auch für einen Drink oder Cocktail. An der Promenade, Pangioúda

Thálassa. Familiengeführte Taverne am Meer. Leckere griechische Hausmannskost und fantastische Sonnenuntergänge. Zuvorkommender Service. Am Strand von Pétra

SHOPPING

Etwas orientalisches Flair mit Kunsthandwerk und zahlreichen Souvenirs bietet die Einkaufsstraße Odós Ermoú in Mytilíni. Wichtigstes Mitbringsel ist der auf der Insel destillierte Ouzo.

ÜBERNACHTEN

Elia Village. Kleiner, stilvoller Komplex aus sieben Natursteinhäusern mit traditioneller Einrichtung, umgeben von Olivenbäumen. Pool. Ágios Isídoros, www.elia-village.com

Frini Studios. 20 geschmackvoll eingerichtete Studios und Suiten mit Balkon und schönem Meerblick. Freundlicher Service. Plomári, www.frini.eu

Imerti Resort. Kleines familiengeführtes Hotel mit 21 Zimmern, Pool und Whirlpool in einer gepflegten Gartenanlage. Skála Kallonís, www.imerti.gr

Das Kaffeehaus, das »kafenío«, ist vor allem für ältere Herren ein beliebter Treffpunkt.

Pyrgos of Mytilene. Kleines Viersternehotel in einem Herrenhaus von 1916, das in zwölf Zimmern nostalgischen Charme mit modernen Annehmlichkeiten kombiniert. Odós Eleftheríou Venizélou 49, Mytilíni, www.pyrgoshotel.gr

Oikies Small Elegant Houses. Sehr ruhig gelegene Anlage mit 15 sommerlich eingerichteten, eleganten Unterkünften, teilweise mit eigenem Whirlpool oder Pool. www.ikieslesvos.gr

WEITERE INFOS

Griechische Zentrale für Fremdenverkehr (EOT). Odós Aristiárchou 6, Mytilíni, www.lesvos.gr

Symi

HIGHLIGHTS

Gialós. Die Silhouette des nostalgischen Hafens gehört zu den bekanntesten Schönheiten des Dodekanes.

Chorió. In den labyrinthartigen Gassen verläuft man sich gern.

Windmühlen. Von dem 200 m hohen Bergkamm genießt man den besten Blick über Symi bis zum türkischen Festland.

Kloster Panormítis. Die große Klosteranlage birgt eine Kirche aus dem 18. Jh. und zwei sehenswerte Museen.

Bucht von Pédi. Von den Tavernen direkt am Meer hat man einen schönen Blick auf die vor Anker liegenden Fischerboote.

KULINARISCHE SPEZIALITÄTEN

Symiakó Garidáki: Kleine gebratene Garnelen aus der Region. – *Gaelópites:* Gebratene Teigbällchen mit Ährenfischen. – *Akoúmia:* Gebratene Hefeteigbällchen mit Honig und Zimt. – *Ntolmadákia gialantzí:* Weinblätter, gefüllt mit Reis. *Kókoras Pastitsáda:* Nudeln mit Hahn in Tomatensauce.

Von der Bucht von Pédi eröffnet sich ein fantastischer Blick auf die türkische Küste.

Dicht vor der Küste Kleinasiens versprüht die kleine Insel Symi mit einem der bedeutendsten Wallfahrtsziele der Ägäis den Charme des 19. Jh. Die klassizistischen, pastellfarbenen Villen und stattlichen Herrenhäuser um die Bucht und am linken Hang entzücken bereits beim Einlaufen in den malerischen Hafen.

Die Ägäis aus dem Bilderbuch

Seit ein paar Jahren entdecken vor allem wohlhabende Griechen und Türken, Segler und Jachtenbesitzer das einst recht unbekannte Pilgerziel. Hauptsächlich im Sommer gesellen sich zu den rund 2600 Einwohnern des gerade mal 58,1 km² großen Eilands, das zu einem der »schickeren« Ziele des **Dodekanes** avanciert ist, Tausende Tagesbesucher von der Nachbarinsel Rhodos hinzu. Die bergige, unfruchtbare und buchtenreiche Insel verspricht Entspannung, bietet Wandermöglichkeiten und weist einen markanten, nostalgischen Hauptort an der Ostküste auf. Der Hauptort Symi besteht aus zwei Teilen: der von klassizistischen Steinhäusern umschlossenen, fjordartigen Hafenbucht **Gialós** und dem am steil abfallenden Südhang gelegenen Ortsteil **Chorió** mit den Ruinen einer Johanniterfestung und den Resten alter Windmühlen. Verbunden werden die Ortsteile durch die

Griechenland

Ágios Geórgios Dysálonas. Der Strand mit Sand und Kieselsteinen ist nur per Boot erreichbar und wird von einer bis zu 300 m hohen Felswand umsäumt, die ab der Mittagszeit für Schatten sorgt. Verpflegung muss mitgebracht werden.

Nánou. Gut per Taxiboot erreichbarer Strand aus teils recht großen Kieselsteinen und Zypressen. Sonnenschirme, Sonnenliegen, Taverne. Das kristallklare Wasser lädt zum Schnorcheln ein.

Ágios Vasílios. Touristisch unerschlossener Kiesstrand mit wilden Zypressen inmitten einer rauen Felslandschaft. Man erreicht den einsamen, auch bei Nudisten beliebten Strand von Symi aus zu Fuß in ca. 2 Std.

Ágios Nikólaos. Beliebter, touristisch erschlossener Sand-Kies-Strand mit Schatten spendenden Tamarisken. Das seichte Wasser ist ideal für Familien mit Kindern.

Marathoúnda. Die malerische Bucht mit türkis schimmerndem Wasser und groben Kieselsteinen ist ein Platz für Ruhesuchende.

Kloster Panormítis mit dem markanten Glockenturm ist Ziel vieler Pilger.

Infos und Adressen

ANREISE
Flug: Charterflüge nach Rhodos
Fähre: Täglich ab Rhodos (ca. 50 Min.).

BESTE REISEZEIT
Mai–September

SEHENSWERT
Bootstour. Kleine Motorboote bringen Besucher zu verschiedenen Stränden.

ESSEN UND TRINKEN
Pantelís. Frischer Fisch und Meeresfrüchte am Hafen. Uferpromenade, nahe der Bushaltestelle, Gialós
Mylópetra. Geschmackvolles Restaurant mit kreativer, mediterraner Küche. Gasse hinter der Kirche, Gialós, www.mylopetra.com

AUSGEHEN
Kalistráta. Ideal für den Sundowner bei einem Cocktail und sanfter Musik. An der Stufengasse nach Áno Symi

ÜBERNACHTEN
Opera House. 29 gepflegte Zimmer und Appartements in einem klassizistischen Gebäudekomplex rund um einen großen Garten. 150 m südlich des Hafens, Gialós, www.symioperahouse.gr
Thea Appartements. Fünf individuell eingerichtete Appartements in einem neoklassizistischen Haus mit herrlichem Blick auf den Hafen. Hafensüdseite Gialós, www.symi-thea.gr

WEITERE INFOS
Offizielle Webseite der Gemeinde. www.symi.gr

Kalí Stráta (»Gute Straße«) genannte markante Treppenstraße mit rund 500 Stufen.

Die wenigen Touristen, die auf Symi übernachten, wohnen in prächtig restaurierten, alten Bürgerhäusern und Villen. Idyllische Terrassen vor Tavernen und Cafés am Hafen und zwischen den treppenartigen Gassen laden zu süßem Nichtstun ein. Zum Baden lässt man sich entweder mit einem **Taxiboot** zu einer der Buchten an der Ostküste fahren, wandert von Symi zu den Kiesstränden des kleinen Fischerdörfchens **Nimborió** oder der kreisrunden Nachbarbucht **Pédi,** die man auch gut per Bus oder Taxi erreicht. Wichtigstes und bekanntestes Ausflugsziel ist der große Komplex des **Klosters Panormítis,** der besonders mit seiner Lage – am Ende einer schönen Bucht – und mit einem prächtigen, blumengeschmückten Innenhof begeistert.

Guernsey

Guernsey ist berühmt für seinen Käse und seine Feinschmecker-Restaurants.

Festung Castle Cornet. Drei Museen und beste Aussicht auf das hübsche Hauptstädtchen Saint Peter Port und das Meer.

Klippenpfade der Südküste. Zugang zu Traumbuchten zwischen Fermain Bay, Jerbourg Point und Saint's Bay.

Gartenanlagen. Hunderte von blühenden Pflanzenarten in den viktorianischen Candie Gardens, im Saumarez Park und den Gärten des ehemaligen Victor-Hugo-Domizils.

Herm. Guernseys idyllische Nachbarinsel ist in zwei Stunden zu umrunden.

Lihou Island. Bei Flut eine Insel, bei Ebbe auf einer Wattwanderung zu erreichen.

Alderney. Abgelegenes Eiland mit der einzigen Eisenbahnlinie der Kanalinseln.

KULINARISCHE SPEZIALITÄTEN

Frische Austern: Aus Herm, mit Essig- und Zwiebelvinaigrette. – *Taschenkrebs-Risotto:* Mit Safran und gebratenen Jakobsmuscheln. – *Lamm-Carré:* Aus Sark, mit frischen Kräutern und Knoblauch. – *Liebesapfel:* Suppe aus Tomaten mit Basilikum. – *Guernsey-Hummer:* Mit Tomaten, Sherry und Portwein.

Wer im Feinschmecker-Restaurant »Le Nautique« einen Fensterplatz ergattert, speist privilegiert: mit Blick über einen Wald aus wogenden Masten, unter denen luxuriöse Segeljachten schaukeln, dann auf Castle Cornet, Saint Peter Ports historische Zitadelle, sowie auf die vorgelagerten Eilande Herm, Sark, Jethou und Brecqhou. An guten Tagen kommt sogar Frankreich in Sicht.

Schöner wohnen mit Blick aufs Meer

In einer viel befahrenen Meerenge wie dieser zu liegen, kann nicht folgenlos bleiben: Seit 1066 der Normannenherzog Wilhelm England eroberte, waren die **Kanalinseln** Spielball der Großmächte. Heute, in friedlichen Zeiten, profitieren sie vom speziellen Mix der Geschichte: Etwas französisch (die meisten Straßennamen und die exzellente Küche), ein wenig britisch (die Amtssprache, eine gelassene Lebensart, der Linksverkehr und die Queen als Staatsoberhaupt) sowie ein sehr selbstbewusster Lokalpatriotismus (die Kanalinseln besitzen innere Autonomie) verschmelzen zu einem Ambiente, das noch jeden Besucher in Bann zu schlagen vermochte. Die Architektur, die üppige Natur und das milde Golfstromklima tun ein Übriges. Deshalb ist auch die Liste der Prominenten sehr lang, die sich gern auf den Kanalinseln aufhielten: Victor Hugo blieb 15 Jahre auf Guernsey. Der französische Schriftsteller und Oppositionelle versüßte sich das Exil mit

Großbritannien

der Pariser Schauspielerin Juliette Drouet – Ehefrau Adele duldete die Liaison. Im Haus No. 38 der Hauteville Street, dem heutigen **Victor-Hugo-Museum,** erhält sein Spruch »Exil ist Leben« eine besondere Bedeutung.

Prinz Gebhard Lebrecht Blücher von Wahlstatt, der Urenkel des berühmten preußischen Feldmarschalls, verbrachte 30 Jahre auf **Herm.** Er schuf sich auf der Insel, fern der heimatlichen Enge, sein ganz persönliches Paradies, bis er vom Ersten Weltkrieg vertrieben wurde.

Guernsey, die zweitgrößte Kanalinsel, rund 120 km von der englischen Südküste und 43 km von der französischen Nordküste entfernt, bildet zusammen mit den umliegenden Eilanden und Alderney eine Verwaltungseinheit. Rund 60 000 Einwohner verteilen sich auf 62 km², bezahlen stolz mit dem Guernsey Pound, wenngleich auch das britische Pfund akzeptiert wird, und sind stolz auf ihr Inseldasein: »Wer einmal hier gelebt hat«, schwärmt Gunter Botzenhardt, der schwäbische Eigner und Küchenchef des »Nautique« in Saint Peter Port, »kann gar nicht mehr weg!« Zu bieten hat Guernsey viel: feine **Sandstrände** direkt vor der Haustür und »Schöner wohnen« im südenglischen Landhausstil fast überall mit Blick aufs Meer. Meeresfrüchte und Fisch kommen täglich frisch auf den Tisch. Und wer das alles zur Genüge gekostet hat, erklärt der zugereiste Schwabe, »der schlendert einfach

Auf dem Fischmarkt von St. Peter Port gibt's Köstlichkeiten aus dem Meer.

Strand-Schönheiten

Bordeaux Beach. Herrliches Strandareal nördlich von Saint Sampson's. Schauplatz in Victor Hugos Roman *Les travailleurs de la mer (Das Teufelsschiff).*

L'Ancresse Common. Breite, flache Sandbucht zwischen grünen Wiesen. Idealer Badeplatz für Eltern mit Kindern.

Pembroke Bay. Areal für Windsurfer an der Nordostküste. Herrlicher Aussicht auf Herm und Sark.

Baie de la Jaonneuse. Kleine Sandbucht zwischen Golfclub und Fort Pembroke.

Grand Havre und **Ladies Bay.** Badespaß am westlichen Ende vom Braye-du-Valle-Kanal.

Bucht von Cobo. Friesische Impressionen an den mit Strandhafer bewachsenen Sanddünen, inklusive Sonnenuntergang.

Vazon Bay. Großer Sandstrand mit Wassersportzentrum für Kajakfahrer, Wind- und Kitesurfer.

Portelet: Bezaubernde Bucht an der Südküste mit viel Sand und einer kleinen Flotte von Fischerbooten.

Petit Bôt Bay. Sand nur bei Ebbe. Sehr romantisch.

Petit Port. Ebenfalls Sandstrand nur bei Ebbe. Nur zugänglich über steile Stufen.

Le Dehus ist ein V-förmiges megalithisches Grab mit Seitenkammern.

Blick über die Petot Bay, ein fast tropisch anmutendes Hideaway.

Persönlicher Tipp

ANSCHAULICHER GESCHICHTSUNTERRICHT

Fünf Jahre lang blieben die »Krauts« während des Zweiten Weltkriegs auf den Kanalinseln und verbauten zahllose Tonnen Beton in unterirdischen Katakomben, Flakstellungen und Wehrtürmen, um Hitlers »Atlantischen Schutzwall« gegen die erwartete Landung der Alliierten zu befestigen. In den Kinos liefen damals deutsche Filme, Ortsnamen wie »Forest« wurden zu »Forsthausen«, der Linksverkehr wurde durch den Rechtsverkehr ersetzt. Diese Zeit, als die Kanalinseln und vor allem Guernsey zu einem militärischen Bollwerk ausgebaut wurde, haben die Insulaner längst professionell vermarktet: Die Relikte Großdeutschlands sind heute viel besuchte touristische Ziele, die dem Fremdenverkehr gute Umsätze bescheren, und Besuchern, die sich darauf einlassen, ein lehrreiches wie ausgefülltes Urlaubsprogramm bieten. Als sei es gestern gewesen, findet der Zweite Weltkrieg im German Occupation Museum und dem German Underground Military Hospital sowie im German Naval Signals Headquarters noch einmal statt.

Antiquitätengeschäft in Moulin Huet Bay. Fündig wird man auf jeden Fall!

zum Hafen hinunter, besteigt ein Schiff und sucht sich ein anderes Eiland aus«.

Mit dem Rad durch Vale

Auf 16 km kommt unsere Fahrradtour in der Region Vale, die an der Nordostküste Guernseys durch eine sanft modellierte Landschaft mit einem grandiosen 18-Loch-Golfplatz darin führt. Es glänzen verwunschene Buchten, farbenfrohe Fischerboote und eine Reihe historischer **Wehranlagen** wie Vale Castle aus dem 15. Jh. und die Küstenfestung Fort Le Merchant aus dem 18. Jh. Die Pfarrkirche **Saint-Michel du Valle** mit ihren hübschen bleiverglasten Fenstern geht sogar auf das 12. Jh. zurück. Bis 1806 war der abseits gelegene Landzipfel bei Flut selbst eine Insel: Von der Grand Havre Bay bis zum heutigen Hafen Saint Sampson verlief die Durchfahrt **Braye du Valle,** die 1805 vom weitsichtigen Lieutenant-Governor John Doyle trockengelegt und aufgefüllt wurde. Die leichte Radtour, die ihren Ausgangspunkt im Hafen **Les Armarreurs** hat, führt am **Naturschutzgebiet Vale Pond** vorbei, dessen moorige Areale zahlreichen Vogelarten Lebensraum bieten. Wer beim Golfplatz an der Ladies Bay auf den Abschlag mit Seeblick verzichtet, stößt möglicherweise auf das **Ganggrab** La Varde oder das **Megalithgrab** Les Fouaillages, deren Alter auf ungefähr 5000 Jahre geschätzt wird.

Infos und Adressen

ANREISE

Flug: Im Sommer Direktflüge von Hannover, Düsseldorf, Frankfurt, Stuttgart. **Fähre:** Regelmäßig Autofähren von der englischen Südküste und Saint-Malo (Frankreich)

BESTE REISEZEIT

Mai–Oktober

SEHENSWERT

Fort Grey. Inselfestung (19. Jh.) an der Westküste, heute **Shipwreck Museum,** das auch Schiffsunglücke aus dem Zweiten Weltkrieg dokumentiert. April–Oktober 10–17 Uhr

Victor Hugo House. Wohnkultur des 19. Jh. und zahlreiche Zeugnisse des französischen Schriftstellers. 38 Hauteville Street, Saint Peter Port

ESSEN UND TRINKEN

Le Nautique. Fisch, schottische Fleischgerichte und Vegetarisches direkt am Hafen. Quay Stepps, Saint Peter Port, Guernsey

Le Petit Bistro. Gemütlich mit französischer Küche, 56 Lower Pollet, Saint Peter Port, Guernsey

Da Nello. Italienische Spezialitäten und Fischgerichte, 46 Lower Pollet, Saint Peter Port, Guernsey

The Auberge Restaurant. Versteckt in den Klippen. See-Panorama. Jerbourg Road, Saint Martins, Guernsey

The Pavilion in the Park. Feinschmeckerplatz im Saint Pierre Park Hotel, Saint Peter Port, Guernsey

AUSGEHEN

Les follies d' amour. Nightclub/Disco. North Plantation, Saint Peter Port

Saint James Concert Hall. College Street, Saint Peter Port

The Ship and Crown. Typischer Pub. Saint Peter Port Seafront

The Doghouse. Livemusik, Tanz und Cocktails. Saint Peter Port

SHOPPING

Old Quarter. Bummeln und shoppen in der malerischen Altstadt des historischen Saint Peter Port. Enge, gepflasterte Gassen. Markplatz mit den »French Halles« und der mittelalterlichen Kirche Saint Peter

Miss Nob Ladies. Internationale Mode. Weighbridge

House, The Pollet Saint Peter Port

Little Red Ladies Fashion. Mansell Court, 2 Contree Mansell, Saint Peter Port, Old Quarter

Farmers and Plantsmans Market. Am Samstagvormittag Gemüse- und Obstmarkt. Sausmarez Manor, Sausmarez Road, Saint Martins

Ben Le Prevost Chocolatier. 6 Mill Street, Saint Peter Port

ÜBERNACHTEN

The Old Government House Hotel and Spa. Fünfsterneherberge im früheren Gouverneurssitz. Saint Ann's Place, Saint Peter Port, www.theoghhotel.com

La Grande Mare. Vier Sterne. Naturnahe Strandlage mit grandiosem Blick auf die Vazon Bay im Westen der Insel. www.lagrandemare.com

Elfen und Feen sollen sich an der Table des Pions immer wieder ein Stelldichein geben.

Saint George's. Gemütliches Guesthouse an der Seafront nahe des Stadtzentrums von Saint Peter Port. Saint George's Esplanade, www.stgeorges-guernsey.com

La Fregate Hotel. Modernes, luxuriöses Designhotel. Schlichtes Interieur. Saint Peter Port, www.lafregatehotel.com

The Farmhouse Hotel and Restaurant. Vier Sterne im renovierten Bauernhaus (15. Jh.). Les Bas Courtils, St Saviour, www.thefarmhouse.gg

WEITERE INFOS

Visit Guernsey-Herm-Sark-Alderney. Saint Peter Port, Guernsey, Channel Islands, GY1 2LQ, www.visitguernsey.com

Sark

HIGHLIGHTS

The Window. Schwindelfreie haben in der Bucht Port du Moulin eine herrliche Aussicht auf Guernsey, Herm und Jethou.

Derrible Bay und **Dixcart Bay.** Die schönsten Buchten sind über Felstreppen und Spazierwege zu erreichen.

La Seigneurie. Sitz der Inselherrscher (18. Jh.). Garten und Park zu besichtigen.

The Village. Inselörtchen mit einer Hauptstraße.

Little Sark. Zur pittoresken Nachbarinsel mit der Pferdedroschke über den 90 m hohen Naturdamm La Coupée.

KULINARISCHE SPEZIALITÄTEN

Ainsley Harriot's Sea Bass: Gegrillter Wolfsbarsch mit Sesam-Lemon-Olivenöl-Sauce und Ingwer-Dressing. – *Chancre crab and fresh herb cakes:* Krabbenfleisch, Kartoffeln, Guernsey-Milch, frische Kräuter. – *Sark Beef:* Burger mit Anchovis-Oliven-Knoblauch-Creme und Ziegenkäse. – *Garden herb:* Pesto aus Kräutern (Basilikum, Blattpetersilie, Minze, Dill, Parmesan) und Crème fraîche mit Spaghetti oder Linguine. – *Gâche Mélée:* Apfeldessert mit Schlagsahne.

La Grande Greve Beach ist der schönste Strand Sarks und über Treppen erreichbar.

Das eigenwillig zerklüftete Felsplateau hat keinen Landeplatz, auch einen Anlegeplatz gibt es nicht immer. Abweisend zeigen sich die schroffen Klippen, und nicht selten tost das Meer ringsherum. Wer Sark erkunden will, kann dies per Fahrrad, auf dem Pferderücken oder in einer Kutsche tun. Zu Fuß geht es auch, so klein ist die Insel.

Eine ungewöhnliche Geschichte des Seigneurs

In 45 Minuten tuckert die Fähre durch eine verwunschene Inselwelt, bis der bizarre Klotz, getoppt vom schneeweißen **Pointe Robert Lighthouse,** aus dem Meer auftaucht. Sark rühmte sich bis 2008, der letzte Feudalstaat Europas zu sein! Selbstverständlich mit Burg und Burgherrn, der die Geschicke der autonomen Inselgemeinde seit 400 Jahren unumschränkt als Lehensmann der britischen Krone lenkte. Tatsächlich war Seigneur Michael Beaumont, der Letzte in dieser Funktion, weder dem britischen Parlament noch dem von Guernsey verpflichtet. Er verfügte allein über alle Bodenschätze und alles Strandgut. Ausschließlich er hatte das Privileg, Getreide zu mahlen und Tauben zu halten. Dann zog sich der Seigneur zurück und machte 2008 den Weg frei für Europas jüngste Demokratie.

Gern erzählt Beaumont deutschen Gästen von Werner Rang aus Thüringen, der 1942 als Wehrmachtssoldat kam und nicht mehr weg wollte. Im Auftrag Hitlers sollten die

Britische Krone

deutschen Besatzer auf den Kanalinseln einen »Atlantischen Schutzwall« gegen die erwartete alliierte Landung errichten. Fünf Jahre blieben die Deutschen und verbauten gewaltige Mengen an Beton. Der junge Sanitätsgefreite verliebte sich in eine Sarkerin, die sich im Lazarett behandeln ließ. 1948 heiratete der einstige Besatzer seine Phyllis Baker, zog mit ihr auf die Insel und wurde 1954 britischer Staatsbürger. »Werner war bestimmt der Einzige auf der Welt«, setzt Beaumont hinzu, »der sich gleichzeitig das Eiserne Kreuz für besondere Verdienste in der Deutschen Wehrmacht und den British Order of Empire anheften konnte!«

Strand-Schönheiten

Der Felsklotz Sark bietet kaum Strände, die sind eher seiner in Sichtweite liegenden Inselschwester Herm vorbehalten. Baden lässt es sich dennoch hervorragend.

Banquette Landing. Tiefwasserbucht, wird von geübten Schwimmern gern als Badebucht genutzt.

Venus Pool und **Jupiter Pool.** Natürliche Felsbecken in der Clouet Bay auf Little Sark.

Derrible Bay. Wunderschöne Bucht, die nur bei Ebbe zum Baden geeignet ist. Abstieg über eine Treppe.

Dixcart Bay. Am Dixcart Hotel vorbei ins Dixcart Valley – abenteuerlich! Sand gibt's dort nur bei Ebbe.

Adonis Pool. Hochromantischer Naturpool, allerdings nur von geübten Kletterern zu erreichen.

Der schmale Grat La Coupée verbindet die Hauptinsel Sark mit Little Sark.

42

Ålandinseln

Friedvolles Idyll im Dörfchen Karlby auf Kökar. Das Mückensurren ist fast Ruhestörung.

HIGHLIGHTS

Eckerö. Fährhafen und westlichste Siedlung auf Åland. Prunkvolles Post- und Zollhaus.

Sjøfartsmuseum Mariehamn. Eindrucksvolle Sammlung von Schiffsinventar, Modellen. Original-Piratenflagge. Museumsschiff »Pommern«.

Kastellholm. Zu Zeiten Gustav Wasas erbaute Verteidigungsanlage (16. Jh.).

Kökar. Idyllisches Inselchen im Süden des Archipels mit kleiner Gemeinde. Holzkirche St. Anna und Klosterruine.

Jan Karlsgården. Freilichtmuseum und »Geschmacksdorf« Smakbyn.

KULINARISCHE SPEZIALITÄTEN

Vitmögelostsoppa: Weißschimmelkäsesuppe aus Hühnerbrühe, gekocht mit Bier und reifem Emmentaler. – *Gäddqueneller:* Hechtklöße mit Dillsauce und Wurzelgemüse. – *Ålandspannkaka:* Pfannkuchen aus Milchreis und Kardamom, dazu Schlagsahne und Pflaumenkompott. – *Hemvetebröd:* Weißbrot nach Familienrezepten. – *Stalhagens Baltic Porter:* Kräftig-aromatisches Rauchbier aus der Zarenzeit. – *Ålvados:* Åländische Variation des Calvados vom lokalen Weingut Tjudö.

Grob geschätzt umfasst der Archipel der autonomen Republik Åland an der Pforte zum Bottnischen Meerbusen zwischen Schweden und Finnland knapp 7000 Inseln, Eilande und Schären. Ein kurioses Sammelsurium, ein bunt zusammengewürfelter Flickenteppich aus Wald, Stränden, Felsen und dem Inbegriff skandinavischer Lebensart, dem rot-weißen Holzhaus.

Vielfalt einer faszinierenden Schärenwelt

Politisch gehören die Ålandinseln seit 1922 zu Finnland, entgegen dem damaligen Wunsch der Bewohner, die einen Anschluss an Schweden befürworteten. Der Nachbar im Westen hatte einen sehr großen Einfluss auf die Entwicklung des Inselreiches gehabt. Folgerichtig wurde die **Amtssprache Schwedisch** beibehalten. Gleichwohl tragen die Ortsschilder auch finnische Namen – eine gewagte, kaum aussprechbare Buchstabenakrobatik. Der **Autonomiestatus** Ålands führte zu einigen steuerlichen und zollrechtlichen Privilegien, welche neben dem Tourismus das ökonomische Überleben der Inselgruppe sichern.

Die große maritime Vergangenheit ist omnipräsent. Immerhin besaß Åland einmal die weltweit größte Handelsflotte an hölzernen Frachtseglern. Die stolze, in Glasgow gebaute **Viermastbark »Pommern«** im Westhafen der

Finnland

Hauptstadt **Mariehamn,** und das dortige, bemerkenswerte Museum legen davon Zeugnis ab. Und so ziemlich jedes Haus am Wasser – von beidem gibt es auf Åland reichlich – besitzt heute einen eigenen Bootssteg. Von diesem Platz aus lässt sich die Beschaulichkeit des Schärengartens vortrefflich genießen, während die Wellen der Ostsee gemächlich heranplätschern und kleine Segelboote vorbeigleiten. Der Blick schweift entspannt hinüber zu den umliegenden **Schäreninseln,** auf denen Schilfgras und Bäume im Wind wogen, der Strand zum Baden einlädt und meist ebenfalls nicht mehr als ein oder zwei Häuser stehen. Ab und zu taucht dahinter eine mobile mehrstöckige Wand auf, die das Landschaftsidyll für einen Moment unterbricht: Fähren und Kreuzfahrtschiffe, Symbole für den wirtschaftlichen Lebensnerv des Archipels.

Boote halten die Kommunikation zwischen den Schären-Inseln aufrecht.

Infos und Adressen

ANREISE
Flug: Von Stockholm, Turku oder Helsinki nach Mariehamn; **Fähre:** Von Schweden (Grisslehamn, Kapellskär und Stockholm) oder Finnland (Turku und Helsinki)

BESTE REISEZEIT
April–September

SEHENSWERT
Källskär. Abgelegene Felseninsel mit bizarren Formationen, Holzvilla und griechischem Garten. Kleines Künstlerparadies
Lumparland. Kleine Gemeinde mit der ältesten Holzkirche Ålands
Museigården Hermas. Typischer Bauernhof aus dem 15. Jh.
Åland Harvest Festival. Erntedankfest mit allem, was die Landwirtschaft des Archipels zu bieten hat

Orgelfestival. Ältestes Musikfestival Ålands, Ende Juni

ESSEN UND TRINKEN
Glada Laxen. Regionale Küche in traumhaftem Ambiente. Fischspezialitäten. Bärö, Kumlinge, www.gladalaxen.com

ÜBERNACHTEN
Hotell Arkipelåg. Größeres Hotel im Zentrum Mariehamns. Zwei Restaurants, Nachtklub, Kasino. Strandgatan 35, www.hotellarkipelag.com
Hotell Brudhäll. Zauberhaftes Haus im skandinavischen Stil auf Kökar. Hervorragendes Restaurant. Karlby, www.brudhall.com

WEITERE INFOS
Visit Åland. Storagatan 8, Mariehamn, www.visitaland.com

Strand-Schönheiten

Lilla Holmen. Feinsandiger und flacher Strand nahe des Stadtzentrums auf der Ostseite von Mariehamn. Sehr gut für Familien geeignet. Sport möglich. Badesteg.

Degersand. Lang gestreckte, familienfreundliche Naturstrände im Süden von Eckerö mit herrlicher Sicht auf die Ostsee. Es gibt ruhigere und eher betriebsame Plätze.

Bamböle. Ruhiger Strand in der Gemeinde Finström inmitten der Schären mit viel Sand und einigen Felsen fürs Sonnenbad. Sprungturm und Umkleidekabinen.

Notplan. Flacher, kinderfreundlicher Sandstrand in der Gemeinde Saltvik. Beachvolleyball, Sprungturm, Umkleidemöglichkeiten. Fantastischer Blick über die Schärenlandschaft.

Käringsund Strand. Feinsandige, lauschige Bucht am Waldrand nahe des gleichnamigen alten Fischerortes auf der Insel Eckerö.

Mariebad. Feine und sehr beliebte Strandanlage in der Hauptstadt Mariehamn mit angeschlossener, spektakulärer Wasserwelt (Sportschwimmbecken, Wasserrutschen) für echten Familienspaß.

Die längste Wanderung im Wattenmeer führt von Föhr zur Nachbarinsel Amrum.

Föhr

HIGHLIGHTS

Geführte Wattwanderung nach Amrum. Über Meeresgrund und durch Priele, ab Dunsumer Seedeich (6 km, ca. 3 Std.); mit der Fähre zurück

Große Fahrradrunde. Einmal um die Insel (42 km)

Nieblum. Urigstes Friesendorf, reetgedeckte Kapitänshäuser mit blühenden Gärten an Alleen, »Friesendom« St. Johannis (13. Jh.), Friedhof mit »sprechenden« Grabsteinen

Goting-Kliff. Höchste Abbruchkante des Geestkerns, ein erdgeschichtliches Lesebuch

Vogelkojen. Historischer Entenfang an Süßwasserteichen (Besichtigung in Boldixum)

KULINARISCHE SPEZIALITÄTEN

Mehlbüddel: Dampfnudelähnliches Gericht, meist süß (mit Rosinen, Früchten oder Marmelade), auch herzhafte Varianten. – *Rohmilchkäse:* Schnittkäse (»Inselkäse«) aus der Hofkäserei Hartmann (Alkersum). – *Boddermelksupp:* Suppe aus Buttermilch mit Grießklößchen. – *Friesenpfanne:* Kartoffeln mit Ei, Speck, Zwiebeln und Paprika. *Rübenmus:* Aus Steckrüben, Kartoffeln, Zwiebeln, evtl. Möhren, serviert mit Bauchfleisch.

Dort, wo der Wind wohnt, liegt das Pilgerziel der Surfergemeinde.

Die zweitgrößte Nordfriesische Insel liegt mitten im Nationalpark Schleswig-Holsteinisches Wattenmeer. Föhr ist eine grüne Insel mit jahrhundertealten Friesendörfern; die Stadt Wyk hat seit 1819 den Status eines Nordseebads. Im Sommer gehören die Wege zwischen Strand und Deich, Geestrücken und fruchtbarem Marschland den Fahrradfahrern.

Grüne Vielfalt zwischen Geest und Marsch

Die 12 mal 6,8 km große Insel hat ein eher **mildes Klima,** seit kurzem wird hier sogar Wein angebaut. Bei der Bezeichnung »Friesische Karibik« liegt der Akzent aber auf dem ersten Wort. Denn das Wetter ist und bleibt, wie in ganz Nordfriesland, wechselhaft.

Friesische Traditionen sind Teil der Inselidentität: Die Kapitänshäuser, Gärten und Lindenalleen in den elf, früher 17 Dörfern werden gehegt und gepflegt, **Hofläden** verkaufen regionale Spezialitäten, man spricht immer noch Friesisch. Über die Seefahrer-, besonders die Walfängerzeit, als die Föhrer auf den Weltmeeren den Meeressäugern nachstellten (17./18. Jh.), berichten beredt manche **Grabsteine.** Für **Radfahrer** angelegte **Themenrouten** führen vorbei an **Windmühlen,** drei stattlichen mittelalterlichen **Kirchen,** der **Lembecksburg,** einem Ringwall (9./10. Jh.), und Hünengräbern. Wurde einst jedes Jahr Zehntausenden Wildenten, in die »Vogelkojen« gelockt, der Hals umgedreht, hat sich die Einstellung zur Natur inzwischen geändert: Das **Wattenmeer**

Deutschland

Infos und Adressen

ANREISE

Auto: Über A7 oder A 23/B5, Inselparkplatz; **Zug:** IC nach Westerland/Sylt, Kurswagen bis Dagebüll-Mole; **Fähre:** Dagebüll–Wyk mit der Wyker Dampfschiffs-Reederei (45 Min.), www.faehre.de

BESTE REISEZEIT

ganzjährig; Juli/August Badesaison

SEHENSWERT

Dr.-Carl-Haeberlin-Friesenmuseum. Historisches Wohnen und Arbeiten unterm Reetdach, Bockwindmühle. Rebbelstieg 34, Wyk, www.friesen-museum.de
Museum Kunst der Westküste. Bilder von Mensch und Natur an der Nordsee. Hauptstr. 1, Alkersum, www.mkdw.de
Nationalparkzentrum. Das Wattenmeer mit allen Sinnen erleben. Hafenstraße 23 (Amtsverwaltung), Wyk, www.nationalpark-wattenmeer.de

ESSEN UND TRINKEN

Alt-Wyk. Landgasthaus mit Stern. Große Str. 4, Wyk, www.alt-wyk.de
Stelly's Hüüs. Tee und Kaffee im Kuriositäten-Kabinett. Haus 38, Oldsum

ÜBERNACHTEN

Auf Föhr werden meist Ferienwohnungen oder Ferienhäuser gebucht. Beliebt ist auch Urlaub auf dem Bauernhof. Unterkünfte einschließlich Hotels (meist in Wyk) im aktuellen Gastgeberverzeichnis, www.foehr.de/service

WEITERE INFOS

Tourist-Information. Am Fähranleger 1, Wyk auf Föhr, www.foehr.de

Strand-Schönheiten

Der 15 km lange, fast durchgängige Strand im Südteil der Insel zwischen Wyk im Osten und Utersum im Westen ist vom Wattenmeer umgeben, d. h., etwa alle sechs Stunden wechseln sich Ebbe und Flut ab; die Badezeiten sind daher tideabhängig.

Wyk. Unterhalb der Promenade, die am Olhörn (Leuchtturm) nach Westen abknickt, dehnt sich vom Fährhafen bis zum Heidewäldchen bei Greveling der Wyker Sandstrand aus, auf der Ostseite geschäftig, im Süden mit Möglichkeiten zum Strandsport, Surfen und Drachensteigen. Vom Südstrand bietet sich eine herrliche Sicht auf die Halligen. Hinter der Südterrasse spendet der Nordsee-Kurpark (ab 1898) mit seinen exotischen Bäumen Schatten.

Nieblum/Goting. Weil's Meer ständig an der Küste nagt, wird regelmäßig Sand aufgespült. Am Kliff werden Muschel- und Steinesucher reich belohnt.

Utersum. Zwischen Seebrücke und Reha-Zentrum gibt's den feinsten Sand und den schönsten Sonnenuntergang. Wind- und Kitesurfer haben einen Strandabschnitt für sich.

Die Windmühle im Marschendorf Oldsum (1901) wird als Wohnhaus genutzt.

ist Weltnaturerbe, und Millionen von Zugvögeln passieren jedes Jahr im Frühling und Herbst die Insel – ungehindert.

Wer nach Föhr kommt, sucht aktive Erholung. Dazu lassen 15 km Strand ausgiebig Raum. **Surfreviere** haben Wyk, Nieblum und Utersum; in Wyk machen die Segler fest (Jachthafen und Brücke). Wanderer passieren Wiesen, Wald und **Vogelschutzgebiete** (Tottumer Vorland, Godelniederung), klettern über Findlinge am Kliff und genießen die Aussicht auf Sylt und Amrum vom 22 km langen Seedeich. Reiter erwartet beste Bedingungen auf abwechslungsreichem Terrain; dasselbe gilt für Golfer auf dem 27-Loch-Platz in Nieblum. Ein Bummel über die **Wyker Promenade** schließt einen schönen Inseltag ab.

Langeoog

Der Strandkorb; das Nordsee-Modell ist kantiger als sein (älterer) Ostsee-Bruder.

HIGHLIGHTS

Wasserturm. Mit Ausstellung zum 100-jährigen Bestehen, Rundumblick aus 33 m Höhe.

Radtour über die Insel. Von West nach Ost am Fuß der Dünenketten entlang, an Schloppteich, Jugendherberge und Meierei vorbei zum Osterhook (und wieder zurück).

Naturpfade. In der Ruhezone des Nationalparks, an Flinthörn (Südwesten) und Osterhook von Aussichtsplattformen Vögel bzw. Seehunde beobachten.

Inselwatt. Geführte Wanderung am besten zusammen mit Salzwiesen und Dünen.

Dünenfriedhof. Mit dem Grab von Lale Andersen.

KULINARISCHE SPEZIALITÄTEN

Salzwiesenlamm: Als Schmorbraten mit Gemüse oder Salat der Saison. – *Steinbutt:* der König unter den Plattfischen, gegrillt oder gebraten. – *Dickmilch:* Spezialität der Meierei (www.falke-meierei.de), serviert mit Zucker, Sanddornsaft und Schwarzbrot. – *Sanddornsorbet:* Nachspeise mit Eis oder Früchten und Mandeln. – *Pharisäer:* Kaffee, Rum und Schlagsahne, Allheilmittel an der Küste bei Schietwetter.

Die Strände sind mit 14 km länger als die Insel (12 km). Langeoog, seit 1949 Nordseeheilbad, weist mit der höchstgelegenen Dünenpromenade Deutschlands noch einen weiteren Superlativ auf. Natur, Erholung und Sport sind auf der autofreien Ostfriesischen Insel kein Widerspruch, sondern charakteristisch. Wichtigstes Fortbewegungsmittel ist das Fahrrad.

Große Weite zwischen Dünen und Watt

Wenn sie nicht aus dem schottischen Hochland kämen, könnten sie Friesen sein – gutmütig und bodenständig: Die zotteligen Rinder fühlen sich im Reizklima von Langeoog wohl. Sie begrüßen die Tages- und Feriengäste, die vom Fähranleger an Weiden, Salzwiesen und Inselwäldchen vorbei in den bunten Waggons der **Inselbahn** ins Dorf fahren.

Langeoog entschleunigt und lädt gleichzeitig dazu ein, sich an der frischen Luft zu bewegen. Wer sich sein Frühstück »verdienen« will, trifft sich morgens am »Sportpalast«, einem Containerwagen, zur gemeinsamen Gymnastik. Vor allem aber ist der Strand eine große Buddelkiste und Sonnenbank. Im Süden des **Bade- und Burgenstrands** nutzen Surfer und Kiter den stetig wehenden Wind. Wer's gemütlicher mag, paddelt die Strandlinie entlang. Am Ostrand des Hauptstrands kann man seinen Drachen steigen lassen. Lässt das Strandwetter zu wünschen übrig, zieht es die Kleinen zum **Spöölhus** oder mit den Großen zusammen auf die Superrutsche ins **Meerwasser-Erlebnisbad.**

Erste Station für Langeoog-Besucher ist meist der historische **Wasserturm** in der Kaapdüne. Von dort bietet sich ein Panoramablick über die ausgedehnte **Dünenlandschaft.** Auf der **Höhenpromenade** und dem Weg durchs **Pirolatal** der Heerenhusdünen erlebt man die ständig wandelnde Landschaft hautnah. Auf dem Dünenfriedhof ist die berühmte Sängerin **Lale Andersen** (»Lili Marleen«) begraben.

Per **Fahrrad** geht's Richtung Osten, links die Dünen, rechts **Salzwiesen** und **Watt** – einmal Osterhook und zurück ist Pflicht. Den besten Überblick hat man vom **Pferd.** Dort lässt sich die Freiheit unterm weiten Himmel am besten erspüren.

Neben dem Surfen kann man auf Langeoog auch das Selgen erlernen.

Infos und Adressen

ANREISE

Flug: Von Harle/Friesland; **Auto:** Bis Esens-Bensersiel (Inselgaragen); **Zug:** Über Sande bis Esens, Bus nach Bensersiel; **Fernbus:** Nach Bensersiel über Wilhelmshaven bzw. Norden; **Fähre:** Gezeitenunabhängige Verbindung ab Fährhaus Bensersiel (ca. 45 Min.)

BESTE REISEZEIT

ganzjährig; Badesaison Juli/August

.SEHENSWERT

Schiffahrtsmuseum. Mit Nordsee-Aquarium und »Mini-Langeoog«. Kurstr. 1
Altes Wasserwerk. Ausstellung zur Wassergewinnung. An der Kaapdüne/Mittelstraße

ESSEN UND TRINKEN

Langeooger Spezialitätenhaus. Café mit Ausschank von »Inselbier«. Hauptstraße 23

Seekrug. Panorama-Restaurant, orginelle regionale und Bio-Küche, Höhenpromenade 1, www.seekrug.de

ÜBERNACHTEN

Hotel Norderriff. Vier-Sterne-Herberge, etwas außerhalb, ruhig, familiäre Atmosphäre. Willrath-Dreesen-Str., www.hotel-norderriff.de – mehr Hotels www.langeoog-hotels.de
Jugendherberge Langeoog. 5 km östlich des Dorfs, ideal für Familien, unterhalb Melkhörn-Düne, eigener Strandübergang. Domäne Melkhörn, www.jugendherberge.de

WEITERE INFOS

Kurverwaltung. Hauptstr. 28, 26465 Langeoog, www.langeoog.de

Strand-Schönheiten

Die Seeseite von Langeoog ist ein einziger Strand, der fast ohne Einschränkungen erlaufen werden kann. Dünen dürfen nur auf markierten Wegen betreten werden; in Höhe der Meierei, in der Ruhezone des Nationalparks gibt es nur einen Dünenübergang. Ein Priel, der Richtung Osten allmählich verschwindet, trennt die Insel von einer Sandbank. Die Badezeiten sind tideabhängig.

Bade- und Burgenstrand. Auf dem bewachten Hauptbadestrand ist für jeden Platz: zum Buddeln, Spielen und Entspannen im und ohne Strandkorb. Wer eine Pause von Sand, Wind und Sonne braucht, kommt über die Dünenpads schnell ins Dorf.

Sportstrand. Am »Sportpalast«, in Höhe von Spöölhus und Spöölstuv, kann man gemeinsam aktiv sein und sich Sportgeräte ausleihen.

Surfstrand. Windsurfer und Kiter haben im Südwesten ihr Revier (mit Schule); im Flachwasser kommen Anfänger wie Profis gleichermaßen zu ihrem Recht.

Hundestrand. Westlich und östlich des Hauptstrands gibt es zwei Hundestrände mit »Freilaufzonen« für die vierbeinigen Lieblinge.

Borkum

HIGHLIGHTS

Alter Leuchtturm. Aus dem 16. Jh. auf dem ehemaligen Inselfriedhof in der Kirchstraße. Grabsteine von Walfängern, Zäune aus Walknochen.

Neuer Leuchtturm. 1879 erbaut und 60 m hoch. Herrliche Aussicht.

Dykhus. Heimatmuseum zur Geschichte und Natur Borkums in einem ehemaligen Kapitänshaus (Dykhus). Zeugnisse aus der Walfangzeit (18. Jh.), u. a. ein 15 m langes Skelett eines Pottwals.

Nationalpark-Schiff Borkum. Ausstellung zum Wattenmeer und Borkumriff auf dem früheren Feuerschiff »Borkumriff«.

Tüskendörsee. Naturschutzgebiet mit Wat-, See- und Wasservögeln.

KULINARISCHE SPEZIALITÄTEN

Ostfriesentee: Eigentlich aus Indien (Assam-Tee), wird in Ostfriesland dreimal täglich aufgegossen, zieht in einer zuvor heiß ausgespülten Kanne 3–5 Min. und wird mit weißem Kandis (Kluntje) und ein paar Tropfen Sahne getrunken. – *Sanddorntorte:* Quarkcreme, Sanddornsaft und Haferflocken. – *Borkumer Schwarzbrot:* Als Beilage zu Fischgerichten, z. B. Matjes, oder Krabben (Granat).

Gymnastik: Morgens beliebt am Strand der westlichsten und größten Ostfrieseninsel.

Die westlichste und größte der sieben Ostfriesischen Inseln liegt östlich von Emden 20 km weit im Meer. Als echte Hochseeinsel weist sie besonders pollenarme und jodhaltige Luft auf. Als staatlich anerkanntes Seeheilbad wartet Borkum mit einem reichen Angebot im Bereich Kur, Gesundheit, Wellness und Sport auf.

Sportliche Nordseeinsel mit Hochseeklima

Borkums Strände bieten auf insgesamt 26 km Freiraum für zahlreiche Aktivitäten. Herrliche Urlaubstage lassen sich im Strandkorb oder in den typischen Borkumer **Strandzelten** verbringen. Die angebotenen **Sportmöglichkeiten** sind vielfältig: an Land, im Wasser und in der Luft. Sie reichen vom Angeln – Aal, Dorsch, Knurrhahn, Plattfisch, Makrele und Grundhai – und Boßeln – eine Art friesisches Kegeln an frischer Luft – übers Fallschirmspringen bis zum Windsurfen. Sogar Strandsegeln kann man lernen. Gesundheit und Naturerlebnis lassen sich durch therapeutisch dosiertes Gehen auf Klimatherapiewegen verbinden. Es gibt attraktive Strecken zwischen 4 km und 11 km Länge. Insgesamt lädt ein Netz von 120 km zu einer ausführlichen Erkundung der Insel zu Fuß (u. a. acht Nordic-Walking-Parcours) oder mit dem Fahrrad ein. Die Wege führen durch **Naturschutzgebiete** in weitläufigen Dünenlandschaften (zwei Aussichtsdünen), an Sandstränden und Salzwiesen entlang, durch besondere Lebensräume wie die **Waterdelle** und sogar durch einen klei-

Deutschland

Strand-Schönheiten

Die bewachten Badestrände, insgesamt 3 km, wurden von der International Life Saving Federation ausgezeichnet. Der **Südstrand** nahe des Elektrischen Leuchtturms ist vergleichsweise beschaulich. Dort kann man gut die nah vorbeifahrenden Schiffe beobachten.

Am **Nordstrand** hält die lange Sandbank des Borkumriffs die Brandung ab. Er bietet gute Bademöglichkeiten, eine umfassende Infrastruktur an der 4 km langen Strandpromenade und ist ein hervorragendes Wassersportrevier. Platz für Drachenflieger bietet ein extra ausgewiesener Strandabschnitt (auch Kurse für Einsteiger).

Am **Jugendstrand** östlich des Nordstrands können Jugendliche sich austoben, z. B. Beachsoccer und Beachvolleyball spielen, abhängen oder von Sonnenuntergang bis spät in die Nacht feiern.

Weiter ostwärts, in der Nähe des Flugplatzes, gibt es einen idyllischen **FKK-Badestrand.** Fürs leibliche Wohl am Strand sorgen die für Borkum typischen Milchbuden (»Melkbudje«).

Hier ist für jeden Platz zum Buddeln, Spielen und Entspannen – im und ohne Strandkorb.

Infos und Adressen

ANREISE
Flug: Von Emden. **Bahn:** IC/RE nach Emden. **Fähre:** Von Emden (ca. 2 Std.), tideunabhängig, weiter mit der Borkumer Kleinbahn.

BESTE REISEZEIT
Ganzjährig. Badesaison Juli/August

SEHENSWERT
Elektrischer Leuchtturm. 2003 außer Dienst gestellter Leuchtturm (1891), 27 m hoch, südlich des Ortszentrums.

Waterdelle. Naturschutzgebiet in einem ehemaligen Strandsee.

Kleinbahn. Verkehrt seit 1888 zwischen Fährhafen und Ortsmitte. Dieselloks, Dampflok und Schienenbus (beide 1940), www.borkumer-kleinbahn.de

Gezeitenland – Wasser- und Wellness. Meerwasser-, Wohlfühl- und Beauty-Bad mit drei »Decks« (2005). Goethestr. 27, www.gezeitenland.de

ESSEN UND TRINKEN
Kleine Möwe. Norddeutsche Kochkunst am Neuen Leuchtturm. Kirchstr. 31

Oma's Borkumer Teestübchen. Über 30 Teesorten. Bahnhofspfad 3, www.omas-borkumer-teestuebchen.de

Upholm-Hof. Scheunenrestaurant mit Biergarten. Upholmstr. 45, www.upholm-hof.de

Café Ostland. Restaurant mit Blick über die Salzwiesen. Ostland 4

ÜBERNACHTEN
Strandhotel Ostfriesenhof. Familiengeführtes Traditionshaus (1894) an der Strandpromenade. Jann-Berghaus-Str. 23, www.ost-friesenhof.de/hotel

WEITERE INFOS
Tourist-Information. Am-Georg-Schütte-Platz 5, Borkum, www.borkum.de

---

nen Wald (Greune Stee). Mit dem Fernglas kann man Vögel und auf dem Borkumriff **Kegelrobben** beobachten.

Andererseits ist Borkum auch eine richtige Stadt mit der Einkaufs- und Kneipenmeile. Aushängeschild ist sicherlich die von Hotels gesäumte Strandpromenade, den Nordstrand schmückt sogar ein Musikpavillon.

Borkum war im 18. Jh. eine **Walfängerinsel.** Nicht, dass man vor der Emsmündung die Meeressäuger fing, die Insel »exportierte« vielmehr junge Männer, die auf Walfängern anheuerten und dort Karriere machten. Zum Seebad mauserte sich die Insel erst Mitte des vorletzten Jahrhunderts – ein genauso einträgliches, aber kein blutiges Geschäft.

46 Glénan-Inseln

Die winzige Île Guiriden mit ihrem Traumstrand ist ein Geheimtipp für Fahrtensegler.

HIGHLIGHTS

Glénan-Narzisse. Die weltweit einzigartige weiße Narzissenart blüht ab April (geführte Wanderungen während der Blütezeit).

Centre Nautique des Glénans. In der 1947 von ehemaligen Kämpfern der Résistance gegründeten Segelschule wird großer Wert auf Verantwortung und gegenseitige Unterstützung gelegt.

Centre International de Plongée de Glénan. Die traditionsreiche Tauchbasis bietet spannende Einblicke in die vielfältige Unterwasserwelt der Glénan-Inseln.

KULINARISCHE SPEZIALITÄTEN

Le cardinal des mers: Der berühmte bretonische (blaue) Hummer wird rund um die Glénan gefangen und frisch serviert, etwa als köstliche Hummersuppe. – *Palourdes roses de Glénan Farcies:* Teppichmuscheln, die herzhaft abgeschmeckt im Ofen überbacken werden. – *Cidre de Fouesnant:* Zurück an Land, sollte man unbedingt den köstlichen bittersüßen Apfelmost aus Fouesnant probieren!

Seglern und Tauchern ist die winzige Inselgruppe seit Langem ein Begriff. Doch träumen neuerdings auch viele Krimifans von dieser eigentümlichen Welt zwischen Land und Meer – seit Jean-Luc Bannalec in dem Roman »Bretonische Brandung« seinen Kommissar Dupin dort draußen ermitteln und köstliche Hummer essen ließ.

Ein Hauch Karibik vor der bretonischen Küste

Wer zum ersten Mal die Glénan-Inseln besucht, staunt über das azurblaue Wasser und die weißen Strände, die der kleinen Inselgruppe ein Südseeflair verleihen. Der rund 18 km vor der bretonischen Küste gelegene Archipel besteht aus vielen kleinen Inseln, Sandbänken und Felsen, die eine große, geschützte Lagune umschließen. Hier, in der sogenannten Kammer, kreuzen zahllose Segelboote. Die nur im Sommer bewohnte Inselgruppe ist ein Paradies für Wassersportler und Naturfreunde. Eine weltberühmte Segelschule und eine renommierte Tauchbasis ziehen viele Besucher an und zahlreiche Tagesausflügler kommen zum Baden her.

Die Hauptinsel **Saint-Nicolas** lässt sich in weniger als einer Stunde zu Fuß umrunden. Nur eine Handvoll weißgrauer Häuser, ein Meerwasserbecken für Krustentiere und zwei Restaurants gibt es dort, aber kein Hotel, keine Läden, nicht einmal Trinkwasser. Die gesamte Inselgruppe steht unter Natur-

Frankreich

Von St. Nicolas aus kann man bei Ebbe zu Fuß zur Nachbarinsel Bananec laufen.

schutz, und es herrscht ein absolutes Bauverbot. Die anderen Inseln sind nur mit eigenem Boot zu erreichen. Die Fährgesellschaften bieten aber zusätzlich zur Überfahrt eine **Sightseeing-Rundfahrt** durch die Inselwelt an. Zu sehen gibt es etwa den Leuchtturm auf **Penfret** und ein altes Fort auf **Cigogne.** Auf **Le Loch,** wie Brunec in Privatbesitz, ragt der alte Schornstein einer ehemaligen Sodafabrik empor. Auf **Guéotec, Brilimec** und den umliegenden Felsen tummeln sich Seeschwalben, Papageitaucher und Lummen.

Infos und Adressen

ANREISE

Flug: Direktflüge nach Paris oder Lyon, von dort per Zug (TGV) nach Rennes oder per Inlandsflug nach Brest, Rennes, Quimper oder Nantes. **Fähre:** Von Beg Meil, Concarneau, Bénodet, Port La Forêt, Loctudy (ca. 1–1,5 Std.)

BESTE REISEZEIT

April–September

SEHENSWERT

Pardon des Glénan. Per Schiff führt diese traditionelle bretonische Wallfahrt mit Trachten und Musik Anfang September vom Festland auf die Inseln, wo ein Gottesdienst am Strand gefeiert wird und eine Bootssegnung stattfindet.
Unterwasserwelt. Per Glasbodenboot kann man von Saint-Nicolas aus die Unterwasserwelt erkunden und mit etwas Glück sogar (harmlose) Haie sehen.

ESSEN UND TRINKEN

Restaurant Les Viviers des Glé- nan **Chez Castric.** Traditionelle Küche mit Fisch und Meeresfrüchten, darunter je nach Fang auch der berühmte blaue Hummer. Île Saint-Nicolas
La Boucane. Nette Brasserie im ehemaligen Bootshaus des Seenotrettungsboots. Île Saint-Nicolas, ebenfalls am Hafen

ÜBERNACHTEN

Sextant. Le Gîte des Glénan. Die einzige Unterkunft für Individualtouristen auf den Inseln (Camping ist strikt verboten). Die nur im Sommer geöffnete, von Ehrenamtlichen betriebene, spartanische Herberge mit Gemeinschaftsküche, Plumpsklo hinterm Haus und fünf Sechs-Bett-Zimmern ist meist lange im Voraus ausgebucht. Île Saint-Nicolas, www.sextant-glenan.org

WEITERE INFOS

Tourismusbüro Fouesnant. www.tourisme-fouesnant.fr
Tourismusbüro Bretagne. www.bretagne-reisen.de

Strand-Schönheiten

Saint-Nicolas. Die Insel ist so klein, dass die Strände keine Namen haben. Ein Großteil der 1800 m langen Küstenlinie ist Strand. Ihr Karibikflair verdanken die Glénan-Inseln einer Algenart namens Maërl, deren kalkhaltige Überreste die blendend weißen Strände bilden. Sie reflektieren das Licht so stark, dass Sonnencreme und -brille unbedingt anzuraten sind. Erschlossen sind die Strände über Bretterwege. Auch bei windigem Wetter findet man stets ein geschütztes Plätzchen auf der Insel, um sich im Windschatten zu sonnen und aufzuwärmen.

Innerhalb der »Kammer« erwärmt sich das Wasser im Sommer auf bis zu 20 ºC, im umliegenden Atlantik ist es deutlich kälter. Die schmale Sandbank zwischen Saint-Nicolas und **Bananec** lädt dann zu erfrischenden Wechselbädern ein. Zahlreiche Felsen in erreichbarer Nähe sorgen dafür, dass auch Schnorchler auf ihre Kosten kommen. Angeln, Fischen, die Unterwasserjagd und das Sammeln von Muscheln sind jedoch streng reglementiert.

Lipari

Thermen von Calogero. Die Anlage mit einem römischen Brunnen und einer Sauna, die schon vor zwei Jahrtausenden genutzt wurde, gilt als ältestes Schwitzbad der Welt.

Archäologisches Museum. Das Museo Archeologico Eoliano auf dem Burgberg birgt Steinzeitfunde, kostbare antike Vasen und Masken aus altgriechischen Theaterstücken.

Quattrocchi. »Vier Augen« wird der Aussichtspunkt genannt, von dem aus man einen atemberaubenden Blick auf die umliegenden Inseln genießt.

Kathedrale San Bartolomeo. Im 17. Jh. an der Stelle eines normannischen Sakralbaus errichtet, von dem nur der romanische Kreuzgang erhalten blieb.

KULINARISCHE SPEZIALITÄTEN

Kapern: Die Liparesen haben diesen Delikatessen poetische Namen gegeben: *Occhio di pernice* (Rebhuhnaugen) heißen die kleinsten, *Lagrimella* (Tränchen) die etwas größeren und *Puntina* (Pünktchen) jene, die sich besonders gut zum Kochen eignen. – *Dolci:* Etwa Haselnuss-Biscotti aus der Pasticceria Oscar oder Pasticceria d'Ambra. – *Malvasia* (di Salina): Süßer Weißwein, am besten aus Malfa von der Nachbarinsel Salina.

Bis zu 600 Meter Höhe erreichen die Stratovulkane auf Lipari – ein tolles Wandergebiet.

Sie ist mit 37 km² die größte der Liparischen Inseln, wie die Einheimischen die sieben Schwestern unter dem Wind nennen. Im Sonnenlicht weiß glänzende Bimssteinhänge, türkisfarbenes Wasser, leichte Winde meist aus Südwest und eine Meerestiefe von bis zu 2000 m – so präsentiert sich Lipari als beliebtes Sommerurlaubsziel, ideales Segelrevier und eines der letzten Tauchparadiese im Mittelmeer.

Die Schätze des Windgottes unter sizilianischer Sonne

Auf italienischen Landkarten sind sie als »Isole Eolie o Lipari« eingetragen. So bleibt offen, ob die »sette perle del mediterraneo« nach dem ausonischen König Liparos, der sich vor mehr als 3500 Jahren vor der Nordküste Siziliens niederließ, oder nach Äolus, dem Gott der Winde, benannt sind. Aufgrund ihrer einzigartigen Fauna und Flora wurde der Archipel im Jahr 2000 in das UNESCO-Weltkulturerbe aufgenommen.

Lipari hat 5000 Einwohner. Besucher gehen an den zwei Anlegestellen beidseitig des Burgbergs an Land: die Tragflächenbote (*aliscafi*) legen im Hafen Marina Corta an, wo die Bars auf der großen Piazza bis weit in die Nacht geöffnet sind, die größeren Fähren am Sottomonastero. Das Zentrum **Lipari-Stadt** erstreckt sich entlang der Buchten Marina Lunga und Marina Corta. Alte Häuser in verwinkelten Gässchen schmiegen sich an den 60 m hohen Burgberg.

Italien

Infos und Adressen

ANREISE

Fähre: Von Neapel (4 Std.); Schnellboote (1 Std.) und Autofähren von
Milazzo (2 Std.) sowie Schnellboote von Messina (1,5 Std.),
Cefalù (2 Std.), Palermo (4 Std.)
und Reggio Calabria (2 Std.)

BESTE REISEZEIT

April–Oktober

ERLEBENSWERT

Fest San Bartolomeo. Mit
Prozessionen, Markt und Feuerwerk wird am 22.–24. August
der Inselpatron geehrt.
Sport: Segler und Surfer werden
im Centro Nautico Eoliano (Marina
Corta) gut beraten. Tauchgänge
organisieren das Diving Center
La Gorgonia (Marina Corta) und
das Lipari Diving Center (Marina
Lunga). Geführte Wanderungen
bietet die Cooperativa Sentiero.

ESSEN UND TRINKEN

Filippino. Meeresküche vom
Feinsten, exzellente Weine.
Piazza Municipio
E'Pulera. Traditionelles Lokal mit
Garten. Empfehlenswert: *Totano
ripieno* (gefüllter Kalmar).
La Nassa. Seit 1968 bewirtet
Donna Teresa ihre Gäste nahe
des zentralen Corso. Empfehlens-
wert: Weine der Azienda Agricola
Castellaro Lipari und Dessert
*Biscotti della Nonna a Malvasia
della Eolie*
Terrazze. Elegantes Restaurant
im Hotel »Villa Meligunis«.
Via Marte 7, Lipari.
www.villameligunis.it

WEITERE INFOS

Servicio Turistico Regionale.
www.aasteolie.191.it/_Lipari/
_Menu_Lipari_TEDESCO.htm

Canneto. Die zweitgrößte Inselsiedlung wartet mit einem schönen langen Kiesstrand auf.
Man benötigt also kein Boot, um der Badelust
unter sizilianischer Sonne uneingeschränkt zu
frönen. Wer allerdings ungestört in einsamen
Buchten sein will, gelangt nur über das Wasser dorthin.

Spiaggia Bianca. Er heißt zwar »weißer
Strand«, aber weiße Sandstrände gibt es
auf Lipari nicht. Dennoch lädt der idyllische
Platz mit Lavakies, über einen Fußweg am
nördlichen Ende von Canneto zu erreichen,
zum Baden und Schnorcheln ein.

Porticello. Am Rande der Bimssteinbrüche
gibt es einen kleinen Kiesstrand – einen der
schönsten auf Lipari.

Acquacalda. Der etwa 6 km von Lipari-Stadt
entfernte Ort an der Nordküste wartet mit
einem langen Strand aus dunklem Kies und
einem wunderbaren Blick auf die Nachbarinsel Salina auf.

Von den Anhöhen Liparis hat man einen
herrlichen Blick zur Insel Vulcano.

Ein anderer Inselort an der Nordküste, **Acquacalda,** ist besonders interessant, da dort immer noch **Bimsstein** (schnee-
weißer poröser Lavastein) abgebaut wird, der als Wasch-
und Scheuermittel oder als Baustoff verwendet wird. Ein
weiterer Bodenschatz ist **Obsidian,** ein messerscharfer Vul-
kanstein, der im Inneren aussieht, als wäre er aus Glas. Ihn
findet man in rauen Mengen am Strand. Er begründete
einst den Reichtum des antiken **Meligunis,** denn aus ihm
wurden Pfeilspitzen und Werkzeuge gefertigt. Heute ist das
vulkanische Glas ein beliebtes Souvenir.

Lipari, nur 7 km lang und 5 km breit, ließe sich zwar in einer
halben Autostunde umrunden, doch empfiehlt es sich, mindestens zwei Tage einzuplanen, um die Hauptinsel zu entdecken: Es winken unvergessliche Ausblicke und Eindrücke.

Am Strand von Biodola wird der Strandurlauber perfekt ver- und umsorgt.

HIGHLIGHTS

Portoferraio. Der Alte Hafen mit Restaurants und Shops geht nahtlos in die pittoreske Altstadt über. Medici-Festung mit der *Villa dei Mulini*, Napoleons Stadtresidenz.

Rio Marina. Die mineralischen Bodenschätze von Elba im Museo Minerali dell'Elba. Im Parco Minerario kann man selbst Steine klopfen.

Porto Azzurro. Wunderschöner Hafen. Auf dem Wochenmarkt günstige Designerkleidung. Fortezza di San Giacomo. Etruskisches Bergbaumuseum.

Villa San Martino. Napoleons Sommerfrische (1814) nahe Portoferraio.

Marciana Alta und **Capoliveri.** Pittoreske Bergdörfer in Panoramalage. In Capoliveri Mineralienmuseum Alfeo Ricci.

KULINARISCHE SPEZIALITÄTEN

Gurguglione: Leicht süßlich schmeckender Gemüseeintopf, Spezialität aus Rio nell'Elba. – *Cacciuccio:* Frisch zubereiteter Fischeintopf. – *Schiaccino:* Runder Weißbrotfladen (ähnlich Focaccia), meist mit Tomaten und Mozzarella oder Bresaola und Rucola belegt. – *Schiaccia briaca:* Mit süßem Aleatico-Wein getränkter Rotweinkuchen.

Das Meer rund um Elba zeichnet eine beste Wasserqualität aus, die Vielfalt von Flora und Fauna unter Wasser ist immens. Und die Insel ist für Mountainbiker, Wanderer, Kajakfahrer und Segler ideal.

Größter Schatz des Toskanischen Archipels

Elba soll seine Schönheit keiner Geringeren als der Göttin **Venus** selbst zu verdanken haben, die einst im Meer eine Halskette mit Edelsteinen verlor. Aus dem schönsten entstand die Insel Elba, aus den anderen Capraia, Montecristo, Pianosa, Giglio und Giannutri. Auch Metalle finden sich; bereits die Römer förderten im großen Stil Eisenerz zur Waffenherstellung.

Im Gegensatz zur klaren Kegelform vulkanischer Inseln besitzt Elba viele **Buchten** und Hügelketten. Schon bei der Anfahrt ergeben sich immer neue Blickwinkel auf die lange Küstenlinie. Diese Form schenkt der Insel über 100 Strände, deren bekannteste im August schier aus den Nähten platzen. Jedoch auch in der Hochsaison findet man einsamere Buchten, wenn man sie zu Fuß oder mit dem Motorboot (in Italien sind Außenborder bis 40 PS führerscheinfrei) ansteuert. Glücklich, wer tauchen kann: Zahlreiche Reviere führen in bunte und vielfältige **Unterwasserwelten.** Kajakfahrer paddeln entlang der Südwest- oder Nordküste.

Im Golf von Portoferraio kann jeder den Motorboot- und Segelführerschein in drei deutschsprachigen **Segelschulen**

Italien

erwerben. Steter Wind und die geschützte Bucht bringen beim Jollen- oder Katamaransegeln so richtig Spaß. Die landschaftliche Kulisse ist hier grandios: Über allem thront der Monte Capanne (1019 m ü. NN).

Auf Elba sind zahlreiche Wanderwege ausgewiesen, wie etwa zum Castello del Volterraio, zu den Calanche, zur Costa dei Gabbiani oder auch Grande Traversata Elbana. Ein kompletter **Küstenrundweg** ist geplant. Golfspieler loben Aquabona und Hermitage, Radsportler und Jogger sind täglich auf den panoramareichen Landstraßen unterwegs – und die ganz Harten geben sich alljährlich den »Elbaman«.

Infos und Adressen

ANREISE

Flug: Direktflüge nach Marina di Campo. **Bahn:** Nachtzug München–Florenz, dann nach Piombino. **Auto:** Via Brenner oder San Bernadino (ca. 8 Std.). **Fähre:** Meist täglich Piombino–Portoferraio (ca. 1 Std.).

BESTE REISEZEIT

April–September

SEHENSWERT

Monte Capanne. Per Seilbahn vom Jachthafen (Marciana Marina) auf die höchste Erhebung der Insel.
Parco Minerario dell'Isola d'Elba. Mit der Mini-Bergbahn in einen kleinen Stollen, auch für Kinder ein Spaß. Rio Marina, www.parcominelba.it
Parco Nazionale Arcipelago Toscano. Seltene Arten wie die Korallenmöwe oder Blattfingergeckos. Wer nicht tauchen kann, nutzt ein Glasbodenboot.

ESSEN UND TRINKEN

La Botte Gaia. Kreative Küche in einer ehemaligen Kirche. Viale Europa 5–7, Porto Azzurro, www.labottegaia.com
Da Oreste alla Strega. Vielfältige Küche, lokal verwurzelt. Panoramaterrasse. Piazza Vittorio Emanuele 6, Rio Marina

ÜBERNACHTEN

Villa Ottone. Luxuriöse Villa aus dem 19. Jh. (5 Sterne) am Meer. Zauberhafter Garten und Terrasse mit Blick auf Portoferraio. Loc. Ottone, www.villaottone.com

Cernia Isola Botanica. Wohlfühl-Hotel. Wunderbarer Garten. Zugang zum Sant-Andrea-Strand. Capo Sant'Andrea, www.hotelcernia.it

WEITERE INFOS

Ufficio Turistico Arcipelago. Viale Elba 4, Portoferraio. www.isoleditoskana.it

Blick von der touristisch weniger frequentierten Westküste nach Korsika.

Strand-Schönheiten

Lacona, Spiaggia Grande. Flacher 1350 m langer Sandstrand vor Pinien- und Eukalyptushainen. Im August touristische Badewanne, außerhalb der Hochsaison eine Oase.

Sant'Andrea. Den Seychellen ähnliche Felsklippen aus rundgeschliffenem Granit – fürs Sonnenbad ideal. Mit Mini-Sandbucht Cotoncello. Einer der schönsten Strände Elbas.

Procchio. Mit 1470 m längster Strand an der Nordküste. Weiße Felsen, runde Kiesel, gute Infrastruktur.

Biodola/Scaglieri. Einer der bekanntesten Strände an der Nordküste. Sand, keine Kiesel.

Sansone. Weißer Kieselstrand vor azurfarbenem Meer nahe der Enfola-Halbinsel. Da nur zu Fuß erreichbar, auch in der Hauptsaison ruhig.

Fetovaia. Perfekte Badebucht im Südwesten. Idealer Sandstrand, wenig Bebauung, vom Westen her durch eine Landzunge geschützt.

Giglio

Giglio, eine der sieben Hauptinseln des Toskanischen
Archipels, bezaubert den Besucher mit nahezu unberührter Natur, verträumten Stränden und Buchten
am smaragdgrünen, kristallklaren Wasser sowie einer
faszinierenden Unterwasserwelt. Wandern, Surfen und
Tauchen gehören zu den Aktivitäten auf der 21 km²
großen Insel.

Üppige Natur über und unter Wasser

Die quirlige, pastellfarbene kleine Hafenstadt, vor der exklusive Jachten neben hölzernen Fischerbooten liegen, empfängt den Reisenden mit Bars und Boutiquen sowie kleinen
Cafés für den unvermeidlichen Espresso. **Giglio Porto** hebt
sich ab vor einer grünen Kulisse, die sich die felsigen Küsten
bis hinauf zum **Poggio della Pagana** (486 m ü. NN) zieht.
Eine üppige, mediterrane Flora breitet sich aus: Olivenbäume, Palmen, Lavendel, Ginster, dazwischen Macchia und
Weinberge, auf denen die Trauben für den bernsteinfarbe-
nen Inselwein Ansonaco gedeihen – ein idealer Begleiter zu
den einheimischen Fischgerichten.

Nur wenige Schritte vom Zentrum entfernt taucht man
ein in die Natur. Auf schmalen Eselswegen durch Felder,
Macchia und Flussläufe kann man verträumte Buchten
oder oben am Poggio della Pagana das verwunschene, mittelalterliche Dorf **Giglio Castello** (12. Jh.) erwandern, das

Italien

Spiaggia delle Campese. Der größte Strand der Insel mit feinem Sand und türkisfarbenem Wasser öffnet sich auf die bezaubernde Bucht. Der Zutritt ist frei, Schirme und Liegen können gemietet werden.

Spiaggia delle Cannelle und Arenella. Beliebte Strände mit feinem weichem Sand an flach abfallendem Ufer. Ideal für Familien mit Kindern, gut mit dem Auto zu erreichen. Sonnenschirme und Liegen stehen bereit.

Spiaggia delle Caldane. Die beiden Buchten weiter südlich von Spiaggia delle Cannelle sind nur zu Fuß oder mit dem Boot erreichbar. Der etwa 20-minütige Fußweg ist ein schöner Spaziergang am Meer entlang. Spiaggia delle Caldane liegt romantisch inmitten unberührter Natur.

Buchten. Außerdem gibt es auf Giglio viele kleine Strände und verträumte Buchten (ohne Schirme und Liegen), die nur mit dem Boot zu erreichen sind. Wassertaxis bringen die Reisenden zu den gewünschten Stränden und holen sie dort auch wieder ab.

Ein Hafenstädtchen wie aus dem Bilderbuch: Giglio Porto.

Infos und Adressen

ANREISE

Flug: Nach Pisa, von dort mit Bahn und Bus oder Mietwagen nach Porto Santo Stefano zur Fähre nach Giglio; **Bahn:** Fernzug über Florenz nach Orbetello, dann Bus nach Porto Santo Stefano; **Auto:** Über Innsbruck oder Basel nach Grosseto, vor Grosseto bei Albinia nach Porto Santo Stefano

BESTE REISEZEIT

April–Oktober; im August sehr voll

SEHENSWERT

Hafenpromenade von Porto Giglio. Nach Sonnenuntergang ein beliebter Treffpunkt
Giglio Castello. Mit mittelalterlicher Stadtmauer und Festung Aldobrandesca

ESSEN UND TRINKEN

Da Maria. Regionale Küche mit Blick auf den Golf von Campese. Giglio Castello, Via Casamatta 12, www.ristorantedamaria.it
La Vecchia Pergola. Auf Stelzen im Hafenbecken. Giglio Porto, Via Tahon De Revel 31

ÜBERNACHTEN

L'arenella Hotel. Dreisterne-designhotel direkt am Strand Arenella. Via Arenella 5, Giglio Porto, www.hotelarenella.com
Hotel Campese. Familiengeführtes Dreisternehotel am Strand von Campese. Via della Torre 18, Giglio Campese, www.hotelcampese.com

WEITERE INFOS

Tourismusbüro Pro Loco Isola del Giglio. Giglio Porto, Via Umberto 1, www.isoladelgiglio.biz

die Pisaner erbauten. Hinter der Stadtmauer verbirgt sich ein Gewirr aus Gassen und Treppen, überwölbt von steinernen Torbögen. Auf dem höchsten Punkt steht die Festung Aldobrandesca.

Auf der anderen Inselseite befindet sich der jüngste der drei Inselorte mit dem größten Strand. **Campese** wird eingerahmt von einem im Meer stehenden Felsen und einem mediceischen Turm (17./18. Jh.). Die Bucht davor ist bei einfallenden Südwinden ein ideales Übungsrevier für Surfer und Segler.

Die **Tauchgründe** um Giglio mit ihren Grotten, Seegraswiesen und prachtvoll bewachsenen Steilwänden gehören zu den schönsten Italiens. Dort leben Barrakudas, Muränen und Mönchsfische. Manchmal trifft man auch Seepferdchen.

Gomera

Der mächtige Roque Cano thront über dem noch recht ursprünglichen Ort Vallehermoso.

HIGHLIGHTS

Garajonay. Neben dem Lorbeerwald im feuchteren Teil des Nationalparks beeindrucken die Lavadome Los Roques.

Valle Gran Rey. Das »Tal des großen Königs« im Westen war in den 1970er- und 1980er-Jahren ein Aussteigerrefugium.

El Drago. Ältester wild wachsender Drachenbaum der Insel bei Alojera.

Los Órganos. Etwa 200 m lange Klippenwand aus Basaltsäulen im Nordwesten.

Tal von Hermigua. Fruchtbares Tal im Norden mit den Zwillingsfelsen Roques de San Pedro. Auf den Terrassenfeldern gedeihen unter anderem Bananen.

KULINARISCHE SPEZIALITÄTEN

Potaje de berros: Kräftiger Brunnenkresse-Eintopf mit Schweinerippchen. – *Vieja a la plancha:* Papageifisch vom Grill. – *Morcilla al estilo de chef:* Mit Tomaten und Zwiebeln geschmorte Blutwurstscheiben. – *Almogrote:* Pikanter Brotaufstrich auf Basis würzigen Ziegenkäses. – *Tarta de Vilana:* Süßer Kartoffelkuchen mit Mandeln. – *Gomera Blanca:* Weißwein; *Listan* ist die wichtigste rote Rebe. – *Gomerón:* Rum, vermischt mit Palmhonig.

Die gebirgige, fast runde Insel La Gomera gehört zu den Wanderparadiesen unter den Kanarischen Inseln. Die Vulkanlandschaft birgt mit dem Nationalpark Garajonay ein besonderes Juwel, den einzigen geschlossenen Lorbeerwald der Erde. Auf die Urbevölkerung der Guanchen geht die in einigen Gegenden immer noch gebräuchliche Pfeifsprache »El Silbo« zurück.

Wandern in den Bergen der Guanchen

Als Christoph Kolumbus 1492 nach Amerika aufbrach, verließ er in der Inselhauptstadt **San Sebastián de la Gomera** Europa. Ihm wurde ein Techtelmechtel mit der schönen, aber grausamen Inselherrscherin Beatriz de Bobadilla nachgesagt. Die Kultur der **Guanchen** war damals schon vernichtet worden. Erhalten haben sich auf Gomera **ihre Pfeifsprache »El Silbo«,** seit 1999 Pflichtfach in den Grundschulen, und eine besondere Art der Töpferei ohne Töpferscheibe. Die Pfeifsprache ist durchaus sinnvoll, wenn man sich über die tief eingeschnittenen Schluchten des zentralen Bergmassivs im Inselinnern hinweg verständigen will. Die Felshänge fallen vollkommen schroff und steil zur Meeresküste hin ab und lassen nur wenig Platz für Sandstrände. Die abwechslungsreiche Landschaft mit den Lavadomen, den **Roques,** und alten Vulkankratern ist aber zum Wandern und Mountainbiken wie geschaffen.

Spanien

Ein Topziel ist der rund 4000 ha große **Nationalpark Gara-jonay,** seit 1986 UNESCO-Weltnaturerbe. Der einzigartige **Lorbeerwald,** der im August 2012 durch einen verheerenden Brand fast zerstört worden wäre, ist ein Relikt aus einer Zeit vor 20 Mio. Jahren. In der Tat fühlt man sich im Dickicht der mit Flechten und Moosen behangenen immergrünen Bäume in eine andere, urtümliche Welt versetzt.

Das **Valle Gran Rey** im Osten der Insel versprüht noch etwas den Charme der 1970er-Jahre, als das Tal mit seinen fruchtbaren Terrassenfeldern gern von Aussteigern aufgesucht wurde. Reizvollster Ort ist das **Bergdorf La Calera.** Die Dramatik der Basaltsäulen **Los Órganos** im wilden Nordwesten erschließt sich am besten vom schaukelnden Boot aus. Mit etwas Glück lassen sich auch Delfine beobachten.

Mächtige Wolfsmilchgewächse (*Euphorbia berthelotii*) wachsen auf Las Pilas.

Infos und Adressen

ANREISE

Flug: Zum Flughafen Teneriffa-Süd, weiter mit Shuttle nach Los Cristianos; von dort Fähre nach San Sebastián de la Gomera

BESTE REISEZEIT

Ganzjährig

SEHENSWERT

Torre del Conde. Teil der Stadtbefestigung von San Sebastián mit kleiner Kartenausstellung
Besucherzentrum Juego de Bolas. Das Informationszentrum des Nationalparks Garajonay bei Las Rosas gibt auch Auskunft über die Kultur der Insel und bietet Exkursionen durch den Park an.

ESSEN UND TRINKEN

Orquidea. Terrassenlokal mit lokalen Spezialitäten und schönem Blick auf das Valle Gran Rey. La Caleta
Bodegón Roque Blanco. Spezialität des Lokals sind Fleischgerichte vom Holzkohlengrill. Die Aussicht auf die grüne Landschaft um Vallehermoso ist gratis. Cruz del Tierno de las Rosas.

ÜBERNACHTEN

Parador Conde de la Gomera. Im traditionellen Stil erbautes staatliches Hotel auf einem Felsplateau bei San Sebastián. www.parador.es/de/parador-de-la-gomera
Añaterve. Geschmackvoll eingerichtetes Hotel oberhalb von Vallehermoso, beliebt bei Wanderern. www.anaterve.com

WEITERE INFOS

Spanisches Fremdenverkehrsamt. Myliusstr. 14, Frankfurt am Main, www.spain.info/de

Strand-Schönheiten

Playa del Inglés. Einer der dunklen Sandstrände am Küstenabschnitt des Valle Gran Rey. Nicht so schnell überlaufen wie der Hauptstrand bei Vueltas, dessen Abschnitt Charco del Conde allerdings auch für Kleinkinder geeignet ist.

Playa de Alojera. Malerisch zwischen bizarren Felsen gelegene, geschützte Badebucht mit feinem schwarzen Sand im Nordwesten von Gomera.

Playa de la Caleta. Der beste Strand im Norden mit kleiner Strandbar ist ein mit Kieseln durchsetzter Sandstrand. Etwas sicherer badet man im weiter östlich gelegenen Meerwasserpool von Hermigua.

Playa de Santiago. Im Süden reihen sich mehrere Naturstrände mit Kieseln oder Steinen aneinander. FKK wird toleriert.

Chios

Die von Chios nach Norden führende Küstenstraße passiert vier Windmühlen.

Die 842 km² große Insel ist viel zu interessant, um die Urlaubstage nur am Strand zu verbringen. Im gebirgigen Inselinnern locken bedeutende Klöster, mit kunstvollen Sgraffiti geschmückte Mastixdörfer und wehrhafte mittelalterliche Dorfanlagen. Mit seinen Steilwänden, Unterwasserhöhlen und dem kristallklaren Wasser zählt Chios zu den besten Tauchrevieren Europas.

Mastixdörfer, Klöster und Herrenhäuser

Chios ist einer der Orte, die für sich in Anspruch nehmen, die Geburtsstätte des Dichters **Homer** zu sein. Die Insel hatte ihre erste Blütezeit in der Antike, auch durch den bis in die osmanische Zeit betriebenen Sklavenhandel. Reich wurde sie vor allem durch den Mastixanbau. Das duftende Harz wird heute noch als Klebstoff, für medizinische, kosmetische und andere Zwecke verwendet. Im Süden der Insel sind 20 **Mastixdörfer** in eine sanfte Hügellandschaft eingebettet. Die Häuser in **Pyrgi** verzaubern mit ihrem grau-weißen Sgraffito-Putz. **Olymbi** und vor allem **Mesta** sind beeindruckende Festungsdörfer.

Über der Hafen- und Universitätsstadt **Chios** thront die mittelalterliche **Festung Kastro** mit Bauwerken aus verschiedenen Epochen. Im Hinterland, in der fruchtbaren **Ebene von Kambos**, haben sich im 14. Jh. reiche Genuesen, später auch Chioten prachtvolle Herrenhäuser aus dem dort gebrochenen, rötlich braunen Tuffstein errichten lassen. Ei-

Griechenland

Karfas. Der 7 km lange Sandstrand südlich von Chios-Stadt ist der bekannteste der Insel. Mit allen Einrichtungen für Anhänger des Wassersports (auch Tauchschule).

Elinda. Feiner Sandstrand in einer geschützten Bucht im Westen der Insel. Interessant für Taucher ist ein römisches Schiffswrack in der Nähe.

Mavros Gialos. Drei nebeneinanderliegende Strände mit feinen schwarzen Kieseln und tiefblauem klarem Wasser im Südosten der Insel.

Komi. Breiter Sandstrand im Südosten bei Kalamoti. Beliebt bei Familien mit Kindern.

Lithi. Feinsandige Bucht im Westen der Insel, weiter südlich reihen sich zahlreiche, einsame Badebuchten aneinander.

Xysta heißt diese Kratzputztechnik in Grau und Weiß, die Fassaden in Pyrgi schmückt.

Infos und Adressen

ANREISE

Flug: Nach Athen, weiter mit Fähre von Piräus; auch Flüge nach Lesbos. Der Flughafen von Chios wird aus Athen von kleineren Maschinen angeflogen.

BESTE REISEZEIT Mai–Oktober

SEHENSWERT

Raketenkrieg. Auf die osmanische Zeit zurückgehender Brauch, bei dem sich in der Osternacht zwei Kirchengemeinden von Vrondados mit Feuerwerksraketen beschießen.
Archäologisches Museum. U. a. jungsteinzeitliche und archaische Fundstücke der Ausgrabungen um Emborio. Tägl. 8.00–19.00 Uhr
Argenti-Museum. Volkskundemuseum der Stiftung Argentis in der Koreas-Bibliothek. Tägl. 8–14 Uhr, Fr auch 17–20.30 Uhr

ESSEN UND TRINKEN

Hotzas. Traditionslokal mit Garten in der Oberstadt von Chios.
To Byzantio. Markttaverne im Zentrum von Chios-Stadt, die schon morgens eine kräftige Kuttelsuppe serviert.
To Asteri. Spezialität: Zicklein vom Grill. Avgonyma

ÜBERNACHTEN

Grecian Castle. Anlage im Stil eines Herrenhauses mit gutem Restaurant. Chios-Stadt, www.greciancastle.gr
Mesta Medieval Castle Suites. 20 Suiten in renovierten Häusern der mittelalterlichen Stadt Mesta. www.mcsuites.gr/de

WEITERE INFOS

Griechische Zentrale für Fremdenverkehr. Frankfurt am Main. www.gnto.gr

nige dienen heute als Sommersitz oder wurden in Hotelanlagen umgewandelt. In der Nähe gibt es schöne, in der Hochsaison aber schnell überlaufene Strände.

Hauptanziehungspunkt ist das westlich von Chios gelegene byzantinische **Kloster Nea Moni** mit seinen Mosaiken und Fresken. Es gehört seit 1990 zum UNESCO-Weltkulturerbe. In der Nähe liegen die eindrucksvollen Turmbauten der Wehrdörfer **Anavatos** und **Avgonyma**. Von den ursprünglichen Bewohnern so gut wie verlassen, erleben sie im Sommer eine Renaissance, wenn die Touristen oder die neuen Hausbesitzer in die restaurierten Gebäude ziehen. Der wenig besuchte gebirgige Norden ist ein Wanderparadies mit einsamen Bergdörfern, Hafenstädtchen und schönen Stränden.

Korfu

Harmonie in Weiß, Blau und Grün: die Felsformationen am Kap Dhrastis.

HIGHLIGHTS

Kerkira. Venezianisch geprägte Inselhauptstadt. Alte Festung mit 70-m-Leuchtturm,
Königspalast, Villa Monrepos, marmorge-
pflasterte Straßen und schattige Arkaden.

Achilleion. Sisis Märchenschloss bei Kerkira. Später Eigentum Kaiser Wilhelms II.

Paleokastritsa. Viel fotografiertes Kloster an
der Westküste.

Vlacherna. Klosterinsel südlich von Kerkira,
ein Wahrzeichen Korfus.

Pantokrátor. Höchster Berg der Insel
(906 m ü. NN). Vom verlassenen Kloster
herrliche Aussicht auf die Insel und das
albanische Festland.

KULINARISCHE SPEZIALITÄTEN

Sofrito Kerkyras: Kalbfleisch in Knoblauch-
sauce; stammt aus Korfu, wird aber eher
selten angeboten. – *Pastitsada:* Rindfleisch
mit Nudeln. – *Rolos:* Rollbraten, gefüllt mit
Knoblauch und frischen Kräutern. – *Feta aus
dem Ofen:* Nicht paniert, wie häufig auf der
Speisekarte zu finden, sondern natur aus
dem Holzofen. – *Skordalia:* Herrlich sämiges
Kartoffel-Knoblauch-Püree.

Korfu ist mit 100 000 Einwohnern die bevölkerungs-
reichste der Ionischen Inseln. Sie gibt sich grün
und liebreizend, zeigt aber auch raue und schroffe
Seiten. Berühmte Besucher verleihen der Insel,
die nach vielen Herrschaftswechseln erst seit 1864
wieder zu Griechenland gehört, bis heute Glanz, der
besonders in der Hauptstadt Kerkira (auch Kerkyra
oder Korfu-Stadt) zu sehen ist.

Auf der Suche nach dem echten Griechenland

Wo Odysseus landete, da lässt es sich trefflich stranden. So
dachten wohl auch militärische und friedliche Eroberer
vergangener Zeiten: Korinther, Römer, Byzantiner und Venezianer, deren Architektur-Abdruck bis heute zu erkennen
ist. Die Briten brachten das Cricket mit, die Franzosen bauten in der Inselhauptstadt **Kerkira** eine Pariser Prachtstraße nach und hinterließen eine immer noch existierende
Lesegesellschaft, um in kultureller Verbindung mit ihrer
Heimat zu bleiben. Reichsgraf Matthias Johann von der
Schulenburg verteidigte Korfu 1716 mit Leib und Seele gegen die Türken. Als **Sommerfrischler** standen die österrei-
chische Kaiserin Elisabeth (»Sisi«) und der deutsche Kaiser
Wilhelm II. auf der illustren Gästeliste. Sie verbrachten ihre

Griechenland

Ferien dort, Sisi sogar mehrere Male und am liebsten in ihrem **Achilleion,** einer nach ihren Wünschen umgebauten Villa nahe der Ortschaft Gastouri unweit von Korfu-Stadt. In der Villa **Monrepos** wurde an einem schönen Juni-Tag des Jahres 1921 Philip, der spätere Herzog von Edinburgh und Gemahl Elisabeths II. von Großbritannien und Nordirland, geboren.

Stellt sich nun aber die Frage: Wo bleibt das Griechische? Das Inseltypische? Sisi hätte offiziell geantwortet: »Neben dem mediterranen Klima gilt mein Interesse der griechischen Mythologie. Besonders verehre ich den sagenhaften Helden Achill.« Privat versammelte die Frau, die immer woanders, nur nicht in Wien sein wollte, in der Villa Achilleion alles, was ihre Griechen-Sehnsucht stillen sollte: Grazien und Musen aus weißem Marmor, Götterstatuen und Büsten von 13 Philosophen, darunter Homer, kurioserweise aber auch von Shakespeare. Achill besaß sie sogar in zweifacher Ausfertigung: stolz und erhaben sowie sterbend, als er sich in Seitenlage den Pfeil aus der Ferse zieht.

Zwischen venezianischem Flair und modernem Chic

Heute schweben Flugzeuge aus ganz Europa, viele auch aus Deutschland, ein. Die Passagiere nehmen brav den Weg zum Bus, der sie und ihre Familien in ihre Resorts bringt: die Briten nach **Kavos** und die Jugend an den Disco-Strip von Kerkira. Manche Senioren bleiben vier, sechs oder manchmal auch acht Wochen. Dennoch: Ein bisschen internationales Flair ist geblieben. Die Urlauber von heute haben lediglich die gekrönten Häupter vertrieben. Der Adel von heute hat andere Domizile für sich entdeckt.

Natürlich ist es nicht nur das Achilleion, was Korfu sehenswert macht. Von Kerkira behaupten nicht wenige, dass die **autofreie Altstadt** mit ihrem venezianischen Flair zu den schönsten Städten im Mittelmeerraum gehöre – zeitgenössisch garniert mit gestylten Cafés, coolen Bars und schicken Restaurants. Gehsteige sucht man vergeblich. Die ganze Straße im Zentrum ist ein einziger Trottoir. Es gibt interessante Museen in Korfus Hauptstadt, einen Königspalast, eine alte Festung mit 70 m hohem Leuchtturm, dann Klöster wie das von **Paleokastritsa** an der Westküste auf einem Hügel über dem Ort, natürlich auch die kleine Kloster-

Strand-Schönheiten

Canal d'Amour. Sandbucht im Norden zwischen weißen Felsen. Wenn Frau dort schwimmen geht und den Kanal durchquert, wartet der Mann ihrer Träume auf sie, und die Hochzeitsglocken läuten schon bald ...

Paleokastritsa. Drei wunderschöne, sichelförmige Badebuchten mit türkisfarbenem Wasser an der nördlichen Westküste. Gut besucht. Mit dem Motorboot gelangt man von dort aus auch zu einsameren Stränden.

Glifada. Gehört zu den schönsten Stränden der Insel: Knapp 1 km lang, heller und breiter Sandstreifen vor Bergkulisse. Im nördlichen Teil kaum besucht, am Südende ein Hotel.

Ermones. Der Odysseus-Strand, nur wenige Kilometer nördlich von Glifada.

Agios Georgios. Langer Sandstrand im Südwesten, zum Teil von Dünen gesäumt. Die Bucht ist ein bei Windsurfern beliebtes Terrain.

Mirtiotissa. Unverbauter Strand mit grünen Steilufern etwas nördlich von Ermones. Schwer zugänglich. Auch FKK.

Die Ruhe beim Segeln betört auch vor Korfu, wie hier an der nordwestlichen Küste.

Die Klosterinsel Vlacherna, südlich von Kerkira, ist das Wahrzeichen der Insel Korfu.

Abendliches Beisammensein unter Arkaden in der Inselhauptstadt Kerkira.

insel **Vlacherna** und die **Mäuseinsel** nebenan. Beide Eilande sind erklärte Lieblinge der Tourismusmanager. Allerdings finden sich auf Korfu auch Anfang des 21. Jahrhunderts noch Orte, die vom großen Touristenstrom verschont geblieben sind. Dazu gehört z. B. Lefkimi: In Korfus zweitgrößter Stadt geht alles eine Spur gemächlicher und traditioneller zu als anderswo.

Was würde Odysseus machen?

Ungewöhnlich ist das satte Grün, das in dieser Fülle und Dichte auf keiner anderen griechischen Insel zu finden ist. Mehr als vier Millionen Olivenbäume und schlank aufragende Zypressen geben Korfu ebenso Profil wie die teils bizarr zerklüftete Küste – etwa bei Paleokastritsa. Steilufer wechseln sich mit reizvollen Buchten und idyllischen Stränden ab.

Und schließlich darf man auch auf Odysseus Spuren wandeln. Nach der Beschreibung Homers kann er nur am **Ermones-Strand** an der Westküste gestrandet sein. Der Ausflug dorthin endet jedoch mit einer gewissen Enttäuschung. Dort ist heute der Massentourismus nebst Begleiterscheinungen zu Hause. Wenn das der legendäre griechische Held gesehen hätte, wäre er flugs ins nächste Boot gestiegen und hätte seine Odyssee fortgesetzt. Dann wäre er auch eher zu Hause in Ithaka gewesen …

Infos und Adressen

ANREISE

Flug: Charterflüge von den meisten deutschen Flughäfen, in der Saison mehrfach wöchentlich. **Fähre:** Hauptsächlich aus Italien (Triest, Venedig, Bari, Brindisi, Ancona) und von den Nachbarinseln mehrmals wöchentlich nach Kerkira.

BESTE REISEZEIT

April–Oktober, Badesaison Mai–September. Blütezeit vor allem im Mai.

SEHENSWERT

Archäologisches Museum. Mit dem Löwen von Menecrates aus dem 7. Jh. v. Chr. und Resten des Artemis-Heiligtums. Kerkira, www.odysseus.culture.gr

Park-Promenade. Mit Blick auf die Alte Festung von Kerkira: Am Wochenende spielt das Philharmonische Orchester – gratis.

Britischer Friedhof. Ebenfalls in Kerkira. Im Frühjahr blühen dort rund 100 Orchideenarten – in ganz Europa gibt es nur 200.

Benítses. Ursprünglich gebliebenes Fischerdorf 3 km südlich von Sisis Achilleion.

Ájii Déka. »Zehnheiligenberg« (576 m ü. NN) mit grandioser Aussicht.

ESSEN UND TRINKEN

Taverna Tripas. Aus einem Gasthaus der 1950er-Jahre für

Straßenarbeiter, 10 km südlich von Kerkira, wurde eine urige Taverne, in der es bis heute keine Speisekarte gibt. Es kommt auf den Tisch, was der Wirt gekocht hat. Kinopiastes, www.tripas.gr

Maistro. Direkt am Meer gelegen. 80 verschiedene Vorspeisen, Fisch, Pastitsada, Lamm im Topf u. a. Korfu-Spezialitäten. Acharavi, www.maistrocorfu.gr

Harry's Taverna. Korfu-Rollbraten mit Knoblauch und dazu auf Korfu gebrautes Bier. Gutes Preis-Leistungs-Verhältnis. Mittags häufig voll, abends ist der größte Trubel vorbei. Perithia, www.harrystavernacorfu.com

Boukari Beach Restaurant. Direkt am Wasser im Fischerdorf Boukari bei Agios Georgios gibt's frischen Fisch und Meeresfrüchte. Empfehlenswert: Hummer in Korfu-Sauce oder Scampi in Knoblauch. www.boukaribeach.gr

Dorffeste. Immer wenn irgendwo auf Korfu ein Dorffest stattfindet, unbedingt einen Halt einlegen, denn es gibt Lamm vom Spieß: herrlich zart und für wenig Geld.

SHOPPING

Kumquat-Likör. Am besten aus der Destillerie Vassilakos in Agios Ioannis. Aus den Früchten von 500 Bäumen gewinnt der Besitzer pro Jahr 50 000

Die Welt der Kaiserin: Aufgang im Achilleion, Sisis Märchenschloss bei Kerkira.

Liter Likör. Insgesamt gibt es 40 Sorten.

ÜBERNACHTEN

Corfu Palace. Nicht nur in Kerkira die Nr. 1. Das Haus gehört zu den besten Hotels in Griechenland und bietet alle Annehmlichkeiten. www.corfupalace.com

Arcadion Hotel. Wohnen in einem venezianischen Palast mit Himmelbetten, mitten in der Altstadt von Korfu. www.arcadionhotel.com

Primasol Louis Ionian Sun Hotel. Vier-Sterne-Anlage bei Agios Ioannis. All-inclusive mit Privatstrand. www.louishotels.com

Regina Hotel. Angenehmes Resort in ruhiger Lage. Schöne Strände in der Nähe. Großer Pool. Vassilatika, www.regina-hotel.de

Villa Lucia. Lediglich acht Zimmer und Appartements, alle mit Veranda und Meerblick. Im Fischerdorf Boukari bei Agios Georgios, www.boukaribeach.gr

WEITERE INFOS

Fremdenverkehrsamt Korfu. Alykes Straße, Kerkira/Korfu, www.corfu.gr, www.corfu.de

155

Madeira

Cabo Girão. Das 580 m hohe Kap hat die zweithöchste Steilküste der Erde.

Curral das Freiras. Grüner Talkessel umrahmt von Madeiras höchsten Berggipfeln.

Nordküstenstraße. Teilweise einspurige, schwindelerregende und spektakuläre Passstraße, die an der wilden Steilküste zu kleben scheint.

Pico do Areiro. Das Aussichtsplateau mit weitem Blick über die ganze Insel ist idealer Ausgangspunkt für Levada-Wanderungen.

Rabaçal. Dichter Lorbeerwald, durchzogen von Wasserläufen und Wasserfällen.

KULINARISCHE SPEZIALITÄTEN

Caldo verde: Nahrhafte Kohlsuppe mit Knoblauchwurst. – *Caldeira de Peixe:* Herzhafter Fischeintopf mit Knoblauch, Tomaten und Kartoffeln. – *Espada:* Schwarzer Degenfisch, frisch aus der Tiefsee, kommt in unterschiedlichen Varianten auf den Tisch. – *Espetada:* Fleischspieße, mit Lorbeer ummantelt und auf offenem Holzkohlenfeuer gegrillt. Ein Festtagsessen. – *Madeira Stew:* Kräftig gewürztes Ziegenfleischragout.

Die bizarre Inselbergwelt kann man am besten vom Pico Ruivo aus betrachten.

Auch wenn Madeira übersetzt »Holz« bedeutet, macht die Insel ihrem Ruf als »Blumeninsel des Atlantiks« alle Ehre. Grün in allen Schattierungen dominiert. Dazwischen breiten sich bunte Hortensien, blaue Schmucklilien und schneeweiße Callas in sumpfigen Niederungen vor einer fantastischen Bergkulisse jäh aufragender Gipfel aus.

Der Garten Gottes im Atlantik

Zusammen mit der Schwesterinsel Porto Santo sowie den unbewohnten Inseln Selvagens und Desertas bildet die Insel Madeira den gleichnamigen **Archipel.** 1418 entdeckten ihn die Portugiesen. Madeiras geografische Lage 500 km von der afrikanischen Küste entfernt, die hohen Berge und nicht zuletzt der Golfstrom sorgen für ein außergewöhnlich **mildes Klima** mit sehr ausgeglichenen Temperaturen – sommers wie winters ist es weder zu heiß noch zu kalt – und für ausreichend Regen; beides bringt eine große Fruchtbarkeit hervor.

Aus dem dichtem Grün der Insel ragen die dicht mit Zedern, Pinien und mit mannshoher Baumheide bewachsenen Spitzen des zentralen Gebirges auf, etwa im Talkessel von **Curral das Freiras,** der von Madeiras höchsten und teils bizarren Gipfeln eingerahmt wird. Zwischen den üppiggrünen Terrassenfeldern liegen ein bezauberndes Dorf und

schmucke Bauernhöfe mit Blick auf den **Pico Ruivo de Santana,** die höchste Erhebung der Insel (1862 m ü. NN). Die zähe Nebelkrause, die ihn und seine Nebengipfel häufig umgibt, sollte nicht davon abhalten, sich ihm über die enge Passstraße zu nähern. Zum Wandern ist aber nicht der Pico Ruivo das Ziel, sondern der **Pico do Ariero.** Von einer Plattform hat man einen unvergesslichen Blick auf den großen Bruder. Jenseits von 1000 Höhenmetern hat sich die Vegetation verändert: Deutlich niedriger sind Büsche und Sträucher; der starke Wind macht Bäumen das Leben schwer.

Für Wanderungen ist Rabaçal auf dem Hochplateau des Pico da Urze ein guter Ausgangspunkt. Der Weg führt entlang einer der unzähligen **Levadas,** uralten, aufwendig gearbeiteten und dick bemoosten **Bewässerungskanälen,** welche die ganze Insel durchziehen. Es bieten sich Hunderte von Möglichkeiten, unterschiedliche Schwierigkeitsgrade und Distanzen, ganz wie gewünscht. Eines aber haben alle Wanderwege gemeinsam: Sie führen durch ein urweltlich anmutendes Paradies von einzigartigen Wäldern von Lorbeer und Baumheide, die immer wieder von Nebelschwaden durchzogen sind. Hie und da müssen kleine Bäche oder archaische Tunnel durchquert werden, unversehens endet mancher Pfad an einem Wasserfall. Allein mit Levada-Wanderungen in Madeiras Natur könnte man sich die Urlaubszeit vertreiben.

Atemberaubende Bergstraßen durch üppige Natur

Das Städtchen **São Vincente** liegt in geschützter Lage an der Nordküste in einem lieblichen und fruchtbaren Tal, das sich mit Blumenwiesen und Wäldern bis in die Höhe des **Pico das Torrinhas** zieht. Den Ort durchquert die wohl interessanteste Straße Madeiras. Sie ist teilweise nur einspurig befahrbar und gewährt atemberaubende Ausblicke – vom Fahrer wird ein gewisses Maß an Schwindelfreiheit verlangt.

Richtung Westen, nach Porto Moniz und Achada da Cruz, erstreckt sich der rauere und trockenere Küstenabschnitt. Dort gedeiht die blaue **Nationalblume** »Stolz von Madeira«. Richtung Osten führt die **Nordküstenstraße** durch eine Flora, wie sie üppiger und abwechslungsreicher kaum anderswo gedeiht: überall Schmucklilien, Callas, Hortensien und Fuchsien. Die Straße mündet an der Ostküste, wo in

Die schönsten Strände gibt es auf Madeiras kleiner Schwesterninsel Porto Santo.

Strand-Schönheiten

Prainha. Der Strand zwischen Caniçal und Ponta da São Lorenço mit feinsandigem schwarzem Lava-Sand sind trotz des etwas beschwerlichen steilen Rückwegs kein Geheimtipp mehr.

Praia da Lagoa. Schöner Strand des Fischerorts Porta da Cruz im Norden Madeiras mit kleinen Badebuchten und schwarzem Lava-Sand. Nach Norden allerdings teils ungeschützt.

Machico. Schöne Badebucht im Inselosten mit Kieseln und neuerdings auch Sand.

Praia de Laje (auch Jamaica Strand). Nahe Seixal liegt in einer versteckten Bucht der vielleicht schönste Naturstrand: schwarzer, teils mit kleinen Kieseln durchsetzter Lava-Sand.

Calheta. Künstlich aufgeschütteter Strand, dessen feiner, goldgelber Sand aus Marokko importiert wird. Ideal für Familien mit kleinen Kindern.

Porto Santo. Madeiras kleine Nachbarinsel ist ein Badeparadies. Dort rollen türkisfarbene Wellen sanft ans Ufer. Der besonders feine, goldgelbe Sand ist für seine Heilwirkung berühmt.

Ein Meer von Blüten und Blumengirlanden ziert Funchals alljährliches Flower Festival.

Persönlicher Tipp

DURCH DICHTEN MÄRCHENWALD

Oberhalb der hügeligen sattgrünen Kulturlandschaft von **Queimadas** liegt ein Lorbeerwald, wie es auf der Welt nur noch wenige gibt. Eine steile Straße, die auch hinaufgefahren werden kann, führt auf ungefähr 800 m ü. NN zum Parkeingang. Eine lohnenswerte Alternative ist eine Wanderung durch herrlichen Märchenwald von **O Rancho** aus.

Im Park wachsen wahre **Baumriesen.** Nicht minder gewaltig sind die riesigen Hortensien- und Rhododendronbüsche, die mit den vielen Blumen ringsherum um die Wette blühen. Komplett wird das Idyll durch Bäche und Seen, die den Park durchziehen, darauf Enten und andere Wasservögel.

Im Park aufgebaut wurden zwei Strohdachhäuser, die einst für Madeira typisch waren. Ein weiteres, das aufgrund seiner Größe fast wie ein Herrensitz wirkt, dient als Übernachtungsstätte – ein idealer Ausgangspunkt für die Levada-Wanderung zum **Caldeirão Inferno,** wo, durch mehrere kleine Tunnel erreichbar, ein Bach über eine Kesselwand stürzt.

Die vulkanisch geprägte Halbinsel São Lourenço: Madeiras wildeste Landschaft

Santana und **Queimadas** noch traditionell mit Stroh gedeckte Bauernhäuser zu finden sind. Jetzt ist es nur noch ein Katzensprung bis zur **Ponta de São Lourenço.** Hier zeigt die liebliche Insel ein ganz anderes Gesicht: Ihr östlichster Punkt ist ein wild zerklüftetes und vom Meer umtostes Kap.

Mit dem Schlitten in die Hauptstadt

Nach all den Naturerlebnissen bietet **Funchal** die geeignete Abwechslung. Im Vorort Monte zieht die reizende Barockkirche, ein rund 600 m über dem Meer gelegener Marienwallfahrtsort, zahllose Besucher an. Doch nicht nur Nossa Senhora do Monte selbst ist eine Attraktion. Vielmehr startet am Fuß der Kirchenfreitreppe die **Korbschlittenfahrt** übers Kopfsteinpflaster ins Tal: Einst das einzige Transportmittel hinunter in die Stadt, heute Madeiras bekannteste Touristenattraktion. Wem das Warten auf einen freien Schlitten in Begleitung zweier Carreiros zu lange dauert, der kann auch zu Fuß durch den herrlichen, in einer Schlucht gelegenen Stadtpark hinuntergelangen. Funchals Zentrum ist schnell gesehen, doch keinesfalls verzichten sollte man auf den Besuch der geschäftigen **Markthallen.** Türme von Gemüse, Obst und Blumen erfreuen das Auge in besonderem Maße. Schließlich ist es Zeit für den Five o'Clock Tea in **Reid's Palace Hotel,** Madeiras noblem Traditionshotel.

Infos und Adressen

ANREISE

Flug: Direktflüge nach Madeira oder Zwischenstopp in Lissabon. **Fähre:** Einmal wöchentlich von Portimão (Portugal) nach Funchal (Fahrzeit: ca. 23 Std.)

BESTE REISEZEIT

Oktober–April

SEHENSWERT

Kathedrale Sé. Madeiras Bischofssitz in Funchal. Wertvolle Ausstattung.

Quinta das Cruzes. Historisches Landhaus in Funchal mit prachtvollem Garten und archäologischen Fundstücken.

Praça do Município. Funchals Hauptplatz mit schwarzweißer Mosaikbepflasterung, die mit der Kirchenfassade der Igreja do Colégio korrespondiert.

Monte. Aufgrund der Wallfahrtskirche Nossa Senhora do Monte und der berühmten Korbschlittenfahrten die steilen Kopfsteinpflasterstraßen hinunter eine Hauptattraktion der Insel.

Câmara de Lobos. Malerisches Fischerdorf mit bunt bemalten Booten in wunderschöner Lage am Fuß einer Steilküste.

Ponta de São Lourenço. Zerklüftete und meerumtoste Halbinsel – ein krasser Gegensatz zur ansonsten lieblichen Insellandschaft.

São Vicente. Reizendes Städtchen in geschützter Lage an der Nordküste in einem fruchtbaren Tal voller Blumen und Wälder bis in die Höhe des Encumeada-Passes.

Santana. Bauerndorf mit einer großen Zahl an traditionellen Strohdachhäusern.

ESSEN UND TRINKEN

Praia do Vigário. Die frittierten Sardinen mit Landwein, Oliven und duftendem Brot in der Taverne direkt am Wasser sind ein Genuss – vor allem bei Sonnenuntergang. Câmara de Lobos, Praca da Autonomia/Praia do Vigário

Restaurant Coral. Gemütliches Fischrestaurant mit Terrasse. Grandioser Blick auf Ort und Meer. Câmara de Lobos, Praca da Autonomia/Praia do Vigário

Casa da Carochinha. Kleines romantisches Edelrestaurant in einem alten Stadthaus. Funchal, Rua de São Francisco 2A

Agua Mar. Hervorragendes Restaurant in schönster Lage direkt am Strand. Ribeira Brava

SHOPPING

Mercado dos Lavradores. Ein Bummel über Funchals bunten wie lebhaften Blumen-, Gemüse- und Obstmarkt ist ein reines Urlaubsvergnügen.

ÜBERNACHTEN

Estalagem da Ponte do Sol. Altes Herrenhaus mit stilvoll-modernem Anbau und Infinity-Pool. Ponta do Sol, Caminho do Passo 6. www.pontadosol.com

Reid's Palace. Altehrwürdiges Luxushotel mit großer Tradition. Mit Luxusrestaurant. Krawattenpflicht. Funchal, Estrada Monumental 139, www.reidspalace.com

Estalagem Quinta Perestrello. 150 Jahre altes Herrenhaus in einer Parklandschaft am Rand des Hotelviertels. Mit Pool. Rua Doctor Pita 3, Funchal, www.quintaperestrellomadeira.com/D/index.html

Ein Genuss ist der Five o'Clock Tea, serviert im altehrwürdigen »Reid's Palace Hotel«.

Quinta das Vinhas. Kleines Landhotel in einem alten Herrenhaus. Sito do Lombo dos Semos

Casa da Capelina. Restauriertes Landhaus mit originell geschnittenen Appartements und sehr persönlicher Betreuung durch die Besitzerfamilie. 200 m von der Badeanlage entfernt. Ponta Delgado, www.casadacapelinha.com

Hotel O Colmo. Traditionelles Gasthaus mit strohgedecktem Dach und hochgelobtem Restaurant. Santana, Sitio do Serrado

WEITERE INFOS

Fremdenverkehrsamt Madeira. www.madeira-net.de/madeira/fremdenverkehrsamt.php

Pico

Rund um die Insel tummeln sich viele verschiedene Delfinarten sowie Pottwale.

HIGHLIGHTS

Pico. Der Vulkan (2351 m ü. NN), der höchste Berg Portugals, macht den besonderen Reiz der Insel aus.

Weinberg. Wie ein riesiges Schachbrett wirken die von einem Netz aus Steinmäuerchen umgebenen Weinberge am Fuß des Pico.

Walfang. Drei Museen befassen sich mit der Geschichte des Walfangs auf Pico.

Östliches Hochland. Lorbeerwälder und kleine Kraterseen.

Gruta das Torres. Ein Teil des größten Lavastollens der Insel kann im Rahmen einer Führung besichtigt werden.

KULINARISCHE SPEZIALITÄTEN

Polvo guisado com vinho de cheiro: Mit Inselwein geschmorter Oktopus. – *Caldo de Peixe:* Fischeintopf. – *Linguiça com Inhame:* Pikante Schweinswürste mit Tarowurzel. – *Queijo de São João:* Milder, cremiger Käse in kleinen Laiben. – *Aguardente de Figo:* Hochprozentiger Feigenschnaps. – *Vinho Verdelho:* Aperitif aus der Rebsorte, die den Wein von Pico berühmt machte.

Naturliebhaber finden auf Pico, der zweitgrößten Insel der Azoren, ideale Voraussetzungen für einen Aktivurlaub: Den höchsten Berg Portugals besteigen, auf wenig befahrenen Sträßchen durch die Weinberge radeln, Wale und Delfine beobachten oder die Unterwasserwelt bei einem Tauchgang erkunden – das sind nur einige Erlebnisse, welche die Vulkaninsel Besuchern bieten kann.

Lavafelsen, Weinberge und Lorbeerwald unter dem Vulkan

Der **Berg Pico** (2351m ü. NN) dominiert die Insel. Mal zeigt sich der Vulkan in voller Größe, mal schaut nur die Spitze aus den Wolken heraus. In einem der vulkanisch jüngsten Teile der Azoren prägen die faszinierenden Formationen der schwarzen Lavafelsen die Küstenlinie. Mit viel Mühe haben die Bewohner der Insel auf den felsigen Arealen am Fuß des Picos **Weinberge** angelegt. Sie zählen heute zum Weltnaturerbe der UNESCO. Zur Weinlese und am Wochenende bewohnt man die schmucken kleinen Häuschen aus schwarzem Basalt an der Küste. Kaum ein Ort muss auf einen Badeplatz verzichten – die große Zahl an **Naturschwimmbecken** mit kristallklarem Wasser lassen Strände überhaupt nicht vermissen.

Wenig besucht ist der grüne Osten der Insel mit seinen zahlreichen Vulkankegeln, kleinen Kraterseen und glückli-

chen Kühen. Hier wandert man auf alten Eselspfaden durch **Lorbeerwald** und genießt die wunderbare Aussicht auf die Nachbarinsel São Jorge.

Bis 1984 wurden auf Pico Wale mit kleinen Holzbooten und Harpunen gejagt. Die beiden Fabriken, in denen vor wenigen Jahrzehnten noch die Schwarte von Pottwalen ausgekocht wurde, sind heute Museen. Die Meeressäuger sind nun streng geschützt. Ausfahrten zur Beobachtung der wieder recht zahlreich vorhandenen Wale gehören zu den großen Attraktionen der Insel. Die **Walfängerwoche** in Lajes Ende August ist eines der vielen Feste in den Sommermonaten – allesamt gute Gelegenheiten, mit den lebensfrohen und herzlichen Einwohnern Picos in Kontakt zu kommen und mit einem Gläschen Inselwein anzustoßen.

Keinen Blick für die malerische Umgebung haben die Kühe auf der Inselweide.

Infos und Adressen

ANREISE

Flug: Über Lissabon nach Pico oder Faial. Alternativ: Direktflug nach Ponta Delgada (São Miguel). **Fähre:** Mehrmals täglich von Faial (30 Min.).

BESTE REISEZEIT

Mai–Oktober, Badesaison Juli–September

SEHENSWERT

Museu do Vinho. Ausstellung über den Weinbau auf Pico in Madalena. Alte Drachenbäume. **Museu da Indústria Baleeira.** In der Fabrik wurden bis 1984 Pottwale verarbeitet. **Heiliggeistfeste.** Zu Pfingsten tragen Frauen auf ihrem Kopf blumengeschmückte Körbe zur Kirche. In großen Töpfen köchelt die Heiliggeistsuppe.

ESSEN UND TRINKEN

Restaurant Ancoradouro. Beliebtes Restaurant mit feiner Inselküche am alten Hafen von Madalena. Rua Rodrigo Guerra 7, Areia Larga **Marisqueira São João.** Kleines Restaurant im gleichnamigen Ort. Fischspezialitäten. Rua da Igreja 11

ÜBERNACHTEN

Pocinho Bay. Exklusive Unterkunft in Meeresnähe mit wenigen Zimmern. Perfekt zum Entspannen. www.pocinhobay.com **Adegas do Pico.** Häuschen aus schwarzem Lavagestein, mit Liebe zum Detail renoviert. Praínha do Norte und Umgebung, www.cazasdopico.com

WEITERE INFOS

Posto de Turismo do Pico. Gare Marítima da Madalena, Madalena. www.visitazores.com/de

Strand-Schönheiten

Zona Balnear Laja das Rosas. Naturschwimmbecken an der Südwestküste Picos bei Criação Velha. Wenige Meter entfernt befinden sich die von kleinen Lavamäuerchen umrahmten Weinberge der Insel. Fantastischer Blick auf die Nachbarinsel Faial.

Zona Balnear da Furna. Über eine lange Leiter klettert man die Basaltfelsen hinunter bis zum kristallklaren Wasser dieser idyllischen Bucht. An den vorgelagerten Felsnasen nisten die Seeschwalben. Bei starker Brandung kann man auch das gemauerte Becken nebenan nutzen.

Cais do Pico. Die wunderbaren Naturschwimmbecken liegen direkt im Zentrum des Ortes. Panoramablick auf die Nachbarinsel São Jorge. Hinter dem Areal befindet sich eine hübsche Parkanlage.

Poça da Muja. Die Naturschwimmbecken mit tiefblauem Wasser in Calheta de Nesquim sind ein Geheimtipp.

Zona Balnear do Pocinho. Schön angelegtes Naturschwimmbecken inmitten der schwarzen Lavaküste in Pocinho.

Ærø

Gäbe es ein Märcheneiland im Sinne des großen dänischen Poeten Hans Christian Andersen, Ærø wäre die allererste Wahl, denn sie vereint landschaftliche Schönheit mit dörflicher Romantik. Die größte Insel im südfünischen Inselmeer ist gleichsam dessen größter Schatz, der gerade von Freunden des Segelsports besonders geschätzt wird.

HIGHLIGHTS

Ærøskøbing. Idyllisches Dorfensemble mit niedrigen Fachwerkhäusern und Kopfsteinpflaster.

Søfartsmuseum Marstal. Bedeutende maritime Vergangenheit anschaulich präsentiert. Schoner »Bonavista« und Frachtschiff »Samka« im Hafen.

Søbygaard. Herrensitz der alten Deichgrafen (1580). Naturzentrum, Freilufttheater, Ausstellungen.

Hammerichs Hus. Wohnhaus des Künstlers Gunnar Hammerich (1893–1977) mit katalogisierter Kachelsammlung und historischem Mobiliar.

Flaschenschiffmuseum. Maritime Kleinode.

KULINARISCHE SPEZIALITÄTEN

Ærøpandekager: Pfannkuchen in Schweinefett ausgebacken mit Rhabarber- oder Stachelbeerkompott. – *Æbleskiver:* Kugelförmige Krapfen mit Apfelstücken gefüllt, warm zur Weihnachtszeit serviert. – *Kransekage:* Kegelförmiges Neujahrsgebäck aus geschichteten Marzipanringen mit filigraner Verzierung aus Puderzucker und Eiweiß. – *Riga:* Marstaler Kräuteressenz in Aquavit, ursprünglich Medizin für Seefahrer.

Südlich des Hafens von Marstal befindet sich mit Eriks Hale eine hübsche Badebucht.

Durch malerische Dörfer bei Gegenwind

Mit **Marstal, Søby** und **Ærøskøbing** bestimmen drei etwas größere Ansiedlungen das überwiegend landwirtschaftlich dominierte Bild der Insel, die eine Ost-West-Ausdehnung von knapp 25 km hat, bei einer maximalen Breite von nur 6 km. Wälder gibt es kaum. Die Nordküste ist flacher als die Südküste. Dazwischen erstreckt sich ein Höhenrücken, auf dem die Hauptverbindungsstraße verläuft. Vereinzelte Dörfer, oft mit nur wenigen Häusern und Höfen, reihen sich dort aneinander.

Das übrige Verkehrsnetz auf Ærø ist geradezu perfekt geeignet für Radtouren. Es gibt gleich drei überregionale **Radwege,** die alle gut ausgeschildert sind: Nummer 61, 62 und 63. Sie führen an idyllischen Küstenabschnitten mit zauberhaften Aussichtsorten vorbei durch wogende Felder und kleine Weiler, passieren **Windmühlen** und Bauernhöfe und enden in den Fährhäfen. Entspannte Familienausflüge auf dem »cykel« sind daher die ideale Urlaubsbeschäftigung.

Dänemark

Infos und Adressen

ANREISE
Fähre: Søby wird von Fynshav/Alsen und Fåborg/Fünen, Ærøskøbing von Svendborg/Fünen angefahren (ca. 1 Std.).

BESTE REISEZEIT
Mai–September

SEHENSWERT
Skjoldnæs Fyr. Der Leuchtturm am Golfplatz, westlich von Søby, zählt zu den schönsten Skandinaviens.

Gå Maske. Verkleidungsfest am Dreikönigstag.

Ostereikochen. Gemeinsames Kochen von Ostereiern an den Stränden am Ostersamstag.

Bregninge Kirche. Kalkmalereien und imposantes Altartriptychon von 1530.

Kragnæs Jættestue. Neolithisches Ganggrab. Geduckt begehbar. Taschenlampe nicht vergessen!

ESSEN UND TRINKEN
Det Lille Hotel. Typisch dänische Küche. Anfang März traditionelles Klippfisch-Essen. Ærøskøbing, Smedegade 33

ÜBERNACHTEN
Ærø Hotel/Skipperbyen
Marstal. Größtes Hotel auf Ærø. Großzügiger Restaurantbereich, Konferenzmöglichkeiten. Marstal, Egehovedvej 4, www.aeroehotel.dk

Hotel Ærøhus. Schönstes Hotel der Insel im Zentrum von Ærøskøbing. Haus aus dem 17. Jh., Garten, Restaurant. Vestergade 38, www.aeroehus.dk

WEITERE INFOS
Ærø Turist- og Erhvervskontor. Ærøskøbing Havn 4, Ærøskøbing, www.arre.dk

Aber Achtung: Obwohl es auf der Insel keine großen Höhen gibt, geht es mitunter ordentlich auf und ab, und der Wind kommt ohnehin immer von vorn!

Von der bedeutenden maritimen Vergangenheit Ærøs zeugen noch immer einige **Werftanlagen** und die charmanten **Häfen.** Im Sommer reichen die Blüten der Stockrosen beinahe über die Dachrinnen der Häuser hinaus. Die Fensterbänke sind zumeist liebevoll dekoriert. Ein außen angebrachter »Spion« sagt den Bewohnern, wer vor der Haustür steht. Der Spaziergang über die gepflasterten Gassen und durch die **malerischen Häuserreihen** ähnelt einem Ausflug in frühere Jahrhunderte.

Senja

Die Lofoten kennt man wahrscheinlich, die Vesterålen vielleicht auch. Doch Senja, die in direkter Nachbarschaft gelegene, zweitgrößte Insel Norwegens, liegt immer noch im Schatten der »Lofotwand«. Dabei geizt das Eiland weit nördlich des Polarkreises nicht mit landschaftlicher Vielfalt zwischen schroffer Felswand und lauschigen Wäldchen.

Raue Schönheit über dem Polarkreis

Wie mit den ausgestreckten Fingern einer Hand begrüßt die Insel Senja im Norden Norwegens das Meer. Sie ist mit rund 1600 km² Fläche die zweitgrößte Insel des Königreichs und besitzt ohne Zweifel eine der vielfältigsten Landschaften des skandinavischen Landes. Die meisten Besucher werden die Insel vom Festland aus via Finnsnes erreichen. Im Osten zeigt sich Senja als **sanfter Charakter.** Wiesen und Weiden, kleine Dörfer und einzelne Gehöfte bestimmen das Bild an der flach zum Meer hin abfallenden Küste.

Dieser Eindruck ändert sich, sobald man durch das Landesinnere oder an der Küste entlang nach Westen fährt. Bleibt man beim Bild der Hand, dann schiebt sich im Süden der Daumen weit hinaus ins Meer, mit dem alten Fischerort **Skrolsvik** und dem sich darüber aufbauenden Berg **Sjursviktind** markante Zeichen setzend; von dort oben bietet sich ein großartiger Fernblick. Verbunden werden der Süd- und

Norwegen

Im Süden Senjas blickt man bei gutem Wetter auch auf die Vesterålen (oben). Ob wandern oder padeln – Senja ist ein Paradies für Outdoor-Fans.

der Nordteil von Senja durch das Tal des **Svanelva** (»Schwan-Fluss«). Das Gewässer schafft nicht nur eine geografische, sondern auch eine optische Verbindung. Die lauschigen, von Bächen durchflossenen Wälder im Talgrund werden von kahlen Kuppen und schroffen Felsabstürzen gekrönt.

Spektakulär ist die **Nordseite** der Insel. Hier stemmen sich 800 m hohe Gipfel gegen die Winterstürme, die vom offenen Atlantik heranbrausen. Im Schutz der oft nahezu senkrecht abfallenden Flanken siedeln seit Jahrhunderten Menschen. Von den Stegen in den kleinen Siedlungen aus können Angler auf einen respektablen Fang hoffen. Ist der Hunger größer, lässt man sich mit dem Boot hinaus aufs offene Meer bringen – Erfolg garantiert!

Strand-Schönheiten

Ersfjord. Herrlicher Sandstrand mit Karibik-Feeling. Statt Palmen gibt es schroffe Felsgipfel als Kulisse. An schönen Sommertagen erwärmt sich das türkisfarbene Wasser in der flachen Bucht mitunter auf knapp 20 °C, sodass man baden kann.

Ballesvika. Flacher Sandstrand, an dem nur Mutige sich ins Wasser trauen.

Sandvika. Der Strand hält, was der Name verspricht: feiner weißer Sand in einer von hohen Bergen umstandenen Bucht.

57 Koster-Inseln

Welch Farbenpracht! Welch bizarre Formen! Im tiefen Meer zwischen der schwedisch-norwegischen Küste bei Strömstad und den Koster-Inseln breitet sich eine einzigartige Unterwasserflora und -fauna aus, darunter Kaltwasserkorallen. Doch auch über Wasser hat der Archipel vieles zu bieten. Deshalb wurde das Gebiet 2009 zum ersten marinen Nationalpark Schwedens erklärt.

Die wahre Pracht liegt unter Wasser

Schwämme und Korallen – solche Lebewesen würde man so nah an der schwedischen Küste nicht erwarten. Und doch nutzen diese Tiere einen ganz besonderen Lebensraum. Denn zwischen dem schwedischen Festland und den Koster-Inseln ist das Meer bis zu knapp 250 m tief. Rund 6000 marine Arten haben die Wissenschaftler im **Kosterhavet** gezählt, 350 davon gibt es sonst nirgends in Schweden. Und da sind richtige bunte Exoten dabei, die man eher in warmen tropischen Gewässern vermuten würde.

Im Sommer wird der Archipel zu einem beliebten Touristenziel. **Nordkoster** erkundet man am besten zu Fuß. Hinter dem letzten Haus der kleinen Siedlung kann man sich an einen hübschen Strand aalen und in einer geschützten Bucht baden. Will man mehr von der Insel sehen, so folgt man einem der Pfade, die an die einsame Nordspitze der Insel führen. Dort, wo das Ufer ungeschützt dem Meer ausgesetzt ist,

Schweden

Basteviken. Wunderbarer Strand in einer abgelegenen Bucht auf der Westseite von Nordkoster. Der Blick schweift übers offene Meer.

Korsholmen. Durch mehrere Inseln geschützter Sandstrand auf der Ostseite von Nordkoster. Für Familien geeignet.

Långevik. Kein Sand, dafür aber imposante Klippen verleihen diesem Badeplatz auf Sydkoster ein besonderes Flair.

Kilesand. Ein hübscher Sandstrand auf der Ostseite von Sydkoster.

Klappersteinfelder. In der Valnäsbucht auf Nordkoster hat die Eiszeit in Form runder Steine ihre Spuren hinterlassen. Sie zeigen den ehemaligen Wasserstand an.

Robben gehören zu den festen Bewohnern im Nationalpark.

Infos und Adressen

ANREISE

Flug: Direktflüge nach Rygge, Oslo oder Göteborg. **Fähre:** Je nach Saison Verbindungen von Strömstad (mindestens 35 Min.)

Sundets Skaldjurcafé. Schalentiere. Direkt an der Meeresenge von Nord- und Sydkoster. Långagärde Brygga, www.kostersundet.se

BESTE REISEZEIT

Mai–September

ÜBERNACHTEN

Pensionat Bergdalen. Historisches Schulgebäude in einem lauschigen Hain unmittelbar am Wasser. Bergdalen 1, www.bergdalen.com

SEHENSWERT

Hembygdsmuseum Sibirien. Geschichte der Koster-Inseln. Långegärde Brygga

Valfjäll. Auf den höchsten Aussichtsplatz von Sydkoster führt eine lange Treppe.

Ateljé Lövås. Kunstausstellung mit Glas- und Keramikarbeiten sowie Gemälden

Hildas Hus. Einfache Unterkunft (Hütten) in einer ehemaligen Fischerherberge mit Blick über den Kosterfjord. Nordkoster, Vettnetvägen, www.hildashus.nu

Hotell Ekenäs. Charmantes Hotel. Idealer Ausgangspunkt für Touren über den Archipel. Sydkoster, Hamnevägen 41, www.sydkoster.se

ESSEN UND TRINKEN

Strandkanten. Fisch und Meeresfrüchte. Von der Terrasse Blick auf den Kosterfjord. Nordkoster, Västra Bryggan, www.strandkanten.se

WEITERE INFOS

Tourismus Koster. www.kosteroarna.com

haben die Wellen bizarre Strukturen im Fels freigelegt und herrliche Plätze geschaffen, an denen man nur die Wellen und die Möwen hört. Die Südinsel ist größer und ein wenig dichter besiedelt. Will man die liebliche Landschaft auf **Sydkoster** erkunden, sollte man sich ein Fahrrad leihen.

Den ganz besonderen Reiz des Kosterhavet machen oberhalb der Wasserlinie die unzähligen kleinen Inselchen aus. Um dieses **Schärenreich** zu erkunden, muss man ins Boot steigen. Paddler finden hier hervorragende Bedingungen und sind vor den hohen Meereswogen geschützt. **Ursholmen** mit seinem markanten Leuchtturm ist ein per Ausflugsboot erreichbarer Felsen direkt am offenen Meer.

Spitzbergen

Eisbären-Weibchen sind wegen ihrer Jungen immer auf der Hut vor männlichen Tieren.

HIGHLIGHTS

Longyearbyen. Die ehemalige Bergbausiedlung ist Universitätsstadt und touristisches Zentrum des Archipels.

Ny Ålesund. Mehrere Staaten haben in der früheren Bergbausiedlung Polarforschungsstationen. Hier steht das nördlichste Postamt der Welt.

Liefdefjord. Am Ende des Fjords befindet sich die Abbruchkante des Monaco-Gletschers über eine Breite von fast 5 km.

Alkefjellet. Hier brüten 60 000 Lummenpaare.

Austfonna. Die Abbruchkante des Gletschers ist 190 km lang und damit die längste auf der Nordhalbkugel.

KULINARISCHE SPEZIALITÄTEN

Spitzbergen-Spezialitäten gibt es nicht, denn es hat nie eine indigene Bevölkerung gegeben, die Rezepte hätte entwickeln können.
Die Besiedlung der Inselgruppe begann erst im 16. Jh. mit den Walfängern, und die Siedlungen wurden nur im Sommer bewohnt, meist von Norwegern. Die angebotenen Menüs orientieren sich daher an der norwegischen Küche. Die Zutaten wie *Rentier, Robbe, Alpenschneehuhn* und *Ringelgans* stammen jedoch von den Inseln.

Spitzbergen, auch Svalbard, »Land der kühlen Küste« genannt, bietet nahezu unberührte Natur. Genau genommen ist Spitzbergen nur die größte Insel des Archipels, der aus sieben großen und einigen Hundert kleinen Inseln besteht. Sie liegen nördlich des Polarkreises, ungefähr im Bereich zwischen 74° und fast 81° nördlicher Breite. Bis zum Nordpol sind es noch gut 1000 Kilometer.

Eisiges Tierparadies in der Arktis

Auf Spitzbergen steht der Naturtourismus im Vordergrund. Etwa 3500 **Eisbären** zählen zur Spitzbergen-Population. Während des Sommers halten sich die meisten von ihnen auf dem Packeis auf, dessen Grenze nördlich des Archipels liegt. Aber auch auf den Inseln selbst ist immer mit Eisbären zu rechnen. Meist handelt es sich um Weibchen mit ihren Jungen oder um halbwüchsige, etwa drei- bis fünfjährige Männchen, die dem von den Küsten zurückweichenden Packeis im Frühsommer nicht rechtzeitig gefolgt sind.

Walrosse sind ebenfalls mit schöner Regelmäßigkeit auf den Inseln Moffen, Amsterdamøya und Edgeøya sowie am Torellneset auf dem Nordaustlandet zu finden. Daneben können auch Bartrobben, Seehunde, Ringel- und Sattelrobben auf Eisschollen beobachtet werden. **Buckel-, Finn- und Weißwale** werden oft gesichtet. An Land sind **Rentier**

Norwegen

Mit Ausflugsschiffen lassen sich die Sehenswürdigkeiten am besten entdecken.

Strand-Schönheiten

Strände sucht man auf Spitzbergen vergeblich. Die meisten Küstenabschnitte sind kie-
sig, felsig und steil. Bei sonnigem und wind-
stillem Wetter ist durchaus ein kurzes
Sonnenbad möglich, doch muss der Besucher immer auf der Hut vor **Eisbären** sein,
die nicht selten auf der Suche nach Nahrung
am Strand entlangpatrouillieren. Eine bewaff-
nete Eisbärenwache ist daher Pflicht. Wer
dann auch noch im Meer baden gehen will,
gehört schon zu den härtesten der Harten,
denn auch im Sommer steigen die Wassertemperaturen kaum über 3 °C. Tatsächlich
gibt es auf der Amsterdamøya bei der ehemaligen **Walfängerstation Smeerenburg**
einen flachen Sandstrand. Freiwillig gebadet
hat dort aber noch niemand. Ein wenig angenehmer kann es in einem der Süßwasser-
seen sein, denn dort können die Wassertemperaturen über der Lufttemperatur liegen;
das Wasser erreicht 10–12 °C. Einer dieser
Seen befindet sich auf der Insel **Måkeøya** im
Eingang des Liefdefjords.

und **Polarfuchs** die einzigen Säugetierarten neben dem
mächtigen Eisbär. Polarfüchse sind im Sommer häufig unterhalb der riesigen **Vogelkolonien** zu finden. dort versuchen sie, Eier und Jungtiere zu erwischen. Auf den steil
ins Meer abfallenden Felsen brüten Hunderttausende von
Seevögeln, vor allem Lummen, Krabbentaucher, Dreizehen-
und Eismöwen.

Die ganz überwiegende Zahl der Besucher erkundet Svalbard mit einem **Kreuzfahrtschiff.** Größere Schiffe begnü-
gen sich meist damit, lediglich die Küste entlangzufahren
und die Hauptstadt **Longyearbyen** sowie die nördlich gelegene Forschungssiedlung **Ny Ålesund** anzulaufen. Von kleineren Schiffen werden Passagiere mit Schlauchbooten an
interessanten Plätzen an Land gebracht – teilweise auch
nachts, denn vom 20. Mai bis zum 26. August geht die
Sonne nicht unter, ein ganz besonderes Naturphänomen.
Die Jahresdurchschnittstemperatur liegt auf Svalbard bei
–4,4 °C, im Sommer können aber durchaus auch einmal
17 °C erreicht werden.

59 Nordmarsch-Langeneß

59

HIGHLIGHTS

Das **Kapitän-Tadsen-Museum** auf der Ketelswarf ist ein im Original erhaltenes Hallighaus, dessen Grundstein 1741 gelegt wurde. Ein Blick unters sturmerprobte Halligdach lässt die Veränderungen der letzten 100 Jahre erahnen.

Oland, mit Nordmarsch-Langeneß durch einen Steindamm verbunden, besteht nur aus einer einzigen Warf, auf der noch etwa 40 Menschen leben. Die Halligkirche von 1824 mit ihrer bemalten Innendecke nennt einen romanischen Taufstein und ein Votivschiff (1733) ihr Eigen.

SKULINARISCHE SPEZIALITÄTEN

Salzwiesenrinder: Die beschwerlichen Bedingungen für eine artgerechte Viehhaltung auf der Hallig haben einige Landwirte dazu bewogen, Galloway-Rinder zu züchten. Das Fleisch dieser robusten Rasse, durch die Aufnahme der würzigen Salzwiesengräser ein besonderes Geschmackserlebnis, wird auf der Hunnenswarf verkauft. De lütte Hallighof bietet ein speziell für Urlauber zusammengestelltes Fleisch- und Wurstsortiment an.

Blick auf eine inseltypische Pension im alten Stil, die Ruhe und Gesellichkeit bietet.

Bei »Landunter« sind manche nur noch als kleine Hügel über dem Wasser zu sehen, bei Ebbe fällt alles um sie herum trocken. Die Warfen sind Teil des weiten Wattenmeeres – wo eben noch das Meer anbrandete, ist nichts mehr außer Wiese, Schlick und Sand. Nordmarsch-Langeneß ist die größte unter den nordfriesischen Halligen.

Auf grünen Hügeln zwischen Ebbe und Flut

Halligen sind kleine, nicht eingedeichte Inseln im nordfriesischen Wattenmeer. Sie verändern ihr Gesicht zweimal täglich mit den Gezeiten. Der **Nationalpark Schleswig-Holsteinisches Wattenmeer** wird also jeden Tag neu geboren. Eine starke Flut kann Halligen überspülen, sodass nur noch die Warfen, die, einst mühsam von Menschenhand aufgeschichtet, aus der Nordsee ragen.

Man weiß heute, dass zwischen dem 14. und 19. Jh. mehr als 90 Prozent der Halligen vom Meer ausgelöscht wurden. Die **Große Mandränke** 1634, die bis dahin schwerste Sturmflut, riss allein mehr als die Hälfte weg: 10 000 Menschen ertranken, 1300 Häuser, 30 Mühlen und 19 Kirchen wurden von der See mitgerissen.

Die verbliebenen letzten zehn Halligen gruppieren sich rund um die Insel Pellworm. Von ihnen ist mit einer Ausdeh-

Deutschland

Infos und Adressen

ANREISE

Auto: Bis Schüttsiel, dort parken. **Bahn:** Bis Bredstedt, weiter mit dem Bus nach Schüttsiel. **Fähre:** Tideabhängig von Schüttsiel (ca. 1,5 Std.)

SEHENSWERT

Schutzstation Wattenmeer. Information zum Nationalpark. Wattwanderungen, Exkursionen, Gästevorträge. Peterswarf 1, www.wattenmeer-weltnaturerbe.de

BESTE REISEZEIT

Ganzjährig

ESSEN UND TRINKEN

Honkenswarf. Kleiner Hofladen. Lebensmittel und Selbstgemachtes wie naturreine Rohmilch, Sahne und Butter. **Das Heuhaus.** Beliebter abendlicher Treffpunkt, der auch Hallig-Spezialitäten wie Grog und Teepunsch anbietet.

ÜBERNACHTEN

Friesenhof Honkenswarf. Kombiniertes Angebot aus Übernachtung, Hofladen, Museum und Landwirtschaftsbetrieb. Das Gästehaus wurde 1875 im alten Friesenstil erbaut. Honkenswarf 3, www.honkenswarf.de
Ankers' Hörn. 2010 eröffnete das erste Viersternehotel (inkl. Café-Restaurant) auf den Halligen. Von der Sauna bis zum Strandkorb am Privatstrand steht den Gästen alles für einen gelungenen Hallig-Urlaub zur Verfügung. Mayenswarf 2, www.ankers-hoern.de

WEITERE INFOS

www.langeness.de

nung von 10 km Nordmarsch-Langeneß die längste. Erst seit der Sturmflut von 1962 wurde sie an das Strom- und Wassernetz des Festlandes angebunden. Ihre 20 Warfen werden von rund 150 Menschen ständig bewohnt.

Jede **Warf** hat heute einen speziellen »Aufgabenbereich«. Die Ketelswarf, das Herz der Hallig, beherbergt ein Seefahrermuseum. Die Honkenswarf im Osten lädt in ein Trachten- und Wohnkultur-Museum (»Friesenstube«) ein. In der Peterswarf hat sich die Schutzstation Wattenmeer eingerichtet. Auf der Kirchwarf im Westen steht die Halligkirche aus dem Jahr 1894, und an der Warf Hilligenley, dem »Hafen« im Südwesten, machen die Fährschiffe und Ausflugsdampfer fest.

60

Helgoland

Vor der stürmischen Nordsee geschützt: die Lange Anna, Helgolands Wahrzeichen.

HIGHLIGHTS

Lange Anna. Das Erkennungszeichen der Insel aus rotem Sandstein, 48 m hoch, an der Nordmole.

Lummenfelsen. Nur 300 m südlich der Langen Anna leben seltene Trottellummen unter den Klippen.

Fischerhäuser. Farbenfroh und aus Holz, auch Hummerbuden genannt. An der Binnenreede.

St. Nicolai. Einzige evangelische Kirche der Insel. Mit Kulturdenkmal-Status gewürdigt.

Bunkeranlagen. 400 m Hafenanlagen und Küstenschutzmauern aus dem Zweiten Weltkrieg sind noch intakt; täglich Führungen.

KULINARISCHE SPEZIALITÄTEN

Hummer: Fangfrisch und lauwarm im Ganzen mit Baguette und Remoulade serviert. – *Helgoländer Knieper:* Scheren des Taschenkrebses, die ebenfalls nur mit Baguette und dreierlei Saucen auf den Teller kommen. – *Helgoländer Angeldorsch:* Heimischer Fisch, am besten gedünstet. – *Eiergrog:* Heißgetränk mit reichlich Rum.

»Grün ist das Land, rot ist die Kant, weiß ist der Sand, das sind die Farben von Helgoland.« Dazu kommen Trottellummen, die sich wagemutig von den Klippen stürzen, und Besucher, die innerhalb Deutschlands zollfrei einkaufen können. Eine Fahrt zur Felseninsel gehört zu den außergewöhnlichsten Inseltouren in Deutschland.

Ein Besuch bei der Langen Anna

Deutschlands Ferne, das ist Helgoland. 70 km von der Elbmündung entfernt, draußen im rauen Meer, hält die gut 2 km² große Insel wacker die Stellung. Kein zu Deutschland gehörendes Landstück ist vom Mutterland weiter entfernt, obgleich Helgoland nicht der nördlichste Punkt der Republik ist. Den darf Sylt für sich beanspruchen.

Böse Zungen nennen Helgoland »Fuselfelsen«, wegen der **Duty-Free-Einkaufsmöglichkeiten** von Schnaps über Duftwässerchen bis Zigaretten. Das Privileg gilt seit 1840, als die Briten von Dänemark die Herrschaft über Helgoland übernahmen. 50 Jahre später tauschte der deutsche Kaiser die Insel gegen das ostafrikanische Sansibar ein. Hitler ließ 14 km Bunker in den Buntsandsteinbrocken fräsen, womit die Insel ein bevorzugtes Angriffsziel der Alliierten und unbewohnbar wurde. Britischen Bombern diente Helgoland überdies nach 1945 als Übungsziel, ehe es am 1. März 1952 an Deutschland zurückgegeben wurde. Heute leben wieder 1500 Menschen auf der Insel.

Deutschland

Die Insel teilt sich in Ober- und Unterland, das über einen Aufzug und Treppen miteinander verbunden ist. 40 000 Touristen übernachten dort jährlich. Gut 300 000 aber besuchen das Eiland bei einem Tagesausflug, um die »Lange Anna«, das 48 m hohe Wahrzeichen, zu sehen. Um den frei stehenden Felsfinger hat sich ein **Vogelparadies** entwickelt. Vom benachbarten Felsen stürzen die jungen stummelflügeligen Trottellummen, die aussehen wie Minipinguine, in die Tiefe. Im Meer zeigen sich **Kegelrobben** als wendige Sportler, kommen aber am Land nur flossenhoppelnd voran. Tausende von Möwen kreischen in der Luft – im Übrigen die sauberste Deutschlands.

Infos und Adressen

ANREISE

Flug: Regelmäßig von Bremerhaven und Heide/Büsum.

Fähre: Ab Cuxhaven sowie in der Saison auch ab Wilhelmshaven, Bremerhaven und Büsum. – Kraftfahrzeuge und sogar Fahrräder bedürfen einer Sondergenehmigung. Beliebtes Fortbewegungsmittel ist der Tretroller.

BESTE REISEZEIT

April–Oktober

SEHENSWERT

Museum Helgoland. Alles Wissenswerte zur Insel. In der Saison täglich 10–14.30 Uhr, Lung Wai 28, www.museum-helgoland.de

Aquarium Helgoland. Die Welt der Nordsee. Täglich außer Mi 9.30–16.30 Uhr. Nordosthafen, www.awi.de/de/entdecken/aquarium/

Leuchtturm. Verrichtet seit 1952 mit dem lichtstärksten deutschen Feuer und einer Sehweite von 52 km seinen Dienst.

ESSEN UND TRINKEN

Bunte Kuh. Günstige und gute Fischgerichte an der Hafenstraße.

Weddigs Fischhus. Fangfrische Knieper und Helgoland-Hummer, Friesenstr. 56

Hanse Kogge. Helgoländer Hummersuppe mit Cognac, Am Falm 312

ÜBERNACHTEN

Atoll. Stilvolles Designhotel am Kurhaus-Platz, www.atoll.de

Bungalowdorf. 25 Ferienbungalows auf der Düne in Strandnähe. Nur in der Saison. www.helgoland.de/uebernachten/bungalow.html

WEITERE INFOS

Kurverwaltung. Lung Wai 28, Helgoland, www.helgoland.de

Naturschauspiel mit Tölpeln: Auf Helgoland ist die Welt der Tiere noch in Ordnung.

Strand-Schönheiten

Düne, Nordstrand. Auf der zu Helgoland gehörenden Insel Düne darf auch gebadet werden, bei allerdings stets frischen Wassertemperaturen – mehr als 16 °C werden nicht einmal im Hochsommer erreicht.

Düne, Südstrand. Zweiter Inselstrand, ebenfalls weiß und feinsandig, an den sich an manchen Tagen auch Seehunde und Robben gesellen. Die Scheu gegenüber Menschen haben die Tiere weitgehend abgelegt.

Mare Frisicum. Kein Strand, aber mehrere Schwimmbecken und Extras wie Nackenduschen, Strömungskanal, Brodelbecken und die Saunalandschaft locken auch bei kalten Temperaturen. Eine gute Aussicht aufs Meer hat man ebenfalls.

Rügen

Kreidefelsen. Wahrzeichen Rügens am buchengesäumten Strand der Halbinsel Jasmund.

Binz. Weiße Bäderarchitektur vom Feinsten im wohl berühmtesten Ostseebad Rügens.

Putbus. Die »weiße Stadt Rügens« mit klassizistischem Zentrum, dem »Circus«.

Rasender Roland. Rügens dampfendes Schmalspurbahn-Unikum verbindet Putbus über Binz mit Göhren.

Schloss Granitz. Romantisches Schloss des Fürsten Malte zu Putbus auf dem 107 m hohen Tempelberg, umgeben von dichtem Wald.

KULINARISCHE SPEZIALITÄTEN

Boddenzander: Fangfrisch wird er wie andere Fischarten gern mit Wirsing serviert. – *Stampfkartoffeln mit Rhabarberkompott:* Traditionelle Begleiter, wenn der Maifisch Saison hat. – *Sahnehering:* Ebenfalls traditionelles Gericht, mit Bratkartoffeln serviert. – *Sanddorn-Konfitüre:* Süßer Brotaufstrich aus sehr vitaminreichen Wildbeeren, der »Nationalfrucht« Rügens. – *Sanddornlikör:* Die wohl typischste Spirituose der Insel.

Die Buchenwälder des Nationalparks Jasmund: Rügen von der schönsten Seite.

Die weiße Bäderarchitektur von Binz, die Erhabenheit der Kreidefelsen, sattgrüne Buchenwälder, die bis zum Meer reichen, das windumtoste Kap Arkona, prachtvolle Residenzen, die ihresgleichen suchen, dazu schneeweiße Sandstrände, einsam oder mit viel Trubel: Das sind nur einige Höhepunkte, die Rügen zu einem wahren Urlaubsparadies machen.

Elegante Seebäder und einzigartige Naturdenkmäler

Rügen ist keine geschlossene Insel, eher ein Archipel, der mehr oder weniger durch Anlandungen, Dämme und Versandungen zusammengewachsen ist. Die Binnengewässer, wie der Große Jasmunder **Bodden,** sind einmal Meer gewesen. Wittow mit seinem sturmgepeitschten Kap Arkona, Jasmund mit den Kreidefelsen oder Zudar mit seinen ruhigen Stränden sind nur locker mit der Mutterinsel verbundene **Halbinseln.** Gott war eigentlich mit der Erschaffung der Welt fertig, doch ein Klumpen Erde war noch übrig, und den warf er in die Ostsee – so soll Rügen entstanden sein. Die größte deutsche Insel verdankt ihre viel gerühmte Schönheit den unterschiedlichsten Landschaftsformen, die dicht nebeneinander liegen. Strände mit feinem weißem Sand verbinden elegante **Seebäder,** die sich entlang der Küste wie Perlen an der Schnur aufreihen.

Deutschland

Binz mit seiner gründerzeitlichen weißen Bäderarchitektur und der großen Seebrücke ist die unangefochtene Königin unter den Ostseebädern Rügens. Alljährlich zieht der Ort Zehntausende von Badegästen an. Man sitzt bei Kaffee und Kuchen im Fin de Siècle-**Kurhaus** und macht im Geiste eine Reise zurück in die Kaiserzeit, als die Damen auf der langen Strandpromenade, bei den Herren untergehakt, die neueste Sommermode ausführten. Das ist immer noch so, mit der Ausnahme, dass heute im Schatten der ausladenden Seebrücke die neueste Bikini-Mode gezeigt wird. Wer jedoch keine Lust auf Schaulaufen hat, unternimmt eine ausgiebige Wanderung entlang des endlos erscheinenden Sandstrands, um nach der Rückkehr in dem bei Sonnenschein türkisblauen Meer ein erquickendes Bad zu nehmen oder es sich in einem der weltbekannten, fröhlich gestreiften Strandkörbe bequem zu machen, die vor steifen Brisen schützen.

Weiß ist Trumpf!

Vor Binz zu verstecken braucht sich **Sellin** nicht, das zweitgrößte Seebad der Insel. Das unvergleichlich strahlende bäderarchitektonische Ensemble darf mit Fug und Recht als das schönste der ganzen Ostseeküste bezeichnet werden. Prachtvoller Mittelpunkt des Ortes ist die Wilhelmstraße. An der lindengesäumten Promenade, die an der 400 m langen frisch restaurierten Selliner Seebrücke endet, findet man mannigfaltigste Stilarten. Pseudo-Maurisches trifft auf Altbayrisches, Monumentales – darunter indische Grabmale – auf verspielte Rokoko-Palais, allesamt in Weiß die Veranden, Bögen, Erkerchen, Türmchen und Balkon- und Fenstergitter.

    Baabe hingegen steht seit jeher im Schatten von Binz und Sellin, es fehlen die klassischen Attribute eines veritablen Seebads: eine Seebrücke, eine abwechslungsreiche Strandpromenade und prächtige Bäderarchitektur. Dafür bietet der Ort aber stille Erholung an einem wunderschönen Strand und in einer grünen Ortsanlage. Das kultivierte Seebad **Göhren** vor der Landzunge **Nordperd** zog einst Maler, Dichter und Denker an. Auch hier erstrahlen Fassaden und Veranden wieder in Weiß; der Kurpark ist der weitläufigste der Insel.

Tor zu einer Märchenwelt

Sassnitz ist kein Seebad, aber ein Fährhafen. Dennoch weist der Ort eine schöne Altstadt auf. In geschwungenen Gassen führt der Weg hinunter zur Uferpromenade und dem Hafen,

Kaum ein Motiv auf der Insel ist berühmter als der Kreideabbruch am Kieler Ufer.

Strand-Schönheiten

Schaabe. 10 km langer, bis 40 m breiter, weißer feinsandiger, eher ruhiger Strand, der die Halbinseln Wittow und Jasmund verbindet. Die naturbelassene Bucht rahmen Kiefernwälder ein. Das Wasser ist ruhig und seicht.

Palmer Ort. Feiner Sandstrand am Südende der Halbinsel Zudar.

Prora. Der 6 km lange, bis 40 m breite weiße Sandstrand mit mehreren Sandbänken zählt zu Rügens schönsten Strandarealen.

Ostseebad Baabe. Feiner weißer Ostseesand und seichtes Wasser zeichnen den 2 km langen, bis 30 m breiten Strand aus, der von Sanddünen begrenzt wird.

Ostseebad Binz. Rügens bekanntester und belebtester Strand, auch eine Flaniermeile. Unterteilt in den 500 m langen, bis 50 m breiten Fischerstrand mit Sand und Kieseln und den 5 km bis 70 m breiten feinsandigen Hauptstrand.

Bakenberg. Auf der Halbinsel Wittow weht immer eine steife Brise. Daher zieht der 7 km lange und bis 30 m breite feinsandige Strand vor allem Surfer an – und Badegäste, die Ruhe suchen.

175

Das »Pfarrwitwenhaus« von 1720 in Groß Zicker ist ein niederdeutsches Hallenhaus.

Persönlicher Tipp

FREIBEUTERSPEKTAKEL IN RALSWIEK

Auf der sandigen Freilichtnaturbühne des Rügendorfes Ralswiek vor der grandiosen Kulisse des Jasmunder Boddens gehorcht die Welt noch einfachen Regeln: Der Held edel, seine Liebste schön, die Gefolgsleute treu, das Volk aufrecht, die mächtigen Feinde skrupellos – und am Ende siegt das Gute.

30 Akteure, 120 Statisten, 30 Pferde, vier Schiffe, dazu waghalsige Stunts, choreografierte Kampfszenen und viel Pyrotechnik: Das sind die Störtebeker-Festspiele, zu dem Tausende Besucher elf Wochen lang von Juni bis September nach Ralswiek kommen. Sie erleben das tragisch-schöne Schicksal des legendären Freibeuters Klaus Störtebeker, ein deutscher Robin Hood, der wagte, gegen die reichen Pfeffersäcke der Hanse aufzubegehren und seine edlen Taten mit dem Leben bezahlen musste.

Schon die Kulturverantwortlichen der DDR erkannten den antikapitalistischen Wert der Story, sodass 1959 erstmals das Spektakel um den Seeräuber, der die Reichen beraubte und den Armen gab, aufgeführt wurde (www.stoertebeker.de).

Ein ungleiches Paar: Schinkelturm und Leuchtturm am windumtosten Kap Arkona.

wo die Fischer aus Silber Gold herstellen. So zumindest nennen die Einheimischen das **Heringeräuchern.** Das Buchenholz, dessen Aroma über den Booten liegt, stammt aus den Wäldern des Nationalparks Jasmund, der sich unmittelbar an die Stadt anschließt.

Die idyllische Kreideküste der **Halbinsel Jasmund** ist Rügens Aushängeschild: blendendes Weiß und dunkles Grün in einer unversehrten Natur. Kein Wunder, dass sich in den berühmtesten Gemälden Caspar David Friedrichs, dem wohl romantischsten aller Maler, das Motiv der **Kreidefelsen** immer wiederfindet; das bekannteste seiner »Kreide«-Werke hat den »Wissower Klinken« zum Motiv. Friedrichs Bilder sind gewiss der Anlass für viele, die Jasmunder Kreideküste aufzusuchen, obwohl ein Großteil der Kalkformationen inzwischen ins Meer gerutscht ist. Was dagegen bleiben wird, sind Jasmunds märchenhafte, von Menschenhand kaum berührte, uralte **Buchenwälder,** die fast bis ans Ufer reichen. Diesen Wald im Nationalpark erklärte die UNESCO zum Weltnaturerbe, denn er gehört zu den letzten seiner Art in Europa.

Infos und Adressen

ANREISE

Flug: Nach Rostock. Zum Flughafen Güttin (bei Bergen) fliegen kleinere Chartermaschinen. **Bahn:** IC nach Stralsund oder Binz, weiter mit RE oder Bus. **Auto:** Über A20 (Ostseeautobahn) nach Stralsund, auf neuer Rügen-Brücke über den Strelasund. **Fähre:** Stahlbrode–Glewitz (Rügen).

BESTE REISEZEIT

Mai–Oktober

SEHENSWERT

Kap Arkona. Die windzerzauste Steilküste auf der Halbinsel Wittow zeigt Rügens wilde Seite. Zwei Leuchttürme. Ein der Küste vorgelagertes gefährliches Riff.

Museum Ostseebad Binz. Hier erfährt man auf anschauliche Weise wie Binz wurde, was es ist. April–Okt. tägl. 10–17 Uhr, Nov.–März Di–Sa 10–16 Uhr.

Sassnitz. Hafen und Fährhafen nahe der Kreidefelsen.

Koloss von Prora. Verstörende Bauruine als Mahnmal aus nationalsozialistischer Zeit. Mit 4,5 km das längste Wohngebäude der Welt, Binz-Prora

Seebrücke Sellin. Schönste Seebrücke auf Rügen. Frisch renoviert. Gehobene Gastronomie.

ESSEN UND TRINKEN

Zur Linde. Rügens ältester Gasthof mit selbst

Freizeitspaß für die ganze Familie bietet die Halbinsel Wittow mit ihrem »Geisterwald«.

gebrautem Bier. Dorfstr. 20, Middelhagen

Meeresart. Fischrestaurant im »Hotel Atrium«, das regionale Esskultur bietet. Am Waldwinkel 2–3, Breege-Juliusruh

Gastwirtschaft am Markt. Alteingesessenes, gemütliches Lokal mit regionalen Spezialitäten. Markt 14, Bergen

Drei Linden. Am Seglerhafen gelegener Gasthof. Regionale Gerichte. Seedorf 7, Sellin

SHOPPING

Der Bernsteinfischer. Bernstein- und Holzwerkstatt. Des »Gold der Ostsee« im Direktverkauf. Paulstr. 1, Binz

Karls Erlebnisbauernhof. Regionale Produkte aus eigener Küche und Bäckerei. Binzer Str. 32, Zirkow

Kutterfisch. Rügens größte Fischtheke, auch mit Räucherware. Hafenstr. 12d, Sassnitz

ÜBERNACHTEN

Seehotel Binz-Therme. Luxus am Strand mit schönem Wellness-Bereich. Strandpromenade 76, Binz, www.binz-therme.de

Travel Charme Kurhaus. Zum Hotel umgestaltetes imposantes historisches Kurhaus an der Seebrücke. Strandpromende 27, Binz, www.travelcharme.com

Vier Jahreszeiten. Blütenweißes Schmuckstück der Bäderarchitektur mit Holzveranden. Zeppelinstr. 8, Binz, www.vier-jahreszeiten.de

Villa Granitz. Romantisches Hotel mit Veranden im Bäderstil. Birkenallee 17, Baabe, www.villa-granitz.de

Panorama Hotel Lohme. Oberhalb der berühmten Kreidefelsen gelegenes Hotel mit fabelhafter Aussicht. An der Steilküste 8, Lohme, www.lohme.com

Schloss Ranzow. Luxushotel für Romantiker in einem Schlösschen mit See- oder Parkblick. Schlossallee 1, Lohme, www.schloss-ranzow.de

Villa Fernsicht. Bäderstil-Villa in der Altstadt von Sassnitz mit Ferienwohnungen inklusive Veranda mit Seeblick. Ringstr. 11. www.villa-fernsicht.info

Badehaus Goor. Ungewöhnliches Nobelhotel mit weißen Säulenkolonnaden in einem ehemaligen Bad, das Fürst Putbus für sich und den Hochadel einrichten ließ. Fürst-Malte-Allee 1, Putbus-Lauterbach, www.hotel-badehaus-goor.de

Schloss Ralswiek. Wohnen wie ein Fürst im Neorenaissance-Schloss. Parkstr. 35, Ralswiek, www.schlosshotel-ralswiek.de

Im-Jaich Wasserferienwelt Rügen. Wohnen mal ganz anders: Schwimmende Ferienhäuser für 4–6 Personen. Putbus-Lauterbach, www.im-jaich.de/wasserferienwelt-ruegen

WEITERE INFOS

Fremdenverkehrsbüro Rügen. www.ruegen.de

Hinter dem Damm beginnt die beschauliche Welt mit Wiesen, Äckern und Pferden.

HIGHLIGHTS

Gotische Backsteinkirche. Aus dem 13./14. Jh. in Kirchdorf. 47 m hoher Turm, Triumphkreuz (1470), zwei spätgotische Flügelaltäre und Modell eines Zeesenbootes, von einem Fischer im Jahr 1936 als Votivschiff gefertigt.

Schwarzer Busch. Traditionsstrand Poels mit Leuchtturm und kleinem Hafen.

Langenwerder. Insel im Nordosten bei Gollwitz. Ältestes Seevogelschutzgebiet Mecklenburgs. Führungen außerhalb der Brutsaison.

Fauler See/Rustwerder. Naturschutzgebiet mit Flachwasser, Salzwiesen und Strandareal.

KULINARISCHE SPEZIALITÄTEN

Seelachs: Als Filet mit Bratkartoffeln und Rahmwirsing. – *Räucherfisch:* Besonders Hering oder Aal am Hafen, z. B. in Niendorf. *Zander:* Aus dem Bodden, z. B. mit Dillgurken oder Meerrettichsauce. – *Sanddorn:* Die vitaminreiche Beere ist eine Universalzutat, die in Marmelade, Kuchen, Likör und Saft verarbeitet wird.

Dicht hinter Boltenhagen und Klützer Winkel liegt – zwischen der Wismarbucht und Reriker Salzhaff – die Insel Poel, das jüngste Ostseebad Mecklenburgs, im Dreieck zwischen den Hansestädten Lübeck, Wismar und Rostock in einem der schönsten Ostsee-Winkel.

Beschaulichkeit für Wanderer und Radler

Historische Gutshöfe, der Leuchtturm aus dem Jahr 1871, die für diese Gegend so prägenden grünen Alleen mit Kopfsteinpflaster sowie die gotische Backsteinkirche und die Schlosswälle im Hauptort **Kirchdorf** lassen Geschichte lebendig werden. Besonders schwedische Besucher folgen gern den Spuren ihrer Vorfahren, die sich die strategisch günstige Lage der Insel im Süden der Ostsee zunutze machten und bis 1803 dort herrschten. Die Nationale Volksarmee der DDR sorgte später dafür, dass es im grenznahen Streifen möglichst ruhig und überschaubar blieb.

Seit 1927 verbindet ein Damm (mit Brücke) über den seichten Meeresarm **Breitling** die 37 km² große idyllische Insel und das Festland. Der Inselname leitet sich vermutlich vom slawischen Wort für »flaches Feld« ab. Poel ist aber nicht nur Ackerland, sondern weist auch weite Strände und Steilküsten, an der West- und Nordküste einen Waldstreifen sowie große **Salzwiesen** auf, die, in stetem Wechsel von ex-

Deutschland

tensiver Beweidung und Überflutung entstanden, Brut-, Nahrungs- und Rastfläche für Vögel sind.

Auf Poel kann man noch das entfernteste Gehöft an einem Tag erwandern. Keine Spur von Schickeria, kein Massentourismus. Nur stellenweise sanft gewellt, meist so platt wie eine Flunder, ist die Insel – trotz größtenteils naturbelassener Wege – auch ideal für eine Fahrradtour. Höchster Punkt – und einzige Steigung für Radler – ist der **Kieckelberg** (27 m ü. NN).

Die Silhouette Kirchdorfs am Ende der weit ins Land greifenden Bucht **Kirchsee** prägt der 47 m hohe Kirchturm, die »Bischofsmütze«. Die Kirche umgibt ein Wall, das »Hornwerk«, der mit den Resten einer historischen Festungsanlage verbunden ist; von den **Schlosswällen** kann man bis nach Wismar schauen. Im beschaulichen Hafen laden ausgezeichnete Fischrestaurants zur Stärkung ein.

Infos und Adressen

ANREISE

Flug: Nach Rostock. **Auto:** A20 bis Wismar, bei Groß Strömkendorf über den Damm. **Bahn:** IC bis Schwerin, RE bis Wismar. Weiter mit dem Bus.

BESTE REISEZEIT

Mai–Oktober

SEHENSWERT

Kirchdorf. Hafen und historischer Ortskern. In der alten Dorfschule Inselmuseum (Möwenweg 4). **Schiffstour.** Rund um das Salzhaff nach Rerik oder mit der Adler-Flotte in die Wismarer Bucht, www.adler-schiffe.de **Poeler Piratenland.** Großer Indoor-Spielplatz mit Wasserrutschen, Elektrokarts und Kleinkinderspielbereich. www.poeler-piratenland.de

ESSEN UND TRINKEN

In der **Strandperle** (Am Strand/Am Schwarzen Busch), im Traditionshaus **Seeblick** (An der Promenade 1 a/Am Schwarzen Busch) und **Zur Poeler Kogge** (Timmendorf-Strand, Hafen 13) gibt es vor der Haustür gefangenen Fisch in allen Ostseevariationen.

ÜBERNACHTEN

Übernachtet wird auf Poel meist in Ferienwohnungen und Ferienhäusern. **Gutspark Wangern.** Appartements im Gutshaus (um 1911). Wangern 17, www.insel-poel.de

WEITERE INFOS

Kurverwaltung Ostseebad Insel Poel. Wismarsche Str. 2, Kirchdorf. www.insel-poel.de

So beschaulich war es auf Poel nicht immer, früher tauchten hier oft Piraten auf.

Strand-Schönheiten

Alle Badeorte sind ohne Durchgangsverkehr. Die Sandbadestrände in Timmendorf (Westen) und am **Schwarzen Busch** (Nordwesten), dem ältesten Strandbad (mit Promenade) auf Poel, werden im Sommer (Juni–September) von Rettungsschwimmern überwacht. Besonders beliebt ist der 700 m lange Strand von **Timmendorf** (mit Campingplatz). Für Familien mit kleinen Kindern eignet sich vor allem der sanft abfallende Naturstrand am Nordkap bei **Gollwitz.** Dort hat man die Vogelinsel Langenwerder – mit dem Fernglas – fest im Blick. Dem Strand vorgelagert ist, als weitere Bademöglichkeit, eine Sandbank. Ansonsten prägen Hochufer die Nord- und Westküste von Poel. Der Naturstrand von **Hinter Wangern** im Südwesten wird gern bei FKK-Anhängern aufgesucht. Auch Surfer finden hier ein gutes Revier.

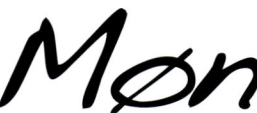

Møn

HIGHLIGHTS

Møns Klint. Spektakuläre Kreidefelsen (bis 128 m), geologische Fundgrube, höchste Erhebung der Insel (Aborrebjerg, 143 m ü. NN) am Rand geschützter Buchenwälder.

Liselund. Lustschlösschen (1792) mit Park am Steilufer nördlich Møns Klint.

Grønsalen. Größtes von 120 Megalithgräbern (Dolmen und Ganggräber) aus der Jungsteinzeit.

Kalkmalereien. Fresken des Elmelunde-Meisters (um 1460) in den Kirchen von Elmelunde, Fanefjord und Kelby.

Ulvshale. Beschauliche Halbinsel im Nordwesten, artenreicher Küstenwald und Vogelschutzgebiet auf der vorgelagerten Insel Nyord.

KULINARISCHE SPEZIALITÄTEN

Räucheraal: am besten direkt aus der Hand mit »leichter« Beilage. – ***Tykmælk:*** Dickmilch, die Nr. 1 unter den dänischen Milchprodukten. – ***Napoleonshat:*** Kuchenteilchen in Dreispitzform, Kalorienbombe mit Marzipan und Schokolade. – ***Lamm:*** Fleisch von den glücklichen Schafen Møns (auch geräuchert), für Vegetarier gibt's Schafskäse aus der Meierei.

Die Ostsee nagt an den Kreidefelsen; das milchige Wasser (links) ist der Beweis.

Die Insel Møn ist berühmt für ihre Kreidefelsen, die in der letzten Eiszeit durch Gletscher hochgedrückt wurden und seitdem Wind, Wetter und Ostsee ausgesetzt sind. Møn ist aber weit mehr. In einer erstaunlich vielfältigen Landschaft wechseln sich Wälder mit Strandwiesen, Weiden, Feldern und Heideflächen ab, eingesprenkelt beschauliche Dörfer, kleine Hafenorte und alte Gutshöfe.

Dänemark in allen Farben

Von unten wirken die **Kreidefelsen** von Møn fast bedrohlich, schließlich säumen abgebrochene Vorsprünge und heruntergestürzte Bäume den Strandweg. Erst mit einem gewissen Abstand entfaltet die 12 km lange Steilküste ihre volle Schönheit. Dabei bildet das von Feuersteinschichten durchzogene Weiß der Steilküste mit dem Grün das Naturwalds und dem Blaugrün des Meeres einen stimmungsvollen Kontrast. Von oben hat man die beste Sicht auf die Hänge, Kanten, Einschnitte und Schluchten von Møns Klint. Am Nordrand des von Wanderwegen durchzogenen Kliffwaldes (Klinteskoven) erstrecken sich die Magerwiesen des Jydelejet-Tals. Auf kalkreichem Boden gedeihen Orchideen. Vom **Aborrebjerg** schweift der Blick über sanftes Hügelland nach Westen.

Wohlstand strahlen die historischen **Gutshöfe** von Klintholm und der »Museumsgården« in Keldbylille aus. Romanti-

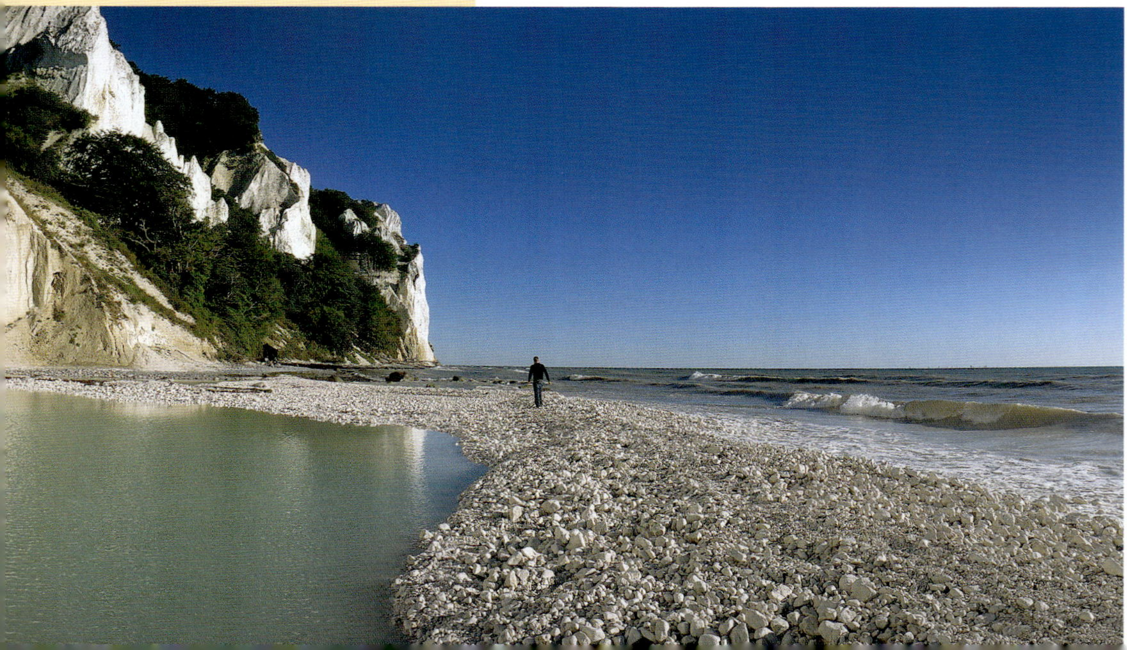

Dänemark

Infos und Adressen

ANREISE

Auto: Fähre Puttgarden (45 Min.) bis Rødby (Lolland) oder Rostock bis Gedser (Falster, 1 Std. 45 Min.), weiter E47 bzw. E55 bis Ausfahrt Farø; **Zug:** Hamburg Hbf.–Kopenhagen (ICE) bis Vordingborg, weiter mit dem Bus Richtung Stege

BESTE REISEZEIT

ganzjährig, Badesaison Juni–August

SEHENSWERT

GeoCenter Møns Klint. Interaktive Zeitreise in die Vorzeit, Ausgangspunkt für Naturexpeditionen. www.moensklint.dk
Stege. Charmanter Hauptort zwischen Bucht und Stege Nor (Binnensee), Møns Museum zur Geschichte und Kultur der Inseln Møn und Bogø am Stadttor Mølleporten (16. Jh.), Storegade 75

ESSEN UND TRINKEN

Klintholm Røgeri. Frischer Fisch oder Räucherfisch am Hafen. Thyravej 25, Klintholm Havn, www.klintholmrogeri.dk
Gourmet Gaarden. Lokale und Bio-Küche auf hohem Niveau. Storegade 68, Stege, www.gourmetgaarden.dk
Café Damsborg. Frokost in alter Zuckerfabrik. Fanefjord Kirkevej 35, Damme, www.damsborg.dk

ÜBERNACHTEN

Præstekilde Hotel. 4sterneherberge mit Restaurant (Kro) auf dem Møn Golf Center (18-Loch-Platz). Klintevej 116, Keldby, www.praestekilde.dk

WEITERE INFOS

Møns Turistbureau. Storegade 2, Stege, www.visitmoen.de

Strand-Schönheiten

Møn ist keine Strandinsel, doch finden Besucher auf den für Dänemark typischen Naturstränden immer ein Plätzchen in gebührendem Abstand zum Nachbarn. Der Steinstrand unterhalb von Møns Klint eignet sich nicht zum Baden, weil insbesondere die Strömung zu stark ist.

Ulvsdale. Der Strand auf der abgelegenen Halbinsel Ulvsdale (»Wolfsschwanz«) ist wohl der schönste – und einsamste – Strand Møns.

Råbylille. Der längste Sandstrand mit teils guten Bedingungen für Surfer (Klintholms Havn) erstreckt sich an der Hjelm-Bucht nach Westen. Der Abschnitt bei **Råbylille** ist seit Langem bei den nahen Ferienhausbewohnern beliebt. In Klintholms Havn lässt sich der Hunger eines Strandtags vorzüglich stillen.

Hårbølle. Strand Nr. 3, auch der kleinste Møns, befindet sich im äußersten Südwesten an Grønsund/Fanefjord mit einem kleinen Jacht- und Fischereihafen um die Ecke.

Antoine de la Calmette legte Liselund Ende des 18. Jh. für seine Frau Lisa an.

ker sind hingerissen vom Park, den Pavillons und dem reetgedeckten Schlösschen von Liselund; das »Neue Schloss« (1887) ist heute ein exklusives Hotel. Zurück in die Steinzeit führen, auch im wörtlichen Sinn, **Dolmen und Ganggräber** (»Hünengräber«); auf Møn stolpert man immer über eines. Die Endung »høj« (Hügel) deutet darauf hin, dass die Megalithgräber aus mächtigen Randsteinen und Deckenplatten einst verborgen unter Erde und Grassoden lagen. Heute stehen einige Kammern offen. **Grønsalen,** 100 m lang, ist der größte Dolmen, bekannte Ganggräber sind Kong Asgers Høj und Klekkendehøj. Die spätgotischen **Gewölbefresken** der mittelalterlichen Kirchen gehören zum dänischen Kulturerbe. Den Schalk im Nacken, garnierte der Meister von Elmelunde Bibelszenen gern mit Motiven aus dem damaligen Dorfalltag.

64 Terschelling

Bei einer Planwagenfahrt auf De Noords-vaarder kommt man den Seevögeln nahe.

HIGHLIGHTS

Brandaris. Der 54 m hohe Leuchtturm gehört zu den wenigen Bauten, die die Brand-schatzung von West-Terschelling durch die Engländer (1666) überstanden.

't Behouden Huys. Ausstellung über Inselge-schichte, Seenotrettungsdienst und Willem Ba-rentsz.

Wrakkenmuseum. Funde aus über 150 Schiffswracks und »Piratengarten« für Kinder.

Noordsvaarder. Ideal für die Erkundung der Strandebene ist eine Fahrt mit dem Planwa-gen, die auch durch Wälder und Dünen führt.

Seehunde. Bei Niedrigwasser geht es mit dem Boot zu den Sandbänken, auf denen sich viele Robben rekeln.

KULINARISCHE SPEZIALITÄTEN

Cranberries: Die Beeren werden u. a. zu Kom-pott, Saft, Wein, Marmelade, Tee und Gebäck verarbeitet. – *Lamsvlees:* Salzwiesenlamm. *Kooieend:* Rosa gebratenes Entenfleisch mit Cranberry-Kompott, Halligflieder und Queller. *Schafskäse:* u. a. *Fenegriek* (mit Wallnuss-geschmack) und *Brandnetelmelange* (mit Brennnesseln). – *Pondkoek:* An Spekulatius erinnernder Kräuterkuchen.

Die Nordseeküste von Terschelling besteht aus Sand-stränden, die durch Dünen von der Polderlandschaft im Süden getrennt sind. 250 km Wanderwege und 70 km Radwege erschließen die Insel, die vielen Seevögeln und seltenen Pflanzen ein Refugium bietet. Den Hauptort West-Terschelling prägt eine maritime Vergangenheit.

Insel der Strandräuber

Die Seefahrtschule »Willem Barentsz« erinnert an den Ent-deckungsreisenden und Kartografen **Willem Barentsz**, der hier geboren wurde. Die Seefahrertradition illustrieren auch die vielen **Kapitänshäuser** aus dem 17. Jh. mit Treppengie-beln in West-Terschelling. Zwei davon beherbergen das **Hei-matmuseum 't Behouden Huys.** Über dem Ort erhebt sich das Wahrzeichen der Insel, der **Leuchtturm Brandaris.** Der älteste Leuchtturm der Niederlande (1594) dient heute der Radarüberwachung des Schiffsverkehrs. Gerät ein Schiff in Seenot, stürzen die Insulaner an den Strand, in der Hoff-nung, dass das Meer etwas Brauchbares abgelegt hat: einen fortgewehten Schutzhelm, gern auch eine Deckladung Holz für die Renovierung der Scheune. Wracktaucher Hille van Dieren geht noch weiter: Aus Schiffswracks birgt er wahre Schätze, von Porzellan bis zu Bronzekanonen (17. Jh.), und zeigt sie im **Wrakkenmuseum** in Formerum.

Im Sommer lockt die Nordseeküste nicht nur viele Bade-gäste, sondern auch Vögel an. Die Urlauber genießen den

Niederlande

von Dünen gesäumten **Sandstrand** in West-Terschelling und Midsland. Die Vögel bevorzugen die Salzwiesen im Osten: Im Naturschutzgebiet **De Boschplaat,** der fast ein Drittel der Insel einnimmt, brüten Löffler, Kormorane, Seeschwalben und Möwen. In der Brutzeit (15. März bis 15. August) sind große Teile für Besucher gesperrt. Auch die ehemalige Sandbank **De Noordsvaarder** im Westen wird von zahllosen Brutvögeln frequentiert. In den Wiesen zwischen den Dünen leuchtet die rote Moosbeere (Cranberry), die vermutlich als Strandgut nach Terschelling gelangte.

Infos und Adressen

ANREISE

Auto: Von Norden/Osten via Groningen, von Süden via Apeldoorn.
Fähre: Ab Harlingen mit Autofähre (2 Std.) oder Schnellboot (45 Min.)

BESTE REISEZEIT

Juni–August

SEHENSWERT

Centrum voor Natuur en Landschap. Ausstellung zu Fauna, Flora und Landschaft. Das Herzstück ist das Aquarium. Burg, Reedekerstraat 11, West-Terschelling, www.natuurmuseumterschelling.nl
Stryper Totenacker. Alte, verwitterte Grabsteine von Walfängern und Seefahrern. Midsland

ESSEN UND TRINKEN

Storm. Gemütliches Lokal mit maritimer Einrichtung. Torenstraat 27, West-Terschelling, www.storm-terschelling.nl

Strandpaviljoen »De Branding«. Strandlokal mit Meerblick. Midsland aan Zee, www.strandpaviljoenterschelling.nl

SHOPPING

Cranberry Cultuur Skylge. Cranberrysaft etc. Formerum 51A, www.cranberrywinkel.nl
Zouthout. Originelle Möbel, Spiegel, Schmuck etc. aus Treibholz. Baaiduinen 49, www.zouthout.nl

ÜBERNACHTEN

Landal West-Terschelling. Neue komfortable Appartements am Waldrand. Europalaan 35, West-Terschelling, www.landal.nl
WestCord Hotel Schylge. Blick auf Watt und Hafen. Burg. Van Heusdenweg 37, West-Terschelling, www.westcordhotels.de

WEITERE INFOS

VVV Terschelling. Willem Barentszkade 19a, West-Terschelling, www.vvvterschelling.nl

Das Wrakkenmuseum stellt Tauchfunde von 1650 bis heute in seinen Räumen aus.

Strand-Schönheiten

Am Nordseestrand stehen als Orientierungshilfe Pfähle (*paal*), insgesamt 28 Stück, die den Abstand zur Westspitze der Insel (Paal 0) in Kilometern angeben.

De Noordsvaarder. Der weite Strand im Westen, begrenzt durch Wanderdünen und Sandriffe, eignet sich für ausgedehnte Spaziergänge und Planwagenfahrten. FKK wird an weniger frequentierten Abschnitten (Paal 3) geduldet.

Groene Strand. Kitesurfer kommen auf einem Strandabschnitt westlich von West-Terschelling auf ihre Kosten. Die Kitezone ist durch gelbe Bojen begrenzt.

Noordzeekust. Die breiten, von Dünen gesäumten Strände zwischen West aan Zee und Formerum sind sehr familienfreundlich und werden im Sommer überwacht. Auch Strandsegler (Paal 8) und Kitesurfer (Paal 9–11) sind hier willkommen. Zahllose Strandcafés und Restaurants laden zum Einkehren ein.

De Boschplaat. Der Strand nördlich des Naturschutzgebiets begeistert vor allem Ruhesuchende, Naturliebhaber und Reiter.

Île de Porquerolles

Leben wie Gott in Frankreich – das Sprichwort muss auf der Île de Porquerolles vor der Côte d'Azur entstanden sein. Auf der unter Naturschutz stehenden Insel breitet sich eine abwechslungsreiche Vegetation aus, mit einer zerklüfteten Felsenküste im Süden und goldgelben Stränden im Norden. In dem charmanten Hafenort Porquerolles leben die 350 Inselbewohner.

Zauber und Duft einer üppigen Pflanzenpracht

Mit der Fähre setzt man über auf die nahezu autofreie Île de Porquerolles, mit 1254 ha die größte der Îles d'Hyères. Im Schatten von Eukalyptusbäumen auf dem Hauptplatz des Hafenstädtchens **Porquerolles** lässt man bei einem Glas des auf der Insel gedeihenden süffigen Weins die Atmosphäre auf sich wirken. Die pastellfarbenen Häuser des Ortes liegen im Schutz des **Fort Ste-Agathe**, der einzigen Festungsanlage auf der Insel, die besichtigt werden kann. Das Museum im Fort informiert über die bewegte Geschichte des zauberhaften Eilands.

Auf Porquerolles geht man – begleitet vom Gesang der Zikaden – zu Fuß oder man erkundet die Insel mit dem Fahrrad. Nur wenige Meter abseits des Hafenstädtchens findet man sich wieder in einer von Wanderwegen erschlossenen Landschaft, die der Vorstellung vom Paradies recht nahekommt,

Frankreich

Infos und Adressen

ANREISE

Flug: Nach Nizza oder Marseille, mit Bahn oder Mietwagen bis Hyères, zur Presqu' Île de Giens, von La Tour Fondue Fähre zur Île de Porquerolles (15 Min.).
Bahn: Über Paris bis Toulon, weiter nach Hyères zur Fähre.
Auto: Über Lyon und Marseille bis Hyères. Touristen dürfen auf der Insel nicht Auto fahren.

BESTE REISEZEIT

Mai–Oktober

SEHENSWERT

Domaine de l'Île. Weinprobe und -verkauf ungefähr 1,5 km östlich vom Dorf. www.domaine-delile.com

Jazz-Festival. Mit internationalen Künstlern. In der malerischen Atmosphäre am Fuß des Fort Ste-Agathe (Juli)

ÜBERNACHTEN, ESSEN UND TRINKEN

Le Mas du Langoustier. Viersternehotel im provenzalischen Stil mit erlesener Küche. Le Langoustier, www.langoustier.com

L'Arche de Porquerolles. Kleines Hotel mit gehobenem Standard, 2010 eröffnet. Fisch und Meeresfrüchte. 12 Rue de la Ferme, www.larchedeporquerolles.com

Auberge de Glycines. Innenhof mit Feigenbäumen und Glyzinien. Frische, mediterrane Küche. 22 Place d'Armes, www.auberge-glycines.com

La Plage d'Argent. Fisch und Meeresfrüchte am Strand. Chem. Langoustier

WEITERE INFOS

Bureau d'Information Porquerollais. Am Hafen von Porquerolles, www.porquerolles.com

Hier darf nur stark eingeschränkt gebaut werden – der Insel tut das nur gut.

Strand-Schönheiten

Plage d'Argent. Feiner heller Sandstrand im Westen der Île de Porquerolles, von Pinien beschattet, flach abfallend, vor dem Mistral geschützt. Am Strand befinden sich ein Restaurant, sanitäre Anlagen und eine Rettungsstation. In der Hauptsaison ist der Strand stark frequentiert.

Plage Notre-Dame. Sanft geschwungener, selten überlaufener, heller Sandstrand an spiegelglattem Meer im Osten der Insel. Er liegt windgeschützt und ist ideal für die ganz persönliche Robinsonade, insbesondere wenn die Tagestouristen abgelegt haben. Ein Hauch von Karibik unter Pinien.

Plage de la Courtade. Schöner goldgelber Strand östlich des Ortes mit Eukalyptusbäumen und Tamarisken als Schattenspender. Aufgrund seiner Nähe zum Hafen in der Hauptsaison häufig sehr voll.

denn die zahlreichen Quellen verhelfen der Insel zu einer üppigen Vegetation. Vor den Augen tut sich ein Mosaik aus Weinhängen, Olivenhainen, Orangen- und Zitronengärten, Pinien, Eukalyptusbäumen, Myrten und duftender Garrigue auf. Der klassische Spazierweg vom Hafen aus nach Süden endet am **Cap d'Arme** mit seinem 96 m hohen Leuchtturm (1837).

Viele kleine Wege zweigen zu den Felsvorsprüngen und Kaps der schroffen Südküste ab. Steil und tief fällt der Fels hier zu kleinen Buchten ab, die allerdings nicht zum Baden geeignet sind – im Unterschied zur geschützten Nordküste mit ihren herrlichen Stränden; einer von ihnen, **Notre-Dame,** gilt Kennern als einer der schönsten Frankreichs. Unter Wasser bieten sich rund um die Insel interessante Tauchgründe zwischen Felsen und Korallen an.

Île d'Oléron

Wie eine Grafik wirken Austernzuchtbecken aus der Vogelperspektive.

HIGHLIGHTS

Zitadelle. Im Becken von Marennes vor der Insel gelegene Befestigungsanlage zum Schutz des Hafens von Rochefort. Der Bau geht auf eine Initiative des Kardinals Richelieu zurück.

Fort Louvois. Das Fort ist mit der Landzunge von Chapus über eine 400 m lange Straße verbunden, die bei Flut überschwemmt ist. Mit Austernmuseum.

Leuchtturm von Chassiron. 46 m hoch und seit 1836 in Betrieb. Nach dem Aufstieg über 224 Stufen kann man eine herrliche Aussicht genießen.

Château d'Oléron. Mit der Schiffswerft »Robert Léglise«, der letzten lokalen Werft aus Holz.

KULINARISCHE SPEZIALITÄTEN

Auf Oléron werden die »Fines de Claires« gezüchtet. *Austern:* warme Austern mit Lauchgemüse und Weinsauce zubereitet. – *Eglade:* In Kiefernnadeln gegrillte Miesmuscheln. – *La bière des Naufrageurs:* Obergäriges Bier ohne Farb- und Konservierungsstoffe, nach alter Tradition gebraut. – *Pineau:* Leicht süßer Aperitif aus drei Teilen frisch vergorenem Traubensaft und einem Viertel Cognac des Vorjahres.

Eine üppige Vegetation, traumhafte Sandstrände, malerische Dörfer – die südlichste und mit 175 km² größte Insel an der französischen Atlantikküste verzaubert auf den ersten Blick. Bei Marennes vom Festland aus erreicht man Oléron bequem über eine der längsten Brücken Frankreichs.

Insel der Pinienwälder und Mimosen

Bei steifer Brise mit einem Strandsegler über den feuchten Sand flitzen, in den brausenden Wellen surfen oder mit dem Nachwuchs Sandburgen bauen – auf Oléron kommt jeder auf seine Kosten. Auf jeden Fall sollte man sich Zeit nehmen: z. B. für Wanderungen und Radtouren. Der würzige Duft der **Pinienwälder** und das Farbenspiel der Blütenpracht, das sich zu jeder Jahreszeit anders entfaltet, sind ein Genuss für alle Sinne. Da das Klima sehr mild ist, erstrahlt die Insel schon Ende Januar im leuchtenden Gelb der **Mimosenblüte,** die summenden Bienen lassen die grauen Wintertage rasch vergessen. Reizvolle Moorlandschaften, wie das **Marais aux Oiseaux,** sind Naturparadiese, wo sich zahlreiche Vogelarten und seltene Pflanzen entdecken lassen.

Stumme Zeugen einer wechselvollen Geschichte sind **Château d'Oléron** mit seiner imposanten Zitadelle, die **Moulin des loges** oder das **Fort Boyard,** das auch bei Ebbe

Frankreich

Infos und Adressen

ANREISE

Flug: Nach Bordeaux, weiter mit dem Mietwagen auf die Île d'Oléron (ca. 150 km). **Zug:** Von Bordeaux (Gare St Jean) nach Saintes oder Rochefort. Weiter mit dem Bus

BESTE REISEZEIT

Mai–September

SEHENSWERT

Fête de l'huitre et du pineau. Volksfest im Juli, bei dem man ab 17 Uhr bei einem Glas Pineau-Likör oder Weißwein zum Austernliebhaber wird. Tanzvorführungen und Feuerwerk.

ESSEN UND TRINKEN

Le Zing. Meeresspezialitäten und Krustentiere in der Fußgängerzone. St Pierre d'Oléron

Les Ecluses. Club, Bar und Crêperie. Im Juli Gratis-Konzerte auf der Terrasse. La Brée-Les-Bains, www.lesecluses-oleron.com

La Cabane du Chapus. Ein lohnender Umweg über die Brücke von Oléron. Meeresfrüchte »mit den Füßen beinahe im Wasser«. Bourcefranc-le-Chapus

ÜBERNACHTEN

Les Jardins d'Aliénor. Kleines Hotel mit Restaurant. Le Château d'Oléron, www.lesjardinsdalienor.com

Hotel le Vert bois. Charme und Komfort. Großes Schwimmbad. 900 m durch Pinienwald bis zu den Stränden Vert Bois oder Allsins. Dolus d'Oléron, www.hotel-vert-bois-oleron.com

Atlantic Hotel. An der Westküste, 150 m zum Strand La Menounière. Zimmer individuell gestaltet. Beheiztes Schwimmbad. St Pierre d'Oléron, www.oleron-hotel.fr

WEITERE INFOS

Maison du Tourisme de l'Île d'Oléron et du Bassin de Marennes. www.oleroninsel.de

Die Westküste von Olèron ist auch ein Eldorado für Wassersportler und Strandsegler.

Strand-Schönheiten

Die Strände im Westen auf der Atlantikseite lassen die Herzen der Sportfans höherschlagen. Dagegen ist die zum Festland gelegene Küste ruhig und mit seichtem Wasser ideal für Familien mit Kindern.

Westküste. Fast ein einziger Strand. Sables Vignier, Domino de Chaucre und les Huttes sind Hochburgen für den Gleitsport.

Ostküste. Dünenstrand Saumonards in Boyardville mit Blick auf das Fort Boyard.

Süden. Sanft abfallender Sandstrand von Gatseau.

Marennes: An einem Staubecken gelegen. Empfehlenswert für Urlaub mit der Familie.

---

ganz von Wasser umgeben ist. Zum Bummeln laden weiß gekalkte Fischerhäuschen in die schmucken Dörfer ein.

Wer **Meeresfrüchte** mag, kann richtig schlemmen. In den kleinen Restaurants genießen Austernfreunde »Les Creuses« oder »Les Plats«, frisch aus dem Bassin geholt: einfach köstlich. Dazu ein Gläschen Pineau, eine Spezialität der Region, die aus Traubenmost und etwas Eau de Vie de Cognac hergestellt wird – oder trockenen Weißwein.

Zum Sonnenuntergang lässt man den Tag an einem der herrlichen Strände oder an der Nordspitze der Insel am **Leuchtturm von Chassiron** in St. Denis d'Oléron ausklingen.

Île de Noirmoutier

Die 20 km lange französische Atlantikinsel mit mediterranem Klima, südlich der Loire-Mündung, ist genau das Richtige für eine Auszeit. Noirmoutier ist nicht weit vom Festland entfernt und kann über eine imposante Brücke aus den 1970er-Jahren erreicht werden. Beeindruckender ist jedoch der Weg über die Passage du Gois.

Badekuren, Salzgärten, Austern essen

Wenn das Wasser zweimal täglich zurückweicht, spürt man die unendliche Weite des Horizonts, das Watt glitzert silbern im Gegenlicht und gibt Krebse und Muscheln frei, die nun eifrig von bunt gekleideten Menschen in Gummistiefeln aufgelesen werden. **La pêche à pied,** das »Fischen zu Fuß«, ist bei Einheimischen und Urlaubern gleichermaßen beliebt.

Bereits Ende des 19. Jh. entdeckten reiche Bürger aus Nantes und Paris die **Badekur** und die heilende Wirkung der Thalassotherapie. Einige schöne Belle-Époque-Häuser zeugen aus dieser Zeit. Ein bisschen versteckt findet man sie nordöstlich des beschaulichen Inselstädtchens **Noirmoutier-en-l'Île** zwischen mächtigen Eichen im Bois de la Chaise.

Eine geografische Besonderheit der Insel ist, dass ein Großteil unter dem Meeresspiegel liegt. Nur der Norden präsentiert sich mit einer eher felsigen Küste ein wenig wild. Sonst ist Noirmoutier flach, und **endlose Sandstrände** laden zu ausgedehnten Spaziergängen und zum Baden ein.

Frankreich

Plage des Dames. Ein Muss im Nordosten der Insel. Geschützt vom Bois de la Chaise hat man vom Ponton einen herrlichen Blick auf die nostalgisch anmutenden kleinen weißen Umkleidekabinen in Reih und Glied.

Plage de Luzéronde. Traumhafter Strand. Am Ende des Dünenwegs kann man den Sonnenuntergang am besten genießen.

Les plages du Vieil. Langer, feinsandiger Strand, geeignet für Familien mit Kindern.

Les plages de Barbâtre. An der Westküste reiht sich entlang eines duftenden Pinienwaldes ein Sandstrand an den anderen. Egal, ob Plage des Boucholeurs, Plage de l'Océan oder Plage du Midi: Platz findet man immer. Ideal für Wassersport und Strandwanderungen.

Les plages de la Guérinière. Die Bucht mit Blick auf die Südspitze der Insel. Bei Ebbe tauchen die von den alten Fischern aus großen Steinbrocken gebauten Fischschleusen auf. Von einst 237 Schleusen existieren heute nur noch 14 auf der Île d'Oléron.

Frischer geht's nicht: Bei Ebbe holt man sich die köstlichen Meeresfrüchte wie kleine Muscheln, Krebse oder Garnelen für eine leckere Mahlzeit aus dem Sand und Schlick.

Infos und Adressen

ANREISE

Flug: Nach Nantes. Mietwagen nach Noirmoutier (ca. 75 km).
Bahn: Mit dem TGV nach Nantes. Weiter mit dem Bus nach Barbâtre auf Noirmoutier

BESTE REISEZEIT

Mai–September

SEHENSWERT

Les Foulées du Gois. Spektakulärer Wettlauf der »Verrückten« über die Passage du Gois gegen die Flut (Juni). Start ist, wenn das Wasser bereits über die Straße schwappt. Die Letzten erreichen das Ziel durch knietiefes Wasser oder schwimmend.

ESSEN UND TRINKEN

L'Étier. Umgebaute Austernhütte. Fischspezialitäten. Noirmoutier-en-l'Île
D'Île en Île. Überraschungsmenü, auch vegetarisch, aus reinen Biozutaten von regionalen Produzenten. L'Herbaudière
La Perle (bar à huîtres). Verkostung von fangfrischen Austern und Muscheln. Im Laden regionale Produkte. L'Épine

ÜBERNACHTEN

Île Ô Château. Stilvoll eingerichtetes Hotel im Zentrum von Noirmoutier. Pool. Schöner Blick aufs Schloss. 11 Rue des Douves, www.ileochateau.com
Château du Pélavé. Schloss aus dem 19. Jh. in weitläufigem Park. Große Südterrasse. 9, Allée de Chaillot, Noirmoutier-en-l'Île, www.chateau-du-pelave.fr
Punta Lara. Zimmer mit Balkon direkt am Meer. 4 Rue de la Noure, La Guérinière, www.hotelpuntalara.com

WEITERE INFOS

Office de Tourisme, www.ile-noirmoutier.com

Im Inselinnern legten Mönche bereits im 7./8. Jh. **Salzgärten** an. Der Zu- und Abfluss in die rechteckigen Wasserbecken wird mit Deichen und Schleusen reguliert. Für Noirmoutier ist die Salzgewinnung ein Wirtschaftszweig. Man kann dort aber auch seltene und geschützte Pflanzen entdecken und unzählige See- und Watvögel beobachten.

Um sich Appetit auf ein köstliches Fischgericht in einem der kleinen Restaurants zu holen, sollte man über den Rathausplatz von Noirmoutier-en-l'Île schlendern und sich einen Aperitif in einer kleinen Austernbar am malerischen Hafen von **Herbaudière** genehmigen.

Sundowner gefällig? Ein romantischer Abend am Strand von Nijvice im Norden von Krk.

HIGHLIGHTS

Krk-Stadt. Venezianisch geprägt mit kopfsteingepflasterten Straßen, Promenade und Kathedrale, die auf den Resten einer römischen Thermalanlage errichtet wurde.

Punat. Schöner Altstadtkern und größte Marina an der Adria. In Punat wird das beste Olivenöl der Insel verkauft.

Baška. Verschachtelter Badeort, in Halbkreisform angelegt.

Vrbnik. Der Ort wurde an und auf einem 48 m hohen Felsen erbaut. Zentrum des Weinanbaus.

Malinska. Mit nettem Hafen, Franziskanerkloster und der Kirche der Hl. Maria Magdalena (1500).

KULINARISCHE SPEZIALITÄTEN

Šurlice: Hausgemachte Nudeln mit Gulasch, die aber in jedem Ort ein wenig anders aussehen. – *Krker Lamm:* Mit vielen aromatischmediterranen Kräutern in einem Dampftopf gegart. – *Presnac:* Mit Schafskäse und Rosinen gefüllter Kuchen als Nachtisch. – *Imbrijagoni:* Harte Kekse mit Anislikör. – *Žlahtina:* Aus Vrbnik stammende Weißweinsorte

Karstig, weiß, ein wenig abweisend. Winnetou-Landschaft. Das ist die eine Seite. Krk zeigt aber auch andere. Die mit 410 km² größte Adria-Insel besticht nicht nur mit klarem Wasser und schönen Stränden, sie ist auch landschaftlich so abwechslend wie reizvoll. Und sie ist von allen kroatischen Inseln mit dem Auto aus Deutschland am leichtesten zu erreichen.

Karger Karst, dichter Wald und jedem ein eigener Strand

Wenn die Griechen nicht wären, dann wären die Kroaten Europameister! 1200 Inseln besitzen sie. Das reicht für unzählige Urlaube – aber nicht für den Titel. Der geht mit 2000 Inseln an Hellas. Der Vizemeister sticht jedoch mit einem großen Vorteil: Die Inseln sind nicht weit vom Festland entfernt. Wer dorthin möchte, muss keine langen Fährpassagen in Kauf nehmen. Inselhopping vor Kroatien ist die einfachste und kürzeste Sache der Welt! Mit Krk im Norden beginnt der Spaß. Zusammen mit Cres, Plavnik, Rab, Grgur und Prvi gehört sie zu den Inseln der **Kvarner Bucht.** Mit dem Festland ist Krk seit 1980 durch eine 1432 m lange, mautpflichtige Autobrücke verbunden. Im Sommer fahren zwar mehr als 10 000 Fahrzeuge pro Tag darüber, dennoch ist die Insel groß genug, um ein ruhiges Plätzchen zu ergattern. Außerdem wird die Brücke für den Transit nach Cres, Lošinj und Rab sowie von Tagesbesuchern aus Rijeka und Istrien genutzt. Das relativiert die Zahl dann doch deutlich.

Ein Schuss pfeift durch die Luft! Nein, er kam nicht von Old Shatterhand, sondern nur von einem Jäger. Dennoch lässt Krk wie kaum eine andere Insel Kroatiens an **Karl May** und **Winnetou** denken. Zwar wurden die meisten Szenen der Winnetou-Filme auf dem Festland gedreht, aber in der wenig bewachsenen, im grellen Sonnenlicht blendenden Karstlandschaft erwartet man jeden Augenblick Mario Adorf und seine Schurken, wie sie um die Ecke galoppieren, um Pierre Brice und Lex Barker aufzuscheuchen.

Kronprinzen und Braunbären

Wenige Minuten später in der nordwestlichen Bucht von **Omišalj** bestimmt dann aber sattes Grün das Bild. Im Süden wachsen dichte Wälder weshalb Krk zu Recht auch »Insel der Kontraste« genannt wird. Ein anderer Name, »goldene Insel«, hat nichts mit einem Schatz, sondern nur mit der Sonne zu tun. Krk, genau in der Mitte zwischen Äquator und Nordpol gelegen, weist rund 2500 Sonnenstunden im Jahr auf. Seine geschützte Lage beschert der Insel ein Klima, das bereits im 19. Jahrhundert gesundheitsorientierte Touristen anlockte. In **Soline** entspannen sich Besucher bis heute im Heilschlamm der flachen Bucht – Naturfango gratis. **Malinska** begrüßte in jener Zeit bereits prominente Gäste wie 1885 den österreichischen Kronprinzen Rudolf von Habsburg. Ihm folgten Adlige aus der Donaumonarchie und reiche Wiener Bürger. Von einem Besuch ganz besonde-

Blick auf den verschachtelt gebauten Bade- ort Baška an der Kvarner Bucht.

Strand-Schönheiten

Baška. Der 2 km lange Kiesstrand ist einer der längsten Strände an der Adria. Ihm hat Baška seine Beliebtheit als Badeort zu verdanken.

Bunculuka. Sehr schöner FKK-Strand mit wei- ßem Kies in einer Bucht zwischen zwei Hügeln östlich von Baška. Mit Campingplatz, Strand- restaurant und Sportmöglichkeiten.

Punat. Der FKK-Strand Konobe liegt in einer geschützten Bucht und bietet neben einem großen Kiesstrand einige kleine Sandbuchten zum Entdecken.

Vrbnik. Der Sandstrand Sveti Marak befindet sich in einer ruhigen Bucht. Bäume spenden Schatten. Auf der Liegewiese hinter dem Strand kann man Sonnenstühle und Sonnen- schirme mieten.

Malinska. Der grobe Kies-Stein-Strand ist von einem Kiefernwald umgeben, der Schatten spendet. Mit Liegewiese. FKK.

Njivice. Im Norden kann man zwischen einem Stein-, Kies- und Sandstrand wählen (alle FKK).

Auch auf der Insel Krk wird Wein angebaut. Besonders der Zlahtina ist eine gute Wahl.

Weiß und karstig: So zeigt sich Krk vom Velebit-Nationalpark aus auf dem Festland.

Persönlicher Tipp

BADEN MAL GANZ OHNE

Zu Beginn des 20. Jahrhunderts war sie modern, geradezu revolutionär und forderte den Spießbürger heraus: die Freikörperkultur. FKK wurde als Hinwendung zum Körperlichen durch Sport, Wandern u. a. Freizeitaktivitäten in der Natur verstanden, ein Gegenentwurf mit viel Licht und Luft zur beengten, städtischen Lebens- und Wohnraumsituation. Touristisch gesehen war das heutige Kroatien ein Vorreiter in Sachen Ganz-ohne-Badeurlaub, denn es gab berühmte Vorbilder: Der britische Kronprinz und spätere Kurzzeit-König Edward VIII. badete mit seiner Geliebten Wallis Simpson bereits 1936 ohne Textilien in der Adria. Zuzeiten des Kalten Krieges importierten die DDR-Urlauber dann ihre eigene FKK-Kultur ins damalige Jugoslawien. Bis heute findet sich kaum ein anderes Land mit so vielen FKK-Stränden und -plätzen. Krk ist ein besonders guter Platz, um es »hüllenlos« einmal auszuprobieren.

Die Bucht von Baška, von wo Bootstaxen zu Stränden der Umgebung abfahren.

rer Art weiß man auch zu berichten: Vereinzelt schwimmen **Braunbären** vom Festland herüber auf der Suche nach einem neuen Territorium.

Heute ist Krk eine der beliebtesten Adria-Inseln: für Familien, FKK-Fans und Segler. In **Punat** finden diese die größte Marina an der Adria. Landratten freuen sich auf Strände und klares Wasser, Wanderwege und Sportangebote. Punat vorgelagert ist die kreisrunde Insel **Košljun** mit einer kleinen Pfarrkirche darauf. An der außergewöhnlich zergliederten Küste gibt es zahlreiche Mini-Buchten, in denen jeder seinen ganz privaten Strand finden kann.

Venezianisches und Kulinarisches

Krk schleppt eine lange Geschichte mit sich. Auf der Insel haben Illyrer, Römer, Venezianer und Österreicher Spuren hinterlassen. Am Südostzipfel von Krk wartet das Zentrum des Seebads **Baška** mit vielen venezianischen Stadthäusern auf. Auch **Krk-Stadt** wurde von den Venezianern geprägt. Die Altstadt rund um die Kathedrale durchziehen enge, kopfsteingepflasterte Straßen. An der Promenade reihen sich die Fischrestaurants aneinander. Innerhalb der Stadtmauern finden sich urige **Konobas,** wie die typisch kroatischen Restaurants genannt werden. Neben traditionellen Fleischgerichten wie Ražnjići oder Ćevapčići, steht stets fangfrischer Fisch auf der Karte. Dazu wird ein Fläschchen **Žlahtina,** der auf der anderen Seite der Insel gekeltert wird, getrunken. Der frische Weißwein stammt aus dem mittelalterlichen **Vrbnik.**

Infos und Adressen

ANREISE

Flug: Charterflüge nach Rijeka.
Auto: Über die Tauernautobahn A 10 via Salzburg und südlich von Rijeka auf die Krk-Brücke. Mietwagen am besten direkt am Flughafen nehmen.

BESTE REISEZEIT

April–Oktober, Badesaison Mai–September

SEHENSWERT

Omišalj. 85 m über dem Meer auf einem Felsen errichtet. Darunter der Hafen und eine 3 km lange Bucht. Wunderbare Ausblicke.

Njivice. Gilt als einer der attraktivsten Orte der Insel. Gute Tauchbasis.

Soline. Der schwarze Heilschlamm in der flachen Bucht zieht die Besucher für Naturfango-Packungen an. Man reibt sich von Kopf bis Fuß ein und lässt den Schlamm trocknen. Im tiefen Wasser wird die Kruste dann abgespült.

Dobrinj. Einziger größerer Ort im Inselinneren. Drei Kirchen (12.–14. Jh.).

Košljun. Kleine Insel mit Pfarrkirchlein in der Bucht von Punat.

ESSEN UND TRINKEN

Konoba Galija. In der Altstadt von Krk-Stadt nahe des Klosters. Begrünter Innenhof. Kroatische Hausmannskost und knusprige Pizzen. www.galijakrk.com

Dvori Svetog Jurja. Rustikales Steinhaus mit Hof und Meerblick 10 Min. westlich von Krk-Stadt in der Nähe des Dorfes Vrh. Rustikale Speisen wie Lamm oder Kalb im Schmortopf. www.krk-agroturizam.com

Konoba Bracera. Frischer Fisch. Gutes Preis-Leistungs-Verhältnis. Malinska, www.konoba-bracera.com

Konoba Pud Brest. Liebevoll restauriertes altes Steinhaus mit schweren Eichenbänken und Tischen. Großer Grill und Schmortopf mit Lamm, Kalb oder Oktopus. Omišalj, www.pud-brest.com

Konoba Zora. Direkt am Kirchplatz von Dobrinj. Urig eingerichtet. Empfehlenswert: Surlice mit Scampi oder Meeresfrüchtegulasch mit Polenta. www.zora-dobrinj.com

SHOPPING

Sopile. Wer sich für Blasinstrumente interessiert, der kann sich dieses typische Instrument aus Krk am Ursprungsort kaufen.

Romantische alte Kopfsteinpflastergassen führen durch die venezianisch geprägte Stadt Krk.

ÜBERNACHTEN

Hotel Bor. Kleines Hotel mit 22 Zimmern mit Garten und Meerblick, etwas außerhalb von Krk-Stadt direkt an der Felsküste. Zwei Badestege. www.hotelbor.hr

Agrotourismus Vrh. Uriges Steinhaus für vier Personen: ein geräumiges Wohnzimmer mit Küche, Essbereich und Kamin, Schlafbereich im Dachgeschoss mit Badezimmer. Abgeschiedener kann man kaum wohnen. Blick aufs Meer. www.krk-agroturizam.com

Hotel Corinthia. Komfort- und Familienhotel an der Bucht von Baška. Drei Sterne, 400 Zimmer, gutes Sport- und Entertainment-Angebot, Pools, Wellness. www.hotelibaska.hr

Hotel Malin. Komfort für jedes Niveau (zwei bis fünf Sterne). Pools, hauseigener Strand, Bootsanlegeplätze. Malinska, www.hotelmalin.com

Hotel Mileti. Charmantes kleines Haus. Familienbetrieb. Umgeben von Kiefern, direkt am Meer mit kleinem Strand. www.milcetic.com

WEITERE INFOS

Tourismusverband Krk. www.krk.hr

Brač

HIGHLIGHTS

Bol. Besonders schön um den kleinen Hafen, wo sich am besten eine Flasche Bolski Plavac genießen lässt.

Škrip. Wirkt wie eine Festung aus dem Märchen. Auf dem Gipfel des Hügels thronen Kastell, Wehrtürme und Kirche.

Pučiše. Der Marmor aus den Steinbrüchen bestimmt seit jeher das Leben. Einige Steine fanden sogar den Weg nach Washington ins Weiße Haus.

Selce. Dort ist alles aus Stein: Stiegen, Balkone, Wasserrinnen, auch Skulpturen vom russischen Schriftsteller Leo Tolstoi, von Papst Johannes Paul II. und dem deutschen Außenminister Hans-Dietrich Genscher.

KULINARISCHE SPEZIALITÄTEN

Vitalac: Vielleicht nicht jedermanns Sache, aber nur auf Brač zu bekommen, sind Lamminnereien (Leber, Herz, Lunge), die am Spieß gegrillt werden. – *Pašticada:* Mariniertes Rindfleisch mit Knoblauch und Zwiebeln, in Rot- oder Weißweinsauce gekocht. – *Šurlice:* Hausgemachte Nudeln, die in jedem Ort ein wenig anders aussehen.

Fast jeden Tag mit neuer Form: das Goldene Horn, einer der schönsten Adria-Strände.

Passionierte Inselsammler müssen in Kroatien nirgends Hunger leiden. Auch im Süden nicht: Allein von Split aus sind nicht weniger als fünf Inseln schon in Sichtweite. Die größte von ihnen ist Brač. Sie ist nach Krk und Cres die drittgrößte Adria-Insel und sie hat ein wunderbares Alleinstellungsmerkmal: das Goldene Horn.

Am Goldenen Horn Dalmatiens

Da liegt sie nun, streckt ihre Zunge heraus und weiß: »Ich bin die Schönste im ganzen Land.« Jeder Prospekt, jeder Reiseführer, jedes Plakat, das sich mit Brač beschäftigt, zeigt sie: die Landzunge **Zlatni rat,** das »Goldene Horn«. Sie gilt als der schönste Strand Kroatiens. Das Wasser fällt erst nach einigen Metern dunkelblau ab. Praktisch jeder Inselbesucher badet mindestens einmal am Kap, was in der Hochsaison durchaus zu beengten Verhältnissen an Land führen kann. Zlatni rat verändert sich ständig, zumindest nach jedem Sturm. Der helle Kies im kristallklaren Meer verschiebt sich aber auch infolge von Strömungen.

Brač besteht – wie viele Inseln entlang der dalmatinischen Küste – aus weißem Kalkstein, der u. a. in der Fassade der Kathedrale von Split verbaut wurde. Auch Brač wirkt deshalb an vielen Stellen wie ein Schauplatz aus den Winnetou-Filmen. Brač ist dennoch anders. **Škrip** z. B., der

Kroatien

Zlatni rat. Das »Goldene Horn« bei Bol gilt mit seiner knapp 500 m langen Landzunge aus hellem Kiesel als schönster Strand der Adria.

Banj. Einer der wenigen Sandstrände der Insel, mit Pinienhainen als Hintergrundkulisse, auf Sveti Nikola, der zweiten größeren Landzunge an der Nordküste bei Supetar.

Pučišće. Badebucht an der Nordküste mit hellem Kies und Blick aufs Festland.

Lovrecina. Eine halbkreisförmige Bucht mit hellem Kies und Sand, umgeben von Kiefernwäldern und Macchia, rund 3 km außerhalb von Postira.

Sumartin. Im Südosten von Brač befinden sich mehrere ruhige Buchten (Rasotica, Zukovik, Radovnja, Studena, Zvirje und Spilice), alle mit Sand-/Kiessandstränden.

Sutivan. Zu den bewaldeten Stränden im Nordwesten der Insel (Likva, Prbuja, Stiniva, Stipanska, Mala Tiha, Vicja Luka) führt eine Promenade.

Nicht nur Badenixen, auch Windsurfer sind vor Zlatni rat in ihrem Element.

Infos und Adressen

ANREISE

Flug: Nach Split. Weiter per Bus, Taxi oder Mietwagen zum Fähranleger. **Auto:** Nach Split. **Fähre:** Tägl. ab Split nach Supetar (Autofähre), Milna und Bol oder ab Makarska, 50 km südlich von Split, nach Sumartin (Autofähre)

BESTE REISEZEIT

April–Oktober (Saison)

SEHENSWERT

Eremitenkloster Blaca. Inmitten der fast unberührten Natur des Inselinneren liegt der vom Meer aus nicht zu erkennende ehemalige Klosterkomplex, heute eine Sternwarte mit Museum, www.bol-croatia.net/de/blaca.html
Milna. Zwei Buchten, ein Naturhafen, ein Kastell und die Kirche der Heiligen Maria. Im Südwesten der Insel.

ESSEN UND TRINKEN

Konoba Tomic. 800 Jahre alte Kellerschänke. Hausgemachte Gerichte.
www.konobatomic.com

ÜBERNACHTEN

Villa Adriatica. Kleines, geschmackvoll eingerichtetes Resort mit Pool, nur 100 m vom Strand. Supetar,
www.villaadriatica.com
Hotel Bonaca. Hübsche All-inclusive-Anlage in Bol.
www.hotelbonacabol.com

WEITERE INFOS

www.dalmatianet.com/brac

älteste Ort der Insel – seit 5000 Jahren bewohnt – und auf einem Hügel erbaut, wurde durch viele Epochen geprägt. Auf eine bronzezeitliche Wehrsiedlung kamen römische Fundamente, die dann von altkroatischer Architektur überbaut wurde. Oder **Bol,** ein typischer Touristenort: Große Hotels in Kiefernhainen umzingeln das alte, aus Naturstein erbaute Fischerdorf. Das aber trotzt mit Würde dem ganzen Trubel rund ums »Goldene Horn«. Und schließlich besitzt Brač, unter anderem an ihren Südhängen oberhalb von Bol, kleine Terrassen an denen Wein angebaut wird. Aus diesem entsteht später der dunkelrote Bolski Plavac. Knapp ein Viertel der insgesamt 14 000 Einwohner lebt im Hauptort Supetar, wo im Sommer wegen der vielen anlegenden Fähren immer ein reges Treiben herrscht. Kleinster Ort von Brač ist die Siedlung Murvica mit gerade mal 22 Einwohnern.

Hvar

Verstecktes Plätzchen auf Hvar: Badefreuden an einem Mini-Strand bei Jagodna.

HIGHLIGHTS

Hvar-Stadt. Inselhauptstadt mit Palästen, Wehrmauern, Kirchen, Hafen und dem ältesten Stadttheater Europas (1612). Palmen wiegen sich im Wind.

Stari Grad. Die älteste Siedlung auf der Insel, 384 v. Chr. gegründet. Hafenpromenade, Stadtmauer, Gassen und Arkaden.

Jelsa. Sehr schöner Stadtplatz mit Bürgerhäusern. Die 1,5 km lange Promenade Lungomare verbindet die Buchten von Jelsa und Vrboska.

Vrboska. Fensterlose Kirchenfestung Sveta Marija mit zwei Wehrtürmen (16. Jh.).

KULINARISCHE SPEZIALITÄTEN

Istarska: Suppe aus Wein, Olivenöl und gerösteten Brotstücken. – *Peka:* Gedünstetes Lammfleisch und Gemüse im Tontopf. – *Šurlice:* Hausgemachte Nudeln, die in jedem Ort ein wenig anders aussehen. – *Pršut:* Als Vorspeise guter dalmatinischer luftgetrockneter Schinken.

Der Fremdenverkehr hat auf der Insel Hvar eine lange Tradition. Feriengäste kamen schon vor 150 Jahren. Die Beweggründe, Hvar zu besuchen, dürften bis heute dieselben sein: das türkisblaue Meer, herrliche Buchten, Weinberge, Olivenbäume und Lavendelfelder. Und ausgesprochen wird Hvar damals wie heute: »Chwar« – mit rollendem »r« am Ende.

Die Sonneninsel zeigt sich von der Sonnenseite

Vor der Küste Kroatiens liegen die Inseln in Sichtweite zueinander. Das fordert zum Inselspringen geradezu heraus. Und immer wieder wechselt die Szenerie: Mal zeichnet sich die Nachbarinsel gestochen scharf gegen den Himmel ab und ist zum Greifen nah. Anderntags verschwimmen die Umrisse mit dem gleißenden Sonnenlicht am Horizont. Hvar, südlich von Brač gelegen, empfängt seine Gäste mit üppiger Natur. Die Form wie ein Strich auf der Landkarte, hat sich die Insel komplett nach Süden ausgerichtet. **Sonneninsel** heißt sie, und ihre Sonnenseite zeigt sie. Es wachsen Trauben, Kirschen und Lavendel. Der Anblick der weiteren Kleinstinseln, die vor ihrer Küste liegen, erinnert an Moosbüschel. Die Insel war so

Kroatien

etwas wie die Königin unter den dalmatinischen Inseln und auch schon seit der Antike bekannt.

Über Jahrhunderte (13.–18. Jh.) war Hvar im Besitz der Republik Venedig. Aus dieser Zeit stammt auch der Glanz der Insel. Hiervon zeugt vor allem **Hvar-Stadt** – mit Dom und Theater, dem ersten Stadttheater Europas, dem Uhrturm, der Festung und den Arkaden der venezianischen Stadtloggia. Davor laufen die Fähren ein, die großen Kreuzfahrtschiffe dagegen bevorzugen **Stari Grad,** die älteste Siedlung der Insel, als Anlegestelle.

Hvar gehört laut dem US-amerikanischen Reisemagazin *Traveler* zu den zehn schönsten Touristeninseln der Welt. Den Grundstein dazu hat man bereits 1868 gelegt. Damals wurde das erste Hotel eröffnet und die erste touristische Vereinigung gegründet. Scheinbar hat Hvar alles richtig gemacht. Nur am ursprünglichen Namen gäbe es nach heutigen Marketing-Gesichtspunkten etwas zu verbessern: Die Vereinigung nannte sich damals »Hygienische Gesellschaft«.

Für die Fischer gehört das Flicken der Netze zum täglichen Brot, wie hier in Stari Grad.

Infos und Adressen

ANREISE

Flug: Nach Split. **Auto:** Über die Tauernautobahn A 10 via Salzburg auf die Adria Magistrale (Rijeka–Dubrovnik). Ab Split auf die Fähre. **Fähre:** Mehrfach tägl. Autofähre von Split nach Stari Grad sowie Verbindungen nach Hvar-Stadt und Jelsa. Weitere Fähren von Ancona (Italien).

BESTE REISEZEIT

Saison April–Oktober

SEHENSWERT

Veneranda. Kloster, in dem 1858 eine meteorologische Station einzog. Heute einer der schönsten Disco-Clubs. www.veneranda.hr

Serpentinenstrecke. 20 km, die es in sich haben, zwischen Hvar-Stadt und Stari Grad. Herrliche Aussichtspunkte

ESSEN UND TRINKEN

Passarola. Bestes Restaurant der Insel. Empfehlenswert: Hummer und Fisch. www.restaurant-passarola.eu

ÜBERNACHTEN

Hotel Croatia. Boutiquehotel im Zuckerbäckerstil (1936), nur 50 m vom Badestrand entfernt. Hvar-Stadt, www.hotelcroatia.net

WEITERE INFOS

www.dalmatianet.com/hvar

Strand-Schönheiten

Amfora Bay. Der luxuriöse Strandclub von Hvar residiert in einem renovierten Gebäude aus den 1930er-Jahren. Ein Pinienhain als Kulisse untermalt die private Atmosphäre von Miet-Cabanas. Der öffentliche Strand nebenan ist meist sehr voll.

Robinson Beach. Ruhiger Kiesstrand auf halber Strecke von Hvar nach Milna. Nur zu Fuß zu erreichen.

Pokojnyi Dol. Wunderschöne Bucht mit mächtiger Felswand im Hintergrund, knapp 1 km westlich von Milna. Besonders für Familien mit Kindern geeigneter Strand. Zugänglich über einen schmalen Pfad.

Dubovica. Idyllische Bucht mit kleinem Kiesstrand zwischen Hvar und Stari Grad. Nur zu Fuß über einen steilen Pfad erreichbar.

Pakleni Otoci. Vorgelagerte Inseln im Westen von Hvar. Die schönsten Strände sind Jerolim und Stipanska; an beiden Buchten wird schon seit den 1920er-Jahren FKK gepflegt. Mit dem Boot von Hvar-Stadt zu erreichen.

Vulcano

Die Insel Vulcano, auch Schwefelinsel genannt, trägt ihren Namen aufgrund des bis heute aktiven Vulkans, des Gran Cratere (400 m ü. NN). Seinen letzten großen Ausbruch hatte er in den Jahren 1888 bis 1890. Doch aus unzähligen Löchern in der Erde, den Fumarolen und Solfataren, steigt noch heute heißer Schwefeldampf in die Luft empor.

Schwefelgeruch und heilende Bäder

Es ist die Nase, die den Urlauber auf Vulcano sofort zu den interessantesten Stellen der Insel führt. Zwar ist der Geruch nach faulen Eiern nicht sehr angenehm, aber ein intensives Naturerlebnis. Wo kommt man den Elementen aus dem Innern der Erde so nah? Umso wohltuender sind die Bäder im heißen **Schwefelschlamm** und in den **warmen Quellen.** Hautleiden sowie Rheuma und Arthritis sollen durch eine Kur deutlich gelindert werden.

Fünf unterirdisch zusammenhängende Vulkanschlote gibt es auf der 21 km² großen Insel. Während die ältesten Feuerspucker bereits seit prähistorischer Zeit erloschen sind, ruht der **Vulcanello** (123 m ü. NN) erst seit 183 v. Chr. Beim **Gran Cratere** hingegen rechnen die Forscher weiterhin mit einem Ausbruch, was jedoch den Touristenstrom zur dampfenden Insel keineswegs schmälert. Zahlreiche Souvenirgeschäfte, Hotels, Cafés und Restaurants empfangen den Besucher gleich am Haupthafen **Porto di Levante.** Vor allem im August geht es hier bis in den späten Abend sehr quirlig zu.

Infos und Adressen

ANREISE

Flug: Nach Neapel und Catania.
Fähre: Ab Milazzo (Tragflügelboot ca. 45 Min.; Fähre 2 Std.), ab Reggio Calabria (Fähre 3 Std.) und ab Neapel (10 Std.; Tragflügelboot ca. 6,5 Std.). Für die Reise mit dem Tragflügelboot gibt es etliche Anbieter, z. B. www.siremar.it

BESTE REISEZEIT

April–September

SEHENSWERT

Altipiano di Piano. Grüne Hochebene (350 m ü. NN) mit traumhaftem Panorama
Capo Grillo. 3 km von Piano Cardo entfernter Aussichtspunkt mit herrlichem Blick über die gesamte Inselwelt und auf die Küste Siziliens

ESSEN UND TRINKEN

Ristorante La Forgia-Maurizio. Sizilianische Küche mit orientalischen Einflüssen. Auch glutenfreie und vegetarische Gerichte. Gutes Preis-Leistungs-Verhältnis. Piano, Strada Provinciale, 45
Tony Maniaci. In dem familiengeführten Restaurant wird alles aufgetischt, was das Meer um Vulcano zu bieten hat. Località Gelso

ÜBERNACHTEN

Therasia Resort. Ganz in Weiß gehaltenes Fünfsternehaus im mediterranen Stil mit Infinity-Pool, Spa und atemberaubender Aussicht. Abends oft Livemusik. Località Vulcanello, www.therasiaresort.it
Les Sables Noirs. Modernes Boutiquehotel zwischen Porto di Ponente und Vulcanello. Eigener Strand, Pool und Restaurant mit Panoramaterrasse. www.framon-hotels.com/hotel_sables_noir
Arcipelago. Sehr komfortables Viersternehaus mit Pool und Blick auf die Faraglioni von Lipari

WEITERE INFOS

www.isoleeolie.com

Spiaggia dell'Asino. Von üppig grünen Hügeln umrahmte Bucht mit schwarzem Sandstrand im Südosten der Insel. Vermietung von Liegestühlen und Sonnenschirmen. Nettes Strandlokal.

Baia di Levante. Schwarzer Sandstrand am Osthafen mit bunt glitzernden Felseinlagerungen und Fumarolen, die das Wasser fast zum Kochen bringen. Unbedingt Badeschuhe mitbringen.

Baia di Ponente. Sehr schöne, halbmondförmige Bucht aus Lava-Sand am Westhafen ohne vulkanische Aktivität. Herrlicher Blick auf Lipari. Im Sommer allerdings sehr voll.

Zona delle Acque Calde. Nördlich von Porto di Levante erhitzen unterirdische Thermalquellen das Wasser teils auf 100 °C. Baden ist an den kühleren Stellen maximal 30 Minuten möglich.

Dem Bad im weißen Schlamm schreibt man vielseitige heilende Wirkungen zu.

Geruhsamer lässt es sich auf Vulcanello an. Die kleine grüne Halbinsel ist nach Aufzeichnungen von Plinius dem Älteren erst 182 v. Chr. aus dem Meer aufgetaucht und erst seit Mitte des 16. Jh. durch eine Ansammlung von Lavaschlacke mit Vulcano verbunden.

Ein besonders reizvolles Naturerlebnis bietet die Wanderung zum Gran Cratere: Die **Rauchsäulen** an knallgelben Austrittsstellen und der Blick vom Rand in den Krater haben etwas Mystisches. Und weit unten brodelt und dampft es im Meer – die Kraft des Vulkans ist überall zu spüren.

Teneriffa

Die Gewalt des Meeres hat diesen Naturpool bei Garachico mit der Zeit erschaffen.

HIGHLIGHTS

Santa Cruz de Tenerife. Hauptstadt mit schönen Plätzen, Herrenhäusern und der Markthalle mit viel Trubel am Morgen.

El Teide. Wahrzeichen der Kanaren und mit 3718 m ü. NN höchster Berg Spaniens. Spektakuläre Landschaften um Roques de Garcia und Las Cañadas.

Orotava-Tal. Bereits Alexander von Humboldt zählte es zu den schönsten Landschaften, die er je gesehen hatte.

Drago Milenario. Tausendjähriger Drachenbaum bei Puerto de la Cruz.

Garachico. Dort sieht man bis heute, wie 1706 die Lava floss. Das Castillo de San Miguel hat die Naturkatastrophe unbeschadet überstanden.

KULINARISCHE SPEZIALITÄTEN

Almogrote: Püree aus geriebenem Ziegenkäse, scharfer Paprika, Tomaten, Knoblauch und Olivenöl. – *Garbanzas compuesto:* Kichererbsen mit Schweinefleisch als Vorspeise. – *Conejo en salmonejo:* Kaninchen in feiner Kräuter-Weißwein-Sauce. – *Papa Negra:* Die schwarze Kartoffel, die teuerste auf dem Markt, wird mit *Mojo blanco,* einer Knoblauch-Sauce, gereicht.

Auf der Nummer eins unter den sieben Kanarischen Inseln tummelt sich ein buntes Besuchervölkchen. Vier Millionen kommen jedes Jahr nach Teneriffa, das geliebt wird von Winterschwalben, die dort den ewigen Frühling suchen, sowie von Windsurfern, Bergwanderern, Mountainbikern, Pflanzenliebhabern – und natürlich vielen Pauschaltouristen.

Dichtes Getümmel hier, unverstellte Wildnis dort

Das Einzige, was Teneriffa auf den ersten Blick nach der Landung auf dem Flughafen Santa Cruz-Reina Sofía von einer deutschen Trabantenstadt mit Auto- und Möbelhäusern, Fast-Food-Buden und Tankstellen unterscheidet, ist der Temperaturunterschied von mindestens 15 °C. Lau streichelt der Wind über die Haut, grell scheint die Sonne.

Teneriffa ist nicht nur die größte, sondern vor Gran Canaria auch die meistbesuchte Insel der Kanaren. Das muss einen Grund haben. Der Wichtigste: **Playa de las Américas.** Das Riesenstrandgebiet wurde wohl nach einer Statue benannt, die Christoph Kolumbus mit ausgestrecktem Arm gen Westen zeigt. An den Playas im Süden, **Los Cristianos** inbegriffen, gibt es tatsächlich alles: Betonbunker in jeder Preislage, Restaurants von lecker bis abscheulich, Bier und Champagner, unzählige Geschäfte, in denen scheinbar das Gleiche verkauft wird, hübsche Mädchen, böse Buben,

Spanien

schrullige Omas, braun gebrannte Opas. Dort macht man Urlaub in trauter Gesellschaft, Liege an Liege mit Sonnenschirmen wie Strohsoldaten dahinter. Der Strand ist bis auf den letzten Zentimeter besetzt. An der Promenade, wo die neueste Mode und hübsche Handtäschchen ausgeführt werden, sieht es ähnlich aus. Zu Platznot und zweifelhaftem Geschmack kommen noch Time-Share-Verkäufer und Sandalen in allen Formen, Farben und Zuständen. Das Wort Massentourismus wurde wahrscheinlich an der Playa de las Américas erfunden, allerdings versüßt durch Wind, Sonne und den Blick aufs Meer.

Puerto de la Cruz, ein ehemaliges Fischerdorf, das dank des Tourismus in eine Stadt mit Ambiente verwandelt wurde, im Zentrum der Nordküste gelegen, hat eine gewisse Ähnlichkeit mit der Playa de las Américas. Doch fehlt der natürliche Sandstrand. Von Oktober bis März wird die Stadt vor allem von deutschen Überwinterern besucht, dies lässt sich an Einkehrmöglichkeiten wie »Bayerische Bratpfanne« oder »Alt-Heidelberg« ablesen; dort werden Käsespätzle, Bratwurst und Kartoffelsalat serviert. Im Sommer sind es jedoch eher Familien und spanische Urlauber, die in unmittelbarer Nachbarschaft mit den Einheimischen wohnen. Dies ermöglicht es, in die landestypische Atmosphäre einzutauchen, in welcher man als willkommener Gast in das tägliche Leben integriert wird.

Auf dem Gipfel der Kanaren

Als Alternative locken die Berge! Aus dem 15 °C-Unterschied sind zwar nur noch 8 bis 10 °C geworden, doch hat sich die Fahrt gelohnt: Wie ein Keil schiebt sich Spaniens höchster Berg zwischen Playa de las Américas und Puerto de la Cruz. Mit 3718 m ü. NN ist der **Teide** sogar der dritthöchste Inselvulkan der Erde. Das sind 756 m mehr als die Zugspitze! Seit März 2009 gehört der Nationalpark rund um den Vulkan auch zum UNESCO-Weltnaturerbe. Um den Touristenansturm in geordneten Bahnen zu halten, patrouillieren Ranger und maßregeln Schilder: Wandern abseits der vorgegebenen Wege ist strengstens verboten! Dennoch zeigt sich der Teide und seine Umgebung wildromantisch: Bizarre Felswände, kantige Massive, terrassierte Hänge und eine geradezu explodierende Vegetation konkurrieren mit Himmel und Meer sowie von Menschenhand geschaffenen, niedlich-bunten Dörfern. Den Eindruck trü-

Ein Must-see: Rote Natternköpfe wachsen im wunderschönen Teide-Nationalpark.

Inseltypische Vegetation ist im Botanischen Garten von Teneriffa zu sehen.

Persönlicher Tipp

GUANCHEN UND CANARIOS

»Ich bin kein Spanier, ich bin Kanarier!«, empört sich Secundino Delgado in einem Leserbrief an die Zeitung *Info Canaria*. Er beklagt die Überfremdung seiner Insel. Nein, Señor Delgado und die anderen 1,5 Millionen Canarios beschweren sich nicht über die ausländischen Touristen oder Residenten. Gemeint sind die Festlandspanier, von denen in den letzten Jahren gut 150 000 zugezogen sind, »und uns die Arbeitsplätze im Tourismus weggenommen haben«. Auf eine einfache Formal gebracht: Die Ausländer schaffen neue Arbeitsplätze, die Spanier vom Festland besetzen sie. Und beide tragen zur Zerstörung des kanarischen Volkscharakters und der uralten Kultur bei. Auf Teneriffa ist man stolz, von den Guanchen abzustammen, wie die Ureinwohner genannt werden. Wer zu diesem Thema Hintergrundinformationen wünscht, dem sei das **Museo de la Naturaleza y del Hombre** in Santa Cruz empfohlen. Dort kann man die Zeit der Guanchen, ihr Leben, ihren Alltag ab etwa 3000 v. Chr. genauer kennenlernen.

Mühsam ist der Weg nach oben, aber die Aussicht entschädigt jeden Radler.

ben können lediglich Busladungen aus Playa de las Américas oder Puerto de la Cruz. Das geschieht aber eher selten. Bei ganz großem Pech verdüstert eine fette, graue Wolkenbank die Szenerie.

Kantige Naturschönheiten

Teneriffa muss jeder für sich selbst entdecken. Die einen machen das im Liegestuhl und mit Wurstbude in der Nähe. Die anderen sind unterwegs und entdecken Schmuckstücke wie die romantische Kleinstadt **La Ortava**. Sie lockt mit zahlreichen historischen Gebäuden in der Innenstadt und einem Flair von Ruhe und Beschaulichkeit. Oder man genießt die Natur in den **Montañas de Anago** im Norden, im **Orotava-Tal**, am Teide, an den von Wind und Wetter geschliffenen **Roques de Garcia** oder an den **Cañadas**, wo 500 m hohe Felswände die Caldera umschließen. Teneriffa ist eben nicht ganz, sondern nur entlang der Küstenlinien touristisch erschlossen. Und selbst das stimmt nicht ganz, denn in der Inselkapitale Santa **Cruz de Tenerife**, einer Großstadt mit 170 000 Einwohnern, fallen die braun gebrannten oder rot verbrannten Touristen unter den blassen Canarios richtig auf.

Infos und Adressen

ANREISE

Flug: Die Inselhauptstadt Santa Cruz de Tenerife wird das ganze Jahr über von zahlreichen deutschen Flughäfen und Airlines bedient. Flugzeit: ca. 4,5 Std. **Auto:** Sehr großes Mietwagenangebot. Die Straßen sind gut. Das Bus-Netz ist zwar ausgebaut, ein Mietwagen jedoch trotzdem empfehlenswert. Motorräder sind teuer. **Fähren:** 1 mal wöchentl. nach/von Cádiz, Südspanien, in gut 30 Std. Die Schwesterinseln können alle mit Schiffen erreicht werden, bis zu 8 Std. für eine Passage.

BESTE REISEZEIT

Ganzjährig, auch zum Baden. Die Tagestemperaturen schwanken im Jahresdurchschnitt um höchstens 5 °C.

SEHENSWERT

Karneval in Santa Cruz. Gilt als der zweitgrößte Karneval der Welt, gleich hinter dem von Rio de Janeiro. Jährlich im Februar mit mehr als 100 000 Besuchern.

Montañas de Anago. Schöne Gebirgslandschaft im Norden mit dem Eremitenkloster Cruz del Carmen

Masca. Pittoreskes, allerdings stark besuchtes Bergdorf im Teno-Gebirge

Los Gigantes. 500 m hohe Klippe an der Westküste, die abrupt ins Meer abfällt.

Playa de las Américas. Eines der bedeutendsten Tourismuszentren Spaniens mit mehr als 100 000 Betten in einem Ort mit 4000 Einwohnern.

ESSEN UND TRINKEN

La Cazuela. Im Herzen der Inselhauptstadt bestellt man am besten den Salzfisch aus der Kassarole, denn nichts anderes heißt Cazuela übersetzt. www.tenerife-abc.com/lacazuela

Rincón del Mar. Von außen nicht unbedingt einladend, innen aber gemütlich, mit überzeugender Küche, besonders Fisch in allen Varianten. Auch die Gambas sind lecker. Puerto de la Cruz, www.restaurante-rincondelmar.blogspot.de

La Bodeguita de Enfrente. Kanarische Tapas in ländlicher Idylle bei Orotava. Empfehlenswert: *Huevos estampidos* (kanarische Rühreier) oder *Parillada* (Rindfleisch mit Kartoffeln). www.labodeguitadeenfrente.net

Casa Pana. Familienbetrieb mit kanarischer Küche und Hausweinen nahe des Eingangs zum Teide-Nationalpark. www.casapana.com

SHOPPING

Flohmärkte. Empfehlenswert ist der Markt in Santa Cruz de Tenerife nahe der Plaza de España. So 9–13 Uhr.

ÜBERNACHTEN

Mencey. Wunderschönes Palais im kanarischen Baustil mit Palmgarten und Pool. Fünf Sterne. An der Rambla von Santa Cruz. www.starwoodhotels.com

Arona Gran Hotel. Luxuriöses Hotel mit tropischem Garten direkt an der Playa de los Cristianos. www.springhoteles.com

Tradition verpflichtet: Frauen in kanarischer Tracht vor der Kirche in Los Realejos in Romeria.

Bahía Príncipe San Felipe. All-inclusive-Hotel am Meer mit Blick auf den Teide. Mehrere Pools, Spa. Puerto de la Cruz, www.bahia-principe.com

Casona Santo Domingo. Günstiges Stadthaus aus dem 16. Jh., nur fünf Zimmer mit Patio, Holzdecken und Kachelböden. Güímar, www.casonasantodomingo.com

Parador Nacional. Dreisterneherberge direkt am Teide-Nationalpark. Rustikales Châlet mit knapp 40 Zimmern und Pool. www.parador.es

WEITERE INFOS

Oficina de información turística. Villa de **Arico,** C/Benítez de Lugo, 1, www.webtenerife.de

Lanzarote

Weiße Gebäude und dunkle Lavaberge sind ein typisches Inselbild: hier Las Laderas.

Lanzarote, das ist die geheimnisvolle Feurige, die Insel von César Manrique und für Liebhaber von Vulkanlandschaften, für Freunde der Esoterik, denn von den Vulkanen sollen »positive Kräfte« ausgehen, und schließlich für Sportler, die besondere Herausforderungen suchen. Auch hat sich Pedro Almodóvar, einer der bekanntesten spanischen Filmregisseure, in die Insel verliebt.

Elementar und unwirklich – eine Inspiration für Künstler

»Los Abrazos Rotos« hielt ganz Lanzarote auf Trab. Der Star des Films von Pedro Almodóvar war schließlich kein Schauspieler – trotz Penelope Cruz in der Hauptrolle –, sondern die Insel selbst. »Ach Gott, was haben die für einen Aufwand betrieben«, verdreht Julio die Augen. Von der Terrasse seines Restaurants in El Golfo konnte er genau beobachten, wie das Filmteam die wildromantische Bucht im Südwesten der Insel als Kulisse mit Tag und Nacht tosender Brandung einfing. »Kräne, Schienen für Kamerafahrten, alles hatten die!« Almodóvars Tross zählte fast so viele Leute wie **El Golfo** Einwohner hat. Aber die 131 Golfianer fühlten sich nicht gestört. »Invasionen« sind sie zumindest in der Hochsaison gewohnt. Dann kommen ab 12 Uhr mittags die Touristen, werfen einen Blick auf die nahe olivgrüne Lagune, sammeln im schwarzen Sand ein paar Olivine, um dann in

den sieben Fischrestaurants des Dorfs ein wunderbares Mittagessen zu sich zu nehmen.

Dramatik in Schwarz und Rot

Almodóvars erster Besuch in El Golfo verlief komplett anders. Von der Aussichtsplattform oberhalb des Lava-Strands sah er ein sich küssendes Pärchen. Die Liebenden in dieser archaisch anmutenden Landschaft inspirierten den Regisseur zu »Los Abrazos Rotos«, eine Liebesgeschichte mit viel Leidenschaft und Eifersucht. »Ich habe in der Natur noch nie solch dramatische Farben – so dunkel und so originell – gesehen«, beschrieb Almodóvar seine Eindrücke von Lanzarote. Kein Wunder, dass auch der **Timanfaya-Nationalpark** mit seiner mondähnlichen, schwarz-roten Lava-Landschaft und den Feuerbergen Drehorte waren. Nirgends sonst auf Lanzarote treffen die vier Elemente Feuer, Wasser, Luft und Erde so direkt aufeinander: bei **Los Hervideros,** unweit der Feuerberge bei El Golfo, wo der Wind die Wellen an die schwarze, schroff zerklüftete, unwirklich anmutende Vulkanküste peitscht, oder bei **Famara,** wo sich die Berge wie eine überdimensionale Steinwelle den Drei-Meter-Wellen entgegenstemmen. Neben diesem meist nur Surfern bekannten Ort im Nordwesten wählten die Motivscouts die Fischerorte **Janubio** und **Orzola** sowie die rauen Klippen der Nordküste aus. **La Carretera LZ-30** diente als Strecke für eine aufregende Verfolgungsjagd. Alle Filmschauplätze sind leicht auf einer guten Lanzarote-Landkarte zu finden und können mit dem Mietwagen angefahren werden.

Symbiose von Natur und Architektur

Eine schmale Landstraße, ebenfalls ein Drehort, führt durch **La Geria,** UNESCO-Welterbe und eines der schönsten Weinanbaugebiete der Welt, wo in schwarzen Lavafeldern zarte Rebstöcke grünen. In den **Weinfeldern** zwischen Uga und Masdache wird der trockene **El Grifo** angebaut. Auf etwa 1200 ha ist jeder einzelne Weinstock mit einem tief gelegten Kegel vor Wind und Austrocknung geschützt. Die Lava speichert die Feuchtigkeit und gibt sie an die Pflanzen ab. Dasselbe machen die Bauern auch für Tomaten, Paprika oder Zwiebeln: Landwirtschaft und Landschaftsarchitektur in einem.

Noch eine weitere Filmstrecke kann man am Kreisverkehr in Tahíche, dessen Mitte ein Windspiel des Inselkünstlers, des 1992 verstorbenen **César Manrique,** dominiert, nach-

Manchmal sanft, manchal wild: Strand Playa Blanca nahe Puerto del Carmen

Strand-Schönheiten

Playas del Papagayo. Drei schöne Buchten mit gelbem Sand im tiefen Süden. Meist kräftige Brandung. Playa de Mujeres, der längste Strand, ist rund 400 m lang und je nach Gezeiten 20 bis 100 m breit. Ein Traum für Individualisten, Adam und Eva. Anfahrt mit Jeep oder Mountainbike.

Playa Blanca. Der sehr breite, künstlich angelegte Hausstrand von Puerto del Carmen, dem größten Touristenzentrum der Insel, lockt mit hellem Sand, einigen Palmen und sanften Wellen.

Playa de los Pocillos. Bester Familienstrand bei Puerto del Carmen. Heller Sand, flach abfallend, komplette Infrastruktur.

El Golfo. Olivgrüne Lagune mit schwarzem Sand, in dem sich Olivine finden. Eher zum Anschauen als zum Baden, denn die Brandung ist sehr stark. Einer der schönsten Plätze auf Lanzarote.

Playa de Famara. Nur für sportliche Schwimmer und windhungrige Surfer. Zum Teil mit Drei-Meter-Wellen, starke Unterströmung. 5 km lang, sichelförmig, mit FKK-Bereich.

Ein Ritt mit dem Kamel zu den Feuerbergen gehört zu einem Lanzarote-Besuch.

Persönlicher Tipp

MUSKELBRENNEN IN DEN FEUERBERGEN

Der Tourist möchte genießen, schauen, staunen – auch beim Fahrradfahren. Ganz anders die Eisenmänner und -frauen: Gegen Wind, Wellen und steile Anstiege kämpfen seit mehr als 20 Jahren alljährlich rund 1800 Triathleten beim »Ironman Lanzarote«, einem der anspruchsvollsten Sportwettbewerbe der Welt: Schwimmen, Laufen und Radfahren über eine Distanz von 227 km.

Die schönsten 15 km dieser Strecke führen durch die **Montañas del Fuego** mit ihren tiefen Kratern, idealtypischen Kegeln und bizarren Lavafeldern. Sie sind gut auf einer **Fahrradtour** zu bewältigen. Wenn die Feuerberge am späten Nachmittag das Abendrot langsam auffangen, ist es am schönsten. Die letzten Busse fahren zum Ausgang des Timanfaya-Nationalparks, und gemächlich ziehen ein paar stoische Kamele mit Touristen im Sattel durch die surreal wirkende Szenerie. Die Fahrradreifen surren über den Asphalt. Weil die Mondlandschaft, durch die man fährt, schweigt, kommt einem dies vor wie eine Kreissäge im Einsatz.

Manriques Kakteen-Garten ist eine nahezu perfekte Symbiose von Natur und Kunst.

fahren. Der berühmteste Sohn Lanzarotes verband Natur und Kunst auf einzigartige Weise. Sein Wohnhaus in **Tahiche** ist eine Komposition aus schroff belassenem Vulkangestein. Vom Aussichtspunkt **Mirador del Río** blickt man über die Nordküste. Die **Cueva de los Verdes** verzaubert mit unterirdischen Gängen durch Lavagestein, begleitet von sphärischer Musik. Und auch der **Kaktusgarten von Guatiza** ist ein Werk des Künstlers.

Almodóvar aber gelang es in seinem Film, Lanzarote so zu zeigen, wie die Insel zu weit mehr als die Hälfte ist: schroff, wild, faszinierend und geheimnisvoll, aber auch abweisend. Eben ganz anders wie an den Gestaden von **Puerto del Carmen** oder **Playa Blanca,** wo 90 Prozent der Touristen ihren Urlaub verbringen. Die meisten von ihnen ahnen nicht, auf welche Naturschätze sie nur wenige Kilometer weiter stoßen. Dabei benötigt man für eine Rundfahrt um die 60 km lange und maximal 20 km breite Insel kaum mehr als einen Tag – und das Straßennetz ist sehr gut.

Infos und Adressen

ANREISE

Flug: Die Inselhauptstadt Arrecife wird ganzjährig von zahlreichen deutschen Flughäfen und Airlines bedient. Flugzeit: ca. 4,5 Std. **Auto:** Vielfältiges Mietwagenangebot. Ein Muss, wenn man gut herumkommen möchte. Die Busse fahren eher unzuverlässig. **Fähren:** Die Schwesterinseln können alle mit Schiffen erreicht werden, bis zu 8 Std. für eine Passage.

BESTE REISEZEIT

Lanzarote ist ein Ganzjahresreiseziel. Der stete Wind macht auch heiße Sommertemperaturen erträglich. Den Winter empfindet man wie einen herrlichen Frühling. Auch an Weihnachten kann gebadet werden.

SEHENSWERT

Arrecife. Wenig aufregende Inselhauptstadt, aber mit den wuchtigen Festungen Castillo de San Gabriel und de San José **Teguise.** Ein Künstlerstädtchen mit viel Kolonialflair (1406 von den Spaniern gegründet): Kirchen, Klöster und gut erhaltene Herrenhäuser. **Guatiza.** Von César Manrique angelegter wunderschöner Kaktusgarten. Earth Art mit 1400 Arten. Tägl. 10–18 Uhr **Haria.** Weitläufige Opuntienfelder als Nährboden für die Cochenille-Laus, deren Larven den karminroten Farbstoff für den Campari liefern.

Das atemberaubende Weinanbaugebiet von La Geria ist als Weltnaturerbe ausgezeichnet.

Yaiza. Zweimal zu Spaniens schönstem Dorf gekürt.

ESSEN UND TRINKEN

Domus Pompei. Guter Fisch und italienische Küche. Klein, hübsch und günstig. Arrecife, www.domuspompei.com **La Cascada.** Fisch und Fleisch gegrillt. Puerto del Carmen, www.restaurante-lacascada.com **El Almacén de la Sal.** Edelrestaurant im ältesten Gebäude von Playa Blanca. Früher wurde dort das Salz aus den Salinen von Janubio gelagert. www.almacendelasal.com

La Era. Echte kanarische Küche, von einfach (z. B. *Papas Arrugas con Mojo*) bis zu Fischspezialitäten. In einem von César Manrique renovierten Landhaus in Yaiza. www.laera.com **Casa Torano.** Steht stellvertretend für die offenen, einfachen Fischlokale von El Golfo. Schöner kann man auf Lanzarote nicht speisen! Am besten abends, wenn die Tagesausflügler abgereist sind. Empfehlenswert: Fisch in allen Variationen und *Gambas al Ajillo*. www.restaurantecasatorano.com

SHOPPING

Timples. Fünfsaitige, gitarrenähnliche Instrumente, deutlich kleiner als die in Teguise handgefertigten. Mit Einlegearbeiten richtige Kunstwerke.

ÜBERNACHTEN

Gran Melia Salinas. Fünf-Sterne-Luxus an der Costa Teguise mit Palmenstrand und Poollandschaft – natürlich von Manrique gestaltet. Zwei Wochen verbrachten dort Pedro Almodóvar und sein Filmteam für »Los Abrazos Rotos«. www.melia.com/Melia_Salinas **Princesa Yaiza Suite Hotel.** Bezahlbares Fünfsternehaus an der Uferpromenade von Playa Blanca. Riesenpools, Spa, geschmackvoll eingerichtete Zimmer. www.princesayaiza.com **Timanfaya Palace.** Anspruchsvolle Architektur, großzügiger Garten und schöne Pools an der Playa Blanca. www.h10hotels.com **Hotelito del Golfo.** Sehr einfaches Minihotel mit kleinem Pool im verwunschenen El Golfo an der Westküste. www.hotelitodelgolfo.com **Finca de las Salinas.** Schlossähnlicher historischer Landsitz (vier Sterne) bei Yaiza mit Blick auf die Feuerberge. www.fincasalinas.com

WEITERE INFOS

Touristeninformation. Avenida de Las Playas, s/n. Puerto del Carmen, Tías. www.ayuntamientodetias.es. www.lanzarote.com

207

São Miguel

Sattgrüne Landschaft, kleine Sandbuchten und beschauliche Dörfer prägen den Süden.

HIGHLIGHTS

Feuersee. Auf dem Grund des Vulkankraters Fogo.

Sete Cidades. »Königsblick« auf zwei Kraterseen.

Serra da Tronqueira. Wildes Bergland im Osten. Reizvolle Wanderwege zum Pico da Vara.

Terra Nostra. Park aus dem 19. Jh. mit riesigem Thermalbadebecken in Furnas.

Igeja do Colégio. Ehemalige Jesuitenkirche in Ponta Delgada mit einem sagenhaften Barockaltar.

KULINARISCHE SPEZIALITÄTEN

Morcela com Ananás: Gebratene Blutwurst mit frischer Ananas. – *Cozido das Furnas:* Das Traditionsgericht aus Fleisch, Würsten, Kartoffeln und Gemüse wird sieben Stunden lang in einem vulkanbeheizten Erdloch gegart. – *Iscas de Fígado:* Leberstückchen in würziger Sauce. – *Chicharros fritos:* Kleine Stachelmakrelen, zuerst in Maismehl gewendet, dann ausgebacken. – *Bolos Lêvedos:* Leicht süßes Fladenbrot aus Hefeteig. – *Queijadas da Vila:* Kleine Rührteigkuchen aus Vila Franca.

São Miguel ist die größte und vielfältigste Insel der Azoren. Hier wird jeder Urlaubswunsch erfüllt – im urbanen Hauptort Ponta Delgada oder in der Abgeschiedenheit im einsamen Osten der Insel. Die großen in Vulkankratern eingebetteten Seen machen den besonderen Reiz der Landschaft aus und laden zu ausgedehnten Wanderungen ein.

Kraterseen, Thermalbecken und Panoramawege

Die Insel São Miguel besteht aus einer Reihe von Vulkanen unterschiedlichen Alters und bietet so auf engem Raum eine faszinierende Vielfalt an Landschaften. Atemberaubende Ausblicke hat man von den riesigen Calderen, Einsturzkrater von mehr als 5 km Durchmesser. Auf deren Grund breiten sich von Regenwasser gespeiste Seen aus. Der »Königsblick« **Vista do Rei** befindet sich am Rand der Caldera von **Sete Cidades** im Westen der Insel. Von dort hat man eine eindrucksvolle Aussicht auf den blauen und den grünen See und das kleine Dorf. Die mehrstündige Umrundung eines Teils des Kraters zählt zu den beliebtesten Wandertouren auf den Azoren. Ganz Sportliche können die Strecke auch mit dem Mountainbike zurücklegen. Im Kontrast dazu steht die Ruhe einer Kanutour auf den Seen.

Portugal

Im Zentrum der Insel führt eine Fahrstraße auf fast 900 m ü. NN an den Kraterrand des **Fogo.** Eingebettet in einen tiefen, mit Lorbeerwäldern bewachsenen Krater glitzert der »Feuersee« je nach Sonneneinstrahlung mal blau, mal türkis. Zu den hellen Sandstränden an dessen Ufer gelangt man nur zu Fuß. Eine Vielzahl an Wanderwegen und alten Pfaden der Ziegenhirten erlauben trainierten Wanderern auch längere Touren. Eine wunderbare Sicht auf die **Berge von Lombadas** hat man von einem holprigen Sträßchen aus. In den Bergen entspringt der **Ribeira Grande,** einer der größten Flüsse der Insel. Im gleichnamigen Ort mündet er ins Meer.

Weiter im Osten befindet sich die älteste der großen Calderen, der Vulkan von **Furnas.** Hier zeigt sich die vulkanische Aktivität in Form zahlreicher Thermalquellen und Fumarolen. Der ehemalige Kurort liegt heute im Dornröschenschlaf, die vielen Heilwässer werden kaum genutzt, und für einen geringen Eintrittspreis kann man ein wunderbares Bad im bis zu 37 °C warmem Thermalwasser nehmen. In einem kleinen Tal befinden sich die Badebecken der **Poça da Beija.** Aus denselben Quellen gespeist wird ein weiteres riesiges Becken im 12 ha großen Park **Terra Nostra.** Die von dem Vulkan ausgehende Wärme machten sich die Siedler der Azoren bereits früher zum Kochen zunutze: Der Fleischtopf »Cozido«

An manchen Stellen mutet die Küste der Insel fast mediterran an. Hier: São Roque.

Strand-Schönheiten

Praia de Santa Bárbara. Der dunkle Sandstrand bei Ribeira Grande ist das Eldorado der Wellenreiter. Mit wunderbarem Blick über den Westen der Insel kann man die Surfer beobachten; im Herbst finden internationale Meisterschaften statt. Die Stimmung am frühen Abend ist besonders schön.

Praia dos Moínhos. Strand in Porto Formoso in einer Felsbucht. Sehr beliebt ist auch die Bar in der alten Mühle mit großer Terrasse.

Praia da Ribeira Quente. Sandstrand in einem schmucken Fischerort mit herrlichem Blick über die sich anschließende Steilküste. An einigen Stellen wärmen Thermalquellen das Wasser etwas auf.

Mosteiros. In dem hübschen Küstenort im Westen der Insel hat man die Wahl zwischen Naturschwimmbecken, einem kleinen Steinstrand und einem schwarzen Sandstrand mit Blick auf die Felsnasen vor der Küste.

Praia d'Água d'Alto. Die zwei größeren Sandstrände an der Südküste bestechen durch ihre Lage. Ihr Sand ist etwas heller als anderswo auf der Insel.

In einer riesigen Caldeira liegt der Ort Furnas mit seinen heißen Quellen und alten Gärten.

Das ehemalige Klarissinnenkloster von Caloura wurde oft Opfer von Piratenüberfällen.

aus dem Erdloch erfreut sich bei Einheimischen und Touristen gleichermaßen großer Beliebtheit.

Einsame Bergwelt im Osten

Der bergige Osten der Insel ist mit vier Millionen Jahren einer der ältesten Teile der Azoren. Bergsteiger werden sich den Aufstieg auf den **Pico da Vara,** dem mit 1103 m ü. NN höchsten Berg der Insel, nicht entgehen lassen. Die schönste Panoramatour führt über das Hochmoor Graminhais über den Ort Povoação zum Fuß des Berges und schließlich auf den Gipfel.

Auch Freunde der Vogelwelt kommen auf ihre Kosten, denn hier ist die Heimat des **Priols,** einer Vogelart, die nur im Osten von São Miguel vorkommt. Vor einigen Jahren fast ausgestorben, steigt nun der Bestand nicht zuletzt dank der Aufforstung des Lorbeerwaldes, der ursprünglichen Vegetation der Azoren. Ohne Anstrengung lässt sich das Bergland mit einem Geländewagen erkunden. Den beeindruckendsten Blick hat man nach abenteuerlicher Fahrt über einen windgespeitschten Grat vom **Pico Bartolomeu.** Die wenig befahrene Strecke ist auch für Mountainbiker ideal.

Abwechslungsreiche Küstenlandschaften

Oft wird betont, die Azoren seien keine Badeinseln. Sicherlich kommen die wenigsten Besucher ausschließlich zum Baden auf die Azoren, dazu ist das Angebot an anderen Aktivitäten einfach zu groß. Im August erreicht die Temperatur des Atlantiks angenehme 24 °C. Dann laden zahlreiche Sandbuchten zu einem erfrischenden Bad ein; ideale Bedingungen zum Wellenreiten bietet vor allem die Nordküste.

Besonders schön ist eine Fahrt entlang der **Inselrundstraße** im Osten der Insel. Parkähnlich angelegte Aussichtspunkte bieten beim Picknick einen fantastischen Blick über die Steilküste. Entlang der Nordostküste fließen die Flüsse durch tiefe Schluchten und ergießen sich in großen und kleinen Wasserfällen bis zum Meer. Früher waren hier unzählige **Wassermühlen** in Betrieb, deren Ruinen man heute noch häufig begegnet. Die schönste Wandertour beginnt in **Ribeira Funda** und endet in **Maia,** unterwegs garniert mit grandiosen Aussichtspunkten über die Nordküste, Wassermühlen und einem einsamen Sandstrand. An der **Ribeira dos Caldeirões** bei Algarvia wurden die Mühlen restauriert. Zusammen mit idyllischen Spazierwegen und einem beeindruckenden Wasserfall sind sie ein beliebtes Ausflugsziel.

São Miguel

Infos und Adressen

ANREISE

Flug: Direktflug nach Ponta Delgada von Frankfurt am Main und Düsseldorf, ab München mit Zwischenstopp in Porto.

BESTE REISEZEIT

Mai–Oktober, Badesaison Juli–September

SEHENSWERT

Teefabrik Gorreana. Mit den teils fast hundert Jahre alten Maschinen wird noch heute täglich der Tee der umliegenden Plantagen verarbeitet. Grün- und Schwarztee sowie Eis aus eigener Herstellung.

Centro de Monitorização e Investigação das Furnas. In dem Zentrum am Ostufer des Sees von Furnas erhält man Informationen zu Naturschutz- und Aufforstungsprojekten in der Gegend. Sehenswert sind auch die aus Baumstämmen geschnitzten Holzskulpturen am Seeufer.

Caldeira Velha. An der Straße von Ribeira Grande zum Feuersee liegt das dschungelähnlich mit Baumfarnen bewachsene Tal. Eines der beiden Thermalbadebecken wird von einem Wasserfall gespeist. Ausstellung zur Botanik und Geologie.

Poça da Beija. Mehrere Becken mit Thermalwasser entlang eines Baches in Furnas.

Festas do Senhor Santo Cristo dos Milagres. Das größte religiöse Fest der Azoren findet jedes Jahr am fünften Sonntag nach Ostern in Ponta Delgada statt. In einer mehrstündigen Prozession wird die wunderbringende Jesusfigur durch die mit Blumenteppichen geschmückten Straßen getragen.

ESSEN UND TRINKEN

São Pedro. Gehobenes Restaurant mit großer Speisenauswahl. Largo Almirante Dunn 23, Ponta Delgada

A Colmeia: Feine regionale Küche. Rua Carvalho Araújo 29, Ponta Delgada

Cantinho do Cais. Das kleine Restaurant ist für seinen Fischeintopf *Molha de Peixe* bekannt. Rua Ramal, São Brás

O Garajau. Gemütliches Open-Air-Restaurant in einem idyllischen Fischerort. Rua Dr. Frederico Moniz Pereira, Ribeira Quente

SHOPPING

Lavaschmuck. Schmuckstücke aus dem Vulkangestein der Azoren werden in vielen Geschäften angeboten. Der größten Bekanntheit erfreut sich der Schmuckdesigner Paulo do Vale; eine seiner Kreationen überreichte der portugiesische Staatspräsident der Königin von Jordanien. Rua Machado dos Santos 89, Ponta Delgada, www.paulodovale.com

Ananas. Die aromatischen Früchte kauft man am besten in der Markthalle, dort bekommt man auch einen Karton für den Transport im Flugzeug.

Käse. Jede Insel hat ihre eigenen Käsespezialitäten: Würzig ist der Käse von São Jorge, mild der von der Insel Pico. Die beste Auswahl hat der »Käsekönig« in der Markthalle

AUSGEHEN

Baia dos Anjos. Beliebte Bar an der Marina von Ponta Delgada. Am späten Abend häufig Livemusik. Portas do Mar, www.baiadosanjos.com

ÜBERNACHTEN

Caloura Hotel Resort. An der sonnigen Südspitze gelegenes Hotel mit Meerblick und eigener Tauchbasis. In unmittelbarer Nähe zwei Sandbuchten. Ein Privatweg führt hinunter an die Felsen am Meer. Caloura, Água de Pau, www.calourahotel.com

Terra Nostra Garden Hotel. Geschmackvolles Hotel im Stil der 1930er-Jahre mit direktem Zugang zum Park Terra Nostra. Rua Padre José Jacinto Botelho, Furnas. www.bensaude.pt

Solar de Lalém. Das historische Herrenhaus an der Nordküste wurde von den deutschen Besitzern liebevoll restauriert. www.solardelalem.com

WEITERE INFOS

Delegação de Turismo de São Miguel. Av. Infante Henrique, Ponta Delgada. www.visitazores.com/de

in Ponta Delgada. Rei do Queijo, Rua do Mercado da Graça

Verwunschen liegt der Feuersee auf dem Boden eines riesigen Vulkankraters.

Santorin

Die Kykladen-Insel Santorin, auch Thera oder Thíra genannt, wirkt wie aus dem Bilderbuch: weiß-blau die Architektur, tiefblau das Ägäische Meer und strahlend blau der Himmel darüber. Sie ist die vielleicht schönste griechische Insel. Atemberaubend ist in jedem Fall der Blick von oben auf den mit Wasser gefüllten Vulkankrater.

HIGHLIGHTS

Fira. Hauptstadt und Touristenzentrum in fantastischer Terrassenlage. Den steil gewundenen Treppenpfad mit 587 Stufen nehmen viele mit dem Esel.

Oía. Griechenland wie aus dem Bilderbuch: Das Dorf mit seinem weiß-blauen Häuserlabyrinth und den typischen Windmühlen thront auf dem Kraterrand.

Akrotíri. Wichtigste Ausgrabungsstätte. Berühmtes Tafelbild »Jüngling mit Fischen«.

Profiti Elias. Kloster mit Museum auf dem höchsten Berg der Insel (500 m ü. NN).

Messaria. Weitgehend ursprünglich gebliebenes Dorf unweit von Fira.

KULINARISCHE SPEZIALITÄTEN

Stifado: Aromatisches Gulasch mit viel Zwiebeln sowie reichlich Rotwein und Gewürznelken. – *Stockfisch:* Traditionelle Speise, sehr lecker mit Pistazien. – *Sardinen:* Geräuchert und mit Linsen serviert. – *Seeigeleier:* Sehr spezielles Gericht, und nicht überall zu bekommen. Artischockenherzen als Beilage. – *Nycteri:* Santorin-Wein aus Trauben, die in der Frische der Nacht geerntet und umgehend gepresst werden.

Oía am westlichen Ende des Hauptkraters ist bekannt für seine Sonnenuntergänge.

Weiß und blau über dem Kraterrand: Griechenland aus dem Bilderbuch

Leben und leben lassen lautet die Devise – nicht nur beim Backgammon in den engen Gassen von **Fira,** dem Hauptort. Der Esel geht seinen vertrauten Weg, mit Kreuzfahrtkundschaft oder Waren für die Geschäfte, Hotels und Restaurants auf dem breiten Rücken. Ohne die vierbeinigen Lastenträger würde in den meisten Orten nur wenig funktionieren – oder nur mit sehr viel mehr menschlichem Schweiß … Der Pope spaziert durch die Gemeinde und Touristen finden ihre Sonnenplätze. Die lauen Sommernächte verzaubern nicht nur in Fira, der kleinen Inselhauptstadt – vor allem nachdem die Kreuzfahrtriesen wieder in See gestochen sind. Jeden Tag kann man das Defilee der großen Pötte im Vulkanbecken, der Caldera, verfolgen. Aber erst, wenn sie wieder weg sind, finden sich Einwohner und Feriengäste, die auch auf der Insel übernachten, in einer Stim-

mung, die von Musik, Tanz und griechischem Wein untermalt wird – so hatte einst Udo Jürgens die Urlaubsatmosphäre in Hellas verherrlicht.

Zeugen einer Katastrophe

Alles begann mit einem mächtigen Knall. Ein gewaltiger Vulkanausbruch vor rund 3500 Jahren, einem der verheerendsten der Menschheitsgeschichte, sprengte die ursprüngliche Insel auseinander. Dann versank sie zum größten Teil im Meer. Damals gingen auch das minoische **Akrotíri** und andere Orte unter. In Fira können archäologische Funde aus Akrotíri und der antiken Stadt **Thíra** bewundert werden.

Der **Vulkan** ist noch immer aktiv, die letzte Eruption fand 1950 statt; das damit einhergehende Erdbeben hinterließ große Zerstörungen. Mit der Hinterlassenschaft aus dem Innern der Erde hat auch der Hauptexportartikel der Insel zu tun: Knapp zwei Millionen Tonnen Erde werden jedes Jahr in die ganze Welt exportiert, hauptsächlich zur Herstellung von **Beton.** Er wurde u. a. für den Bau des Suezkanals verwendet.

Für den nach dem Big Bang im Altertum übrig gebliebenen Rest der Insel – das sind immerhin noch 75 km² – gilt: Er ist fantastisch! Die Ränder des mächtigen Vulkankraters ragen steil aus dem Meer. Unterhalb davon kann man baden oder Boot fahren. Zusammen mit den kleineren Nachbarin-

Santorins Hauptort Fira: Kann ein Ausblick von einer Terrasse schöner sein?

Strand-Schönheiten

Perissa. Reiner Badeurlaub empfiehlt sich auf Santorin nur an der Ostküste. Beste Wahl ist Perissa im Süden, auch wenn die Sandstrände wie überall auf der Insel, nur grau und grobkörnig sind. Urige Fischtavernen direkt am Strand.

Kamari. Fast schon schwarzer Lavasandstrand in der Touristenhochburg.

Vourvoulos. Kleiner und ruhiger Strand an der Nordostseite der Insel.

Red Beach. Strand mit rötlichen und schwarzen Kieseln und grobem Sand. Seine Farbbezeichnung stammt von den roten Lavaklippen darüber. Der frühere Hippie-Treffpunkt bei Akrotíri im Süden in der Nähe der Ausgrabungsstätten ist etwas für Individualisten.

White Beach. Der Name ist nicht ganz wörtlich zu nehmen – immerhin ist der Sand etwas heller als woanders auf der Vulkaninsel. Die Bezeichnung hat ihren Ursprung in den weißen Klippen, die den Strand umgeben. White Beach liegt direkt neben dem »roten Bruder«, ist aber nur per Boot zu erreichen.

Auch ein Esel hat mal Pause, wie hier in einer der engen Gassen von Fira.

Frühstück auf der Terrasse: Santorin bietet eine Traumwelt in Blau und Weiß.

Persönlicher Tipp

DER MAGISCHE MOMENT

Sonnenuntergang ist nicht gleich Sonnenuntergang, schon gar nicht auf Santorin! Hier werden unglaubliche Sonnenuntergänge zelebriert, die Natur gibt ihr Bestes, die Kulisse ist von atemberaubender Schönheit – und jeden Abend anders. Die Farben am Himmel wechseln von Ocker zu Gold, von Gelb zu Orange und dann zu Rot, wenn die Sonne langsam ins Meer taucht und schließlich hinter dem Horizont verschwindet. Zusammen mit den umliegenden Inseln eine unglaubliche Szenerie, die man allabendlich an unterschiedlichen Orten neu für sich entdecken kann. Von Oía sieht das Spektakel anders aus als von Fira, dem 210 m hohen Südzipfel oder gar von Néa Kaméni mit der Steilküste der Hauptinsel im Rücken. Vielleicht zelebriert man das Naturschauspiel auch jeden Abend mit einem anderen Fläschchen? Sicher ist: Der Sonnenuntergang von Santorin gehört zu den atemberaubendsten der ganzen Welt!

seln formen die Reste der Caldera, von **Oía** im Norden bis Akrotíri im Süden, eine Sichel. Von den Inseln in der Caldera und von den Dörfern oberhalb des Kraterrands aus entfaltet die Insel ihre wahre Schönheit. Die flach zum Meer abfallende Ostküste erscheint mit ihren dunklen, grobsandigen Stränden dagegen fast langweilig. Dort, in den für Santorin eher untypischen Orten **Kamari** und **Perissa,** halten sich jedoch die meisten Urlauber auf. Immerhin: Hässliche Betonburgen gibt's bis jetzt keine!

Für Griechenland-Neulinge ist Santorin genau das richtige Ziel: Keine andere Insel im Ägäischen Meer ist malerischer. Das ist Griechenland, wie man es von Postern und Wandtapeten kennt. Mit einem tiefblauen Meer, in das die steilen, schwarzen Kraterwände stürzen, darauf schneeweiße Häuser und ebensolche Kirchen mit blauen Kuppeln. Mitten im Vulkanbecken **Néa Kaméni**, dem immer noch aktiven Vulkan. Dieser erwärmt das Wasser ringsherum auf, lässt es an manchen Stellen sogar kochen. Es riecht nach Schwefel. Schade allerdings, dass die Segelboote mit Ausflüglern an Bord trotz guten Windes in der Caldera nicht segeln, sondern mit Motorkraft fahren. Denn täglich muss die Ein- und Ausfahrt von mehr als einem Dutzend Schiffen koordiniert werden. Da ist keine Zeit für gemütliche Segelmanöver.

Leben und leben lassen

Bleibt die Sache mit der Registrierkasse. Eine Registrierkasse? Mákis von der Tankstelle zuckt mit den Schultern. Einen Computer mit Abrechnungsprogramm? Níkos von der Taverne schüttelt auf die Frage nach einem Beleg den Kopf. Auch das Reisebüro in Oía hat weder das eine noch das andere. Die 30 Euro, die für einen Segeltörn in der Caldera zu zahlen sind, werden auf einem handgeschriebenen Zettel »nachgewiesen«. Europa wundert sich (nicht mehr), dass Griechenland pleite ist! Seit den Hilfszahlungen der Europäischen Union gerät in den scharfen Blick finanzieller Korrektheit, was früher charmant als griechische Nonchalance abgetan wurde. Es darf gehofft werden, dass Santorin nicht endet, wie es angefangen hat: mit einem großen Knall!

»Yamas«, prostet Níkos den Gästen zu – und gibt, statt eine ordentliche Rechnung zu schreiben, zwei Ouzo aus. Den meisten Touristen gefällt das »typisch Griechische« noch immer: Leben und leben lassen.

Santorin

Infos und Adressen

ANREISE

Flug: Direkte Charterflüge, in der Saison mehrfach wöchentlich. **Fähre:** Alle zwei Tage von Piräus und mehrfach wöchentlich von vielen anderen griechischen Inseln.

BESTE REISEZEIT

April–Oktober, Badesaison Mai–September

SEHENSWERT

Imerovigli. Nationales Kulturgut mit vielen Kirchen und der Burg Skaros etwa 3 km nördlich von Fira auf dem Kraterrand.

Firostefani. Dorf mit einigen Hotels und einer der aufregends-

Esel transportieren bis heute Güter auf Santorin – und natürlich auch Touristen.

ten Plätze auf dem Rand der Caldera.

Pirgos. Mit mittelalterlicher Festung, Kirche aus dem 10. Jh. und einem Kloster, voll mit byzantinischen Ikonen.

Armeni. Kleiner Hafen von Oía und ruhiger Eselspfad – wenn man reiten möchte.

Caldera. Bootsexkursion zu den heißen Quellen (mit Bademöglichkeit) und zur Insel Néa Kaméni mit dem Vulkankegel in der Mitte der Caldera.

ESSEN UND TRINKEN

Tsipouradiko. Taverne in Fira mit herrlichem Blick von der Dachterrasse. Man trinkt zu Meze hochprozentige Trester wie Tsipouro, Tsikoudia oder Ouzo. www.santotsipouradiko.gr

King Neptune. Restaurant in Oía, mit Terrasse und herrlichem

Ausblick auf den Ort, die Caldera und die Inselsichel. Gepflegte traditionelle griechische Küche. www.neptune-restaurant.gr

Kallisti. Land-Taverne in Pyrgos mit einfachen, aber wohlschmeckenden Speisen. Sehr günstig. www.nektarios-kallisti@hotmail.com

Strako. Urige Fischtaverne am Strand von Perissa. Geringe Auswahl, aber lecker. www.bistrostrako.com

Glaros. Typische Santoriner Gerichte und Inselweine. Kamari, www.glaros-santorini.com

SHOPPING

Tomaten. Petros Ikonomou ist der Spezialist für die typischen kleinen Inseltomaten, die er unweit von Akrotiri anbaut. Mitnehmen sollte man seine getrockneten Tomaten im Glas

und die einzigartige Tomatenkonfitüre.

ÜBERNACHTEN

Agali Houses. Romantisch an der Kraterwand gelegene, im traditionellen griechischen Stil erbaute Anlage mit Studios und Appartements. Die Honeymoon Suite verfügt über einen Privatpool. Traumhafte Sonnenuntergänge. 10 Min. zu Fuß von Fira entfernt in Firostefani. www.agalihouses.gr

Honeymoon Villas. Sehr beliebte und luxuriöse Anlage in Imerovigli direkt an der Kraterwand. Traumhafte Aussicht. www.honeymoonpetra.com

Nikos Villas. Am Rand von Oía in herrlicher Lage mit Blick auf die Kraterlandschaft, das Meer und den Ort. Nette Studios und Appartements, zum Teil traditionelle Höhlenwohnungen direkt an der Kraterwand. www.nikos-villas.com

Olympic Villas. Ebenfalls in Oía. Ebenfalls mit Höhlenwohnungen. www.olympicvillas.com

Lucia Villas. Familiengeführte Pension in traditioneller Kykladen-Architektur auf einer Anhöhe, 300 m vom Strand in Perissa entfernt. www.luciavilas.gr

WEITERE INFOS

Griechisches Fremdenverkehrsamt. Neue Mainzer Str. 22, Frankfurt am Main, www.santorini.net

Samos

Von trocken bis süß: Fast ein Viertel der Insulaner lebt vom Weinanbau.

HIGHLIGHTS

Samos-Stadt. Terrassenförmig angelegte Hauptstadt mit schöner Platía und neoklassizistischen Gebäuden.

Pythagorion. Das Hafenrund wird gesäumt von Cafés, Tavernen und Jachten.

Tunnel des Eupalinos. Ein technisches Meisterwerk aus der Antike. Daneben gehören die Bauten des Polýkrates in der Umgebung von Pythagorion zu den wenigen historischen Sehenswürdigkeiten der Insel.

Agios Issidoros. Im Westen werden wie in alten Zeiten hölzerne Fischerboote gebaut.

Paleókastro. Natursteinhäuser, Dorfplatz mit Ziehbrunnen und Ölmühle.

KULINARISCHE SPEZIALITÄTEN

Marídes: Knusprige Sardellen, die mit Haut und Gräten, Kopf und Schwanz verzehrt werden. – *Békri:* Rindergulasch aus Samos, gut gewürzt mit vielen klein geschnittenen Paprikaschoten. – *Briám:* Ein Gemüseauflauf, aber nicht so cremig wie Moussakà. – *Revithókeftédes:* Reibekuchen mit Kichererbsenmehl. – *Amigdalotó:* Mandelmakronen, weit über Samos hinaus bekannt.

Auf Kurs gegen den Zeitgeist – vielleicht kann man eine Reise nach Samos mit diesem Motto ganz gut beschreiben. Samos ist noch so ein bisschen wie früher, lange vor den wirtschaftlichen Krisenzeiten. Mit Menschen, die gelassen der Sonne entgegenblinzeln und die ihren Lebensrhythmus einfach noch selbst bestimmen.

Insel der Langsamkeit und Inspiration

Die Zeiten, als die Fähre nach Chios einmal fünf Stunden und ein anderes Mal 15 Stunden gebraucht hat, sind aber auch auf Samos vorbei. Und mal ganz ehrlich: Das hat sogar entspannte Rucksackreisende genervt ... Aber Ruhe und Einsamkeit kann man bis heute auf der Insel finden. Ausgerechnet sie wurde durch einen umtriebigen Philosophen berühmt: Der aus Samos stammende **Pythagoras** (ca. *570 bis 500 v. Chr.) soll den »Satz des Pythagoras«, das berühmte $a^2 + b^2 = c^2$, auf seiner Heimatinsel ersonnen haben. Ein Wallfahrtsort für Mathematiklehrer ist die Insel aber dennoch nicht geworden. Dafür finden sich Weinliebhaber ein, die gern einen süßen Tropfen trinken und auf trockene Franzosen oder Italiener gern verzichten. Die weiße **Muskattraube** verleiht dem **Samos-Wein** sein unverkennbares Aroma. Früher schätzte man ihn ausschließlich als süßen Aperitif und Dessertwein. Heute werden aus der Traube auch

Griechenland

gute trockene Weine gekeltert. Der Muskatgeschmack blieb aber erhalten. Populär ist die Rebsorte allemal: Auf 98 Prozent der Anbaufläche, insgesamt 14 000 ha, wächst sie. Fast ein Viertel der Insulaner lebt vom Weinanbau, rund 4000 Winzer gibt es. Stets gilt aber: Arbeit – ja! Stress – nein!

Zwischen Dorf und Stadt, Wald und Berg

Samos »entschleunigt«. Nehmen wir **Paleókastro,** ein Dorf mit wunderschönen Natursteinhäusern: Es wirkt wie ein fast verlorenes Idyll aus vergangenen Tagen. Der Dorfplatz hat einen Ziehbrunnen, die alten Männer palavern unter Platanen und trinken Kaffee und Ouzo. Katzen schleichen umher, und Kinder dürfen bis weit in den Abend hinein auf der Straße spielen. Die Ölmühle wird umrankt von Rosenstöcken. Ein Bauer prüft in seinem duftenden Garten den Reifegrad der Orangen, die prall an den Bäumen baumeln. »Kaliméra!« – willkommen in der Zeit, als die Fähre nach Chios einmal fünf und ein anderes Mal 15 Stunden gebraucht hat ... Übrigens: Paleókastro war einst ein Piratennest und ist nur einen Steinwurf von der Inselhauptstadt entfernt.

Dort ist das 21. Jahrhundert inzwischen angekommen. **Samos** heißt erst seit 1958 wie die ganze Insel. Einem Amphitheater ähnlich wächst die Stadt in Terrassen von einer U-förmigen Bucht die Berghänge hinauf. Das ehemalige **Kato Vathi** ist mit seinem Hafen und den vielen neoklassizistischen Gebäuden, die von einer wohlhabenden Vergangenheit zeugen, schön und geschäftig zugleich. Zur Altstadt gehört auch der Marktplatz, der den offiziellen Namen Pythagoras-Platz trägt – dem altgriechischen Philosophen entgeht niemand.

Anders als auf den meisten griechischen Inseln besitzt Samos nicht nur ein städtisches Zentrum. **Vathý** und **Karló-**

Heiß begehrt: Top-Strand Kokkari (oben). Samos-Stadt im Abendlicht (unten)

Strand-Schönheiten

Psili Ammos. Der feine, flach abfallende Sandstrand östlich von Pythagorion, ein Familienparadies, zählt zu den schönsten Stränden auf Samos.

Pefkos. Kleiner Kiesstrand im Süden, die ruhigere Alternative zu Psili Ammos. Fischtaverne in der Nähe.

Mykali. Mit 3 km einer der längsten Strände. Im Osten, 9 km von Samos-Stadt entfernt.

Kokkári. Schöner Kieselstrand mit tiefem Wasser an der Nordküste, 10 km von Samos-Stadt entfernt. Verleih von Sonnenliegen, Sonnenschirmen und Wassersportausrüstung.

Tsambou. 400 m langer Kiesstrand im Norden zwischen grünen Hügeln. Blaugrünes Wasser, gute Infrastruktur (Sonnenliegen, -schirme, Taverne). Bei Nordwind herrscht starker Seegang.

Karlóvassi. Abgeschiedener FKK-Strand mit grobkörnigem Sand und klarem Wasser im Nordwesten. Nur zu Fuß oder mit dem Boot erreichbar, das im Hafen von Karlovassi ablegt.

Plaka. Kleiner, einsamer Kiesstrand im Westen bei Paleochori. Nur zu Fuß zu erreichen.

Blick auf die malerische Bucht von Possidonio, beliebt bei Seglern und Badefreunden.

Persönlicher Tipp

PACK DIE WANDERSTIEFEL EIN

Samos ist ein ideales Urlaubsziel für Naturliebhaber. Trotz meist fehlender Markierungen und nur mäßig gutem Kartenmaterial ist Wandern ein Genuss. Außerdem: Wer kann schon von sich behaupten, die Insel am Ende Europas zu Fuß erobert zu haben?

Ein Netz von alten Hirtenpfaden durchzieht die grüne, gebirgige Insel. In den Bergdörfern lässt sich noch ursprüngliches griechisches Bauernleben entdecken. An der Küste locken einsame und abgelegene Badebuchten, die häufig nur zu Fuß erreicht werden können. Wer sich mit GPS auskennt, tut sich wesentlich leichter, sie zu finden. Neben den Wanderschuhen, ausreichend Trinkwasser und einem gefüllten Picknickkorb darf deshalb auch die Badehose im Rucksack nicht fehlen. Erfahrene Samos-Wanderer allerdings meinen: Ungeachtet einer Ausdehnung von lediglich 20 km (von Norden nach Süden) mal 40 km (von Westen nach Osten) Luftlinie würden selbst vier Wochen nicht ausreichen, um alle lohnenswerten Ziele zu entdecken.

vassi an der Nordküste sind nahezu gleich groß wie Samos-Stadt, und im Sommer machen ihnen darüber hinaus die Haupturlaubsorte **Kokkári** und **Pythagorion** Konkurrenz. Auch gehört Samos mit seinen Weinstöcken, Olivenhainen und Pinienwäldern immer schon zu den wenigen grünen Inseln Griechenlands. Manche Badebuchten entlang der 150 km langen Küstenlinie erreicht man nur zu Fuß, per Boot oder über raue Schotterpisten mit dem Allradfahrzeug. Hinter den Stränden sind bunte Bienenstöcke zwischen Thymian und Oregano aufgestellt, Zikaden geben dazu die Musik des Südens zum Besten. In den Höhenlagen, im **Kérkis** fast 1500 m ü. NN, wachsen Kiefernwälder.

Samos und die Türken

Nur 1100 m trennt Samos vom türkischen Festland. Das Verhältnis Griechenlands zu seinem Nachbarn im Osten ist häufig gespannt. Samos hat einen speziellen Grund dafür. 1475 war Samos Teil des Osmanischen Reichs geworden. Griechen und Samioten erhoben sich 1821 gegen die Türken. Neun Jahre später entstand der neugriechische Staat, Samos durfte jedoch nicht beitreten. Im 19. Jh. war die Insel ein Zentrum der Tabak- und Lederindustrie, die Rohstoffe wurden vom kleinasiatischen Festland bezogen. 1912 wurde Samos schließlich ein Teil von Griechenland. Der Handel brach zusammen und in den Gerbereien und Zigarettenfabriken wurde die Arbeit eingestellt. Für die Freiheit vom »türkischen Joch«, wie man es damals nannte, bezahlte man einen hohen Preis.

Infos und Adressen

ANREISE

Flug: Direkte Charterflüge, in der Saison mehrfach wöchentlich.

Fähre: Täglich von Piräus, mehrfach wöchentlich von vielen anderen griechischen Inseln.

BESTE REISEZEIT

April–Oktober, Badesaison Mai–September

SEHENSWERT

Archäologisches Museum. Schöne Sammlung in Samos-Stadt, darunter die Statue der Göttin Hera aus der Zeit um 640 v. Chr. und Schiffsmodelle. Di–Sa 8.30–15 Uhr

Heraion. Das antike Heiligtum der Insel nahe Iréon im Westen wurde von deutschen Archäologen freigelegt. Gilt als Geburtsort der Göttin Hera. UNESCO-Weltkulturerbe. Geöffnet von Sonnenauf- bis Sonnenuntergang.

Kokkári. Touristenhochburg. Angebot vergleichbar mit Samos-Stadt.

Vourliótes. Uriges Bergdorf, in dem die Zeit stehen geblieben zu sein scheint.

Samiopoúla. Winzige Insel vor der Südküste mit der Kirche Agía Pelagía (1913) und einer kleinen Taverne.

ESSEN UND TRINKEN

Aphrodite. Nettes Gartenrestaurant mitten in Pythagorion. Empfehlenswert: Schweinefilet mit Honig und Minze. www.aphrodite-restaurant.gr

Hippys. Strand-Location mit Sperrmüllmobiliar, Chill-out-Bar und Taverne. Gemüse aus eigenem Anbau direkt hinter der Strandbar. Potami Beach, Karlóvassi, www.hippys.gr

Kohili – Taverna at the End of the World. Sehr schönes Plätzchen oberhalb einer einsamen Bucht, etwa 3 km von Limnionas entfernt. Preiswerte, aber sehr schmackhafte Küche, täglich frischer Fisch. Traumhafte Aussicht. Fußweg zum Badeplatz. www.kohili.com

Nick the Greek. Hier gilt noch der typisch griechische Weg zu einer Bestellung: In die Küche, Topfdeckel heben, riechen, schauen und dann bestellen. Votsalakia Beach im Südwesten nahe Marathokambos, www.votsalakia.net/blog/tag/nick-the-greek

Lekatis. Taverne direkt am Meer. Frischer Fisch und traditionelle Landküche an der Südküste. Ormos, www.lekatis-samos.gr

SHOPPING

Dessertwein. Der Muskateller aus Samos gehört zu den besten Dessertweinen der Welt – der Vatikan hat ihn als Messwein auserwählt.

ÜBERNACHTEN

Princessa Riviera. Vier-Sterne-Resort oberhalb des Meeres mit großem Pool und Privatstrand. Pythagorion, www.princessa.gr

Hotel Venus. Familiäres kleines Hotel mit 38 Zimmern in Kokkári. Pool und nette Taverne. www.venus-hotel.com

Hotel Amanda. Mittelklasse-Herberge in guter Lage zwischen Strand und Stadtzentrum von Karlóvassi (jeweils 300 m). Gute Ausstattung, freundlicher Service. www.amanda-hotel-samos.gr

Dóryssa Bay. Besonders das Hoteldorf mit Appartements ist zu empfehlen. Kein Haus, von klassizistischen Villen bis zu einfachen Fischerhäusern, gleicht dem anderen, aber alle stehen für samiotische Architektur. Potokáki, www.doryssa-bay.gr

Apartements Nereides. Drei-Sterne-Anlage, terrassenförmig über dem Votsalakia-Strand angelegt. Ruhige Lage, schöner Blick. www.nereides-apartments.gr

WEITERE INFOS

Touristeninformation. J. Aristarcou-Str. 6, Mytilini. www.samos.de

Die Kleinstadt Pythagorion steht über antiken Ruinen.

Kefaloniá

HIGHLIGHTS

Alt Same. Reste einer antiken Stadt, eingebettet in eine schöne Landschaft nahe des Hafenorts Sámi.

Ássos. In dem blumengeschmückten Ort kann man eine Burg und die Ruinen alter Häuser bestaunen.

Fiskárdo. Das idyllische und farbenfrohe, von Pinien, Zypressen und Olivenbäumen umgebene Dorf mit autofreiem Ortskern ist ein beliebtes Seglerziel.

Melissáni-Höhle. In einem großen Höhlensee ergeben sich Farbenspiele, hervorgerufen von Licht, das durch ein großes Deckenloch einfällt.

Weinkellereien. Auf Kefaloniá werden die besten Weine der Ionischen Inseln produziert.

KULINARISCHE SPEZIALITÄTEN

Bakaliarópita: Gepökelter Stockfisch in Blätterteig. – *Gída sofigádo:* Zicklein in Tomatensauce mit Kartoffeln. – *Tsigarídia:* Reis mit Gewürzen, Mangold und Spinat. – *Sáltsa lagoú:* Kaninchen in Essig, Knoblauch und Zitrone. – *Skordaliá:* festes Kartoffelpüree mit viel Knoblauch.

Die Melissáni-Höhle, nur mit Ruderbooten für Touristen erreichbar, ist 160 m lang.

Vor der Westküste Griechenlands fasziniert die größte der Ionischen Inseln mit einer imposanten Bergregion, reizvollen Tropfsteinhöhlen, herrlichen Stränden und wilden Steinufern. Die Landschaft ist kontrastreich, die Küstenorte sind farbenfroh – zu Recht war Kefaloniá Drehort des Hollywoodfilms »Corellis Mandoline«.

Zwischen Berg, Steppe und Strand

Das Erscheinungsbild von Kefalloniá prägen eine stark gegliederte Küstenlinie mit landschaftlich ganz unterschiedlichen **Halbinseln** sowie ein gebirgiges Landesinnere. Dunkle Tannenwälder mit Arten, die nur hier vorkommen, ziehen sich die Hänge des **Énos-Massivs** (bis 1628 m ü. NN) hinauf. Niedrige Tafelberge und Erosionstäler kennzeichnen eine steppenartige Landschaft. Aus Hügeln mit Olivenhainen stechen Zypressen hervor. Lange Strände säumen die Südküste.

Auf einer Erkundungstour – am besten mit dem Auto – lernt man die unterschiedlichsten Seiten der Insel kennen – und das mit atemberaubenden Ausblicken. Die Vielfältigkeit Kefalloniás spiegelt sich aber nicht nur in der Landschaft, sondern auch im touristischen Angebot wider. Es reicht von **Weinproben** in guten Kellereien über Wanderungen auf dem Énos sowie Besuchen von **Festungen** und **Klöstern** bis hin zu Ausflügen mit dem Kanu oder Kajak.

Griechenland

Besonders markant ist die Form der Insel mit den ins Meer hineinragenden Halbinseln und Landzungen: Nördlich erstreckt sich die Halbinsel **Erissós** mit stillen Bergdörfern, dem bei Individualurlaubern beliebten, malerischen Ort **Fiskárdo** und der westlich von ihr abgehenden, mit Zypressen bewachsenen Landzunge **Ássos.**

Im Westen markiert die zweitgrößte Inselstadt **Lixourí,** früherer Hauptsitz der Venezianer, das Zentrum der sich nach Süden parallel zum Inselkörper erstreckenden Halbinsel **Palikí.** Außerdem ragt in den Golf, der sich zwischen Palikí und dem Inselkörper bildet, die dritte und kleinste Halbinsel **Lássi** mit der Inselhauptstadt **Argostóli** und den touristischen Zentren Makrís Gialós und Platís Gialós hinein.

78 Isle of Skye

Loch Pooltiel im ruhigen Nordwesten Skyes mit den Äußeren Hebriden am Horizont.

HIGHLIGHTS

Armadale Castle/Clan Donald Skye. 1500 Jahre Kulturgeschichte des MacDonald-Clans. Besucherzentrum, Museum und Schlossruine, Landschaftsgarten.

Talisker Distillery. Einzige Whiskybrennerei (Classic Malts) bei Carbost.

Trotternish Halbinsel. Old Man of Storr, eine markante Felsnadel (einstündiger Aufstieg, gutes Schuhwerk nötig). Old Man's Wife und Castle. Basaltfelsen Kilt Rock. Felsformation Quaraing Needles.

Dunvegan Castle. Stammsitz des Clans der MacLeods. Ausstellung, legendäre Fairy Flag.

KULINARISCHE SPEZIALITÄTENSKYE

Scotch broth: Graupensuppe mit Rüben, Möhren, Porree und anderem Gemüse (seit dem 18. Jh. bekannt). – *Finan haddie:* Geräucherter Schellfisch in Butter und Milch gekocht. – *Haggis, Neeps & Tatties:* Schafsinnereien mit Kohlrüben- und Kartoffelpüree. – *Clootie Dumpling:* Gedämpfter Früchtepudding, kalt oder warm serviert. – *Cranachan:* Geröstete Hafergrütze mit Sahne, frischen Beeren und eventuell Whisky.

Als beliebteste Urlaubsinsel Schottlands vereinigt die Isle of Skye im Nordwesten des Landes all das, was eine ebenso entspannte wie unvergessliche Reise ausmacht: majestätische Berge, schroffe Felsküsten, einsame Leuchttürme, trutzige, sagenumwobene Burgen sowie liebliche Landschaften, verträumte Dörfer und romantische Häfen.

Schmuckstück der Inneren Hebriden

Mit dem Bau der Brückenverbindung von **Kyle of Lochalsh** nach **Kyleakin** verlor die Isle of Skye ihre Unschuld. In einem weiten Bogen von knapp 500 m Länge überspannt sie die Meerenge, welche die schottische Westküste von der populären Insel der Inneren Hebriden trennt. So kann das Ziel seit 1995 ohne mühsame und schaukelige Fährüberfahrt erreicht werden. Nach der Eröffnung war zunächst eine Mautgebühr fällig, die Ende 2004 aber wieder abgeschafft wurde.

Mystische Cuillin Mountains

Allerdings hat die Straßenquerung den Charakter der größten Insel im Archipel nicht wirklich verändert. Noch immer verhüllen oft bleischwere Wolken die Gipfel der markanten Bergformationen der **Roten und Schwarzen Cuillins,** die so charakteristisch sind für die erhabene Silhouette der Isle of

Schottland

Skye. Und die gleichzeitig eine echte Herausforderung für ambitionierte Kletterer und Bergsteiger darstellen. Es ist nicht ihre Höhe, sondern ihre Beschaffenheit, die Erfahrung, Konzentration und Geschick beim Klettern erfordern. Mit knapp 1000 m ü. NN ist der **Sgurr Alasdair** die höchste Erhebung der Cuillins, darüber hinaus auch höchster Punkt der gesamten Hebriden. Während die Roten Cuillins aus eher abgerundeten Felsen bestehen, ragen die Spitzen der Schwarzen Cuillins ausgesprochen zackig, beinahe bedrohlich, auf alle Fälle aber Furcht einflößend gen Himmel.

Für das **Munro-Bagging,** einen schottischen Volkssport, der das Sammeln bzw. das Besteigen aller Erhebungen mit einer Höhe von mehr als 914 m ü. NN (1000 Fuß) beschreibt, kann Skye stolz auf elf derartige Berge verweisen. Alpinisten haben hier ihre helle Freude, denn die Cuillins konfrontieren sie mit einem wirklich hohen Schwierigkeitsgrad. Allein das Auffinden adäquater Kletterrouten macht Probleme. Auch liegen die Gipfel oft im feuchten, unwirtlichen Nebel. Dessen Feuchtigkeit wiederum trägt zu **extremer Rutschgefahr** auf dem schwarzen Vulkangestein und dem glatten Basalt bei. In der schottisch-gälischen Sprache, die sich auf der Insel noch regen Gebrauchs erfreut, bedeutet der Name Skye so viel wie »Insel im Nebel«. Für die Wikinger

Majestätische Felsformationen des Old Man of Storr und der Kathedrale

Strand-Schönheiten

Coral Beach. Zauberhafter Strand bei Claigan am Loch Dunvegan im Nordwesten von Skye. 45-minütiger Spaziergang zu einem ungewöhnlichen Naturphänomen: ein fast weißer Strand aus Mergel. Weniger zum Baden als zur Entspannung geeignet.

Glen Brittle Beach. Am Ende einer langen Sackgasse im Westen der Insel eröffnet sich die breite Bucht von Loch Brittle. Wassersport möglich, geeignet für Familien. Parkplatz, Camping, kleiner Kiosk.

Tarskavaig und **Tokavaig Bay.** Kleine Strände aus Sand und Kieselsteinen bei Achnacloish im nördlichen Teil von Sleat. Herrliche Aussicht.

Torrin Beach. Feine Badestelle am Ende von Loch Slapin. Gegenüber die Cuillins, am Horizont die Insel Eigg.

Staffin Beach. Sandige Strandabschnitte in der Staffin Bay im Norden der Trotternish-Halbinsel. Darunter bei An Corran versteinerte Fußabdrücke von Sauriern.

Braes Beach. Weitläufiges Strandgebiet mit Sand und Steinen südlich von Portree. Blick auf den Sound of Raasay und die Insel Raasay. Interessante Felsformationen.

Bunt ist die Häuserzeile an der Hafenpromenade der Inselhauptstadt Portree.

Der Leuchtturm Neist Point ruht im warmen Licht der abendlichen Sonne.

Persönlicher Tipp

NEIST POINT LIGHTHOUSE

Am westlichsten Punkt Skyes befindet sich der Leuchtturm von **Neist Point.** Er verbirgt sich hinter einer mächtigen, wellenförmigen Felsenklippe und ist nur zu Fuß zu erreichen.

Vom kleinen Wanderparkplatz bei Waterstein führt eine steile Treppe abwärts, dann geht es über einen schmalen Pfad gleich wieder bergauf zwischen zahlreichen neugierigen Schafen hindurch, die sich mitunter recht waghalsig im Klettern üben. Nach der zweiten Anhöhe eröffnet sich endlich der Blick auf den weißen Leuchtturm und seine Nebengebäude. Erbaut 1909, gehört Neist Point Lighthouse zu den Bauwerken der Stevenson-Dynastie, die maßgeblich für die Leuchttürme in Schottland verantwortlich zeichnet. Der Wind pfeift hier permanent, und die Aussicht über **Moonan Bay** und die schroffen Felsküsten bis hinüber zu den Äußeren Hebriden raubt einem den Atem. Das unablässige Kreischen der Möwen mischt sich mit dem Kollern der Basstölpel – vor allem abends ein unvergleichliches Erlebnis.

war sie die »Wolkeninsel«. Der kantige, stark zerfurchte Umriss der Isle of Skye animierte zum Attribut als »Geflügelte Insel«. Schon immer umgaben sich diese zauberhaften Berge also mit **mystischen Nebelschleiern,** regten und regen die Menschen zu Sagen und allerlei fantastischen Geschichten an.

Leben in romantischer Naturkulisse

Von den 9000 Bewohnern der Isle of Skye leben gut 2000 in der Hauptstadt **Portree** mit ihrem charmanten Hafen und den vielen kleinen, bunt getünchten Häusern, gemütlichen B & Bs und Restaurants über der engen **Portree Bay,** in der kleine Boote dümpeln und manchmal auch ein Kreuzfahrtschiff vor Anker geht. Auf der Hauptstraße locken im Sommer zahlreiche kleine Geschäfte, und häufig marschieren Musikgruppen während diverser Festlichkeiten vorüber – natürlich ganz traditionell und dem Klischee von kariertem Kilt und Dudelsack entsprechend. Dann erscheint der Ort fast überfüllt, fast kitschig im Licht der untergehenden Sonne. Dieser Eindruck täuscht jedoch. Obwohl auf seine Weise ein Touristenmagnet, bleibt der Besucher der Isle von Skye meist allein mit sich, mit der klaren Luft und der **überwältigenden Natur,** die hinter jeder Biegung neue fantastische Eindrücke offeriert.

Hier rauscht tosend ein Wasserfall, dort erstreckt sich eine sanfte Ebene. Tief eingeschnittene Meeresbuchten wechseln mit lieblichen Tälern voller Magie ab, dazwischen befinden sich saftig-grüne Weiden mit den allgegenwärtigen Schafen, Wiesen voller Orchideen und Wollgras, winzige Weiler, die nur aus einem Dutzend, manchmal auch weniger Häusern bestehen. Und dahinter immer wieder das grandiose Panorama der Cuillins. Oder der Ausblick auf die Inselwelt der Äußeren Hebriden. Lediglich die **Halbinsel Sleat** im Süden von Skye, die wegen ihrer ausgedehnten Wälder und ihrer landschaftlichen Sanftheit auch als der »Garten der Insel« bezeichnet wird, bietet einen reizvollen Kontrast zu den rauen Bergen und Küsten weiter nördlich. Die wenigen Straßen sind überwiegend als **Single Track Roads** angelegt, schmale asphaltierte Wegführungen mit ausgeschilderten Ausweichstellen. Gegenseitige Rücksichtnahme der Verkehrsteilnehmer ist hier oberstes Gebot, insbesondere wenn sie vier Beine haben. Schafe können hier eine geradezu nervtötende Sturheit entwickeln.

Infos und Adressen

ANREISE

Flug: Nach Glasgow, dann rund 4 Std. Fahrt bis zur Skye-Brücke. Auto: Über die Brücke bei Kyle of Lochalsh (A 87). **Fähre:** Von Mallaig nach Armadale (45 Min.); im Sommer verkehrt die urige Glenelg-Fähre. **Bahn:** Nach Mallaig, dann Fähre oder Bus.

BESTE REISEZEIT

April–Oktober. Rau, aber faszinierend im Winter

SEHENSWERT

Aros-Skye Heritage Centre. Naturerlebniszentrum mit Seeadler-Ausstellung und Veranstaltungsort für gälische Kultur. Portree, www.aros.co.uk
Sabhal Mòr Ostaig. Gälische Universität, Konzerte und

Die Fahrt nach Elgol über die B 8083 bietet Ausblicke auf die Höhenzüge der Cuillins.

Kulturveranstaltungen, www.smo.uhi.ac.uk
Skye Museum for Island Life. Landleben im späten 18. Jh. nahe des Grabmals von Flora MacDonald. Duntuln, www.skyemuseum.co.uk
Elgol. Dorf am Loch Scavaig. Von dort Bootsausflüge zu den Cuillins

ESSEN UND TRINKEN

Three Chimneys. Fantastische Meeresprodukte in der feinsten Adresse der Hebriden (Reservierung obligatorisch). Gästezimmer. Colbost, www.threechimneys.co.uk
Kinloch Lodge. Hotel mit elegantem Restaurant. Seminare und Kochkurse mit der Kochbuchautorin Claire MacDonald. Sleat, www.kinloch-lodge.co.uk
Sea Breezes. Meeresfrüchte im Hafen von Portree. Eng, aber nett. www.seabreezes-skye.co.uk

Loch Bay Seafood Restaurant. Uriges Lokal im historischen Dorf Stein (Reservierung sinnvoll). Fisch und Meeresfrüchte. www.lochbay-seafood-restaurant.co.uk

AUSGEHEN

Edinbane Inn. Regelmäßig Livemusik am Loch Greshornish. Ceilidhs, www.edinbaneinn.co.uk

SHOPPING

Bay Pottery. Zauberhaftes Steingut in Armadale. www.baypottery.co.uk
Edinbane Pottery. Ungewöhnliche Keramik. www.edinbane-pottery.co.uk
Isle of Skye Soap Company. Handgemachte Seife, Aroma-Öle. Portree, www.skye-soap.co.uk.
Isle of Skye Candle Company. Betörende Düfte, Kerzen, Seife und Aromaprodukte. Broadford, www.skyecandles.co.uk

Isle of Skye Baking Company. Oatcakes und Shortbread. Portree, www.isleofskyebakingco.co.uk
Janns Cakes. Feinste Schokolade und verführerische Kuchen. Dunvegan, 46 Kilmuir
Shilasdair Yarns. Hochwertige Wolle, handgearbeitete Kleidung. Waternish-Halbinsel, www.theskyeshilasdairshop.co.uk
Skye Silver. Keltischer Schmuck in der Old School. Colbost, www.skyesilver.com

ÜBERNACHTEN

Kinloch Lodge Hotel. Elegantes Luxushotel mit hervorragender Küche am Loch Na Dal auf Sleat. Spa-Bereich, Kochkurse. www.kinloch-lodge.co.uk
Duisdale House Hotel. Jagdhaus des Clanchefs der MacDonalds. Boutiquehotel, gutes Restaurant, großer Garten. Von dort Segeltörns. Isleornsay, www.duisdale.com
Marmalade. Schöne Aussicht, preisgünstig. www.marmaladehotels.com
Viewfield House Hotel. B & B in einem viktorianischen Herrenhaus bei Portree. Stilvolle Zimmer. Geöffnet April–Oktober, www.viewfieldhouse.com

WEITERE INFOS

Schottisches Fremdenverkehrsamt (Visit Scotland). Level 3, Ocean Point One, 94 Ocean Drive, Edinburgh EH6 6JH. www.visitscotland.com/de/

Achill Island

Die Faszination der größten irischen Insel besteht in der herben Urwüchsigkeit ihrer Natur, wie man sie in Irland kein zweites Mal findet. Moor- und Heidelandschaft herrscht vor, von Felsen und Steinen nur dort unterbrochen, wo die Berge sich steil aus den Ebenen erheben oder jäh ins Meer abstürzen. Diese wilde Schönheit wusste schon Heinrich Böll zu schätzen.

Wo Heinrich Böll sein »Irisches Tagebuch« schrieb

Die 150 km² große Insel, vom rauen Atlantik umspült und vom Wind geformt, ist eigentlich keine mehr: Eine Drehbrücke beim Örtchen **Achill Sound** führt von der Halbinsel Curraun hinüber. Auf der anderen Seite erblickt das Auge sogleich dramatische Klippen und steile Berge. Zugleich gibt es ruhige Seen und abgelegene Strände, davon fünf mit der »Blauen Flagge« ausgezeichnet. Das Panorama, das sich auf die Berg- und Heidelandschaft, auf die Küste und andere Inseln bietet, ist grandios – vom **Slievemore Mountain** (670 m ü. NN) ebenso wie bei einer Rundfahrt auf dem **Atlantic Drive.** Dieser führt auch an die Westküste, wo das Land 250 m zum Meer abfällt.

Die noch heute untereinander gälisch sprechende Bevölkerung lebte – bis der Tourismus kam – mehr schlecht als recht vom Fischfang und etwas von Landwirtschaft. Von den Hungerzeiten im 19. Jh. zeugt ein längst verlassener

Irland

Trawmore Strand. Der 4 km lange Strand mit feinkörnigem Sand, eines der beliebtesten Fotomotive von Achill Island, liegt zwischen Keel und Dookinelly. Berühmt ist der Blick auf die Klippen von Miraun. Schwimmen ist wegen starker Strömungen nur am westlichen Ende erlaubt.

Keem Bay. Wunderschöner feiner Sandstrand in einer perfekt hufeisenförmigen Bucht, von beiden Seiten von Klippen eingegrenzt.

Barnyagappul Strand. Auch »Goldstrand« genannter Badeplatz im Norden bei Dugort. Dort wurde früher mithilfe von Pferden angeschwemmter Seetang zum Düngen der kargen Felder geerntet.

Pollawaddy Strand. Auch »Silver Strand« genannter, kleinerer Badeplatz mit feinem Sand östlich von Dugort. Am Neujahrstag tauchen dort Hartgesottene ins Meer!

Camport Bay. Der nach Süden ausgerichtete, flach abfallende und seichte Strand mit puderfeinem Sand nahe des hübschen alten Fischerdorfs Dooega ist ideal für Sonnenanbeter und Familien.

Die hufeisenförmige Keem Bay mit feinem hellem Sand ist ein Blue-Flag-Strand.

Infos und Adressen

ANREISE

Flug: Direktflug nach Knock von Düsseldorf und London. Anschließend 90 Min. Autofahrt. **Auto:** Achill Island ist mit der Halbinsel Curraun und dem irischen Festland durch eine Brücke bei Achill Sound verbunden. **Bahn:** Nach Westport

BESTE REISEZEIT

Juni–September

SEHENSWERT

Granuaille's Tower of Kildavnet. Perfektes Beispiel eines irischen Turmhauses aus dem 15. Jh. www.visitachill.com
Megalith-Grab. Das Relikt aus der Steinzeit zeugt von der frühen Besiedlung der Blacksod Bay. **Mulranny.** Hübsches Dorf auf der Halbinsel Curraun

ESSEN UND TRINKEN

Calvey's Restaurant. Authentische Inselküche mit Blick aufs Meer. Keel, Main Road
Giety's Clew Bay. Europas westlichstes Restaurant mit Livemusic. Dooagh, Road to Keem Beach
Masterson's Golden Strand. Traditionsrestaurant am »Goldstrand« von Dugort

ÜBERNACHTEN

Achill Cliff House. Das gemütliche, familiengeführte Hotel überblickt den Sandstrand von Tramore. Keel. www.achill cliff.com

WEITERE INFOS

Achill Tourism. www.achilltourism.com, www.vistitachill.com

Ort, **Old Slievemore,** eine kleine Geisterstadt aus grauen Granitmauern und leeren Fensterhöhlen.

Der Wohlstand kam mit den ersten Besuchern, welche die Unberührtheit und Urwüchsigkeit der Natur inspirierend fanden, darunter Künstler und Schriftsteller wie Robert Henri, Paul Henry und Graham Greene. Der Deutsche Heinrich Böll verbrachte mehrere Sommer in **Dugort** und schrieb dort sein berühmtes *Irisches Tagebuch.* Von einer ganz anderen prominenten Persönlichkeit Achill Island erzählt der **Tower of Kildavnet,** ein mittelalterlicher Wohnturm an einer strategisch günstigen Stelle zur Überwachung der Gewässer. Darin soll die berüchtigte wie legendäre Piratenkönigin »Granuaille« Grace O'Malley gelebt haben.

Island

Polarlichter lassen sich vor allem an Jahren mit starker Sonnenaktivität beobachten.

HIGHLIGHTS

Mývatn. Am »Mückensee« brüten Wasservogelarten wie die Spatelente, Kragenente und Eistaucher, die in Europa nur hier vorkommen.

Dettifoss. Der mächtigste Wasserfall Europas: 100 m breit und 45 m hoch.

Jökulsárlón. Ganz nahe kommt man den Eisbergen auf einer Bootstour.

Golden Circle. Die Schleife über Þingvellir, das Tal der Geysire und Gullfoss lässt sich mit einem Abstecher nach Reykjavík verbinden.

Látrabjarg. Die 14 km lange hohe Steilküste bildet nicht nur die Westspitze Europas, sondern ist auch der größte Vogelberg Islands.

KULINARISCHE SPEZIALITÄTEN

Hangikjöt: Geräuchertes Lamm, serviert mit Karamellkartoffeln und Erbsen. – *Saltkjöt:* Gepökeltes Lamm mit Kartoffel- oder Steckrübenpüree. – *Hverabrauð:* An Pumpernickel erinnerndes Brot, gebacken (gegart) in warmer Vulkanerde. – *Plokkfiskur:* Eintopf aus zerstampften Kartoffeln, Fisch und Zwiebeln. – *Hákarl:* Fermentierter Grönlandhai, dazu wird *brennivín* (Kartoffelkümmelschnaps) gereicht.

Island steht für unberührte Natur. Am Rande der Arktis entstand durch das Zusammenspiel von Feuer und Eis eine raue Vulkanlandschaft, die weltweit ihresgleichen sucht. Einen guten Eindruck davon bietet eine Rundreise auf der Ringstraße. Ruhesuchende kommen in den entlegenen Westfjorden auf ihre Kosten.

Im Angesicht von Gletschern, Wasserfällen und Vulkanen

Das Erste, was sogar auch in der Hauptstadt **Reykjavík** auffällt, ist die unglaublich klare Luft. Von der Panoramaterrasse über dem Warmwasserspeicher Perlan schweift der Blick an schönen Tagen über die Bucht Faxaflói bis zum Vulkan Snæfellsjökull – in einer Entfernung von 120 km! In den Genuss einer solchen Aussicht kommen Reisende nicht selten auch auf der **Ringstraße.** Wer die Insel heute auf der gut ausgebauten Straße Nr. 1 umrundet, kann sich kaum vorstellen, dass diese noch zu Beginn der 1990er-Jahre streckenweise nicht viel mehr als eine raue Schotterstraße war. Eine durchgehende Verbindung rund um die Insel existiert erst seit 1974, als endlich die großen Gletscherflüsse im Süden überbrückt waren.

Im Verlauf der 1332 km langen Strecke offenbart sich eine erstaunliche landschaftliche Vielfalt. Den Westen und Nordwesten prägen sattgrüne Wiesen, eingerahmt von schroffen

Bergen. Aus dieser Region stammen viele der bei Reitern beliebten Islandpferde. Eine traditionelle Hochburg der Pferdezucht ist die Region um **Skagafjörður,** wo die Tiere im Sommer in den Bergen ihre Freiheit genießen. Der Mitte September stattfindende **Pferdeabtrieb** fasziniert Jahr für Jahr zahllose Besucher.

Einen Abstecher wert sind auch die perfekt konservierten Torfbauten in Nordisland, die die Wohnverhältnisse in früheren Jahrhunderten illustrieren. **Glaumbær** ist der bekannteste, **Laufás** für viele der schönste dieser aus Treibholz und Grassoden errichteten Höfe. In der Torfkirche **Víðimýri** werden sogar bis heute Trauungen vollzogen.

Paradies und Hölle

Am **Mývatn** im Nordosten ertönt das Geschnatter von Tausenden von Enten vor einer surrealen Kulisse von Pseudokratern, Tuffringen und bizarren Lavaformationen. Für Ornithologen ist der See ein Paradies. Doch gleich nebenan lauert die Hölle: In den **Geothermalgebieten** von HveraröND und Leirhnjúkur brodelt graublauer Schlamm in tiefen Löchern, und Solfataren hauchen ihren fauligen Atem aus. Düstere Lavafelder erstrecken sich bis zum Horizont, und auch die vielen Dehnungsspalten zeigen, dass die Erdkruste dort noch jung und ständig in Bewegung ist. Gewaltige Erosionskräfte schufen die nahe Schlucht Jökulsárgljúfur, wo der Gletscherfluss Jökulsá á Fjöllum beim Wasserfall **Dettifoss,** dem »Niagarafall Europas«, 45 m in die Tiefe stürzt.

Elegant schiebt sich der 65 m hohe Seljalandsfoss über die ehemalige Steilküste.

Strand-Schönheiten

Ylströnd. Der »Wärmestrand«, am Stadtrand von Reykjavík, ist der einzige Badestrand der Vulkaninsel. Die Idee dahinter ist genauso einfach wie genial: Warmes Geothermalwasser, zu Heizzwecken durch die Stadt geleitet, wird anschließend bei Nauthólsvík ins Meer geleitet, wo es sich mit kaltem Meerwasser vermischt, sodass dort im Sommer gebadet werden kann. Dazu gibt es Hot Pots (Warmwasserbecken) und ein Dampfbad. Beliebt bei Familien.

Vík. Der schwarze, von gewaltigen Brechern geprügelte Basaltstrand übt eine magische Anziehungskraft aus. Aus dem Wasser ragen die Felsnadeln der Reynisdrangar, angeblich versteinerte Trolle. Nebenan nisten Papageitaucher.

Rauðasandur. Der 10 km lange »Rote Strand« aus feinem Muschelsand im Süden der Westfjorde lädt bei Ebbe zu ausgedehnten Spaziergängen ein. Fast immer zu sehen: Seehunde, die sich auf den Sandbänken sonnen.

Löngufjörur. Der lang gezogene, helle Sandstrand im Süden der Halbinsel Snæfellsnes ist bei Reitern beliebt.

Erholsam und heilsam: ein Bad im Thermalwasser der »Mývatn Nature Baths«.

Der Strokkur, übersetzt »Butterfass«,
ist Islands aktivster Geysir.

Persönlicher Tipp

**AUF TUCHFÜHLUNG MIT
SEEVÖGELN UND SEEHUNDEN**

Auf **Ingólfshöfði** verbrachte Ingólfur Arnar-
son, der erste Siedler Islands, 874 n. Chr. seinen ersten Winter. Heute staunen Naturfreunde über die tollpatschigen Flugversuche
junger Papageitaucher und die wütenden Angriffe der Raubmöwen. Ungewöhnlich ist die
Anreise – mit dem Traktor. Urheber der »Vo-
gelsafari« war Sigurður Bjarnason. Als die Er-
träge aus der Landwirtschaft nachließen, lud
der Landwirt von Hofsnes 1991 erstmals Touristen statt Heuballen in den Anhänger und
karrte diese zum entlegenen Vogelberg vor
der Südküste. Seitdem organisiert Öræfaferðir
(www.localguide.is) im Sommer täglich die
rustikalen Fahrten übers Watt.

In den Westfjorden unternimmt Hotelier Gísli
Pálmason (www.heydalur.is) mit seinen Gästen Seekajaktouren auf dem **Mjóifjörður,**
einem Seitenarm des mächtigen Fjords
Ísafjarðardjúp. Dabei erlebt man eine ungewöhnliche Nähe zu den Kegelrobben, die sich
auf den Felsen aalen oder unvermittelt neben
dem Kajak auftauchen. Ab und zu recken
sogar neugierige Zwergwale den Kopf aus
dem Wasser.

Kulisse für Hollywoodstreifen

Von Egilsstaðir empfiehlt sich der Umweg über die Straßen
92/96. Diese verkehrsarme Strecke entlang der **Ostfjorde**
verbindet idyllische Fischerdörfer wie Fáskrúðsfjörður und
Djúpivogur. Hinter Höfn beginnt der spektakulärste Abschnitt der Ringstraße, gesäumt von zahllosen Gletscherzungen der Eiskappe **Vatnajökull.** Vor dem mächtigen
Breiðamerkurjökull breitet sich der von zahllosen Eisbergen
übersäte Gletschersee **Jökulsárlón** aus, der schon als Kulisse für diverse Hollywoodstreifen diente – von »James
Bond« bis »Batman Begins« ... Erläutert wird die frostige
Welt der Gletscher im Besucherzentrum der nahen Oase
Skaftafell.

Vík wirbt mit dem imposanten Felstor des Kaps Dyrhólaey.
Im nahen Skógar rauscht der Wasserfall **Skógafoss** majes-
tätisch von der ehemaligen Steilküste hinunter. Auch ein
Abstecher über den »Golden Circle« gehört einfach dazu.
Die beliebte Reiseroute verbindet drei der bekanntesten
Sehenswürdigkeiten der Insel: Der zweistufige Wasserfall
Gullfoss wartet nachmittags oft mit einem schönen Regen-
bogen auf; im Geothermalgebiet Haukadalur schleudert
der Geysir **Strokkur** alle fünf Minuten eine kochende Was-
sersäule empor; in der auch für Geologen faszinierenden
UNESCO-Weltkulturerbestätte **Þingvellir** tagte schon im
9. Jh. das erste isländische Parlament.

Island in der Nussschale

Wer Ruhe und Ursprünglichkeit sucht, wird im Westen fündig. Die Halbinsel **Snæfellsnes** wird aufgrund ihrer Vielseitigkeit oft als »Island in der Nussschale« bezeichnet: Raue
Lavafelder wechseln mit wilden Steilküsten, die Nordküste
prägen kleine Fjorde, die Südküste lange Sandstrände. Und
über allem thront der von Schnee und Eis bedeckte Vulkan
Snæfellsjökull, dem Jules Vernes im Roman *Reise zum Mit-*
telpunkt der Erde ein Denkmal setzte.

Besonders einsam sind die **Westfjorde.** Schotterstraßen
winden sich dort von einem Fjord zum nächsten, vorbei
an kleinen Fischerorten und stillen Buchten. Eine führt
zum Vogelberg **Látrabjarg** im äußersten Westen, eine
weitere folgt dem Verlauf der Küste von Strandir und endet beim dampfenden Freibad von **Krossnes**, angelegt auf
einem Kiesstrand, an dem sich die Wellen des Nordmeeres
brechen.

Island

Infos und Adressen

ANREISE

Flug: Ganzjährig nach Keflavík; von dort Shuttlebus nach Reykjavík. **Fähre:** April–Oktober einmal pro Woche mit der »Norröna« von Hirtshals (Dänemark) nach Seyðisfjörður (Ostisland).

BESTE REISEZEIT

Mai–Oktober.
Im Hochsommer Unterkünfte und Leihwagen zeitig buchen!

SEHENSWERT

Þjóðminjasafn Íslands. Spannende, multimediale Präsentation der Geschichte Islands. Suðurgata 41, Reykjavík, www.thjodminjasafn.is

Whale Watching in Húsavík. In der Bucht Skjálfandi begegnet man Delfinen, Zwerg- und Buckelwalen und weiteren Cetacea-Arten. April–Okt., www.gentlegiants.is oder www.northsailing.is

Síldarminjasafnið. Im »Heringsmuseum« leben die großen Tage der Heringsfischerei und -verarbeitung in Siglufjörður weiter. Snorragata 15, Siglufjörður, www.sild.is

Skaftafell. Die grüne Oase zwischen mächtigen Gletschern gehört zu den beliebtesten Wanderzielen Islands. www.vatnajokulsthjodgardur.is

Bláa Lónið (Blaue Lagune). Je schlechter das Wetter, desto besser das Thermalbad in der Lava. Svartsengi, Grindavík, www.bluelagoon.com

ESSEN UND TRINKEN

Grillmarkaðurinn. Traditionelle Fisch- und Fleischgerichte mit einem modernen Twist, serviert in einer cool durchgestylten Umgebung. Lækjargata 2a, Reykjavík, www.grillmarkadurinn.is

Sægreifinn. Einfaches Fischrestaurant mit maritimer Einrichtung. Empfehlenswert: Hummersuppe und Fischspieße. Geirsgata 8, Reykjavík, www.saegreifinn.is

Lindin. Das Gourmetlokal am Laugarvatn gilt als Mekka der isländischen Wildbretküche. Lindarbraut 2, Laugarvatn, www.laugarvatn.is

Fjöruborðið. Spitzenadresse für Hummer. Im Sommer Terrasse mit Meerblick. Reservieren notwendig! Eyrarbraut 3a, Stokkseyri, www.fjorubordid.is

Örkin hans Nóa. Köstliche Fischgerichte in der »Arche Noah«, eingerichtet mit Gemälden des Besitzers. Hafnarstræti 22, Akureyri, www.noa.is

Narfeyrarstofa. Fischrestaurant mit historischem Flair in der Nähe des Hafens. Aðalgata 3, Stykkishólmur, www.narfeyrarstofa.is

SHOPPING

Kraum. Kreationen von über 200 isländischen Designern: originelle Vasen, Lammfellhöcker, Schuhe aus Fischleder etc. Aðalstræti 10, Reykjavík, www.kraum.is

Goðafossmarkaður. Souvenirs aus Naturprodukten (Wolle, Holz, Knochen, Lava etc.) aus der Region. Fosshóll (beim Wasserfall Goðafoss), www.visitgodafoss.is

ÜBERNACHTEN

Icelandair Hotel Reykjavík Marina. Schickes Boutiquehotel in einer umgebauten Farbenfabrik am alten Hafen. Mýrargata 2, Reykjavík, www.icelandairhotels.is

Hótel Berg. Schmuckes Hotel am Jachthafen. Bakkavegur 17, Keflavík, www.hotelberg.is

Hótel Tindastóll. Im ältesten Hotel des Landes (1884) gibt es zehn Zimmer mit knarrenden Dielen, eine gemütliche Bar mit Kamin und ein Hot Pot im Innenhof. Lindargata 3, Sauðárkrókur, www.hoteltindastoll.com

Sæluhús. Geräumige Appartements und schicke Ferienhäuser in Zentrumsnähe. Sunnutröð 2, Akureyri, www.saeluhus.is

Hótel Reykjahlíð. Schmuckes, kleines Hotel mit traumhaftem Seeblick. Reykjahlíð, Mývatn, www.myvatnhotel.is

Hótel Geirland. Modernes Landhotel mit vorzüglicher Küche. Geirland, Kirkjubæjarklaustur, www.geirland.is

Djúpavík. Kleines, einfaches Hotel für romantische Seelen in einer ehemaligen Heringsfabrik am Ende der Welt. Djúpavík, Árneshreppur, www.djupavik.com

WEITERE INFOS

Isländisches Fremdenverkehrsamt. Rauchstraße 1, Berlin, www.visiticeland.com

Am Dettifoss donnern im Jahresdurchschnitt 193 Kubikmeter pro Sekunde Schmelzwasser hinunter.

Grönland

Disko-Bucht. Hier treiben Eisberge in der Größe mehrstöckiger Häuser.

Ilulissat-Gletscherabbruchkante. Die Wahrscheinlichkeit, den Gletscher beim Kalben zu sehen, ist nirgends sonst so hoch.

Friedhof Ilulissat. Gräber mit bunten Holzkreuzen mit den Eisbergen in der Disko-Bucht als Hintergrundkulisse.

Godthåbfjord. Zweitgrößter Fjordkomplex der Welt. An der Mündung liegt die Hauptstadt Nuuk.

Kællingehætten-Tal. Eine Wanderung von Sisimiut zu den sattgrünen Hängen.

KULINARISCHE SPEZIALITÄTEN

Schwarzer Heilbutt in Currysauce: Trotz exotischer Zutaten das Nationalgericht. – *Fermentierter Seehund:* Das mehrere Monate unter Steinen begrabene Robbenfleisch hat einen starken Gorgonzolageschmack. – *Walsteak:* Zartes dunkles Fleisch mit leichtem Fischaroma. – *Getrocknetes Walfleisch:* Wird in Seehundfett getunkt verzehrt. – *Mattak:* Walhaut mit dicker Fettschicht – beliebt bei grönländischen Kindern.

Mit dem Hundeschlitten durch die Eiszeit: Das ist Grönlandabenteuer vom Feinsten.

Grönland ist mit 2,166 Mio. km² die größte Insel der Erde. Geografisch zählt sie zu Nordamerika, politisch jedoch zum Königreich Dänemark. Als Reiseziel ist die vereiste Insel ungewöhnlich, allen abenteuerlustigen Reisenden aber sehr zu empfehlen: Die Natur Grönlands ist spektakulär. Solche monumentalen Eisberge findet man kaum anderswo auf der Welt.

Spektakuläre Reise in die Eiszeit

85 Prozent der völlig baumlosen Insel sind von Eis bedeckt – es kann bis zu drei Kilometer dick sein. Am besten bestaunt man das in **Ilulissat,** einem Städtchen in der Disko-Bucht an der mittleren Westküste. Aus jener Bucht stammt der verhängnisvolle Eisberg, der einst die »Titanic« zum Sinken brachte. Der gewaltige Eiskoloss war vom Ilulissat-Gletscher abgebrochen, der zu den aktivsten der Erde zählt. Ein unvergessliches Erlebnis ist ein Helikopterflug über azurblaue Schmelzwasserlachen auf endlos weitem weißem Eis, wo sich Gruppen von Robben sonnen – sie haben es wohl auch nötig, denn selbst im Sommer steigt das Thermometer kaum über 15 °C. Auch andere Wildtiere gibt es zu sehen: Wer Glück hat, bekommt auf einer Schiffstour **Wale** zu Gesicht. An Land halten sich Rentiere, Polarfüchse und Schneehasen auf. Oder es taucht an der Biegung eines Wanderpfads plötzlich ein riesiger Elch auf.

Ein Erlebnis ganz besonderer Art ist eine **Schlittenhunde-fahrt,** auf der man auch entlegene Gebiete kennenlernen kann. Am besten unternimmt man eine solche Tour im April oder Mai. Zwar sinken die Temperaturen immer noch unter null, es herrscht aber nahezu 24 Stunden Tag.

Auch **Sisimiut** in der Ulke-Bucht mit seinen bunten Holzhäusern ist ein lohnenswertes Ziel. Von dort aus führt ein Wanderpfad ins **Kællingehætten-Tal,** das, mit Sauergräsern und Moospolstern bewachsen, in allen Grün- und Gelbschattierungen leuchtet. Oben am Rand der Talhänge wird man mit einem 360°-Panorama auf die Ulke-Bucht und den tintenblauen **Amerloq-Fjord** belohnt.

In völliger Abgeschiedenheit

Ostgrönland ist eine der isoliertesten Gegenden, doch bietet sie Möglichkeiten zu großen Abenteuern. Denn hier fallen steile Bergwände ins Meer. Sie treffen auf schillernde Eisberge, die im Fjord treiben. Vor nur 200 Jahren gab es noch keine Verbindung zwischen dem Osten und dem Westen des Landes, weshalb sich Kultur und die Traditionen deutlich voneinander unterscheiden.

Kulusuk ist ein idealer Ausgangspunkt, um per Boot den **Sermilik-Fjord** zu erkunden. Ebenso den nördlich davon liegenden **Amitsivartiva-Fjord,** in dem riesige Eisformationen treiben, die sich von den Gletscherzungen, die in den Fjord kalben, lösen. Dort erlebt man die Macht der Natur aus nächster Nähe. Wer will, kann von einem Basislager aus die arktische Berglandschaft erwandern, belohnt wird er mit einer herrlichen Aussicht auf die Gletscherzungen.

Entlang der Ostküste zwischen **Angmagssalik** und **Scoresby Sound** sind auch mehrtägige Segeltörns möglich: In großen Teilen dieses Gebiets ragen die Berge fast senkrecht aus dem Arktischen Meer. Sie formen Wellenbrecher mit großen Spalten, aus denen Gletscher Unmengen an Eis ins Meer freigeben. Dort befinden sich auch die höchsten Berge der Arktis und einige der längsten und eisreichsten Fjorde, die Lebensraum und Rückzugsgebiet für Eisbären und Narwale sind – es bestehen gute Chancen, diese in freier Wildbahn zu erleben.

Grönlands »warmer« Süden

In Südgrönland sind die Temperaturen merklich höher als im Rest des Landes, im Sommer können sie sogar 20 °C er-

Wer im Winter nach Grönland kommt, wird mit dem Zauber des Polarlichts belohnt.

Strand-Schönheiten

Nanortalik. Stadtstrand mit atemberaubendem Blick auf die dicht an dicht treibenden Eisschollen, auf denen manchmal auch Eisbären »mitreisen«. Auf der vorgelagerten Insel Uunartoq gibt es drei heiße Quellen 50 m über dem Meeresspiegel; in dem 31–37 °C warmen Wasser lässt es sich wunderbar planschen.

Narsaq. Städtchen in Südgrönland mit bunten Holzhäusern an einer hübschen kleinen Bucht, in deren aquamarinblauem Wasser kleine Eisberge wie verstreute Zuckerwürfel schwimmen.

Walrusbay (Ittoqqortoormiit). Feiner Sand- und Kiesstrand, zum Sonnen geeignet, zum Baden nur für Hartgesottene in Neoprenanzügen.

Disko-Bucht (Ilulissat). Felsiger Uferbereich, geeignet für Sonnenbäder vor der grandiosen Kulisse schwimmender Eisberggiganten.

Paamiut. Südlich von Nuuk überrascht Grönlands reichste Stadt mit einem langen schönen Sandstrand. Herrlicher Blick auf die vorbeitreibenden Eisberge.

Qaanaaq (Thule). Der Strand von Grönlands nördlichster Stadt eignet sich ganz hervorragend zum Kajakfahren.

Nur mit Trockenfisch, Walöl und Robbenfett ließen sich früher die Winter überstehen.

Persönlicher Tipp

QUERFELDEIN IN DIE GROSSE STILLE

Die Wandermöglichkeiten in **Ilulissat** sind vielseitig. Denn nur 2 km von den Häusern entfernt beginnt der mit Eismassen dicht gedrängte Fjord, an dessen Mündung sich fortwährend neue Eisberge in die **Disko-Bucht** schieben. Vor allem am Abend, zur blau-violetten Stunde, ein unvergesslicher Anblick. Lange Wanderungen durch eine Märchenlandschaft kann man von hier aus unternehmen, gleich querfeldein, über eine weite Ebene, die bunt von Moosen, Flechten, Beeren und Zwergbirken, die kaum bis zur Wade reichen, bewachsen ist.

Mit Proviant bepackt zieht man nach Osten los, grobe Richtung Gletscherabbruchkante. Orientierung bieten der Sonnenstand und die Eisschollen an der Fjordkante, auf die kein Baum die Sicht versperrt. Zu Beginn des arktischen Herbstes im August entflammt die Landschaft in einem Farbenspiel ohnegleichen aus roten, orange, gelben, lind- und dunkelgrünen, grauen und braunen Tönen. Dazu der stahlblaue Himmel und das blendend weiße ewige Eis. Ringsherum ist Stille.

Ilulissat: mitternächtliche Stimmung über den vielen Eisbergen der Disko-Bucht

reichen. Das Land ist grüner und fruchtbarer; man entdeckt viele kleine Farmen entlang der Küste. Das satte Grün der Berge und das leuchtende Blau der Eisberge bilden einen scharfen Kontrast.

Von Narsarsuaq aus kann man mit dem Boot durch den **Tunulliarfik-Fjord** nach Itilleq fahren. Dort startet eine schöne einstündige Wanderung zum alten Wikingerdorf **Igaliku** am Ende eines geschützten Fjords. Wunderschön ist der Blick auf den **Qooroq-Gletscher** von einer Anhöhe ganz in der Nähe. Von Itilleq kann man weiter Richtung Süden zum beschaulichen Örtchen **Narsaq** aufbrechen. In der »Hauptstadt« des Südens ist spürbar, wie sich der moderne mit dem traditionellen Lebensstil der Inuit vermischt.

In Qassiarsuk unweit Narsarsuaq gibt es eine interessante Rekonstruktion der alten **Wikingersiedlung Brattahlíð** aus dem 10. Jh. zu sehen. Ebenfalls von Narsarsuaq kann man zu mehrtägigen Kajak-Ausflügen aufbrechen, die vom Basislager in Tasiusaq in den **Nordre-Sermilik-Fjord** führen. Hier können erneut Eisformationen bestaunt werden.

Grönland

Infos und Adressen

ANREISE

Flug: Über Kopenhagen (Dänemark) oder Reykjavík (Island). Der größte Flughafen auf Grönland ist Kangerlussuaq (auch Søndre Strømfjord).

BESTE REISEZEIT

Juni–August

SEHENSWERT

Sisimiut. Küstenstädtchen mit bunten Holzhäusern in der malerischen Ulke-Bucht.

Greenland National Museum. Grönlands wichtigstes Museum erzählt viel über Leben und Geschichte der Inuit. Mitte Juni bis September täglich 10–16 Uhr, Hans Egedesvej 8, Nuuk, www.natmus.gl

Qaanaaq. Das einstige Thule ist der am nördlichsten gelegene bewohnte Ort der Welt.

Knut-Rasmussen-Haus. Das Geburtshaus des berühmten grönländisch-dänischen Polarforschers ist heute ein Museum. April bis September täglich 10–17 Uhr, Nuisariannguaq, Ilulissat, www.199.236.111.44/information_uk.htm

Nanortalik. Grönlands einziger natürlicher Wald im »Qinngua-Tal«.

Ittoqqortoormiit. Stadt in der Mitte der Ostküste am größten grönländischen Fjord. Größter Nationalpark der Welt mit einzigartiger Tierwelt.

Hundeschlittenfahrt. Auch in entlegene Regionen möglich.

Bizarre Eisformationen wie dieses »Tor in eine andere Welt« sind keine Seltenheit.

Ein unvergessliches Erlebnis. Startpunkt z. B. Ilulissat.

Wale-Watching. Von Ilulissat aus oder ab Qaaanaaq hoch im Norden starten Schiffstouren zur Walbeobachtung.

ESSEN UND TRINKEN

Hotel Hvide Falk. Hier kann man Grönland-Spezialitäten kosten, darunter Neerwal-Steak und Robbenfett. Napparsimaviup Aqq. 18, Ilulissat

Hotel Sisimiut. Das Hotelrestaurant serviert variantenreich frische Meeresfrüchte und Fisch. Alle Gerichte basieren auf heimischen Zutaten. Aqqusinersuaq 86

Hotel Godthåb. Familiär geführtes Hotel und Buffetrestaurant. Skibshavnsvej, Nuuk

AUSGEHEN

Kristinemut. Legendäre Musikkneipe mit Wildwest-Deko. Aqqusinersuaq 7, Nuuk

ÜBERNACHTEN

Hotel Arctic. Zweckmäßig ausgestattetes Hotel mit kleinen Zimmern, aber in herrlicher Lage direkt an der Disko-Bucht mit Blick auf die Eisberge. Mittarfimmut Aqq. B-1128, Ilulissat, www.hotelarctic.com

Hotel Hvide Falk. Bestes Haus am Platz. Napparsimaviup Aqq. 18, Ilulissat, www.hotelvidefalk.gl

Sømandshjemmet Sisimiut. Seemannsheime sind eine preiswerte Übernachtungsmöglichkeit (auch in Aasiaat, Mani-

itsoq, Nuuk und Qaqortoq) Frederik IX's Plads, Tel. +29914150

Hotel Sisimiut. Im Zentrum der Stadt mit Blick auf die umliegenden Berge. Aqqusinersuaq 86, www.hotelsisimiut.gl

Hotel Kangerlussuaq. Übernachtungsmöglichkeit am größten Flughafen Grönlands, 200 km von der Küste entfernt. Kangerlussuaq, www.hotelkangerlussuaq.gl

Hotel Qaanaaq. Kleines Hotel im einstigen Thule im hohen Norden Grönlands. Tel. +29971234

Hotel Perlen Inuili. Einfaches Hotel in Südgrönland. Isak Lundsvej, Narsaq, Tel. +29931313

Hotel Narsarsuaq. Modernes Hotel in Südgrönland mit allem Komfort und herrlichem Blick auf den Fjord. Narsarsuaq, www.hotelnarsarsuaq.gl

Hotel Hans Egede. Modernes Hotel im Zentrum von Grönlands Hauptstadt, benannt nach dem Norweger, der Grönland christianisiert hat. Aqqusinersuaq 1–5, Nuuk, www.hhe.gl

WEITERE INFOS

Greenland Tourism. www.greenland.com/de

Färöer

Mykines-Dorf ist die einzige Siedlung auf der westlichsten Färöer-Insel.

HIGHLIGHTS

Kap Enniberg. Mit 754 m ü. NN höchste Steilkippe der Welt auf Viðoy.

Slættaratindur. Der höchste Gipfel der Färöern (880 m ü. NN) auf Eysturoy. Bei gutem Wetter Sicht über sämtliche Inseln.

Blásastova. Freilichtmuseum in Gøtu. Historisches Färinger-Dorf mit einem Bauernhof, Fischerhütten und einer alten Kirche.

Vogelfelsen von Sandoy und Skúvoy. Bootsfahrt zu den Klippen mit Beobachtung von Lummen, Papageitauchern, Tordalken, Kormoranen und Eissturmvögeln.

KULINARISCHE SPEZIALITÄTEN

Auf den Färöer-Inseln liebt man traditionelle Hausmannskost. Besonders Fisch und Meeresfrüchte, Seevögel, Schaf- und Rindfleisch stehen auf dem Speiseplan. *Fyltur lundi:* Mit einem Teig aus Weizenmehl, Zucker, Margarine und Rosinen gefüllte und gekochte Papageitaucher. Festtagsessen der Färinger. – *Grindabuffur:* Gebratenes Grindwalsteak, das anschließend mit Zwiebeln gekocht und mit Kartoffeln und Rotkohl serviert wird. – *Livurpostei:* Lammleberpastete mit frischer Wiesenkresse.

Rund 48 000 Menschen leben heute auf den Färöer-Inseln im Atlantik, 600 km von Norwegen entfernt. Hier ließen sich im 9. Jh. Norweger nieder, die vor König Harald Schönhaar geflohen waren. Weit genug entfernt, wie sie meinten, um sich ungestört der Schafzucht widmen zu können, die bis in das 19. Jh. hinein die wirtschaftliche Grundlage der »Schafsinseln« war.

Den Reichtum der Natur bewahren

Fischfang, Fischzucht und Fischverarbeitung sind die Haupteinnahmequellen der Färinger, wie sich die Bewohner der Inseln selbst nennen. Der Tourismus ist noch wenig entwickelt, gewinnt jedoch an Bedeutung. Bei alldem haben die Färinger sich ihre traditionelle Lebensweise bewahrt, die sich nicht nur darin äußert, dass sie eine **eigene Sprache** sprechen. Ein Beispiel ist eine zwischen den Einwohnern und **Eiderenten** eingegangene »Wirtschaftsgemeinschaft«. Während der Brutzeit werden die Nester der Enten bewacht, dafür sammeln die Färinger die Daunen ein, mit denen die Nester ausgepolstert waren. Nicht zuletzt wegen ihres Traditionsbewusstseins und ihrer nachhaltigen Wirtschaftsweise sind die Färöer-Inseln 2007 von der National Geographic Society zum besten Reiseziel der Welt erklärt worden – noch vor den Azoren und Lofoten. Ein Besuch auf den Inseln lohnt sich nicht nur deswegen, weil es dort **keine Stechmücken** gibt – dem ständigen Wind sei Dank; er verhindert allerdings auch, dass Bäume wachsen, wodurch andererseits der Blick frei über die grünen Landschaften schweifen kann.

Ob zu Fuß oder auf dem Rücken der **Färöer-Ponys,** die – wie die Islandpferde – fünf Gangarten beherrschen, es gibt viele Möglichkeiten, die Färöer zu erkunden. In den Seen und Flüssen scheinen Forellen, Lachse und Saiblinge nur darauf zu warten, an den Haken zu gehen. Taucher finden an über 30 Orten fantastische **Unterwasserwelten** im Wasser des Atlantiks. Ein touristischer Leckerbissen ist eine Bootstour zu den riesigen **Vogelkolonien.**

Malerische Holzhäuser prägen bis heute die Altstadt von Torshavn.

Infos und Adressen

ANREISE
Flug: Von Berlin, Hamburg, Düsseldorf, Frankfurt am Main, Nürnberg und München mit Zwischenstopp in Kopenhagen zum Flughafen Vágar. **Fähre:** Von Hirtshals (Dänemark) nach Torshavn.

BESTE REISEZEIT
Mai–September

SEHENSWERT
Varmakelda. Einzige Thermalquelle der Färöer nahe Fuglafjørður (Eysturoy). Alle zwei Jahre Volksfest Varmakeldustevna zur Sommersonnenwende.

Wikingersiedlung Kvivik. Eine der ältesten Wikingersiedlungen, eine halbe Autostunde von Torshavn entfernt.

Kasparshola. Höhle in den Seevogel-Klippen bei Akraberg (Suðuroy). Dort soll sich der Sage nach ein zum Tode verurteilter Dieb versteckt haben.

Sørvágsvatn. See oberhalb der Steilküste (Vagar). Wasserfall Bøsdalafossur über 30 m hohe Klippe.

ESSEN UND TRINKEN
Åarstova. Traditionelle Küche. Gongin 1, Torshavn

Fjorðukrogvin. Stockfisch, Lamm und Rind. Fjaerdavegur 2, Vestmanna

Restaurant Koks. Spitzenlokal im Obergeschoss des Hotels »Föroya«.

ÜBERNACHTEN
Airport Hotel. Dreisternehotel mit Restaurant. Djupheiðar 2, Sørvagen (Vagar)

Gjáargarður. Einfaches Gästehaus in schöner Umgebung. Gjögv (Eysturoy)

WEITERE INFOS
Touristeninformation.
www.visitfaroeislands.com
Tauchexkursionen.
www.faroedive.fo

Strand-Schönheiten

Sandstrände findet der Besucher wegen der vulkanischen Herkunft der Färöer-Inseln nur an ganz wenigen Stellen. Die Küsten sind zumeist steil und felsig. Die Wassertemperaturen steigen auch in den wärmsten Monaten nicht über 11 °C. Wer sich trotzdem in die Fluten wagt, wird durch sauberes, erfrischendes Wasser belohnt.

Sandagerðisvegur. Kleiner Sandstrand südlich des Hafens von Torshavn ohne touristische Infrastruktur.

Iviri við Strond. Felsstrand am Campingplatz Torshavn mit Toiletten, Duschen und Kiosk.

Malta

HIGHLIGHTS

Hagar Qim. Gewaltige Megalith-Tempel-anlage, nur 500 m vom Meer entfernt.

Tarxien. Größter und berühmtester Tempel-komplex der Steinzeit.

Hypogäum. Unterirdische, der Magna Mater geweihte Tempelstätte. Zutritt auf 70 Besu-cher täglich beschränkt.

Mdina. Einzigartige Pracht eines intakten mittelalterlichen Städtchens aus gelbem Sandstein.

Marsaxlokk. Malerischer Fischerort mit täglichem Markt. Bunt lackierte Fischer-boote.

KULINARISCHE SPEZIALITÄTEN

Qara'bagli: Cremige Kürbissuppe. –
Aljotta: Fischsuppe mit Knoblauch. –
Fenek: Kaninchen in Rotwein mit Kapern, Maltas Nationalgericht. – *Bragioli:* Rinder-roulade gefüllt mit Hackfleisch und Erbsen. – *Kannoli:* Rohrenförmiges Gebäck farciert mit Frischkäse. – *Pastizzi:* Blätter-teig gefüllt mit Käse, Fleisch oder Fisch. – *Imqarets:* Teigröllchen mit Datteln. – *Gbejniet friski:* Frischkäse aus Ziegen-oder Schafsmilch.

Die Golden Bay ist einer der wenigen Sand-strände, die auf der Hauptinsel Malta liegen.

Keineswegs nur Anziehungspunkt für Sonnenhungrige, ist Malta auch ein spannendes Reiseziel für jene, die sich für eine in Europa einzigartige Megalithkultur interessieren. Auf dichtestem Raum versammelt die Minirepublik zahllose Zeugnisse eines lange zurücklie-genden Kapitels der Menschheit, das bis heute Rätsel aufgibt und nicht nur Archäologen fasziniert.

Kleines Land mit großer Geschichte

Neben den zahlreichen architektonischen Hinterlassenschaf-ten von Johanniterorden, Arabern und Briten, die es vor allem in der lebendigen Inselmetropole **La Valletta** zu bewundert gibt – so z. B. die großartige Johanniterkirche – wartet Malta auch mit einer reichen Frühgeschichte auf. Eine Reise dorthin beginnt am besten im archäologischen Museum. Zu dessen eindrucksvollsten Exponaten gehört der Altar von **Hagar Qim.** Doch auch an Ort und Stelle gibt es noch viele Zeug-nisse der prähistorischen Mittelmeerkultur zu sehen. Faszi-nierend sind vor allem das Hypogäum Hal Saflieni, die Tem-pelanlage von **Tarxien,** Mnajdra und Hagar Qim, die Heimat der »Venus von Malta«. So verschieden die kultischen Orte auch sein mögen, eines haben sie alle gemeinsam: eine große mystische Ausstrahlung. Das Heiligtum von **Tas Silg** mag nicht so spektakulär sein, doch liegt es vor den Toren des überaus malerischen Fischerorts **Marsaxlokk,** dessen pitto-resker Hafen zur Einkehr in eines der kleinen Restaurants lädt.

Malta

Ghajn Tuffieha Bay. Maltas schönster Strand mit feinem Sand, 200 m lang, in noch unverbauter Natur. Nicht ganz so überlaufen, da abgelegen.

Golden Bay. Gelber Sandstrand in einer weiten Bucht vor flachem Hinterland. Von dort gelangt man zu Fuß zur wenig erschlossenen kleinen Sandbucht Gnejna Bay.

Mellieha Bay. Längster Sandstrand Maltas unmittelbar unterhalb der Küstenstraße. Flach abfallend und daher kindertauglich. Im Sommer herrscht großer Trubel.

Paradise Bay. 100 m Sandstrand unterhalb einer Steilküste.

Gozo. Maltas kleine Schwester wartet mit einer Reihe kleiner Sand-Kies-Strände auf, darunter Ramla Bay mit rötlichem Sand, der bekannteste, die von bizarren Felsformationen eingerahmte Xwejni Bay, die Hondoq Bay mit gutem Blick auf die Insel Comino und die einsame, winzige San Blas Bay.

Blue Lagoon. Kleiner goldgelber Strand auf der Insel Comino. Das Meer schimmert in allen Blau- und Grüntönen.

Das »Azure Window« in der Dwejra Bay liegt auf Maltas kleiner Schwesterinsel Gozo.

Infos und Adressen

ANREISE

Flug: Direktflüge von Deutschland nach Malta. **Fähre:** Von Sizilien (Pozzollo und Catania). Zwischen Malta und Gozo im Sommer etwa 30 Überfahrten pro Tag

BESTE REISEZEIT

April–November

SEHENSWERT

Grand Master's Palace. Die Pracht des Palastes zieht alle Besucher in ihren Bann. Täglich 9–17 Uhr, Republic Street, La Valletta

St. John's Co-Cathedral. Die Klosterkirche der Malteserritter zählt zu den bemerkenswertesten Kirchenbauten Europas. Mo–Fr 9.30–16.30 Uhr, Sa bis 12.30 Uhr. Republic Street, La Valletta

National Museum of Archeology & Auberge de Provence. Kunstwerke aus Maltas 5000-jähriger Geschichte. Täglich 9–17 Uhr. Republic Street, La Valletta, www.visitvalletta.de/nationalmuseum-of-archeology

ESSEN UND TRINKEN

La Maltija. Hier steht Maltas bester Koch am Herd. Church Street 1, St. Julian's

Blue Creek. Terrassenrestaurant am Hafen direkt überm Meer. Ghar Lapsi

ÜBERNACHTEN

Xara Palace. Boutiquehotel in einem alten Palast im historischen Zentrum von Mdina. Misrah il-Kunsi, www.xarapalace.com.mt

WEITERE INFOS

Fremdenverkehrsamt Malta. www.visitmalta.com/de, www.heritagemalta.org

Auf weiterer Spurensuche der Erdmutter Magna Mater sollte man wundervolle Orte wie **Mdina** keinesfalls links liegen lassen, ein Landstädtchen mit hervorragend erhaltenem mittelalterlichem Stadtkern. Ganz in der Nähe gibt es ein weiteres herausragendes Ziel: die **Katakomben von St. Paul,** Maltas größte Begräbnisstätte aus der Frühzeit des Christentums.

Erholsamen Ausgleich zu so viel Geschichtlichem bietet Maltas kleine Schwester **Gozo** im Nordwesten; der feinsandige Strand an der wundervollen Ramla Bay und die Calypso-Grotte, ein berühmtes Ausflugsziel. Wer will, kann auch auf Gozo Frühgeschichtliches besuchen: den **Ggantija-Tempel** auf einem hoch aufragendem Felssporn, einer der ältesten Megalithbauten der Welt.

Terceira

Der mächtige Vulkanberg Monte Brasil umgibt und schützt die Bucht von Angra.

HIGHLIGHTS

Algar do Carvão. Höhle im Hochland. Über Treppen steigt man hinab in den Vulkanschlot. Bunt schimmernde Wände, auf dem Grund ein kleiner See.

Convento São Gonçalo. Barockkirche im ehemaligen Kloster der Klarissinnen in Angra.

Monte Brasil. Um den Vulkanberg, der den Hafen von Angra schützt, haben die Spanier eine riesige Festungsanlage erbaut.

Heiliggeistkapellen. Die vielen bunt bemalten Kapellen sind ein beliebtes Fotomotiv.

Igreja de São Sebastião. Kleine gotische Kirche mit wunderschönen Fresken.

KULINARISCHE SPEZIALITÄTEN

Alcatra: Das Rindergulasch mit feiner Sauce wird in einem speziellen Tongefäß mehrere Stunden lang im Ofen geschmort. – *Sopas de Espírito Santo:* Suppe mit Rindfleisch zum Heiliggeistfest. – *Massa Sovada:* Süßes Hefebrot. – *Queijadas Dona Amélia:* Kleine, dunkle Törtchen mit Zuckermelasse – das Rezept erfand man zu Ehren der Gattin von König Carlos I., die 1901 die Insel besuchte.

Angra do Heroísmo, die größte Stadt der Insel, blickt auf eine lange Geschichte als Knotenpunkt des Atlantikhandels zurück. Nach einem schweren Erdbeben 1980 orginalgetreu wieder aufgebaut, gehört die Renaissancestadt zum Weltkulturerbe der UNESCO. Eindrucksvolle Kirchenbauten und eine riesige Festungsanlage zeugen von der einstigen Bedeutung des Ortes.

Wildes Hochland, Vulkanhöhlen und Wallfahrtsorte

Die Azoreninsel Terceira vereint perfekt Natur und Kultur. Im Hochland der Insel befinden sich faszinierende **Vulkanhöhlen,** auf den Wiesen Stiere. Im Sommer findet in den Orten der Insel jedes Wochenende der unblutige **Stierkampf** am Strick statt, denn gefeiert wird auf Terceira gern. Während der Heiliggeistfeste in der Pfingstzeit bleiben auch Touristen nicht hungrig, in allen Orten der Insel wird großzügig Wein und Brot verteilt. Die zahlreichen bunten **Heiliggeistkapellen** erinnern an Südamerika und sind ein beliebtes Fotomotiv.

Gemütlich schlendert man durch die historischen Gassen von **Angra,** fast meint man noch den Duft der Gewürze aus Indien zu verspüren, machte doch die Handelsflotte der Portugiesen im Hafen einst hier Station. Das Stadtbild wird vom Vulkanberg **Monte Brasil** beherrscht. Ihn umgibt eine

Portugal

5 km lange Festungsmauer, angelegt, um den Reichtum der Stadt gegen Piraten zu verteidigen. Am besten erkundet man den Monte Brasil zu Fuß auf dem markierten Wanderweg. Auf dem Gipfel wird man mit einem Panoramablick über die Stadt belohnt.

Im Westen der Insel befindet sich der Wallfahrtsort **Serreta** mit einem Waldgebiet, Picknickplätzen und hübschen Aussichtspunkten über die Steilküste. Darüber thront der **Vulkan von Santa Bárbara** inmitten einer wilden Naturlandschaft mit großen Beständen der einheimischen Pflanzenwelt. In der Gegend von **Biscoitos** an der Nordküste gedeiht der Inselwein. Im Sommer laden die schönsten **Naturschwimmbecken** der Azoren zu einem Bad ein.

Infos und Adressen

ANREISE
Flug: Von Lissabon. Alternativ: Direktflug nach Ponta Delgada (São Miguel) und weiter nach Terceira

BESTE REISEZEIT
Mai–Oktober, Badesaison Juli–September

SEHENSWERT
Museu de Angra. Ausstellung über die Geschichte der Insel und der portugiesischen Seefahrt in einem ehemaligen Franziskanerkloster. Ladeira de São Francisco

ESSEN UND TRINKEN
Restaurant Os Moínhos. Hübsch restaurierte alte Wassermühle. Gemütliches Ambiente. Rua Arrabalde, São Sebastião
Pastelaria Athanasio. Süße Köstlichkeiten nach alten Klosterrezepten. Rua da Sé 132, Angra
Beira Mar. Traditionelle Inselküche. Terrasse mit Blick auf den Hafen. Largo Miguel Corte Real, Angra

ÜBERNACHTEN
Quinta da Nossa Senhora das Mercês. Stilvolle Unterkunft mit wenigen Zimmern in einem alten Herrenhaus. Caminho de Baixo, São Mateus, www.quintadasmerces.com
Hotel Pousada Angra do Heroísmo. Modernes Ambiente in den historischen Mauern einer Festung aus dem 16.Jh. Forte de São Sebastião, Angra, www.pousadasofportugal.com.

WEITERE INFOS
Delegação de Turismo da Terceira. Rua Direita, 70/74, Angra do Heroísmo, www.visitazores.com/de

Die dampfenden Schwefelquellen Furnas do Enxofre: eine geologische Sehenswürdigkeit

Strand-Schönheiten

Praia da Vitória. Im zweitgrößten Ort Terceiras befindet sich der einzige Sandstrand der Insel. Lang erstreckt sich das für die Azoren recht helle Sandareal unterhalb der Uferpromenade. Dort sorgen Cafés und Restaurants für das leibliche Wohl. Abendunterhaltung in mehreren Kneipen.

Biscoitos. Die schönsten Naturschwimmbecken der Azoren an einem langen Küstenabschnitt. In den unzähligen Becken der zerklüfteten Lavaküste tummeln sich im Sommer die Sonnenanbeter. Im Winter brechen sich hohe Wellen spektakulär an den Felsen.

Baía da Salga. Meerwasserschimmbecken in einer hübschen Bucht mit Blick über die Landspitze Ponta das Contendas und die vorgelagerten Felsinselchen. Mit Café und angeschlossenem Campingplatz.

85 Orkney-Inseln

HIGHLIGHTS

Ring von Brodgar. Ein vor 4700 Jahren aus ursprünglich 60 Megalithen errichteter Steinkreis (104 m).

Skara Brae. Sehr gut erhaltene, 5000 Jahre alte jungsteinzeitliche Siedlung an der West-küste von Mainland.

St. Magnus. Kathedrale (12. Jh.) mit dem Grab des Heiligen.

Skaill House. Die Ländereien, auf denen das aus dem 17. Jh. stammende Haus steht, wurden bereits in der Steinzeit genutzt. Der Südflügel steht auf einem Wikingerfriedhof.

Broch of Gurness. Der am besten erhaltene Wehrturm auf Mainland (1. Jh. v. Chr.). Zunächst von Pikten, später von Wikingern genutzt.

KULINARISCHE SPEZIALITÄTEN

Orkney-Schweinefilet: Das mit Blutwurst gefüllte und mit durchwachsenem Räucher-speck umwickelte Schweinefilet, wird mit einem Apfel, Pilzen und einer Apfelwein-sauce serviert. – *Orkney-Kabeljau:* Im Ofen gebackenes Kabeljaufilet auf käse-überbackenem Toastbrotpüree. Dazu gibt es Frühlingszwiebeln und eine Weißweinsauce.

Mysteriös: In der Bronzezeit wurde der Ring of Brodgar errichtet.

Wer die Orkney-Inseln als Urlaubsziel auswählt, hat damit gleich zwei Entscheidungen getroffen, nämlich für eine in jeder Hinsicht faszinierende Inselgruppe fernab der großen Touristenströme und gleichzeitig gegen unbeschwertes Faulenzen am Strand. Wer erleben will, was die Inseln zu bieten haben, muss auch aktiv sein.

Frühgeschichte auf den Robbeninseln

Sind es 70 oder 80, ganz genau weiß niemand, wie viele In-seln zu den Orkneys gehören, denn einige sind lediglich winzige Felseilande, die die Bezeichnung »Insel« gar nicht verdienen. 16 Inseln sind bewohnt, insgesamt leben dort etwa 20 000 Menschen. Bereits vor 6000 Jahren kamen die ersten **steinzeitlichen Fischer und Jäger** hierher. Sie verlie-ßen die Inseln aber bereits vor 4500 Jahren wieder. Nach ih-nen kamen Siedler der Eisenzeit. 300 Jahre nach der Zeiten-wende begann das Zeitalter der **Pikten,** die ab dem Jahr 800 von den Wikingern abgelöst wurden. Aus allen Zeiten gibt es gut erhaltene Siedlungsreste auf den Inseln.

Der heutige Name der Inselgruppe geht auf das altnordi-sche Wort »Orkneyjar« zurück, was so viel wie **Robbeninsel** bedeutet. Robben sind nach wie vor präsent. Kaum ein Strand, an dem nicht Kegelrobben oder Seehunde lagern. Überhaupt sind die Inseln ein Eldorado für Naturbeobach-ter. **Vogelklippen** mit Tausenden Papageitauchern, Lum-men, Tordalken und Dreizehenmöwen und Lochs mit zahl-

Schottland

Aikerness Beach. Der längste Sandstrand auf West Mainland, ideal zum Baden. Der Broch of Gurness ist nur wenige 100 m entfernt.

Bay of Skaill. Lang gezogener, heller Sandstrand ohne touristische Infrastruktur in unmittelbarer Nähe zu Skara Brae und zum Skaill House (Mainland).

North Ronaldsay Beach. Sandstrand im Süden von Ronaldsay, nicht weit vom Fährterminal entfernt.

Rothiesholm Sand. Im Westen von Stronsay gelegener, fast 2 km langer, weißer Sandstrand, der nicht nur zum Baden einlädt – hier kann man einige sehr seltene Muschelarten finden.

Bothican Bay. Weißer Sandstrand nahe des Fähranlegers nach Kirkwall (Papa Westray). In den angrenzenden Wiesen blühen im Frühsommer die Orchideen.

Cata Sand. Diesen Sandstrand (Sanday) muss man häufig mit Kegelrobben und Seehunden teilen.

Die Sandstein-Klippen von Yesnaby Castle sind bei Kletterern sehr beliebt.

Infos und Adressen

ANREISE

Flug: Nach London oder Glasgow.
Fähre: Vom schottischen Festland nach Kirkwall oder Stromness.

BESTE REISEZEIT

Juni–September. Studienreisen zu den archäologischen Fundstätten ganzjährig möglich.

SEHENSWERT

West Westray Walk. Spektakulärer Küstenwanderweg auf den Klippen von Ronsay mit Blick auf Kolonien von Papageitauchern, Lummen und Dreizehenmöwen.
The Bishops Palace. Ruine des ehemaligen Bischofssitzes in Kirkwall (12. Jh.) neben der St. Magnus-Kathedrale.
Highland Park Distillery. 200 Jahre alte Whiskybrennerei in Kirkwall. Mälzen auf der Tenne. Die Brennöfen werden mit Torf befeuert.

ESSEN UND TRINKEN

Kirkwall. Elegantes und stilvolles Restaurant im Hotel »Kirkwall«. www.kirkwallhotel.com

ÜBERNACHTEN

Hotel Stromness. Historisches Hotel (1901) im Zentrum von Stromness mit Blick auf Scapa Flow. Lokale Spezialitäten im Restaurant, In der Bar Orkney-Bier. www.stromnesshotel.com

Point of Ness Campsite. Sehr gut ausgestatteter Camping- und Caravaning-Platz. Stromness, www.orkney.gov.uk

WEITERE INFOS

Tourismusverwaltung. www.visitorkney.com
Orkney Tourist Guides Association. Zertifizierte Fremdenführer, www.otga.co.uk

reichen Entenarten locken jedes Jahr Vogelfreunde aus aller Welt auf die Orkneys. Botaniker finden in den Wiesen und Dünen der Inseln **seltene Pflanzenarten** wie die Schottenprimel. Orchideen überziehen im Frühjahr die Wiesen mit sattem Rot und Weiß.

Obwohl die Inseln vom ganz großen Tourismus bisher verschont wurden, gibt es eine Fülle interessanter Angebote: Tauchen bei **Scapa Flow** – in der Bucht versenkte sich 1919 die von den Briten internierte deutsche Kriegsmarine selbst. Hochseeangeln nach Dorsch und Forellenfischen in den Bächen und Lochs. Wer sich sportlich betätigen mag, kann surfen, mit dem Kajak fahren oder auf dem 18-Loch-Platz von Kirkwall Golf spielen.

Lolland

Seit jeher werden die Fischernetze auf Lolland zum Trocknen aufgehängt.

HIGHLIGHTS

Knuthenborg Park. Giraffen, Nashörner, Elefanten, Affen und Tiger auf Gut Knuthenborg.

Dom von Maribo. Gotische Hallenkirche (1413–70) mit Sterngewölbe.

Bahnhof der Museumsbahn in Bandholm. 2002 im Stil der 1920er-Jahre restauriert.

Reventlow Museet. Im Herrensitz Pederstrup (17. Jh., umgestaltet 1822) mit historischem Interieur und einer Ausstellung zum Sozialreformer Christian Ditlev Reventlow (1748–1827).

Middelaldercentret Sundby. Wohnen, schlafen, arbeiten, essen, trinken und feiern wie im Mittelalter.

KULINARISCHE SPEZIALITÄTEN

Smørrrebrød. Wie in ganz Dänemark »Butterbrot« in allen Variationen, fischig (Krabben, Lachs, Hering, geräucherter Aal) oder fleischig, z. B. Schweinebraten, Rotkohl, Äpfel und Backpflaumen.– *Stjerneskud:* Warmes Fischfilet mit Krabben, Salat, Ei, Dill und Mayonnaise. – *Rødgrød med fløde.* Rote Grütze mit Sahne, ein Klassiker. – *Æblekage med flødeskum.* Apfelkompott mit Krokant und Sahne.

Die viertgrößte dänische Ostseeinsel begeistert mit einer abwechslungsreichen Küstenlandschaft. Gewundene Landstraßen passieren Wiesen, Wälder, Seen und kleine Dörfer. In Lolland kann man ganz tief eintauchen in die Geschichte, denn die eindrucksvollen Zeugnisse der Vergangenheit reichen bis in die Steinzeit zurück.

Lebendige Reise in die Vergangenheit

Auf 5000 Jahre schätzen Experten das Alter des mit 13 m längsten Ganggrabs Dänemarks, **Kong Svends Høj.** Echte Hobby-Archäologen scheuen sich nicht, in die Knie zu gehen und den Kopf einzuziehen. Am Ufer des Guldborg-Sunds im Osten Lollands dringt man im Wäldchen **Frejlev Skov** ebenfalls in die graue Vorzeit ein. Rund- und Langdolmen sowie Kammergräber aus der Steinzeit und Hunderte Grabhügel aus der Bronzezeit gewähren Einblick in die dänische Vorgeschichte. Zahlreiche **Runensteine** wie nahe der Kirche von **Tillitse** verweisen auf die Anfänge schriftlicher Kultur.

In **Sundby** rückt die Vergangenheit wieder ein Stück näher. In einem unter Aufsicht von Archäologen erbauten Zentrum werden das Alltagsleben, Gewerke, Ritterturniere und Kriege des Mittelalters detail- und originalgetreu inszeniert. Dem bäuerlichen Leben im Lolland des 18. und 19. Jh. widmet sich

Dänemark

das **Frilandmuseet** am Ufer des Søndersø, u. a. mit Bauernhof, Seilerwerkstatt und Kolonialwarenladen.

Der Herrensitz **Fuglsang** am Guldborg-Sund passt mit seinen Gotik- und Renaissance-Elementen hervorragend als Kulisse für klassische Konzerte. Das 2008 eröffnete Kunstmuseum präsentiert dänische Kunst von 1750 bis 1950. Wer in Dänemark einen Namen hatte, ist dort mit Werken vertreten.

Oldtimer-Fans bekommen im Automobilmuseum von **Schloss Aalholm** in Nysted glänzende Augen im Angesicht von Karossen aus einer Zeit, als Autofahren ein exklusives Vergnügen war. Nicht nur schauen, sondern richtig fahren kann man in der Eisenbahn. Zwischen Maribo und Bandholm verkehren nostalgische Züge. Wer satt von Geschichte ist, schippert zu den Mini-Inseln im **Nakskov-Fjord,** ein romantisches Erlebnis bei Sonnenuntergang.

Majestätisch drehen die dänischen Windmühlen heute noch ihre Flügel im Wind.

Infos und Adressen

ANREISE

Flug: Nach Kopenhagen, vom Flughafenbahnhof mit dem Zug nach Lolland; **Auto:** Über Hamburg nach Puttgarden, Fähre nach Rødby; **Bahn:** Nach Hamburg, von dort IC/ICE Richtung Kopenhagen mit Fährtransfer Puttgarden–Rødby

BESTE REISEZEIT

Juni–August

ERLEBENSWERT

Maribo Jazz Festival. Im Juli, international und renommiert
Femø Jazzfestival. Alljährlich im August für Etablierte und Nachwuchstalente des Jazz auf der kleinen Nachbarinsel Femø
Lys over Lolland. Kulturfestival im Spätsommer, von Design über Installationen bis zum Theater

ESSEN UND TRINKEN

Hotel Saxkjøbing. Moderne, skandinavische Gourmetküche. Torvet 9, Sakskøbing
The Cottage. Regionale und saisonale Küche in gehobenem Ambiente. Skansevej 19, Nysted

ÜBERNACHTEN

Lalandia. Ferienpark westlich von Rødbyhavn, 200 m zum Ostseestrand, mit tropischem Badeland, Lalandia Center 1, Rødby, www.lalandia.dk
Hotel Maribo Søpark. Viersternehotel mit Gourmetküche und Wellness, Vestergade 29, Maribo, www.maribo-soepark.dk

WEITERE INFOS

Rødby Turistbureau. Færgestationsvej 6, www.visiteastdenmark.com

Strand-Schönheiten

Hummingen. Die schönsten Strände liegen im Süden Lollands. Der Strand bei Hummingen ist für seinen feinen Sand berühmt. Da er flach ins Meer abfällt, ist er für Familien mit Kindern geeignet. In den Sommermonaten führt ein Badesteg ins Wasser. Auch in der Hochsaison findet sich immer ein ruhiges Plätzchen.

Rødbyhavn Strand. Weitläufiger Sandstrand mit grasbewachsenen Dünen, auch gut geeignet zum Surfen.

Albuen. Gilt vielen als schönster Strand auf Lolland. Die Blaue Flagge garantiert hervorragende Wasserqualität. Auch soll das Wasser hier am wärmsten an Lollands Küsten sein. Der Sandstrand weist nur an der Wasserkante einige Kiesel auf. Auch hier gibt es einen Badesteg ins Wasser. Im hinteren Bereich ist der Strand FKK-Fans vorbehalten.

Kramnitze. Der Sandstrand am kleinen Fischerhafen ist auch für Rollstuhlfahrer und Kinderwagen gut geeignet, da er barrierefrei zu erreichen ist. Östlich der Mole haben Kite- und Windsurfer ihr Revier.

Fünen

Odense. Altstadt mit Dom (Sankt Knud). Geburtshaus von Hans Christian Andersen (seit 1930 Museum), Theater (1796).

Fünisches Dorf. Freilichtmuseum in Odense mit zwei Dutzend rekonstruierten Gebäuden (ab 1666).

Assens. Die schönsten Fachwerkhäuser Dänemarks am Kleinen Belt.

Schloss Nyborg. Bis 15. Jh. Residenz der dänischen Könige.

Schlösser und **Herrenhäuser.** Harridslevgaard Slot (Bogense), Glorup (Südostfünen, mit Park) und Holckenhavn (Nyborg) – gilt als besterhaltenes Renaissanceschloss Dänemarks.

KULINARISCHE SPEZIALITÄTEN

Gebratener Fisch: Bevorzugt Forelle, Flunder und Scholle. – *Hering:* Eingelegt, als Vorspeise serviert mit Roggenbrot. – *Fünischer Räucherkäse.* Über Stroh und Brennnesseln geräuchert. – *Fünische Fruchtsäfte:* Im Sommer frisch gepresst angeboten. – *Håndbrygget øl:* Hausgebrautes aus dem »Bryghus Kerteminde«.

Wie eine Kulisse von Hans Christian Andersen: das prächtige Wasserschloss Egeskov

Mit 85 km Länge und 60 km Breite ist Fünen (dänisch Fyn) die zweitgrößte Insel Dänemarks nach Seeland. Das Land ist hügelig, im Südwesten bildet eine waldreiche Moränenkette die Fünischen Alpen.

Im märchenhaften Garten Dänemarks

Fünen, das sind Strände mit bunten Badehütten, Fjorde, prächtige Schlösser und Herrenhäuser – aber auch Stockrosen vor niedlichen Fachwerkhäusern in uralten Dörfern, Obstgärten und saftige Kuhweiden. Das milde Klima lässt im Sommer ein wahres Pflanzenmeer erblühen. Und nicht nur das, Fünen hat auch einen weltberühmten Sohn: **Hans Christian Andersen.**

Odense, sein Geburtsort, mit 170 000 Einwohnern heute die drittgrößte Stadt Dänemarks, wurde 988 erstmals erwähnt. Im Mittelalter war die Stadt ein Pilger- und Handelszentrum. Der gotische Dom (Sankt Knuds Kirke, 13. Jh.) und der alte Münzhof zeugen davon.

Die **Halbinsel Hindsholm** im Nordosten weist zahlreiche Landzungen auf. Die flachen Buchten sind beliebte Rast- und Brutplätze für Vögel. Vom Naturschutzgebiet **Fyns Hoved** am nördlichsten Punkt genießt man einen weiten Blick über Landschaft und Meer.

Die **Fünischen Alpen** sind sanfte Hügel (bis 131 m ü. NN) mit Steilhängen und tiefe Kluften im Südwesten. Von den Kuppen, besonders dem Vissenbjerg, bietet sich eine herrli-

Dänemark

An der Küste des Großen Belts im Osten von Fünen zwischen **Kerteminde** und **Nyborg** erstreckt sich einer der breitesten Strände ganz Dänemarks. Sehr beliebt, da seicht und deshalb für Kinder geeignet, ist der Strand von **Hasmark** in Nordfünen (Blaue Flagge). Dasselbe gilt für den **Flyvesandet**, ebenfalls in der Gemeinde Otterup; beide Strände sind überdies gute Surfreviere.

Auch am südlichen Abschnitt der **Kleine-Belt-Küste** im Westen gibt es schöne Sandstrände, die mit ihrem ruhigen Wasser zum Baden einladen. Liegestühle, Sonnenschirme und Strandkörbe sind selten, Kurtaxe kennt man nicht. Im **Südfünischen Inselmeer** mit seinen vorgelagerten, teils unbewohnten Eilanden ist man ohnehin nie weit vom Wasser entfernt. Dort gibt es zahlreiche beschauliche »Strandplätze« in unberührter Natur.

Fünen: Freilichtmuseum und Spielplatz für Kinder, hier an der Statue »Ozeania«

Infos und Adressen

ANREISE

Flug: Nach Billund (Jütland). Weiter mit dem Bus Richtung Odense. **Auto:** Über Jütland (E45, E20) und Kleine-Belt-Brücke bei Middelfart. **Fähre:** Autofähre von Fynshav (Alsen) nach Bøjden (Fünen).

BESTE REISEZEIT

Ganzjährig. Badesaison Juni–September

SEHENSWERT

Faaborg. Mittelalterlicher Stadtkern und Kunstmuseum, in der Nähe Schloss Hvedholm **Kerteminde.** Wikingermuseum Ladby, Johannes Larsen-Kunstmuseum

Dänisches Eisenbahnmuseum. Dannebrogsgade 24, Odense, www.jernbanemuseet.dk

ESSEN UND TRINKEN

Empfehlenswert sind die zahlreichen Kros (Landgasthöfe) mit klassischer oder ambitionierter Küche.
Den gamle Kro. Aus dem Jahr 1683, Overgade 23, Odense, www.dengamlekro.eu
Falsled Kro. Aus dem 15. Jh., Assensvej 513, Faaborg, www.falsledkro.dk

ÜBERNACHTEN

Rund 250 Hotels, darunter exklusive Herrensitze, zahlreiche Ferienhäuser und -wohnungen, ein Vandrerhjem, 38 Campingplätze und einige Kros halten ein großes Angebot vor.

WEITERE INFOS

Fonden Fyntour. Sivmosevaenget 4, Odense, www.visitfyn.de

che Aussicht auf Südfünen. Andersen war fasziniert: »Sogar die Blumen summen hier anders (...)«.

Nyborg ganz im Osten punktet mit seinem historischen Zentrum und dem alten Königsschloss. In der Stadt begann Andersens erste »Weltreise«: »Schon bald war ich glücklich über die neue, wechselnde Landschaft. Ich kam nach Nyborg, ich sah das Meer. Erst als das Schiff davonsegelte, beschlich mich ein bedrückendes Gefühl. Es war, als segelte ich hinaus in die weite Welt.« Wer sich wie im Märchen fühlen möchte, sollte auch diese Schlösser besuchen: **Valdemarslot,** Dänemarks größtes Schloss im Privatbesitz mit einem imposanten Garten, bietet einen schönen Einblick in das Rokoko – und **Egeskov**, ein prächtiges Wasserschloss aus der Renaissance mit einer reichen Innenausstattung.

Öland

Das Gräberfeld von Gettlinge diente ungefähr 2000 Jahre lang als Begräbnisstätte.

HIGHLIGHTS

Schloss Borgholm. Nach einem Brand 1806 eine Ruine, dennoch sehenswert.

Grabfeld von Gettlinge. Über 200 erhaltene Gräber, die meisten davon typische Hügel aus der Bronze- und Eisenzeit.

Festung Eketorp. Ringburg mit Fundamenten aus dem 4. Jh.

Stora Alvaret. Größtes Alvargebiet der Erde. Eine naturbelassene Karstlandschaft. UNESCO-Welterbe.

Leuchtturm Långe Jan. Mit 42 m der höchste Leuchtturm Skandinaviens, an Ölands Südspitze gelegen. Sein Gegenstück im Norden ist der kleinere Långe Erik.

KULINARISCHE SPEZIALITÄTEN

Kroppkakor: Klöße aus Kartoffeln, Mehl und Eiern, oft mit Speck- oder Zwiebelwürfel-füllung. Dazu reicht man Preiselbeerkompott und Sahne oder Butter. – *Lufsa:* Die schnelle Variante der Kroppkakor, meist ohne Füllung. – *Lammkotletter:* Koteletts von Lämmern aus der Region. – *Lax/Strömming:* Lachs oder Hering aus der Ostsee. – Kulinarischer Höhepunkt ist das *Ölands Skördefest*, ein dreitägiges Erntefest Ende September.

Sechs Kilometer führt die Ölandsbrücke über den Kalmarsund auf Schwedens zweitgrößte Insel – und bringt den Urlauber in eine ganz eigene Welt mit Windmühlen, einer ganz besonderen Karst- und Heidelandschaft, zwei Leuchttürmen, Stränden und Meer, Schlössern und Burgen – und nicht zu vergessen: mit royalem Glanz.

Ganggräber, Windmühlen und ein Prinzessinnenschloss

Ein wenig mutet die Szenerie Ölands an wie den Abenteuern Don Quijotes entsprungen, als der Ritter von der traurigen Gestalt gegen die übermächtigen Windmühlen kämpfte. Rund 400 hölzerne Mühlen verteilen sich über die schwedische Insel, um 1850 waren es sogar über 2000. Besonders gut erhalten sind die **Mühlen von Lerkaka.** Eine weitere Sehenswürdigkeit Ölands ist **Schloss Borgholm.** Es entstand aus einem Wehrturm des 12. Jh. und war eine bedeutende Barockanlage.

Aus dem 4. Jh. ist die trutzige **Fluchtburg Eketorp.** Erbaut wurde sie in der damals extrem unwirtlichen Gegend im Süden Ölands. Die fast baumlose und gespenstisch schöne Kalksteinlandschaft, die **Stora Alvaret,** wurde im Jahr 2000 von der UNESCO zum Welterbe erklärt. In der geschichtsträchtigen Agrarlandschaft finden sich Zeugnisse aus der Stein-, Bronze- und Eisenzeit: Ganggräber, Grabhügel, Burg- und Hausfundamente. All dies zeugt von mehreren Tausend

Jahren menschlicher Nutzung. Urlauber treffen dort heute auf Weidevieh und vor allem auf Abertausende von Vögeln. Ganz im Süden, beim **Leuchtturm Långe Jan** und dem angeschlossenen Naturum, finden Ornithologen ihr Dorado.

Wer nach diesen Natur- und Kulturschätzen nun »leichtere Kost« sucht, dem sei ein Spaziergang durch den Park von **Schloss Solliden** ans Herz gelegt. Hier feiert Kronprinzessin Victoria alljährlich am 14. Juli ihren Geburtstag. Und die üppige, ja fast tropische Gartenvegetation ist ein angenehmer Kontrast zur kargen Alvarregion.

Infos und Adressen

ANREISE

Flug: Nach Stockholm, weiter per Mietwagen. **Fähre:** Bis Trelleborg, weiter mit dem Auto Richtung Kalmar und über die Ölandsbrücke

BESTE REISEZEIT

Mai–September

SEHENSWERT

VIDA Museum & Konsthall. Die Beton-Glas-Würfel des Kunstmuseums überblicken den Kalmarsund. u. a. Werke des Künstlerpaars Ulrica Hydman-Vallien und Bertil Vallien. Halltorp, Borgholm, Mai–Sept. 10–17 Uhr, www.vidamuseum.com

Schloss Solliden. Sommerschloss der schwedischen Königsfamilie. Durch den Park dürfen auch Nicht-Royals flanieren. Borgholm, Mai–Sept. 11–18 Uhr, www.sollidensslott.se

Trollskogen. Das Naturreservat »Trollwald« prägen bizarr verformte Bäume und Hügelgräber. An der Küste liegt das Wrack des Schoners »Swik«, der 1926 hier strandete.

ESSEN UND TRINKEN

Fågel Blå. Um den »Blauen Vogel« am Leuchtturm gibt es jede Menge Vögel. Die Speisenauswahl ist klein, aber fein, die Kuchen sind sensationell. Ottenby. www.restfagelbla.se

AUSGEHEN

Pubben. Pub im englischen Stil. Die meisten Gäste kommen wegen des Biers, der Whiskyauswahl und der Sommerterrasse. Storgatan 18, Borgholm. www.pubben.se

ÜBERNACHTEN

Hotell Borgholm. Stylisch, zentral, großzügige Zimmer. Ausgezeichnetes Restaurant. Trädgårdsgatan 15–19, Borgholm. www.hotellborgholm.com

WEITERE INFOS

Ölands Turistbyrå. www.olandsturist.se

Bei Gartenfreunden beliebt: der geometrisch angelegte Park von Schloss Solliden

Strand-Schönheiten

Grankullaviken. Lagunenartige Meeresbucht mit Sandstrand an der Nordspitze Ölands. Im Sommer sehr gut besucht.

Lyckesand. Angeblich der beste Strand der Insel. Die seichte Bucht ist vor allem bei Familien beliebt. Teile des Sandstrands sind FKK-Zone.

Böda. Strand aus feinstem Sand nahe dem Campingplatz, auch im Sommer recht einsam.

Byrums raukar. An der Westküste Ölands – und somit am Ufer des Kalmarsunds – befindet sich dieser Strandabschnitt mit weißem und besonders feinem Sand. In der Nähe des Badestrands stehen bis zu 4 m hohe Kalksteinsäulen.

Köpingsvik. In der Mitte der Insel gelegen, wenige Autominuten nördlich der Ölandsbrücke. Gut erreichbarer und populärer Familienstrand.

Gotland

Kaum eine andere Region im Norden Europas verfügt über eine derart große Dichte an kulturgeschichtlich bedeutsamen Relikten wie die Insel Gotland im geografischen Zentrum der Ostsee. Dabei wirkt sie keineswegs wie ein Freilichtmuseum, sondern vor und hinter den Toren der Hauptstadt Visby pulsiert das Leben.

Vom Reichtum der Hanse und von der Sonne verwöhnt

Gotland, die größte schwedische Insel, ist in vielerlei Hinsicht anders als das Mutterland. Es gibt weniger typische rot-weiße Holzhäuser. Nicht der Elch ist das **Wappentier,** sondern das Schaf, eine kleine, dunkle Rasse mit mächtigen Hörnern. Wald findet man kaum, dafür ausgedehnte Heide. Und – dies dürfte die Festlandsschweden am meisten ärgern – Gotland erfreut sich der weitaus höheren Zahl an **Sonnenstunden.** Die besondere geologische Beschaffenheit der Insel begründet diesen Umstand, denn Gotland besteht überwiegend aus einem wärmespeichernden **Kalksteinplateau,** welches das spezielle Mikroklima begünstigt.

Als der Hauptort **Visby** 1203 erstmals schriftlich erwähnt wurde, war er bereits über mehrere Jahrhunderte ein bedeutsamer Handelsplatz im Zentrum der Ostsee und einer der wichtigsten Häfen der **Hanse.** Die Gotländer litten keinen Mangel. Sie bauten prächtige Kirchen, Handel und

Schweden

Üppiger, hoch rankender Rosenschmuck ziert im Sommer die alten Fassaden in Visby.

Landwirtschaft standen in Blüte. Das führte 1288 skurrilerweise zum Bau einer mächtigen Stadtmauer um Visby, damit Bauern und Bürger, die sich gegenseitig den Reichtum neideten, nicht aneinander gerieten. Die **Altstadt,** bereits 1805 unter Denkmalschutz gestellt, gehört seit 1995 zum UNESCO-Weltkulturerbe.

Unzählige Schiffssetzungen, Steinkreise, Runensteine und Hünengräber geben Zeugnis über die frühzeitliche Inselgeschichte. Die teils aufgelassenen Stätten der **Kalksteinverarbeitung** und Zementindustrie stehen für die jüngere ökonomische Vergangenheit. Heute setzt Gotland ganz auf seine kulturellen und klimatischen Ressourcen, die es seit dem Besuch Prinzessin Eugenies von Schweden vor mehr als 150 Jahren zu einem der beliebtesten touristischen Ziele in Schweden machen.

Mit dem Seekayak erreicht man Fischerdörfer und einsame Strände.

HIGHLIGHTS

Trolltind. Auf den höchsten Berg (800 m ü.
NN) führt ein markierter Pfad. Neben Wander-
ausrüstung sind eine gute Kondition und
Trittsicherheit erforderlich.

Fischersiedlung Skjærvær. Historisches
Leben auf einer abgelegenen Inselgruppe.

E-huset. In Nes befindet sich das einzige
Eiderentenmuseum der Welt.

Skulpturenlandschaft Nordland. Auch
auf Vega findet man Kunstwerke, die für das
Projekt »Skulpturenlandschaft Nordland« in
ganz Nordnorwegen geschaffen wurden.

Hysvær. Ein Besuch auf den 200 Inseln von
Hysvær führt zu ältesten Siedlungsspuren.

KULINARISCHE SPEZIALITÄTEN

Lachs: An frischem Lachs kommt man bei
einem Norwegen-Urlaub kaum vorbei. Serviert wird er z. B. als Räucherlachs oder eingelegt in eine Beize aus Salz, Pfeffer, Zucker
und Dill als *Gravad Lachs.* – *Rømmegrøt:*
Brei aus Sauerrahm und Grieß mit Zucker und
Zimt, manchmal mit Honig. – *Lamm:* Lammkeule spielt auf dem Archipel aufgrund der
Schafzucht eine große Rolle.

**Vor der norwegischen Westküste liegt etwas südlich
des Polarkreises der Vega-Archipel. Nur wenige der
rund 6000 Inseln und Inselchen sind bewohnt. Neben
der grandiosen, mal schroffen, mal lieblichen Natur
beeindruckt vor allem das einträchtige Zusammenleben
zwischen Bewohnern und Eiderenten, weshalb das Inselreich zum Weltkulturerbe erklärt wurde.**

Mensch und Ente – eine besondere Beziehung

Das Erste, was man bei der Fahrt auf die **Hauptinsel** Vega
wahrnimmt, sind die Berge. Vor allem die rund 800 m hohe
Trolltind mit ihren steilen Flanken dominiert die Silhouette
auf der Passage. Überrascht wird sein, wer auf ausgiebigen
Spaziergängen oder mit dem Fahrrad über die ansonsten
flache Insel streift. Auf der gerade einmal gut 150 km² großen Hauptinsel findet man eine Vielzahl von Landschaften:
Wälder, Moore, Seen und einen langen Küstenstreifen. Vom
Gipfel der Trolltind oder bei einem Ausflug mit dem Boot
wird deutlich, dass Vega viel mehr ist als nur eine Insel: Vega
ist ein ganzes Inselreich, ein **Archipel** mit Eilanden, die mal
als nackter Fels, mal als mit wenigen Häusern bestandenes,
flaches Grasland aus dem Meer ragen. Vega ist deshalb ein
ideales Revier für Angler und Paddler. Auch Vogelkundler
werden hier ins Schwelgen geraten.

Norwegen

Den Grund dafür, dass Vega zum Weltkulturerbe erklärt wurde, erkennt man erst auf den zweiten Blick. Seit Jahrhunderten leben auf dem Archipel Menschen und **Eiderenten** harmonisch miteinander. Jedes Jahr im März richten die Bewohner die Nistplätze für die Tiere her und bauen kleine Häuschen für sie. Wenn die Jungenten im Juni und Juli ihre Nester verlassen, werden die hochwertigen **Daunen** eingesammelt, mit denen die Gelege gepolstert waren. Daraus entstehen seit Jahrhunderten Kissen und Bettdecken. Mit dem Verkauf verdienten sich die Bewohner ein Zubrot. Auch heute kann man hier noch Daunen-Bettzeug kaufen – und damit helfen, eine alte Tradition zu bewahren.

Auch Wanderer kommen auf Vega auf ihre Kosten.

Infos und Adressen

ANREISE
Flug: Via Oslo nach Brønnøysund. Weiter mit der **Fähre** (ca. 45 Min.)

BESTE REISEZEIT
Juni–September

SEHENSWERT
Kulturweg Vega. Auf der Spur der alten Fischertradition über den Archipel.

Angeln. Die Gewässer rund um Vega sind ein ideales Angelrevier. Auch Hochseefischen.

Paddeln. Ausflüge mit dem Seekajak entlang der zerklüfteten Küste und zu kleinen Inseln.

Vogelgewässer. Seltene Vogelarten an der Küste und den Seen im Landesinneren.

ESSEN UND TRINKEN
Vega Havhotell. Restaurant am Meer. Vor allem Fischgerichte. Viksås

Gåkkå Mathus. Abseits auf den Hysværet-Inseln gelegenes Restaurant mit Fischspezialitäten.

Himmelblå Café. Nettes Café-Restaurant auf der Insel Ylvingen.

ÜBERNACHTEN
Rorbu. Besonders beliebt ist die Übernachtung in einem Rorbu. Der Name leitet sich von den früheren Unterkünften für die Besatzung von Fischkuttern ab. Viele der direkt am Meer stehenden Selbstversorgerhäuser wurden renoviert oder ganz neu errichtet. Von einfach bis luxuriös. www.dintur.no

Vega Havhotell. Nette Unterkunft am Meer. Viksås. www.havhotellene.no

Bremstein. Übernachtung in Rorbuer in der Fischersiedlung neben dem Leuchtturm.

WEITERE INFOS
Vega turistinformasjon. Gladstad, Vega. www.visitvega.no

Strand-Schönheiten

Westküste. Baden werden auf einer Insel knapp südlich des Polarkreises nur ganz Unerschrockene. Empfehlenswert ist auf jeden Fall ein Strandspaziergang an der Westseite der Insel mit Blick auf die markante Felspyramide der Søla.

Holand. Ein markierter Pfad führt am Meer entlang durch die Küstenlandschaft mit Felsen und Wiesen. Startpunkt ist Holand auf der Nordseite der Insel.

Eidem. Wild zerklüfteter Küstenstreifen mit Wattfläche und unzähligen Inselchen. In den einsamen, an einigen Stellen sandigen Buchten kann man bestens sonnenbaden.

Lofoten

Typische Lofoten-Landschaft mit falunroten Häusern auf den Uferklippen.

Kahl und unwirtlich scheinen die Lofoten auf den ersten Blick zu sein, im Näherkommen werden jedoch grüne Küstenstreifen mit Wiesen, Äckern und bunten Fischerdörfern sichtbar. An den Berghängen wachsen Wälder, und die Schneefelder auf den bis zu 1200 m hohen Bergen speisen Bäche, die in wilden Kaskaden ihren Weg ins Meer suchen.

Grüne Inseln nördlich des Polarkreises

Nicht umsonst wurden die Lofoten bereits vor 6000 Jahren von steinzeitlichen Fischern und Jägern besiedelt. Das Meer bot ihnen Fisch in Hülle und Fülle, und in den Wäldern konnten Elche, Rentiere und Biber gejagt werden. Nirgendwo sonst auf der Welt ist das Klima in diesen Breiten so mild wie auf den Lofoten; es lässt vergessen, dass die Inseln nördlich des Polarkreises liegen. Zwar können hier schwere Stürme wüten, ein Ausläufer des Golfstroms sorgt aber dafür, dass selbst im Winter die Durchschnittstemperatur auf den am weitesten südlich gelegenen Inseln **Røst** und **Værøy** nicht unter den Gefrierpunkt sinkt.

Die ersten Getreideäcker wurden bereits vor 4000 Jahren in der Jungsteinzeit angelegt. Obwohl die Landwirtschaft aufblühte, blieb der Fischfang der wichtigste Erwerbszweig. Auch als die Wikinger die Herrschaft übernahmen, änderte sich daran nichts, im Gegenteil. Im Winter ruder-

Norwegen

ten Fischer vom Festland zu den Lofoten, um **Kabeljau** zu fangen. Da sie dort überwinterten, benötigten sie auch Unterkünfte. König Øystein, der die Bedeutung der Fischerei auf den Lofoten erkannte, ließ daher bereits im frühen 12. Jh. die sogenannten **Rorbuer,** Hütten für Ruderer, bauen, eine Tradition, die bis in das 20. Jh. fortgesetzt wurde. Bis zu 16 Männer teilten sich ein Rorbu, von denen die meisten auf Pfählen im Wasser standen. Die gefangenen Fische wurden ausgenommen und, paarweise an den Schwänzen zusammengebunden, auf großen Holzgestellen zum Trocknen aufgehängt. Bereits im Mittelalter wurde ein schwungvoller Handel mit dem auf diese Weise haltbar gemachten **Stockfisch** getrieben, den die Norweger selbst Tørrfisk nennen. Bis in den Mittelmeerraum wurde und wird er gehandelt.

Viele Rorbuer werden auch heute noch genutzt. Als Ferienhäuser mit allem Komfort ausgestattet oder als Ateliers für Künstler, haben sie eine neue Bestimmung gefunden.

Was Namen verraten

Lófót war ursprünglich nur der Name der Insel **Vestvågøy.** »Ló« ist der norwegische Name für den Luchs und »fót« heißt Fuß. »Luchsfuß« wurde die Insel genannt, weil ihr Umriss dem Fußabdruck eines Luchses ähneln soll. Später ist der Name auf alle Inseln des Archipels übertragen worden. Die benachbarte Insel **Flagstadøy** hatte einen ähnlichen

Die früheren Fischerhäuser dienen heute als Ferienunterkunft oder Galerie.

Strand-Schönheiten

Nordlandshagen. Der Sandstrand an der Nordwestküste von Værøy ist dem offenen Meer zugewandt und stark wind- und wellenexponiert. Kühl und ohne Umkleidekabinen und Toiletten.

Brewik-Stranden. Sandstrand auf der geschützten Ostseite von Værøy zwischen den Orten Sørland und Nordland. Keine Infrastruktur.

Mosken. Wer Einsamkeit liebt, fährt mit dem Boot auf die winzige Insel Mosken 7 km nördlich von Værøy. In einer Bucht an der Nordwestküste liegt ein wunderschöner Sandstrand.

Ramberg-Strand. Heller Sand an der Justnesbucht von Moskenesøy, durch hohe Berge gegen die ständigen Westwinde geschützt. Kiosk und Campingplatz in der Nähe.

Fredwang. Wenige Kilometer westlich von Ramberg befinden sich ein großer und mehrere kleine Badestrände. Campingplatz in unmittelbarer Nähe.

Haukland-Strand. Zwei nebeneinanderliegende schöne Sandstrände, 10 km von Leknes entfernt an der Westküste von Vestvågøy. Wem es im Meerwasser zu ungemütlich ist, kann in das nahe gelegene beheizte Schwimmbad gehen.

Traditionelle Fischerboote: eine Attraktion im Fischereimuseum auf Moskenesøy.

Getrockneter Fisch: Schon die Wikinger nutzten diese Konservierungsmethode.

Persönlicher Tipp

LEBEN WIE DIE WIKINGER

Nicht weit vom Originalfundort der Siedlung wurde 1995 das **Wikingermuseum Borg** eröffnet. Im Mittelpunkt steht ein originalgetreuer Nachbau des Langhauses, eines dreischiffigen Hauses mit Pfostenreihen im Innern, die das Dach tragen. Auch die Inneneinrichtung und Aufteilung der Räume ist nach alten Quellen bzw. dem Grundriss des Originals rekonstruiert worden.

In dem Museum wird das Leben der Menschen zur Wikingerzeit nachgestellt. Es wird gekocht, gewaschen und gewerkelt. Führungen, Vorträge und Mitmachaktionen runden das Angebot ab. Nach vorheriger Anmeldung können Gäste am **Lofotr Wikingerfest** teilnehmen. Lamm und Wildschwein sind beliebte Gerichte auf der Speisekarte, serviert mit dem traditionellen Wikingergetränk Met aus Alkohol, Honig und Kräutern. Gegessen wird nach Wikingerart mit den Fingern, worüber niemand die Nase rümpft. Wer das gute Essen abarbeiten will, kann sich anschließend als Ruderer auf dem Wikingerschiff versuchen, das zum Museum gehört.

Namen, nämlich Vargfót, der jedoch in Vergessenheit geraten ist. Vargfót bedeutet »Wolfsfuß«. Ob auch hier die Form der Insel gemeint war, ist nicht überliefert.

Ferienparadies Lofoten

Zwar ist die Fischerei auch heute noch ein wichtiger Erwerbszweig auf den Lofoten, der Tourismus spielt jedoch eine bedeutende Rolle. Die Lofotinger haben sich darauf eingestellt und bieten eine Fülle von Aktivitäten an. Was liegt näher, als mit kleinen Booten zum **Kabeljauangeln** aufs Meer hinauszufahren oder mit dem Kajak die Küsten zu erkunden. Unter Kennern zählen die Lofoten zu den weltbesten zehn **Kajakrevieren**. Es gibt auch schöne Strände, aber Baden auf den Lofoten ist etwas für Menschen, die kühle Frische schätzen, denn die Wassertemperaturen steigen selten über 12 °C.

Bootsexkursionen führen zu Robben, Walen und Vogelfelsen. Etwa ein Viertel des gesamten **Seevogelbestandes** von Norwegen, das sind 2,5 Millionen Vögel, brütet auf den steilen Felsen südwestlich von **Røstlandet,** einer der südlichsten Inseln der Lofoten. Aber auch auf den anderen Inseln finden sich Kormorane, Mantelmöwen, Dreizehenmöwen, Eissturmvögel, Baßtölpel, Papageitaucher und Eiderenten in großer Zahl ein. Wer auch die Unterwasserwelt erkunden will, kann in **Balstad** tauchen gehen.

Für Wanderer und Radfahrer steht ein dichtes Netz von Wegen zur Verfügung. Auch Golfer kommen auf ihre Kosten. Auf der nördlich von Vestvågøy gelegenen Insel **Gimsøy** wirbt der Platzbetreiber damit, dass dies der einzige Golfplatz weltweit sei, auf dem zwei Monate lang ununterbrochen bei Sonnenschein gespielt werden kann, vorausgesetzt, der Himmel ist nicht bedeckt.

Kulturell haben die Lofoten ebenfalls einiges zu bieten. Seit 2001 findet in jedem Jahr im Mai/Juni in der »Galleri 2«, einer Kunstgalerie in **Stamsund,** das internationale Theaterfestival »Stamsund Internasjonale Teater« statt, zu dem Bühnengruppen und Besucher aus aller Welt anreisen.

Unterkünfte gibt es in allen Kategorien und Preisklassen: von einfachen Campingplätzen, Rorbuer und preiswerten Hostels bis zu Hotels der Luxusklasse. Kioske und Restaurants befinden sich in nahezu jedem Ort. Wer unbedingt Alkohol trinken will, muss allerdings tief in die Tasche greifen und ganz gezielt in lizensierte Lokale gehen.

Infos und Adressen

ANREISE

Flug: Von Deutschland nach Oslo. Weiterflug über Bodø oder Trondheim nach Leknes, dem Hauptort der Lofoten auf der Insel Vestvågøy. **Schiff:** Stamsund und Svolvær sind Anlegestellen der täglich verkehrenden Schiffe der Hurtigruten.
Fähre: Von Skutvik auf dem Festland nach Svolvær auf der Insel Austvågøy (ca. 2 Std.).
Auto: Seit 2007 gibt es eine fährenfreie Verbindung zur Europastraße 6 auf dem norwegischen Festland.

SEHENSWERT

Lofotr – Vikingmuseet på Borg. Prestegardsveien 59, Bøstad, www.lofotr.no
Lofoten Golfbane Hov. Golfen im Schein der Mitternachtssonne. Gimsøysand, www.lofotengolf.no

Galleri Lofotens Hus. Norwegens größte Sammlung nordnorwegischer Kunst, 8312 Henningsvær, www.galleri-lofoten.no
Engelskmannbrygga. Interessante Glasbläserei, Keramikwerkstatt und Fotoausstellung. 8312 Henningsvær, Dreyersgate 1, www.engelskmannbrygga.no
Tørrfisk Museum. Alle Informationen zum Stockfisch in dem kleinen Museum im Ort Å auf Moskenesøy. 8392 Å, www.lofoten-info.no/stockfish.htm

BESTE REISEZEIT

April–September für alle mit dem Wasser verbundenen Aktivitäten. Die geringsten Niederschläge fallen mit durchschnittlich 40 mm im Mai und Juni. Oktober–März für Schlittenhundtouren und Beobachtungen des Polarlichts.

ESSEN UND TRINKEN

Præstenbrygga Torget. Ganzjährig geöffnetes Restaurant und Bar mit Livemusik an den Wochenenden. Serviert werden vorwiegend Fischspezialitäten. Das Lokal ist für den Ausschank von Alkohol lizensiert. Bei gutem Wetter kann auf der Terrasse gegessen werden. Beste Kneipe der Lofoten. Kabelvåg, www.bacalaobar.no
Bacalao. Von der gleichen Gesellschaft betriebenes Lokal wie das Præstenbrygga mit vergleichbarem Angebot. Havnepromenaden 2, Svolvær, www.bacalaobar.no

ÜBERNACHTEN

Skjærbrygga Rorbuer. Übernachten in Fischerhütten, die 1845 errichtet, aber mittlerweile mehrfach umgebaut wurden. Stamsund, www.skjaerbrygga.no

Vestfjord Hotell Svolvær. 200 m vom Kai der Hurtigruten gelegenes Viersternehotel. Fishergata 46, www.visitlofoten.as
Thon Hotel Lofoten. Torget/O J Kaarboes Gate 5, Svolvaer, www.thonhotels.com

WEITERE INFOS

Destination Lofoten AS. Touristische Fördergesellschaft für die gesamte Region. P.O.BOX 210 / Håkon Kyllingmarksgate 6, NO-8301 Svolvær, www.lofoten.info
Njords AS. Agentur, die Naturexkursionen (Wal- und Vogelbeobachtungen) mit Bussen und Schiffen durchführt. www.njords.no
Kræmervika Rorbuer. Agentur, bei der sowohl Komplettangebote (Unterkunft, Verpflegung, Exkursionen) als auch Freizeitaktivitäten (Angeln, Tauchen, Naturbeobachtung) gebucht werden können. NO-8373 Ballstad, www.kremmervika.no
Lofoten-online. Sehr ausführliche private Informationsseite mit Fotos und Links zu Webcams. www.lofoten-online.de
Lofotferga. Das Unternehmen organisiert mit dem historischen Schiff »MS Lofotferga« 4–6-stündige Exkursionen zum Trollfjord. 8310 Kabelvåg

Gewaltige Berge türmen sich auf den Lofoten direkt hinter der Küste auf.

Schön auch von oben: die Südspitze von Sylt aus der Vogelperspektive.

Sylt

Die natürliche Seite von Kampen: das berühmte Rote Kliff mit seinem Strand.

HIGHLIGHTS

Westerland. Mittelpunkt der Insel mit der Hälfte der Gesamtbevölkerung. Casino und reges Nachtleben.

Kampen. Schicker Laufsteg mit Gourmetrestaurants und Nobelboutiquen hinter roter Kliffkante.

Keitum. Friesendorf mit 200 Jahre alten Kapitänshäusern und engen Gassen.

Rotes Kliff. Die bekannteste Abbruchkante neben den Schwestern in Grün bei Keitum und Weiß bei Braderup. 3 Millionen Jahre alt.

Watt. Zusammen mit Brandung und Wind für die typische Inselatmosphäre verantwortlich. Fantastisch für Spaziergänge.

KULINARISCHE SPEZIALITÄTEN

Sylter Royal: Sylter Auster, wird am besten roh mit etwas Zitrone, aber auch paniert, gegrillt oder gekocht gegessen. – *Krabben:* Als Krabbensuppe, Krabbenbrötchen, gern auch mit Spiegelei. Ein Snack zu jeder Tageszeit. – *Matjes:* Fünf Tage in Meersalz eingelegte junge Heringe. Passend dazu als Beilage Pellkartoffeln und grüne Bohnen. – *Eisbrecher:* Heißer Rotwein mit Rum.

Sommer in der Republik! Warme Temperaturen, kühles Nordsee-Nass und drei Erkennungsmerkmale für Deutschlands bekannteste Insel: schicke Besucher in schicken Autos, hohe Sanddünen und das Rote Kliff. Zwischen Westerland und Kampen liegt das Zentrum, der Rest häufig Natur pur. Sylt – die Wiederentdeckung eines deutschen Urlaubsklassikers.

Mehr vom Meer, mehr vom Himmel, mehr vom Sand

Diese Insel ist ein Schatz. Ein 99 km² großer Schatz, von dem magische Anziehungskraft ausgeht. Mehr als 700 000 Gäste kommen jedes Jahr auf die Nordfriesische Insel. Die Natur verwöhnt die »Königin der Nordsee« mit würziger Seeluft, schäumender Brandung, 40 km Sandstrand und einem Meer von Dünen. Sylt ist auch die Insel der Reichen – einfache Fischverkäufer wie Jürgen Gosch wurden zu Millionären (mit der »Alten Bootshalle Gosch«). Bentleys erregen kein Aufsehen mehr. Allerdings können es sich immer weniger der rund 20 000 Einwohner leisten, auf Sylt (das ganze Jahr über) zu leben. Das umso mehr, seit die Insel als Schickeria-Ziel wieder in Mode gekommen ist, nachdem so mancher aus dem Jetset – die Verniedlichung »Promi« gab es noch nicht – sein Handtuch geworfen und dem Westerländer Strand einen Korb gegeben hatte. Deutschlands letzter Playboy, Gunter Sachs, feierte einst rauschende Feste. Dann war lange Flaute, obgleich es doch im Durchschnitt nur 3,6 windstille Tage auf der Insel gibt! Doch nun – die Zeichen trügen nicht – nimmt das wilde Partyleben wieder Fahrt auf.

Sylt – eine Wiederentdeckung

Aber auch Otto Normalverbraucher hat die Insel wiederentdeckt. Statt teurer Oldtimer rollen immer häufiger gediegene Familienkutschen auf der Lister Straße in Kampen. Deren Insassen verkehren nicht im »Benen-Diken-Hof« und logieren auch nicht in Luxusherbergen, sondern in günstigen Privatunterkünften. In 11 000 Strandkörben genießen die Faulenzer auf Zeit den Blick aufs Meer. Die Deutschen machen gern Urlaub im eigenen Land, wenn das Wetter stimmt. Da wird dann auch mal das Portemonnaie weit aufgemacht, um beim »Austernmeyer« zu schlemmen oder im »Gogärtchen« den einen Schicki oder anderen Micki zu erspähen.

Sylt ist seit mehr als hundert Jahren Ziel von Touristen. Im züchtigen schwarzen Einteiler kreuzten sie einst in Wester-

Wohl dem, der in einem Friesenhaus wohnen darf – Hoteleingang auf Keitum.

Strand-Schönheiten

Lister Weststrand. Vom Parkplatz direkt in den Strandkorb – breiter und langer Strand im hohen Norden der Insel, mit FKK-Bereich. Gehört zu den schönsten Abschnitten von insgesamt 40 Strandkilometern.

Buhne 16. An Kampens legendärem Strandabschnitt sonnt sich Millionär neben dem Handwerker, Alt neben Jung, mit und ohne Bikini – die Übergänge sind fließend. In jedem Fall ist immer der Bär los! Gefühlt steht dort die Hälfte der 11 000 Strandkörbe der Insel.

Nordseeklinik Süd. Der Name lässt es nicht vermuten – Westerlands bester FKK-Platz. Kurzer Anmarschweg, viele Leute, gute Infrastruktur.

Samoa. Klingt nach Südsee. 12 km Strand südlich von Rantum. Ein Besuch des FKK-Strandes lässt sich gut mit einem Besuch der Strandsauna verbinden.

Hörnum. Ideal für Familien mit Kindern, denn am feinsandigen Strand der Wattseite plätschert die Nordsee nur sanft heran. Keine Welle stört die ersten Schwimmversuche.

Leckerer Fisch: Die Alte Bootshalle von Gosch kennt jeder Feinschmecker.

Ein Erkennungszeichen für Sylt sind die weiß-blauen Strandkörbe.

Persönlicher Tipp

DER SCHÖNE ELLENBOGEN

Man riecht und hört das Meer zwar von fast jeder Stelle der Insel, aber am intensivsten erlebt man das urwüchsige Sylt, abseits vom Inselherz Westerland und vom Laufsteg Kampen, ganz im Norden der Insel, am Ellenbogen: eine Verbindung zwischen rauem Meer, seichtem Watt und Dünen dazwischen. Am nördlichsten Zipfel Deutschlands werden mit jeder Tide etwa eine halbe Million Kubikmeter Meerwasser bewegt: vom offenen Meer ins Watt und wieder zurück.
Das Naturphänomen ist eine Herausforderung für Fotografen: »Ich warte immer auf das richtige Licht. Denn beim Fotografieren muss ich die Dinge zum Leuchten bringen. Und der Ellenbogen, der kann leuchten wie Strom«, sagt der auf Sylt ansässige Hotelier und Hobbyfotograf Harald Hentzschel. Obwohl auf der Insel geboren, fährt er immer wieder mit Bus 1 und 3 zu dem Gebiet zwischen den beiden Leuchttürmen List-West und -Ost. »Und es ist jedes Mal anders«.
Kurz vor der Ellenbogenspitze steht auch ein großer Besucher-Parkplatz zur Verfügung.

land auf. Dann kamen sie mit Segelboot und Surfbrett, Golftasche und Chanel-Bikini. Sylter Karrieren wurden geschrieben, Sylter Stimmungen genossen. Ja, sogar das Sylter Gefühl wurde beschworen. Auf Sylt hat man mehr vom Meer, mehr vom Himmel, mehr vom Sand. In jedem Fall und nachweisbar (220 Stunden pro Jahr) mehr Sonne als auf dem elf Kilometer entfernten Festland. »Sie ist nie dieselbe und doch stets unverkennbar diese Insel«, schrieb einmal der Verleger Peter Suhrkamp. Solche Prosa und manche unleugbaren Zahlen formen schließlich Legenden. Und alles zusammen ließ die ankerförmige Insel aufrücken in die Liga von St. Tropez, Cannes und Marbella.

Vom Laufsteg zur Bruchkante

Kampen ist der schickste Laufsteg der Insel. Kaum ein anderer Ort mit 1000 Einwohnern hat mehr Gourmetrestaurants und Nobelboutiquen zu bieten als dieses Dorf hinter seiner roten Kliffkante. **Keitum** mit seinen mehr als 200 Jahre alten Kapitänshäusern dagegen ist noch durch und durch friesisch. Auf den Gassen und Straßen bummelt man umher und lässt sich treiben wie eine Möwe im Wind. Die Kirche St. Severin diente einst nicht nur Geistlichen zur Predigt, sondern Seefahrern zur geografischen und Verurteilten zur gesellschaftlichen Orientierung. **Westerland** schließlich, mit knapp 10 000 Einwohnern beinahe schon eine Stadt, ist das Herz der Insel. So war es bereits 1850. Der Ort hat ein Casino, das kleinste in Deutschland, und auf seiner Gästeliste stehen historische Show- und Filmgrößen wie Josephine Baker und Marlene Dietrich.

Bleibt noch das **Rote Kliff**: Geologen schätzen die unteren Schichten auf bis zu drei Millionen Jahre. Sie bestehen aus Kaolinsand und sind aus Ablagerungen entstanden. Für die markante Farbe ist die Eisenoxidation verantwortlich, die besonders bei Sonnenuntergang zur Geltung kommt. Immer wieder brechen große Stücke der Steilküste ab. Selbst Häuser sind durch Landabbrüche bedroht. 1979 wurde das Rote Kliff samt seiner 177 ha Dünenlandschaft unter Naturschutz gestellt. Zu ihr gehört auch die höchste Erhebung, die **Uwe-Düne** mit gut 52 m. Der Name geht auf den Unabhängigkeitskämpfer Uwe Jens Lornsen zurück, der im 19. Jh. für die Loslösung von Dänemark und die Anbindung Sylts an Deutschland eintrat. Auch richtige Insulaner haben es zu Helden gebracht …

Sylt

Infos und Adressen

ANREISE

Flug: Im Sommer von zahlreichen deutschen Flughäfen, im Winter eingeschränkt. **Auto:** A 7 bis Flensburg, dann B 199 bis zur Autoverladung nach Niebüll. **Bahn:** Über Hamburg.
Fähre: Über Dänemark mit der Rømø-Sylt-Linie nach List. – Mit Bussen kommt man auf Sylt beinahe überall hin; Knotenpunkt ist Westerland. Außerdem stehen auf der Insel mehr als 3000 Leihfahrräder und 200 km Radwege zur Verfügung

BESTE REISEZEIT

Ganzjährig. Hauptsaison zwischen Ostern und Oktober. Hochsaison aber auch zu Weihnachten, Silvester und während des Biikefests.

SEHENSWERT

Sylter Heimatmuseum. Ehemaliges Kapitänshaus von 1759 in Keitum mit guter Dokumentation der Inselgeschichte und des Sylter Helden Uwe Jens Lornsen. Kernöffnungszeiten in der Saison: täglich 11–17 Uhr.
Denghoog. Das größte Steingrab Deutschlands in Wenningstedt, vermutlich mehr als 5000 Jahre alt. Geöffnet in der Saison: täglich 10–16 Uhr.
Vogelkoje. Entenfanganlage aus dem 18. Jh. im Norden von Kampen. Heute Teil des Naturschutzgebiets am Rantumbecken. Kernöffnungszeiten in der Saison: täglich 13–16 Uhr

Wanderdünen. Die letzten ihrer Art in Deutschland im Listland. Bis zu 35 m hoch und ständig in Bewegung. Das Gelände darf aber nicht betreten werden.
Biikebrennen. Am 21. Februar. Der friesische Feiertag war einst der Abschiedstag der Walfänger. Mit einem riesigen Feuer wird der Winter vertrieben.

SHOPPING

Tee. Zahlreiche Teehäuser bieten eine enorme Auswahl an Friesenteesorten. Meist kann man den Tee sogar probieren. Und wie Friesen ihn trinken – mit Sahne oder Rum – wird auch erklärt.

ESSEN UND TRINKEN

Jörg Müller. Sternekoch und Kochinstitution mit Grande

Cuisine in Westerland. www.hotel-joerg-mueller.de
Sansibar. Promi-Restaurant und in aller Munde. Trotzdem leckeres Essen. Rantum, www.sansibar.de
Söl'ring Hof. Ebenfalls besternt. Feine klassische Küche von Johannes King mitten in den Dünen von Rantum. www.soelring-hof.de
Gogärtchen. Elegant und dennoch gemütlich unterm Reetdach speisen. Gute und kreative Küche. Bekannt und teuer. Champagnerbar. Kampen, www.gogaertchen.com
Austernmeyer. Frischer und in zahlreichen Variationen ist die Sylter Royal nirgendwo anders. List, www.austernmeyer.de
Gosch. Komplex mit bezahlbaren Angeboten in einer ehemaligen

Bootshalle. Empfehlenswert: Fisch aus dem Steinofen. List, www.gosch.de

ÜBERNACHTEN

Hotel Stadt Hamburg. Exquisite Adresse seit Mitte des 19. Jh. Englischer Landhausstil. Asiatisches Spa. Gemütlich mit weniger als 50 Zimmern. Westerland, www.hotelstadthamburg.com
Landhaus Stricker. Erst zehn Jahre altes Luxushotel, das sich aber bereits einen Namen gemacht hat. Schönes Spa. Tinnum, www.landhaus-stricker.de
Benen-Diken-Hof. Vielleicht das schönste und beste Hotel der Insel. Nur 45 Zimmer, bester Service, feines Spa. Keitum, www.benen-dikenhof.de
Hotel am Leuchtturm. Kleines, familiäres Haus mit kleinem Pool. Hörnum, www.hotel-leuchtturm.com
Üthörn. Am Ellenbogen, einsam gelegen, die Dünen zum Greifen nah. Elf Appartements, die nördlichsten in Deutschland. www.uethoern.de

WEITERE INFOS

Sylt Marketing.
Stephanstr. 6, Westerland/Sylt, www.sylt.de

In der Sansibar schmeckt es den Leuten an den Tischen in den Dünen von Rantum.

Norderney

HIGHLIGHTS

Conversationshaus. Das restaurierte elegante Kurhaus aus den Glanzzeiten als »Königsbad«.

Georgshöhe. Aussichtsdüne am nordöstlichen Stadtrand mit weitem Blick über die Insel.

bade:haus. 2012 als modernstes Thalasso-Familien-Kurbad Europas eingeweiht.

Leuchtturm. 1874 fertiggestellt. Südliche Inselmitte. 60 m hoch und noch immer in Betrieb. Mit Aussichtsplattform.

Naturschutzgebiet Südstrandpolder. Brut-, Überwinterungs- und Rastplatz im Südosten für etwa 95 Vogelarten, darunter Austernfischer, Enten, Seeschwalben, Wiesenpieper und Steinschmätzer.

KULINARISCHE SPEZIALITÄTEN

Nordseefisch: Vom hausgebeizten Lachs über Fischsuppe, Back- und Bratfisch bis zum Krabbenbrötchen. – *Norderneyer Seeluftschinken:* Der Name ist ein Versprechen. – *Aal-Putzer:* Jamaica-Rum mit Orange, Zitrone, Ingwer und Vanille. – *Sanddornprodukte:* Tee, Kräuterlikör, Pralinen, Bonbons und Konfitüre mit den an Vitamin C reichen Früchten des Echten Sanddorns.

5000 Strandkörbe zählt man hier auf 15 km Strandlänge – Tendenz steigend.

Bevor auf den anderen Ostfriesischen Inseln das Wort »baden« überhaupt bekannt war, weihte Norderney sein Seebad nach englischem Vorbild ein – mit ausdrücklicher Zustimmung Friedrich Wilhelms II. Der preußische König förderte das Projekt höchstpersönlich mit einem Startzuschuss von 5000 Talern. Das war 1797. Damit ist die Insel das älteste deutsche Nordseebad.

Die Königin der Nordsee

So begann die Erfolgsgeschichte auf »Norder neye Oog« (1515 erwähnt), also »Nordens neuer Insel«, auf dem Ostteil der 1362 von einer Sturmflut geteilten Insel Buise. 1799 entstand bereits das Kurhaus, damals noch aus Holz, und 1800 das erste Warmbadehaus. Im eleganten weißen **Conversationshaus** trafen sich gekrönte Häupter und Vertreter des europäischen Hochadels, allen voran Georg V. von Hannover, bis 1866 der Landesherr, sowie Politiker und Staatsmänner wie die Reichskanzler Otto von Bismarck und Bernhard von Bülow, Reichspräsident Paul von Hindenburg und Außenminister Gustav Stresemann und Prominente aus Kunst, Literatur und Wissenschaft, darunter Alexander von Humboldt, Clara und Robert Schumann, Theodor Fontane, Franz Kafka und Heinrich Mann.

Tradition am Puls der Zeit

Einige **Gründerzeitbauten** wie das »Inselhotel König« und die mondäne Bebauung um den **Kurplatz** sind Zeugen der

architektonischen Eleganz jener Tage. Ab 1822 gab es eine Spielbank, die passionierte Zocker aus Russland, Schweden, Frankreich und England anzog. So wurde Norderney zur »Königin der Nordsee«. Heinrich Heine verbrachte die Sommer der Jahre 1825, 1826 und 1827 dort und verarbeitete seine Impressionen auch literarisch: »Die See war mein einziger Umgang – und ich habe nie einen besseren gehabt«.

Norderney war auch die erste Ostfriesische Insel, auf der sich ab 1862 eine Windmühle drehte. 1872 wurde eine Dampfschiffverbindung eingerichtet, welche die Postkutschenfahrt durchs Watt überflüssig machte. Im selben Jahr tauchten die ersten, noch heute beliebten Strandkörbe auf. Ein Jahr später baute man einen **Leuchtturm,** dessen Höhe den Erfordernissen der »neuen Fährenzeit« gerecht wurde und von dem aus man eine traumhafte Aussicht über die Insel bis nach Juist und auf das Wattenmeer hat. 1881 wurden die Kurhausanlagen ausgebaut. 1931 profilierte sich Norderney mit einem **Meerwasser-Wellenbad,** dem ersten seiner Art in Europa, wieder als Speerspitze des touristischen Fortschritts. Dasselbe gilt für den Neubau **bade:haus** (2012), der, auf aktuellem Stand der Freizeitgestaltung, Wasserspaß und Wellness garantiert.

Kuren, sich erholen und die Natur genießen

Mehr als 200 Jahre nach der Gründung des Seebads ist die mit 26 km² zweitgrößte der Ostfriesischen Inseln, 14 km lang und bis zu 2,5 km breit, einer der meistbesuchten und modernsten Kur- und Erholungsorte Europas.

Badekarren haben eine lange Tradition an der Weißen Düne von Norderney.

Strand-Schönheiten

An der Seeseite zieht sich ein (bei Flut) über 100 m breiter und 15 km langer Strand aus feinstem Sand von einem Ende der Insel zum anderen. Es gibt vier bewachte Badestrände mit Strandkorbvermietung (auch historische Badekarren) und Strandsportangeboten. Die offiziellen Badezeiten (grüne Flagge) sind von den Gezeiten abhängig.
Von der westlichen »Nase« Norderneys bis zum Nordstrand erstreckt sich eine 5 km lange Strandpromenade. Surfen lernen kann man am besten östlich des Inselhafens in einer Bucht des Wattenmeers.

Westbad. Südwestlich des Ortes. Windgeschützt und deshalb bei Familien beliebt. Platz zum Drachensteigen.

Nordbad. Hauptbadestrand mit allen Annehmlichkeiten einer guten Infrastruktur.

Ostbad. Der Abschnitt östlich des Dünenübergangs bei der »Weißen Düne« bietet genügend Freiraum (auch für Hunde) und Sand, so weit das Auge reicht – auch einen FKK-Strand mit Strandsauna (Übergang beim Restaurant »Oase«).

Norderney, 15 km lang, liegt in der Mltte der sieben Ostfriesischen Inseln.

Leckere Beute an Bord: Ein friesischer Krabbenkutter kehrt in den Hafen zurück.

Persönlicher Tipp

MIT RIESENSCHRITTEN DURCHS SONNENSYSTEM

Auf einer Strecke von 1,916 km steht Norderney einmal nicht im Mittelpunkt. Der Planetenwanderweg nimmt den Besucher mit auf eine Reise durch unser Sonnensystem. Nicht weit vom Alten Postweg zwischen Stadt und Leuchtturm begleiten ihn Modelle von neun Planeten – also inklusive Pluto, der seit 2006 nur noch als Zwergplanet eingestuft wird – samt Infotafeln zu den wichtigsten Angaben. Das Besondere: Die Größe der Planeten und der Sonne sowie der Abstand zwischen den Planeten untereinander und zur Sonne sind maßstabsgerecht im Verhältnis 1:1 Milliarde dargestellt. Wer nun das Sonnensystem leichten Schrittes »durchmessen« hat, dem fällt es sicherlich nicht schwer, auch die 252 Stufen zur Aussichtsplattform des Leuchtturms erfolgreich zu erklimmen.

Hier rekeln sich nicht nur Menschen, sondern auch Seehunde in der Sonne.

Norderney bedient ganz unterschiedliche Bedürfnisse. Einerseits bieten sich in einer fast städtischen Umgebung Einkaufs-, Einkehr- und Unterhaltungsmöglichkeiten, die es so vielfältig und trendorientiert auf keiner anderen Ostfriesischen Insel gibt. Glanzlichter sind aber immer noch die restaurierten Bauten der historischen Seebadarchitektur aus einer Zeit, in der es einfache »Touristen« noch gar nicht gab. Allerdings schieben sich Bausünden aus den 1960er- und 1970er-Jahren manchmal störend in die Silhouette des Ortes. Wirklich schön kann man das protzige **Kaiser-Wilhelm-Denkmal** von 1899 aber auch nicht nennen …

Auf der anderen Seite lädt die Weite der Insel – die Osthälfte jenseits des Parkplatzes am Ostheller ist weitgehend der Natur überlassen – zu ausgedehnten Touren unter grenzenlosem Himmel ein, am besten zu Fuß oder mit dem Fahrrad. **Wander-, Rad- und Reitwege** führen durch eine abwechslungsreiche Landschaft aus Sandstrand, Dünen, Salzwiesen, Polder und Wäldchen; am Südstrandpolder kann man gut Seevögel beobachten. Insgesamt gehören 85 Prozent der Inselfläche zum **Nationalpark Niedersächsisches Wattenmeer,** der seit 2009 auch als UNESCO-Weltnaturerbe ausgewiesen ist.

Der Dichter Heinrich Heine wurde 1983 mit einem Denkmal vor dem Nationalpark-Haus geehrt – vielleicht mit dem Hintergedanken, dass seine Zeilen den Besucher auch nächstes Jahr wieder auf die Insel locken: »Licht und Wolken zaubern Farben und Formen auf die unendliche Leinwand des Firmaments. Die Fantasie hebt ab (…) Norderney, wir kehren wieder.«

Infos und Adressen

ANREISE

Flug: Von norddeutschen Flughäfen zum kleinen Inselflugplatz. **Auto:** Im Hafen Norddeich-Mole parken oder mit dem Auto aufs Schiff.
Fähre: Tideunabhängige Verbindungen ab Norddeich-Mole (ca. 55 Min.)

BESTE REISEZEIT

Ganzjährig. Badesaison Juli/August

SEHENSWERT

Nationalpark-Haus. Wissenswertes über den Nationalpark Niedersächsisches Wattenmeer. Am Hafen 1, www.nationalparkhaus-norderney.de
Fischerhaus-Museum. Heimatmuseum zu Wohnkultur, Lebensart, Arbeitswelt und Geschichte der Insel in einem Fischerhaus von 1803. Im Argonner Wäldchen, Weststrandstr. 1
Bademuseum. Alles zur Badetradition Norderneys ab 1800 in einem ehemaligen Schwimmbad. Am Weststrand 11, www.museum-norderney.de
Kaiser-Wilhelm-Denkmal. 13 m hoher Obelisk aus 75 »deutschen Steinen« (1899) und mit einer Möwe auf der Spitze; einst war es der Reichsadler.
Evangelische Inselkirche. Neugotisches Gotteshaus, 1879 anlässlich der Goldenen Hochzeit Kaiser Wilhelms I. und seiner Frau Augusta eingeweiht.

Kirchstraße, www.norderney-kirchengemeinde.de
Waldkirche. »Sommerkirche« aus Bäumen und Blättern (ab 1912). Nahe der 1811 angelegten Napoleonschanze, heute ein Park.
Klassiksommer. Konzerte von Mitte Juli bis Ende August

ESSEN UND TRINKEN

Cornelius. Das Strand-Restaurant. Café-Restaurant am Nordstrand mit Panoramaterrasse. www.cornelius-norderney.de
Milchbar am Meer. Der Name lässt es kaum vermuten – in einem ausladenden Glaspavillon wird in erster Linie der Sundowner oder das Belohnungsbier nach einem erfüllten Strandtag serviert. Damenpfad 33, www.milchbar-norderney.de
Café Marienhöhe. Hübsches Pavillon-Café mit Rundblick auf

13,5 m ü. NN. Hier saß einst Heinrich Heine und dichtete sein »Lied vom Meer«, und Königin Marie, Ehefrau König Georgs V., lud zum Dünenpicknick ein.
Giftbude. Nicht lebensgefährlich, sondern ein »Geschenk« für den Gaumen. Am Weststrand 2, www.giftbude.de
Le Pirate. Fisch in vielen Variationen. Winterstr. 12
Zur Mühle. Regionale Küche und kuscheliges Ambiente in der historischen Windmühle (1862). Marienstr. 24, www.norderney-muehle.de
Weiße Düne. Edel-Strandlokal inmitten der herrlichen Dünenlandschaft. Weiße Düne 1, www.weisseduene.com

SHOPPING

In der Knyphausen- und Poststraße und in der Bülowallee findet man international bekannte Modelabels.

Alles zwischen Schuh und Schokolade im Zentrum bzw. in der Fußgängerzone.

ÜBERNACHTEN

Auf Norderney gibt es eine Vielzahl von Ferienwohnungen und Pensionen, 20 Hotels sowie fünf Campingplätze und zwei Jugendherbergen.
Inselhotel König. Zentral gelegene Traditionsherberge. Bülowallee 8, www.inselhotel-koenig.de
Kurhotel Germania. Moderner Chic mit Meerblick. Kaiserstr. 1, www.kurhotelgermania.de
Landhuis am Denkmal. Stilvolles historisches Gästehaus. 12 Zimmer. www.landhuis-norderney.de
Hotel Seesteg. Design und Luxus geschmackvoll vereint. Unverstellter Meerblick. Damenpfad 36a, www.seesteg-norderney.de
Klipper. 2013 eröffnetes Haus. Einfach und funktional. Auch für Gruppen. Jann-Berghaus-Str. 40, www.klipper-norderney.de

WEITERE INFOS

Staatsbad Norderney. Am Kurplatz 3, www.norderney.de

Haus Belvedere: Die Ausblicke halten, was der Name dieser Unterkunft verspricht.

Capri

Knapp 14 000 Einwohner leben in den kleinen Häuschen an den Hängen Capris.

HIGHLIGHTS

Blaue Grotte. Ihren Namen erhielt die Grotta Azzurra von der Farbe des Wassers, das durch den Einfall des Sonnenlichts azurblau schimmert.

Arco Naturale. An der Ostküste Capris ragt inmitten der felsigen Waldlandschaft ein mächtiger Natursteinbogen ins Meer.

Via Krupp. Der historische Serpentinenpfad (1347 m) wurde von dem Industriellen Friedrich Alfred Krupp angelegt und führt direkt hinunter zum Meer.

Villa Jovis. Die Villa des Kaisers Tiberius auf dem Monte Tiberio beeindruckt als Ruine.

Giardini di Augusto. Die terrassenartig angelegte botanische Garten vereinigt die ganze Farben- und Blumenpracht der Insel.

KULINARISCHE SPEZIALITÄTEN

Granita al limone: Zerstoßenes Eis, eine Art Sorbet, mit gezuckertem Saft von Capri-Zironen. *Insalata caprese:* Der berühmte Salat mit Tomate, Mozzarella und Basilikum. – *Torta caprese:* Mit Puderzucker bestäubte Schokoladen-Mandeltorte. – *Maruzze:* Spezialitäten der Frauen des Tiberio-Viertels: Kaninchen nach Jägerart und Auberginen-auflage zu lokalem Wein.

Capris Aufstieg zur Insel der Reichen und Schönen nahm seinen Anfang am 18. August 1826. Damals berichtete der Fischer Angelo Ferrara dem polnischen Künstler August Kopisch von der Entdeckung einer fischreichen blauen Grotte. Ein Mythos war geboren. Bis heute strömen Heerscharen von Touristen auf die Insel im Golf von Neapel, um die Blaue Grotte zu sehen.

Die Blaue Grotte und die Villa des Kaisers

Die Liste der VIPs, die der Schönheit Capris erlegen sind, ist lang. Angefangen bei den römischen Kaisern Augustus und Tiberius, die sich auf der knapp 11 km² großen Insel von Rom erholten. Letzterer hatte sogar seine Altersresidenz auf Capri: Die Ruinen von Tiberius' Luxusvilla, die **Villa Jovis,** sind bis heute zu besichtigen.

Nach der Entdeckung der Blauen Grotte zog es Bildungsreisende, Politiker, Intellektuelle und Künstler auf die Felseninsel, darunter Rainer Maria Rilke, Oscar Wilde und Alexandre Dumas. In den 1950er- und 1960er-Jahren wurde die berühmte **Piazzetta** (offiziell Piazza Umberto I.) mit dem barocken Dom Santo Stefano in **Capri-Stadt** Anziehungspunkt des internationalen Jetsets: Jackie Onassis, Maria Callas und Sophia Loren saßen in den Bars und Cafés, die Stars von heute wie Naomi Campbell, Leonardo DiCaprio oder Gwyneth Paltrow gehen lieber in die edlen Modeboutiquen und schätzen die Abgeschiedenheit von Capris mondäner Hotellegende

Italien

Infos und Adressen

ANREISE

Flug: Nach Neapel. **Fähre:**
In der Hauptsaison mehrmals
tägl. ab Neapel (je nach Schiffstyp
0,5–1 Std.).

BESTE REISEZEIT

April–September

SEHENSWERT:

Chiesa San Michele. Der Majolika-Fußboden der Kirche von
Leonardo Chiaiese (18. Jh.) in
Anacapri zeigt die Vertreibung aus
dem Paradies.

Certosa di San Giacomo. Das
1371 gegründete Kloster beherbergt das Diefenbach-Museum mit
modernen Gemälden und Fresken
aus dem 17. Jh.

ESSEN UND TRINKEN

Ristorante Mammà. Traumhaft
gelegenes Terrassenlokal nahe der
Piazzetta. Gerichte alla caprese
von Gennaro Esposito. Exzellente
Weinkarte. Via Madre Serafina, 6,
www.ristorantemamma.com

Bagni Internazionali. Panoramarestaurant und Beach Club
in der Bucht von Marina
Piccola. Via Mulo, 57,
www.bagni-internazionali.com

ÜBERNACHTEN

Grand Hotel Punta Tragara.
Fünf-Sterne-Luxushotel mit herrlichem Blick auf die Bucht der
Marina Piccola. Spa und zwei
Außenpools. Via Tragara, 57,
www.hoteltragara.com

Da Gelsomina. Kleines Hotel in
Anacapri, direkt am Belvedere
Migliera. Elegante Zimmer, romantische Terrassen, ausladender Pool
und ausgezeichnetes Capreser
Restaurant.
Via Migliara, 72,
www.dagelsomina.com

WEITERE INFOS

www.capritourism.com

Viele Terrassen Capris geben einmalige Blicke auf die Nachbarinsel Ischia frei.

Strand-Schönheiten

La Fontelina. Badefelsen mit Fünf-Sterne-Service, Restaurant und VIP-Faktor direkt bei
den Faraglioni. Kristallklares Wasser.

Lido Faro. Felsenbucht in Anacapri mit
Naturschwimmbecken und exzellentem Restaurant. Wunderschöner Sonnenuntergang,
im Juni gegen 20.30 Uhr.

Il Riccio. Bestens ausgestattetes Badeplateau aus weißem Holz neben dem gleichnamigen Sterne-Restaurant. Wer hier badet,
darf in der Blauen Grotte schwimmen.

Marina Grande. Größter Strand der Insel
im Norden, teils Kies, teils Sand. Vermietung
von Sonnenliegen, Sonnenschirmen und Tretbooten.

Cala Ventroso. Schmale Fels-Badebucht
zwischen dem Leuchtturm und der Bucht von
Marina Piccola, umrahmt von den schroffen
Klippen des Monte Solaro. Nur per Boot zu
erreichen.

»Quisiana«. Von dort erreicht man mit dem Boot oder der
eigenen Jacht in kürzester Zeit Capris beeindruckende Felsklippen, die 109 m aus dem Meer ragenden **Faraglioni.**

Wer es etwas weniger mondän, aber nicht weniger spektakulär liebt, den zieht es nach **Anacapri,** der zweiten Stadt
der Insel. Hier können die kleine Barockkirche San Michele
sowie das Haus des schwedischen Arztes Axel Munthe, heute
ein Museum mit Kunstsammlungen und Antiquitäten, besichtigt werden. Vom Gipfel des **Monte Solaro** (589 m ü.
NN), den man mit dem Sessellift oder von Capri über den
Passatiello-Wanderweg erreicht, hat man eine fantastische
Sicht auf das azurblaue Meer und den Golf von Neapel.

Panarea

Mit nur 3,4 km² ist Panarea die kleinste der Liparischen Inseln. Nur 250 Menschen leben ständig auf der Insel. Im Sommer steigt die Einwohnerzahl allerdings beträchtlich. Dann steuern die Jachten der Reichen und Schönen aus Norditalien das Eiland an. Viele haben sich Luxusvillen bauen lassen, fernab von den Tagesurlaubern – man bleibt gern unter seinesgleichen.

Klein, chic und exklusiv

Vielleicht weil die Insel so klein ist, ist sie ein bevorzugtes Ziel wohlhabender Italiener. Ihre Jachten ankern vor den kleinen Badebuchten und im Hafen von **San Pietro.** Dort legen auch die Fähren, Tragflügelboote und Ausflugsboote an. Abends trifft sich die Schickeria in Bars und Diskotheken. Tagestouristen kommen wegen der hübschen Strände und der guten Restaurants nach Panarea, der geologisch ältesten Formation der Liparischen Inseln. Aktiven Vulkanismus findet man nicht mehr, aber unter der Meeresoberfläche nahe der Nordostküste brodeln noch Schwefelquellen.

Auch kulturell Interessierte kommen auf ihre Kosten. Auf dem **Capo Milazzese** befand sich ein Siedlungsplatz aus der Zeit von 1400 bis 1270 v. Chr. Von den etwa 50 Steinbauten sind noch die Grundmauern von 23 Häusern erhalten. Zu Fuß kann man die malerischen Gassen der Ortschaften San

Caletta dei Zimmari. Der größte, im Sommer allerdings überlaufene Strand von Panarea liegt auf dem Weg vom Ort Drauto zum Capo Milazzese. Vom mehrere Hundert Meter langen Sandstrand geht der Blick u. a. auf die vorgelagerte Insel Basiluzzo.

Cala di Junco. Unterhalb der archäologischen Ausgrabungsstätte auf dem Capo Milazzese liegt dieser kleine hübsche Kieselstrand, der auch von Ausflugsbooten angesteuert wird. Das kristallklare Wasser schimmert hellblau.

Lisca Bianca. Der winzig kleine, romantische Strand mit feinem weißen Sand auf der Felseninsel Lisca Bianca ist nur mit dem Boot zu erreichen. Dies gilt auch für einige andere kleinen Badebuchten auf den vorgelagerten Inselchen, z. B. Le Guglie auf Dattilo.

Spiaggia Fumarola. Bei Sonnenanbetern beliebter Steinstrand nördlich von San Pietro unterhalb eines Steilhangs.

Man liebt es hier ruhig: Hangvillen mit Blick auf die Inselwelt der Äolen.

Infos und Adressen

ANREISE
Flug: Nach Catania, von dort Shuttlebusse nach Milazzo, dann **Fähre** oder **Tragflächenboot** nach Panarea. Hubschrauber: Aus mehreren süditalienischen Städten und Rom (Air Panarea)

BESTE REISEZEIT
Juni–September

SEHENSWERT
Capo Milazzese. 1949/50 ausgegrabene bronzezeitliche Siedlung aus 23 Steinsockelhäusern (1400–1270 v. Chr.) auf dem Felssporn Milazzese

ESSEN UND TRINKEN
Hycesia. Beste und teuerste Adresse. Fischspezialitäten, große Weinkarte. Via San Pietro
Adelina. Berühmte Fischsuppe. Porto 28
Da Francesco. Lokale Spezialitäten auf hohem Niveau. Via San Pietro

AUSGEHEN
Discoteca Raya. Diskothek im Hotel »Raya«
Lisca Bianca. Terrassenbar des gleichnamigen Hotels mit hervorragender *Granita* und frisch gebackenen *Cornetti*

ÜBERNACHTEN
Raya. Stilvolles, aus drei unterschiedlichen Abschnitten bestehendes Luxushotel. Die Hotelboutique ist bekannt für ihre exquisiten Batikstoffe. San Pietro. www.hotelraya.it
La Piazza. Gepflegte Hotelanlage in traumhafter Lage über dem Meer. San Pietro. www.hotelpiazza.it

WEITERE INFOS
Italienische Zentrale für Tourismus ENIT. Barckhausstraße 10, Frankfurt am Main, www.enit-italia.de

Pietro, **Drauto** und **Ditella** durchstreifen. Auf Panarea fahren nur die **Ape-Dreiräder** der Einheimischen. Mit den weiß getünchten Fassaden und dem üppigen Blumenschmuck erinnern die Häuser an eine Insel in der Ägäis.

Ein Bootsausflug führt vorbei an den untermeerischen Schwefelgasaustritten zur **Isola di Basiluzzo.** Aufgrund ihrer heilkräftigen Schwefelquellen war die schroff aufragende Felseninsel in der Antike eine beliebte Sommerfrische. Erhalten haben sich die Überreste einer römischen Villa. Drei Meter unter dem heutigen Wasserspiegel liegen die Reste eines Landungsstegs und eines Thermalbades.

Stromboli

Ein Genuss: Sonnenuntergang auf der Caféterrasse der Piazza San Vincenzo.

HIGHLIGHTS

Punta Labronzo. Aussichtsterrasse auf 150 m ü. NN. Von hier aus lässt sich das Feuerspektakel von Europas aktivstem Vulkan bei Pizza und Wein beobachten, ohne einen vierstündigen Aufstieg auf sich zu nehmen.

Cratere. Wer 926 m nicht scheut, kann den Vulkangipfel zu Fuß erklimmen – allerdings sind nur die ersten 400 m ohne einen Führer erlaubt. Geführte Touren können z. B. bei der Agentur »Il Vulcano a Piedi« gebucht werden. Pro Tag werden nur 120 Teilnehmer zugelassen.

Ginostra. Kleiner, vom Hauptort Stromboli abgeschnittener Ort am südwestlichen Ende der Insel. Nur mit dem Boot erreichbar.

KULINARISCHE SPEZIALITÄTEN

Capperi und *Cucunci:* Kapernblüten oder -früchte, eingelegt oder eingesalzen. – *Granita di fico d'India:* Zart schmelzendes Eisgetränk aus Kaktusfeigen. – *Mora:* Maulbeeren gibt es als Marmelade, Likör oder in einer Granita.

Seit jeher ist der aktive Vulkan der sieben äolischen Perlen ein Magnet für die Filmwelt. Bereits vor 60 Jahren wählte Regisseur Roberto Rossellini die nördlichste Insel des Archipels als Drehort für den Film »Stromboli, terra di Dio« mit Ingrid Bergman. Auch heute machen die Schönen und Reichen vom Festland hier Station. Ansonsten ist Stromboli der perfekte Ort für Naturfreunde, Literaten und Künstler.

Feuerzauber im Tyrrhenischen Meer

»Bei der Ankunft mit dem Boot von Sizilien ist der Eindruck der Insel bereits gewaltig, die Dörfer klammern sich geradezu an die Berghänge, die Macht der Natur ist wirklich atemberaubend«, schwärmt Stefano Gabbana, der Mailänder Modedesigner von der viertgrößten und mit ungefähr 160 000 Jahren jüngsten der **Liparischen Inseln,** die nach dem gleichnamigen **Vulkan** benannt ist. Da dieser täglich alle 20 bis 30 Minuten fast 100 m hohe Lavafontänen ausspuckt, zählt der Feuerberg zu den aktivsten Vulkanen der Welt und prägte den Fachbegriff **»strombolianische Aktivität«.** In der Antike gaben ihm die Seeleute den Namen »Leuchtturm des Mittelmeers«, weil die Flammen der Explosionen besonders nachts von Weitem gut zu erkennen sind.

Italien

Das 12,6 km² große Eiland besteht nur aus dem Vulkan, von dem lediglich ein Drittel (926 m) aus dem Wasser ragt. Die ca. 500 Einwohner verteilen sich auf das Dorf **Stromboli** mit seinen Ortsteilen Ficogrande, San Vincenzo mit dem Hafen Porto Scari, Piscità und San Bartolo sowie das abgeschiedene **Ginostra.** Im Altstadtkern San Vincenzo warten Cafés, Trattorien und Boutiquen auf Besucher.

Feuerzauber, schwarze Lavastrände, einsame Buchten sowie die zum **Naturreservat** erklärte Insellandschaft machen den Reiz dieses Paradieses im Tyrrhenischen Meer aus.

Die Fischerei mit kleinen Booten hat noch heute auf Stromboli Tradition.

Infos und Adressen

ANREISE

Fähre: Von Neapel (9,5 Std) und Milazzo (2–3 Std.). Transfer zwischen den sieben Liparischen Inseln mit Tragflächenbooten möglich.

BESTE REISEZEIT

April–Oktober

ERLEBENSWERT

Sciara del Fuoco (»Feuerrutsche«). Die Lavafontänen des Stromboli kann man auf besonders faszinierende Weise auf einem nächtlichen Bootsausflug zur Sciara del Fuoco an der Nordseite der Insel erleben.

ESSEN UND TRINKEN

Osservatorio di Punta d'a Brunzu. Den Blick auf den aktiven Vulkan dieser traumhaft gelegenen Pizzeria muss man sich erst verdienen: eine halbe Stunde Fußmarsch bergauf. Via Punto la Bronzo
Trattoria ai Gechi. In dem romantischen Lokal in Hafennähe

genießt der Gast gepflegte Mittelmeerküche auf einer stilvollen Terrasse mit Panoramablick. Via Salina 12

ÜBERNACHTEN

La Sirenetta Park Hotel. Komfortable Hotelanlage am Meer im mediterranen Stil. Via Marina 33, www.lasirenetta.it
Barbablù. Sechs stilvolle, mit lokalen Antiquitäten bestückte Zimmer in ruhiger Lage. Hotelrestaurant La Locanda del Barbablù. Via Vittorio Emanuele 17/19, www.barbablu.it
Villa La Pergola. Ein ganz besonderes und stilvolles Urlaubsdomizil, mit eigener Strandbucht. 1949 diente dieses Grundstück auch als Kulisse für »Stromboli, terra di Dio«. www.stromboli-ferienhaus.de

WEITERE INFOS

Fremdenverkehrsamt der Liparischen Inseln. www.aasteolie.191.it/_Stromboli/

Strand-Schönheiten

Forgia Vecchia. Den etwa 300 m südlich der Hafenmole von Scari gelegenen schwarzen Lavastrand mit kristallklarem Wasser erreicht man über einen kleinen Pfad, eine fünfminütige Bootstour oder beim Abstieg vom Vulkangipfel. Sogar im August ist es hier eher ruhig.

Spiaggia di Ficogrande. Am 1. April 1949 setzte die Schauspielerin Ingrid Bergman ihren Fuß auf den schwarzen Sandstrand. Auch das »Sirenetta Park Hotel« liegt an der wunderschönen Spiaggia.

Spiaggia di Piscità. Die weißen Häuser vor dem schwarzen Sandstrand im westlichen Ortsteil von Stromboli erinnern ein wenig an die Kykladen im Ägäischen Meer.

Pag

Pag-Stadt. Inselhauptort. Weitgehend erhaltene Altstadt mit Stara Kula (Alter Turm) und der unvollendeten Marienkirche (1448) am Marktplatz.

Novalja. Zweitgrößter Ort und Anziehungspunkt für junge Touristen, die das 2000-Einwohner-Dorf während der Urlaubszeit in eine Partystadt verwandeln. Außerdem ein römischer Wasserkanal, der bis nach Stara Novalja reicht.

Lun. 15 km weiter nördlich mit einem 1500 Jahre alten Olivenhain.

Povljana. Idealer Ausgangshafen zum Inselhopping. Mit dem Segler können innerhalb einer Stunde zahlreiche andere Eilande erreicht werden.

KULINARISCHE SPEZIALITÄTEN

Pager Käse: Gilt als bester Schafskäse des Landes. Besonders salzig. – *Brodetto:* Fischeintopf mit Fischen aus der Adria. – *Sarma:* Mit Hackfleisch und Reis gefüllte Kohl- oder Weinblätter. – *Krumpirtjesto:* Nudeln gemischt mit Kartoffeln.

Der kleine Hafen von Lun, ein Ort, der für seinen alten Olivenhain bekannt ist.

Insel des Salzes, des Schafskäses und der Spitze wird Pag genannt. Das felsige Karstgestein wirkt, als sei es wie ein Keil ins Meer getrieben worden. Dementsprechend zergliedert und wildromantisch zeigt sich die lang gestreckte, parallel zur Küste liegende Insel, die nur durch den schmalen Kanal von Velebit vom Festland getrennt ist.

Sechs »s« für eine Insel

Marija näht gerade mit viel Geduld Bettwäsche. Die **Pager Spitze** wird auf einem Kissen genäht, wobei die Grundfäden zunächst von innen nach außen und die Spitzenmotive dann entlang dieser Fäden eingearbeitet werden. Bekannt ist die Pager Spitze seit dem 15. Jh., im Jahr 1880 wurde sie erstmals auf der Weltausstellung vorgestellt und 129 Jahre später von der UNESCO in die Liste des immateriellen Weltkulturerbes aufgenommen.

Nur wenige Kilometer außerhalb von **Pag-Stadt,** wo Marija ihre Wäsche verziert, zieht Ivan mit seiner Schafsherde weiter zu einem neuen Weideplatz. Gutes Futter ist auf der vegetationsarmen Insel rar. Dennoch wird dem Pager **Schafskäse** eine sehr hohe Qualität nachgesagt. Die Leute behaupten, sie komme vom hohen Salzgehalt. Damit

Kroatien

Strand-Schönheiten

Zrće. Wird gern als »Mallorca des Balkans« bezeichnet – das ist als Auszeichnung zu verstehen! Gilt als einer der größten Partystrände in Kroatien. Direkt am Strand gibt es sechs bekannte Discos. Auf den Strandfestivals treten DJs und Bands aus ganz Europa auf. Etwa 5 km südlich von Novalja.

Čista. Ist Zrće zu voll und zu laut, kann dieser weitgehend naturbelassene Sand-Kiesel-Strand eine Alternative sein.

Planjka-Trincel. Schöner Sandstrand in der lang gezogenen, bebauten Bucht von Stara Novalja. Das häufig (natur-)trübe Wasser ist sauber (Blaue Flagge).

Caska. Strand aus kleinen Kieselsteinen in der Bucht von Pag-Stadt, am Alten Turm schon von Weitem zu erkennen.

Straško. Der 2 km lange Kiesstrand zählt zu den schönsten Stränden der Insel. Beste Infrastruktur: Liege und Sonnenschirm, Eisdiele und Gaststätte sowie Sportangebote von Beachvolleyball bis Wassersport.

Zergliedert und wildromantisch zugleich zeigt sich die Küste von Pag.

Infos und Adressen

ANREISE

Flug: Nach Split. Weiter mit dem Bus oder Mietwagen. **Auto:** Über die Tauernautobahn A 10 via Salzburg auf die Adria Magistrale Nr. 2. Den nördlichen Teil von Pag erreicht man mit der **Fähre** (tägl. ab Prizna nach Žigljan), den Süden über die Straßenbrücke (Nr. 29)

BESTE REISEZEIT

Saison April–Oktober

SEHENSWERT

Spitzenmuseum. Alles Wissenswerte über die Pager Spitzen. Exponate von winzig klein bis zu Trachten. Pag-Stadt

Caska. Hauptstadt der Taucher: 15 m tief im Meer liegen die Reste der römischen Stadt Cissa, nach der Caska benannt wurde.

ESSEN UND TRINKEN

Beledvir. Ob Hummer oder Risotto mit Tintenfisch-Tinte – Meeresfrüchte sind die Spezialität des familiengeführten Restaurants. Suprahini dvori 11, Kolan

ÜBERNACHTEN

Hotel Liburnija. Zweisternehotel an einem Kieselstrand nahe Novalja.
Zu finden über: www.kroati.de

WEITERE INFOS

www.adriagate.com/de/kroatien-bestimmungsort/Pag_Insel-Pag.aspx

ist das dritte »s« benannt: **Salz.** Auf der Insel wird es noch immer nach der alten Methode des Austrocknens in kleinen, mit Meerwasser gefüllten Tonbecken gewonnen. Die Salzproduktion machte die Insel reich, um das »weiße Gold« wurden früher aber auch Kriege geführt. Außerdem sind Wein, Gemüse, Oliven, Obst und Bienenzucht sowie Fischerei die Grundlagen zum Leben auf der Insel.

Heute lebt Pag hauptsächlich vom Fremdenverkehr. Die Strände – das vierte »s« – ziehen besonders Familien an. Das große Sportangebot, das fünfte »s«, vor allem **Wassersport,** und ein altes Salinenwerk, das in eine Diskothek umgewandelt wurde, macht die Insel besonders bei der Jugend attraktiv.

Der Heilschlamm von **Lokunj** ist ideal für ältere Menschen, speziell bei Hautproblemen. Alle Gäste genießen die zuweilen bizarr wirkende, weiße Karstlandschaft. Deshalb müsste man die fünf »s« eigentlich noch durch ein sechstes – wie sehenswert – ergänzen.

Ibiza

Chillen im »Café Savannah« bei San Antonio: beliebt bei Touristen und Einheimischen.

HIGHLIGHTS

Eivissa. Farbenfroh und lebendige Inselhauptstadt mit Kathedrale (1592), Festungsmauer und den Vierteln Dalt Vila, Sa Penya, La Marina (Hafen). Promenade, Künstlerateliers, Boutiquen, Restaurants, Läden und Bars.

Sant Carles. Wohnort vieler Aussteiger mit legendärer »Anita's Bar«, am Wochenende Hippiemarkt »Las Dalias«.

Jesús. Wehrkirche (1549) mit hoher Altarwand, siebenteiliges gotisches Retabel (16. Jh.).

Sant Miquel de Balansat. Jeden Donnerstag Kunsthandwerksmarkt und Folkloreaufführung.

KULINARISCHE SPEZIALITÄTEN

Sofrito ibicenco: Eintopf aus Fleisch und Kartoffeln mit Sauce aus Mandeln, Kümmel, Safran und Knoblauch. – *Burrida de ratjada:* Gekochter Rochen mit Knoblauch und Mandelsauce. – *Guisat de peixarròs:* Fischeintopf mit Safranreis. – *Ensaimada ibicenca:* Hefeschnecke mit Kürbiskonfitüre. – *Hierbas:* Likör aus Kräutern und Zitrusschalen. – Auf Ibiza angebauter Kaffee, erhältlich in Cafés von Eivissa und San Juan.

Nightlife rund um die Uhr, Beats mit Lasershow, die Mutter aller Clubs und jede Menge Prominente – Ibiza ist die Party-Insel im Mittelmeer. Natürlich genießen Vergnügungssuchende die Partymeile von Eivissa bis Sant Antoni, doch immer mehr Reisende lassen sich von der wilden Natur, dem ländlichen Charme und den herrlichen Stränden betören.

Im Rhythmus der Nacht

Auf der Platja d'en Bossa oder der Platja de Ses Salines in **Eivissa** (Ibiza-Stadt) z. B. bereitet sich das Partyvolk auf eine lange Nacht vor. Man chillt zu Loungemusik. Viel braun gebrannte Haut in schrillen Outfits heischt um Aufmerksamkeit. Und ist das da mit Sonnenbrille und Hut nicht …? Die Prominentendichte Ibizas ist legendär. Sänger und Schauspieler, Models und Designer, Unternehmer und Lebenskünstler zieht es auf die schillernde Insel, deren Karriere zur Party-Hochburg in den 1960er-Jahren mit den Hippies begann. Ist die Sonne glutrot im Meer versunken, ist Feiern angesagt. Bis die großen **Clubs** gegen 2 Uhr morgens ihre Türen öffnen, vertreibt man sich die Zeit, z. B. im Café »Mar y Sol« im Stadtteil **La Marina** oder in der Bar »Zoo«, oder man hört zunächst Jazzmusik live im berühmten

»Teatro Pereira«. Dann wird abgerockt, z. B. im **»Privilege«**, der Mutter aller Clubs, mit im Sommer bis zu 10 000 Gästen am Abend, oder im »Pacha« oder »Amnesia«. Internationale DJ-Größen heizen Pauschaltouristen neben Dragqueens, Normalsterblichen neben Promis ein, bis die Füße schmerzen. Für Abwechslung sorgen Mottonächte, Schaumpartys, Misswahlen und andere Wettbewerbe.

Abseits des Partytreibens bietet Ibiza Natur und Kultur. Die Insel hat 50 Strände mit türkisfarbenem Wasser, atemberaubend schön, und einige auch sehr ruhig. Im Norden begeistert die zerklüftete, schroffe **Felsküste**, im Landesinneren breiten sich zwischen duftender Macchia und alten **Bauerndörfern** Mandel-und Olivenhaine, Zitrus- und Feigenbäume aus. Außerdem gehört Eivissa mit dem ältesten Teil **Dalt Vila** zu den besterhaltenen mittelalterlichen Städten in Europa.

Abends verwandeln sich die stimmungsvollen Gassen auf Ibiza in Freiluft-Restaurants.

Strand-Schönheiten

Cala d'Hort. Wunderschöne Bucht mit kleinem Sandstrand, im Südwesten Blick auf die Felseninsel Es Vedrà. Vorzügliche Restaurants.

Cala de Benirràs. Feiner, flach abfallender Sandstrand im Nordosten mit Karibikflair und Blick auf Es Cap Bernat und den Felsen Dedo de Dios (»Finger Gottes«). Sonntagsabends Open-Air-Sessions mit Trommlern und Feuerkünstlern.

Cala Bassa. Weitläufiger Naturstrand im Südwesten mit weißem Sand und Pinienwäldern dahinter. Kristallklares Wasser. In der Hauptsaison meist sehr voll.

Cala de Boix. Naturbelassener, flach abfallender, dunkler Sandstrand bei Santa Eularia. Auch in der Hauptsaison häufig ruhig.

Cala Xarraca. Kleine Bucht im Norden mit feinem Sandstrand und intakter Unterwasserwelt, umgeben von schroffen Felsen.

Platja Ses Salines. Weitläufiger, flach abfallender Strand im Südwesten mit Pinien bewachsenen Dünen und klarem Wasser. Vier Strandbars; im »Sa Trinxa« treffen sich die Reichen und Schönen zum Sonnen und Relaxen.

Infos und Adressen

ANREISE

Flug: Nach Ibiza, von dort mit dem Bus nach Eivissa.
Auto: Über Frankreich/Italien nach Barcelona oder Valencia, von dort mit der **Fähre** nach Ibiza (11 bzw. 4 Std.)

BESTE REISEZEIT

Mai–Oktober; Frühlingsblüte im Februar/März, Hauptsaison zzum Baden Juli–September

SEHENSWERT

Ibizenkische Mode. Ibiza ist berühmt für seine außergewöhnliche Mode, zu finden z. B. in den Boutiquen von Eivissa.
Ses Salines. Natürliche Salzpfannen im Süden von Ibiza, Teil eines Naturschutzgebiets und Refugium für Zugvögel.

ESSEN UND TRINKEN

Alfredo. Traditionelles Lokal mit ibizenkischer Küche. Passeig de Vara de Rey 16, Eivissa
Sa Capella. Spanisch-ibizenkische Küche in alter Kapelle. Carretera Can Germa, Sant Antoni

ÜBERNACHTEN

Royal Plaza. Viersternehotel mit Dachterrasse und Pool. Sicht auf Hafen und Altstadt. Pere Francés 27–29, Eivissa, www.hotelroyalplaza.es
Hotel Riomar. Modernes Zweisternehaus am Stadtrand. Calle del Rio 48, Santa Eulalia des Riu, www.hotelriomar.es

WEITERE INFOS

Spanisches Fremdenverkehrsamt. Grafenberger Allee 100, Düsseldorf, www.ibiza.travel/de

Rhodos

Der griechische Sonnengott Helios setzt sich auch ohne den ihm gewidmeten »Koloss von Rhodos« ein Denkmal: mit im Durchschnitt rund 3000 Sonnenstunden pro Jahr und das bei zu 50 Prozent wolkenlosem Himmel – eine Inseltour führt von der pittoresken Altstadt über den »Esel-Highway« zu den einsamen Stränden im Westen.

HIGHLIGHTS

Altstadt von Rhodos. Wie die Insel heißt auch die Hauptstadt (35 000 Einwohner). Mit der 4 km langen Stadtmauer gehört sie zum Weltkulturerbe.

Líndos. Ältester, immer noch bewohnter Ort mit Akropolis und Athene-Heiligtum.

Asklipío. Von den Ruinen des Kastells überblickt man weiße Häuser, goldene Weizenfelder und silbrig-grüne Olivenhaine – eine idyllische Gegend.

Profiti Elías. Zweithöchster Berg der Insel (900 m). Die Straße endet auf 798 m ü. NN. Prächtiger Rundumblick.

Westküste. Ländlich-mediterrane Abgeschiedenheit.

KULINARISCHE SPEZIALITÄTEN

Mesédaki: Vorspeisenhäppchen aller Art. – *Shrimps Sanganáki:* Garnelen mit warmem Feta-Käse. – *Fáva:* Püree aus Hülsenfrüchten, mit Öl, Zwiebeln, Kapern. – *Jemistés:* mit Kräuterreis und Hackfleisch gefüllte Paprika. – *Kléftiko:* saftiges geschmortes Lamm oder Zicklein. – *Mpekri mese:* scharfes, würziges Gulasch vom Schwein mit Paprika, Zwiebeln und Kartoffeln. – *Souma aus Siána:* Günstiger, einheimischer grappaähnllcher Tresterschnaps.

Der Großmeisterpalast thront über dem Madraki-Hafen von Rhodos.

Der Sonne gewidmet, vom Koloss verlassen

Stefanos skizziert jeden Tag Pläne, während hinter ihm die Stechuhr tickt. Sein Büro liegt in der Ritterstraße, die es schon in der Antike gab. »Wir haben derzeit zwölf Hauptprojekte«, so der Archäologe in Diensten des Kultusministeriums. Die **Altstadt von Rhodos** gehört zum Weltkulturerbe. Dutzende von Kirchen und Moscheen, Ritterherbergen, der Großmeisterpalast und die 4 km lange, bis zu 14 m dicke Stadtmauer müssen die Archäologen betreuen. Der **Koloss von Rhodos** – eines der sieben Weltwunder der Antike – blieb ihnen, da 227 v. Chr. von einem Erdbeben zerstört, erspart. Und für eine Rekonstruktion gibt es keine Pläne. Dass der Koloss breitbeinig über der Hafeneinfahrt stand, ist nicht belegt und »Geld wäre aktuell sowieso keins da«, fügt Stefanos hinzu.

Die 1,3 Millionen Urlauber pro Jahr sind das Kapital der Insel. Die Orte **Faliráki, Ixiá** und **Ialyssós** sind die Hauptanziehungspunkte. Sie verfügen über alles, was das Touristen-

Griechenland

Tsambíka. 500 m feiner, heller Sand, an den Enden der Bucht mit Dünen. Bester Spot, perfekte Infrastruktur. Ausritte am Strand möglich.

Líndos. Nach hoher Kultur ein Bad im Meer: in der Pallas-Bucht am Ortsausgang oder in der schönen St.-Pauls-Bucht in Richtung Pefkos.

Faliráki. Die Anthony Quinn Bay, 3 km außerhalb des Ortszentrums, gehörte einst dem amerikanischen Schauspieler. Die damalige Regierung schenkte ihm das idyllische Fleckchen, nachdem er es in einem Film berühmt gemacht hatte. Im Sommer sehr voll.

Kalavarda. Kleiner schöner Sandstrand in Hauptstadtnähe. Tamarisken spenden Schatten, zwei Tavernen sorgen für das leibliche Wohl, und der Wind erfreut Wind- und Kitesurfer.

Monolithos. Einsamer, herrlicher Sandstrand nördlich der felsigen Halbinsel Kap Fourni. Achtung: Starke Strömungen!

In der Hochsaison reiht sich Schirm an Schirm in der Pallas-Bucht von Lindos.

Infos und Adressen

ANREISE

Flug: Direktflüge, in der Saison mehrfach wöchentlich. Anschließend ab Rhodos-Stadt per Bus zu allen Küstenorten.
Fähre: Verbindungen vom Festland, den Kykladen und der Türkei.

BESTE REISEZEIT

April–Oktober

SEHENSWERT

Ialissós. Schöne Aussicht von der Akropolis (300 m).
Monólithos. Imposante Johanniterburg.
Kámeiros. Teilweise ausgegrabene antike Stadt.
Kloster Tsambíka. Mit Marienikone.
Petalúdes. Schmetterlingsschwärme im Sommer.

ESSEN UND TRINKEN

Taverna Rustico. Deftige Küche unterm Weinstock.

Rhodos-Altstadt.
www.restaurant-rhodos-rustico.de
Palestra. Kulinarische Sicherheit seit 1952 am Strand von Líndos. Blick auf die Akropolis. www.palestralindos.com
Chrisama. Taverne auf einer Anhöhe bei Apolakkiá. Fisch und Wein zum Sonnenuntergang.

ÜBERNACHTEN

Spirit of the Knights. Boutiquehotel in einem mittelalterlichen Haus der Altstadt. www.rhodesluxuryhotel.com
Blu Hotel. Oberhalb der Líndos-Bucht. Spa und Villen mit Privatpool. www.slh.com/hotels/lindos-blu-hotel
Esperides. All-inclusive für Familien am Strand von Faliráki. www.esperides-beach.gr

WEITERE INFOS

Fremdenverkehrsamt. Archiepiskopou Makariou and Papagou, Rhodos, www.rhodos.info

herz begehrt: Strände und Shoppingmöglichkeiten, Discos und Kneipen, Hotels und Restaurants.

Highnoon auch in **Líndos,** dem ältesten, immer noch bewohnten Ort auf Rhodos: Es kommt zum Stau auf dem Pfad zur Akropolis. 7000 Ausflügler besuchen täglich das Dorf mit den weißen Häusern und dem Heiligtum der Athene.

Südlich von Líndos und an der Westküste befindet sich das ursprüngliche Rhodos. Es gibt nur ein paar Pensionen und Tavernen. Dort treffen sich die Honoratioren, um Neuigkeiten auszutauschen. Tankstellen bestehen aus einer Zapfsäule, und der Dorfplatz gehört den Katzen.

Mykonos

Wer Party feiern will, ist am einstigen Hippie-Strand Paranga genau richtig.

HIGHLIGHTS

Venétia-Viertel. Alte Kapitänshäuser direkt am Meer.

Panagía Tourlianí. Weiß getünchtes Mönchskloster. Am Dorfplatz von Àno Merá.

Panagía Paraportianí. Schneeweißes Kirchenkleinod, das fünf ineinander verschachtelte Kapellen beherbergt. Mykonos-Stadt.

Káto Míli. Von den Windmühlen hat man eine herrliche Aussicht auf die Stadt.

Delos. Mykonos' kleine Schwester ist die wichtigste Ausgrabungsstätte aller griechischen Inseln.

KULINARISCHE SPEZIALITÄTEN

Paréa: Gesellige griechische Tischgemeinschaft mit diversen Vorspeisen, Fisch, Grillfleisch; Gemüse wird in der Tischmitte platziert. – *Jouvétsi:* In Tonform gebackenes Lamm oder Rind. – *Kokorétsi:* In Darm gewickeltes, gegrilltes Gekröse von Lamm und Zicklein. – *Kopanistí:* Herzhafte Käsespezialität aus Schafs-, Ziegen- und Kuhmilch. – *Tamboúle:* Weizenschrotgericht

Mykonos ist gleichbedeutend mit Urlaub, die Insel hat sich ganz seinen fremden Gästen gewidmet – die hier vor allem zum ausgelassenen Abfeiern und sommerlichem Abhängen anlanden. Doch hat das kleine ägäische Inseljuwel außer Partys und Promis viel mehr zu bieten: strahlend weiße Kykladen-Architektur vom Feinsten, malerische Küsten und eine lange Geschichte.

Stille Klöster und lebhafte Badebuchten

Mykonos-Stadt, die eigentlich offiziell **Chóra** heißt, ist weltberühmt. Kein Wunder, ist das einzigartige und homogene Stadtbild mit dem Gewirr aus zweigeschossigen, schneeweiß getünchten Häuschen, Treppchen und Gässchen und teils himmelblau bemalten Kuppeln ungemein malerisch. Die einzige Stadt der Insel liegt im Westen inmitten einer weit geschwungenen Bucht. Geschützt von dem aus dem Norden kräftig wehenden Meltémia-Wind, laufen dort auch die Fährschiffe ein. Im Osten wird die Altstadt von einem 100 m hohen Bergrücken begrenzt. Seit dem Bauboom der 1970er-Jahre fressen sich die Häuser immer weiter in den Hang hinein, allerdings sind sie allesamt im Stil kykladischer Kubenhäuser mit farbigen Balkons errichtet.

Eine kluge Einrichtung trägt zum großen Charme des Ortes bei: Im Gassengewirr ist zwischen April und Oktober kein

Griechenland

Auto erlaubt, nur die dreirädrigen **Trikiklá** beliefern die Geschäfte oder befördern Koffer vom Hafen zum Hotel. Manchem Händler dienen noch Esel und Maultiere mit geflochtenen Körben an den Seiten als Transportmittel. Wer Glück hat, einem von ihnen zu begegnen, weiß, wie das Leben ausgesehen hat, als Chorá noch ein Dorf war und keine Touristen in der Altstadt unterwegs waren.

Im **Parikiá-Viertel** hinter der westlichen Hafenpromenade geht es vergleichsweise ruhig zu. Auch hier bilden die schmalen Gassen ein labyrinthartiges Netz. Das **Kástro-Viertel** ist das älteste der Stadt. Es wurde im 13. Jh. vom venezianischen Adelsgeschlecht der Ghyzi als Wehrsiedlung gegründet. Herzstück ist die **Platía Agía Moní.** Gesäumt wird der Platz von einigen Kirchen, von denen Agía Eléni die größte und bedeutendste ist. Bis 1878 war sie Bischofskirche; Ikonostase wie Ikonen stammen aus dem 17. Jh.

Ein Pelikan als Maskottchen

Die Platía Agía Moní ist der Lieblingsaufenthaltsort von **Pelikan Petrós,** dem Inselmaskottchen. Meistfotografiertes

Auch ruhige Fleckchen lassen sich noch finden: Siesta in einer kleinen Bar am Meer.

Strand-Schönheiten

Elia Beach. 500 m langer Strand mit hellem Sand, eingerahmt von Felsen. Im Sommer Trubel, aber ohne Musikbeschallung. Westlich davon schließen sich wunderschöne, klippengesäumte kleine Badebuchten an.

Pánormos Beach. 600 m langer, von flachen Dünen begrenzter Sandstrand im weniger besuchten Norden der Insel. Mit Tavernen.

Merchiás Beach. Noch nicht überlaufener Strand aus Kieseln und Sand.

Paradise Beach und **Super Paradise Beach.** Bekannteste Strände mit feinem Sand. Sehr viel Trubel und allnächtliche Partys bis zum Abwinken.

Ornós. Bucht mit 400 m flach abfallendem Strand aus grobem Sand. Windgeschützter Anlegeplatz für Fischerboote. Westlich davon der 300 m lange Sand-Kies-Strand von Àgios Ioánnis mit stimmungsvollen Tavernen. Am Ortsende der 100 m lange weiße Sandstrand von Kápari.

Psaroú. An der windgeschützten Bucht erstreckt sich ein herrlicher 300 m langer Sandstrand – bestens für Familien geeignet.

Trotz Trubels stimmungsvoll: »Nikos«, eine Taverne im Zentrum von Mykonos-Stadt.

Mykonos pur: Köstliche griechische Vorspeisen mit Blick auf die Windmühlen Káto Mili.

Persönlicher Tipp

DELOS – EINE REISE IN DIE ANTIKE

Keinesfalls zu versäumen ist ein Bootsausflug zur kleinen Insel Delos. Dort befand sich das neben Delphi wichtigste kultische Zentrum des antiken Griechenland. Während viele archäologische Stätten auf irgendeine Weise in die Gegenwart einbezogen sind, ruht Delos in der Vergangenheit, unverändert seit Jahrhunderten. Delos hat seine geheimnisvolle Aura bewahrt und ist auch heute noch ein Ort großer mystischer Kraft – ein stiller Friedhof antiker Kultur. Niemand außer den wenigen Angestellten darf auf der Insel übernachten.

Besonders schön ist ein Rundgang im Frühling, wenn die Ruinen in einem Meer von Klatschmohn, Strandflieder, Margeriten und Chrysanthemen versinken. Auch wenn die Zerstörungen über die Jahrhunderte vom einstigen Glanz und Reichtum nur noch spärliche Eindrücke vermitteln – Highlights gibt es genug: die Löwenterrasse, die Mosaikfußböden und der 112 m hohe Kythos-Hügel mit atemberaubendem Ägäis-Rundblick. Di–So 8.30–15 Uhr geöffnet, Fähre Mykonos–Delos: ca. 30 Min.

Motiv aber ist die **Panagía Paraportianí,** eine fast surreal wirkende weiße Kirche aus dem 15. Jh., die eigentlich aus fünf übereinander gebauten Kapellen besteht. Ungemein fotogen zeigt sich das malerische **Venétia-Viertel,** das an der Uferstraße nahtlos anschließt. Zu Füßen dreigeschossiger Kapitänshäuser direkt am Kai schlagen sanft die Wellen. Erker und Balkone aus bunt lackiertem Holz schweben über dem Wasser. Kleine Pforten führen zu Lagerräumen, in denen Handels-, aber auch so manches Piratengut gehortet wurde. Dort zu sitzen und allabendlich die Sonne im Meer versinken zu sehen – das ist Mykonos von seiner schönsten Seite.

Kirchen, Kapellen – und Halligalli

Bis auf eine Ausnahme gibt es auf der Insel keine historisch gewachsenen Dörfer. Was sich heute Ort nennt, war in vortouristischen Zeiten bestenfalls eine Ansammlung von ein paar Fischerhäuschen, oder es waren die *choría,* freistehende schneeweiß getünchte Bauerngehöfte, die an die so inseltypischen Granitfelsen angelehnten oder gar auf ihnen erbaut sind. Sie haben das klassische Kykladenbild geprägt – so wie die 365 verstreut liegenden Kapellen und Kirchlein.

Áno Merá, ein hübsches weißes Dorf im Innern der Insel, hat seine Ursprünglichkeit trotz Tourismus bewahren können. Hauptattraktion ist der idyllische autofreie Dorfplatz mit urigen Tavernen und zwei Klöstern: **Panagía Tourlianí** ist für Mönche, **Paleókastro** für Nonnen – auch wenn in Letzterem nur noch eine einzige Nonne Dienst tut. Für Freunde der Antike sei noch ein Tipp gegeben: Als 1994 auf der Halbinsel **Diakófti** die Bauarbeiten für die Luxusherberge »Tharroe« begannen, stieß man auf ein mykenisches Kuppelgrab, das heute auf dem Hotelgelände liegt und zur Besichtigung freigegeben ist.

Wem die Ruhe in Áno Merá und die Einsamkeit und Stille von manch kleiner Bucht zu groß ist, für den gibt es ein Gegenmittel. Und zwar pulsierende Strandorte wie **Ornós** und **Psaroú** mit Feiermeilen und hohem Promi-Faktor, oder aber trubelige Badebuchten wie **Paradise Beach** und **Super Paradise Beach.** Wer will, kann hier bei Voll-, Halb- und Neumond die Nacht zum Tag machen und die Sonne mit der einen oder anderen Berühmtheit aus der Musik-, Show- oder Filmwelt begrüßen.

Mykonos

Infos und Adressen

ANREISE

Flug: Direktflüge in der Hauptsaison, in der Nebensaison umsteigen in Athen. **Fähre:** Ab Piräus (ca. 4–6 Std.), von Paros oder Naxos (ca. 45 Min.).

BESTE REISEZEIT

Mai–Oktober

SEHENSWERT

Archäologisches Museum. 100 Jahre altes Museum mit Exponaten aus Delos, Mykonos und Rhénia, darunter eine Amphore mit der ältesten Darstellung des Trojanischen Pferdes. Di–Sa 8.30–15 Uhr, So 10–15 Uhr, Hora, Hafenpromenade

Volkskundliches Museum. Hier erfährt man viel über das ursprüngliche Leben der Insulaner. Mo–Sa 17.30–20 Uhr, So 18.30–20.30 Uhr, Paraportianis

Lena's House. Das historische Wohnhaus erzählt vom Leben einer reichen Kaufmannsfamilie. Mo–Sa 18.30–21.30, So 19–21 Uhr, Ènoplon Dinámeon

Bonis Windmühle. Neben der pittoresken Mühle befinden sich ein Dreschplatz und das Wohnhaus des Müllers. Ag. Ioannoú, Páno Mili

ESSEN UND TRINKEN

Taverne Márkos. Preiswerter und frischer als am Hafen

Sehen und gesehen werden, ganz entspannt: Zum Lunch am beliebten Paranga Strand.

von Divoúnia kann man auf Mykonos kaum Fisch essen.

Thálassa. Stilvolles Restaurant direkt am Wasser, häufig prominente Gäste. Kalafáti

Fisherman. Kykladische Spezialitäten unterm Eukalyptusbaum serviert. Platía, Mykonos-Stadt

To Stéki tou Próedrou. Die Käse- und Wurstspezialitäten stammen aus eigener Herstellung. Platía, Mykonos-Stadt

Fokós. Selbst gebackenes Brot, hausgemachte Vorspeisen und schmackhafte Salate am Strand.

Philíppi. Nobelrestaurant. Ökologische Gourmetkost, Garten und viel Prominenz. Mykonos-Stadt

N'Ammos. Promi-Restaurant am Strand mit Promi-News auf der Homepage. Psaroú-Beach, www.nammos.gr

SHOPPING

Traditional Mykonian Bakery. Im Kellergewölbe des 500 Jahre alten Hauses in Mykonos-Stadt wird noch Brot nach traditioneller Methode im Holz befeuerten Ofen gebacken. Schmackhaft sind auch die mit Käse oder Apfel gefüllten Teigtaschen.

Ergastirio Kopanistís Míkonou. In der Käserei am Dorfplatz von Àno Merá wird mykonotischer Käse aus Schafs-, Ziegen und Kuhmilch hergestellt.

AUSGEHEN

Kástro. Die Bar für den allabendlichen Sundowner – seit 1976. Am Ufer des Kastro-Viertels

Jackie O. In der Bar nahe des Delos-Anlegers ist nach Mitternacht Party angesagt. Mykonos-Stadt

Cavo Paradiso. Mega-Club mit Sonnenaufgangspartys. Paradise Beach

Tropicana Beach Bar. In-Treff mit Vollmond-Partys. Paradise Beach

ÜBERNACHTEN

Carbonáki. Familiäres Boutiquehotel im Herzen von Mykonos-Stadt. Panachrantou Str. 23, www.carbonaki.gr

Seméli. Eine der schönsten Stadtherbergen. Mit Pool. Mykonos-Stadt, nahe Amphitheater, www.semelihotel.gr

Léto. Traditionsreiches Luxushotel beim kleinen Agía-Anna-Strand, Mykonos-Stadt, www.letohotel.com

Mykonos Bay. Strandhotel mit Pool, 10 Min. von der Altstadt entfernt. Megáli Ámmos, www.mykonosbay-hotel.com

Portobello. Neues, im Kykladenstil erbautes Hotel mit traumhaftem Blick über Mykonos. Ag. Ioannoú, Mykonos-Stadt, www.portobello-hotel.gr

Santa Marina. Kosmopolitisches Luxushotel mit großer Prominentendichte am eigenen Strand aus grauen Kieseln. Ornós, www.santa-marina.gr

Matína. Familiengeführtes Hotel im Kykladenstil. Rocharis, Fournakio, Mykonos-Stadt, www.hotelmatina-mykonos.com

WEITERE INFOS

Fremdenverkehrsbüro Mykonos. www.mykonos.gr

»Little venice« in Mykonos-
Stadt ist einfach angesagt.

Die Autoren

Ellen Astor arbeitet als freie Redakteurin und Autorin vorwiegend über geographische Themen. Seit ihrem Studium gehört der vielfältige Mittelmeerraum zu ihren bevorzugten Reisezielen. Besonders die griechische Inselwelt hat es ihr angetan.

Henning Aubel hält gern die Nase in den Wind und spürt den Kräften nach, die beständig die Gestalt der Nord- und Ostseeinseln verändern. Dort beeindrucken ihn auch Steinzeitgräber und die Hinterlassenschaften der Wikinger und der Hanse.

Andrea Behrmann wollte eigentlich Übersetzerin beim Europäischen Parlament werden. Doch das Studium verschlug sie 1985 nach Cagliari. Hier lernte sie ihren Mann und Teampartner kennen, mit dem sie über Jahre die schönsten und ausgefallensten Ecken Sardiniens und der Welt bereiste. Heute ist sie Journalistin und Online-Redakteurin beim virtuellen Reisemagazin www.sardinien.com.

Dietmar Falk – Wo genau »seine« Inseln liegen, ist Dietmar Falk, Redakteur und Autor aus Berlin, gleich. Wichtig ist ihm, dass sie durch ihre isolierte Lage einen Abstand zum Alltag ermöglichen – so wie Usedom und Formentera es garantieren.

Udo Haafke studierte Visuelle Kommuniktation an der FH Dortmund. Nach Abschluss als Diplom-Foto-Design zunächst freikünstlerische Arbeiten und Ausstellungsprojekte. Nach der Fotografie für Reiseführer, Bildbände, Kolumnen etc. dann auch Arbeiten mit journalistischem Hintergrund für Magazine und Tageszeitungen sowie Online-Redaktionen. Betreuung der Inhalte des Webportals www.schottlandberater.de

Daniela Hansjakob machte als freie Reisejournalistin ihre Leidenschaft zum Beruf. Ob New York oder Reykjavik, ob Öland oder Kapverden: Bereist hat die Münchnerin schon so einige Destinationen, offen ist für jede, neugierig darauf sowieso. Mehr unter www.daniela-hansjakob.de.

Silke Heller-Jung wollte schon als Kind eine eigene Insel haben, am liebsten eine mit einem Leuchtturm drauf. Bis es so weit ist, arbeitet sie als Redakteurin und Autorin im Rheinland und träumt von Meer.

Joachim Hellmuth studierte Kunstgeschichte, Germanistik und Philosophie. Fotograf mehrerer Bildbände und Verlagsmitarbeiter, lebt bei München.

Gaby und Dieter Herbrecht – Dieter Herbrecht, Münchner, studierte Beriebswirtschaft. Geschäftsführer im familieneigenen Verlag. Fotograf mehrerer Bildbände, Grafiker für Buchproduktionen. Gaby Herbrecht, seit 25 Jahren eigener Verlags-Service für Gestaltung und Buchproduktionen. Leitung Corporate Publishing im Herbrecht Verlag, Bei leben im Allgäu, wenn sie nicht nach Frankreich reisen.

Thomas Krämer ist Biologe, arbeitet aber schon seit vielen Jahren als Journalist. Europas Norden gehört für den Chefredakteur des Nordis-Magazins zu den bevorzugten Reisezielen. Besonders angetan haben es ihm dabei die Inseln rund um den Polarkreis.

Roland F. Karl produziert seit 35 Jahren Reisereportagen für Printmedien, u.a. auch für »Die Zeit«, »Stern«, »Neue Zürcher Zeitung«, »Handelsblatt«, »Abenteuer & Reisen« sowie viele andere Zeitschriften und Magazine und ist als freier Autor und Fotograf spezialisiert auf Inseln.

Christine Lendt Autorin aus Hamburg, hat bereits zahlreiche Reiseführer und Reisereportagen veröffentlicht. Südeuropa fühlt sie sich durch langjährige Aufenthalte besonders verbunden. Korsika stillt vor allem ihren Entdeckerdrang, denn diese Insel ist immer wieder ein Abenteuer.

Brigitte Lotz schaut sich in ihrer Freizeit gerne die Welt an und bevorzugt dabei die stillen und gerne auch landschaftlich rauen Naturschönheiten. Als freiberufliche Autorin und Redakteurin lässt sie andere Menschen gerne an ihren schriftlich festgehaltenen Reiseerlebnissen teilhaben.

Jochen Müssig ist seit mehr als 30 Jahren weltweit unterwegs und Autor für die »Süddeutsche Zeitung«, »Frankfurter Allgemeine Zeitung«, sowie zahlreiche Medien im In- und Ausland. Im Bruckmann-Verlag verfasste er etwa ein Dutzend Bücher. Noch mehr als die Inseln in Europa liebt er seine Trauminsel Bali.

Norbert Ney ist seit vielen Jahren als Journalist und Autor für Zeitungen und Online-Redaktionen, Agenturen, Rundfunk und Buchverlage unterwegs, u.a. in Irland, England, Norwegen, Island, auf den Färöer Inseln und an der Nordseeküste, die für den Wahlhamburger „vor der Haustür" liegt. Zwischenzeitlich war er Stadtschreiber von Otterndorf und Glückstadt sowie Stipendiat der Wilke-Stiftung Bremerhaven.Im Bruckmann Verlag erschien von ihm zuletzt »Traumziel Nordsee«.

Martina Schnober-Sen – Am Anfang war die Reiselust. Dann kam die Lust darüber zu schreiben hinzu. Inseln faszinieren Martina Schnober-Sen besonders, kleine Welten mit eigenem Charme – am liebsten im Süden. Und am allerliebsten Paradiese wie die Île de Porquerolles oder Ibiza.

Birgit Siegel lebte und arbeitete nach dem Abitur zunächst für einige Jahre in Lissabon. Sie ist Diplom-Übersetzerin für Portugiesisch und hat sich im Zuge eines Aufbaustudiums in atlantischer Geschichte an der Universität der Azoren intensiv mit dem Archipel beschäftigt. Seit zehn Jahren hat sie die Insel Sao Miguel zu ihrer Wahlheimat erkoren und führt Wander- und Studienreisen über die Inseln mitten im Atlantik.

Hans-Joachim Spitzenberger studierte Biologie und war viele Jahre in Forschung und Lehre an den Universitäten Hamburg und Rostock tätig. Mehrere Forschungsaufenthalte in der Wildnis Spitzbergens ließen sein Faible für die Regionen jenseits des Polarkreises entstehen. Schon längst ist nicht mehr nur der Norden das Ziel seiner Reisen, sondern ebenso die Antarktis, Afrika, Indien, die Südsee und Südamerika.

Erik Van de Perre studierte Geologie und arbeitet seit 1993 als freier Bildjournalist und Autor. Zu seinen bevorzugten Reisezielen gehören Inseln, geprägt von Urkräften wie Vulkanismus (Island) oder Wind und Wellen (Westfriesische Inseln).

Klio Verigou studierte Kommunikationswissenschaften und Informatik und verbringt seit jeher viel Zeit auf Kreta, der Heimatinsel ihres Vaters. Ihre Leidenschaft, das Reisen, hat sie zum Beruf gemacht. Als Reisejournalistin verbindet sie die Liebe zur Heimat mit der Freude am Recherchieren und Schreiben und pendelt regelmäßig zwischen Griechenland und ihrem deutschen Wohnort Aachen.

Susanne Wess, Reise- und Gastrojournalistin, Autorin und Übersetzerin, hat viele Jahre in Italien gelebt. Seit 2001 reist sie für zahlreiche Magazine, Tageszeitungen und Buchverlage um die Welt.

Thomas Winzker studierte in München Romanistik und Theaterwissenschaft und arbeitete viele Jahre als Filmdramaturg, bevor er sich seinen publizistischen Tätigkeiten mit Schwerpunkt Reise, Kultur und Kulinarik zuwandte und so auch bei mehreren Projekten des Bruckmann Verlags mitwirkte.

TEXTNACHWEIS

Ellen Astor: Paros Kapitel 17, Lefkada 18, Alicudi 29, Gomera 50, Chios 51, Panarea 95; Henning Aubel: Föhr 43, Langeoog 44, Møn 63; Andrea Behrmann: Sardinien 2, La Maddalena 30; Dietmar Falk: Usedom 9, Formentera 15; Udo Haafke: Aland-Inseln 42, Ærø 55, Gotland 89, Bornholm 20, Ile of Skye 78; Daniela Hansjakob: Öland 88; Silke Heller-Jung: Texel 10, Glenán-Inseln 46; Joachim Hellmuth: Sizilien 3, Elba 48; Gaby und Dieter Herbrecht: Ile d'Oléron 66, Noirmoutier 67; Thomas Krämer: Senja 56, Koster-Inseln 57, Vega 90; Roland F. Karl: Jersey 21, Brijuni-Inseln 34, Guernsey 40, Sark 41; Christine Lendt: Korsika 4; Brigitte Lotz: Rab 11, Hiddensee 26, Wangerooge 27, El Hierro 36; Jochen Müssig: Mallorca 1, Zypern 6, Gran Canaria 14, Kos 16, Korfu 52, Helgoland 60, Krk 68, Brac 69, Hvar 70, Teneriffa 72, Lanzerote 73, Santorin 75, Samos 76, Sylt 92, Pag 97, Rhodos 99; Norbert Ney: Amrum 8, Juist 22, Pellworm 23, Baltrum 24, Spiekeroog 25, Borkum 45, Langeneß 59, Poel 62, Fünen 87, Norderney 93; Martina Schnober-Sen: Giglio 49, Il de Poquerolles 65, Lolland 86, Ibiza 98; Birgit Siegel: Pico 54, San Miquel 74, Terceira 84; Hans-Joachim Spitzenberger: Spitzbergen 58, Faröer-Inseln 82, Orkney-Inseln 85, Lofoten 91; Erik Van de Perre: Schiermonnikoog 64, Island 80; Klio Verigou: Naxos 19, Symi 39, Kefalonia 77, Kreta 5, Lesbos 38; Susanne Wess: Pantelleria 28, Procida 31, Ponza 32, Salina 33, Lipari 47, Vulcano 71, Capri 94, Stromboli 96; Thomas Winzker: Irland 7, Menorca 12, Fuerteventura 13, La Palma 37, Madeira 53, Rügen 61, Achill Island 79, Grönland 81, Malta 83, Mykonos 100, Lastovo 35.

Impressum

Verantwortlich: Joachim Hellmuth
Redaktion: Henning Aubel, Dortmund
Layout: BUCHFLINK Rüdiger Wagner, Nördlingen
Bildredaktion: VerlagsService Gaby Herbrecht, Mindelheim
Korrektorat: Anke Höhne, München
Repro: Repro Ludwig, Zell am See
Kartografie: Astrid Fischer-Leitl, München
Herstellung: Bettina Schippel
Printed in Italy by Printer Trento

Sind Sie mit diesem Titel zufrieden? Dann würden wir uns
über Ihre Weiterempfehlung freuen.
Erzählen Sie es im Freundeskreis, berichten Sie Ihrem Buch-
händler oder bewerten Sie beim Onlinekauf.
Und wenn Sie Kritik, Korrekturen, Aktualisierungen haben,
freuen wir uns uber Ihre Nachricht an Bruckmann Verlag,
Postfach 40 02 09, D-80702 Munchen oder per E-Mail an
lektorat@verlagshaus.de

Unser komplettes Programm finden Sie unter

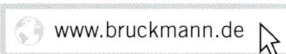

Alle Angaben dieses Werkes wurden von den Autoren sorgfältig
recherchiert und auf den neuesten Stand gebracht sowie vom
Verlag gepruft. Fur die Richtigkeit der Angaben kann jedoch keine
Haftung ubernommen werden.

Die Deutsche Nationalbibliothek verzeichnet diese Publikation
in der Deutschen Nationalbibliografie; detaillierte bibliografische
Daten sind im Internet uber http://dnb.d-nb.de abrufbar.

© 2014, Bruckmann Verlag GmbH, München
ISBN 978-3-7654-6060-9

Bildnachweis
Alle Bilder des Innenteils und des Umschlags stammen von der
Bildagentur LOOK:, München

Mit Ausnahme von:
Bildagentur Huber, Garmisch-Partenkirchen: S. 88, 90, 91, 99;
Udo Haafke, Ratingen-Lintorf: S. 79 o., 79 u., 80, 81, 82, 116, 130,
162, 163, 179 ,180, 204, 207, 222, 223 u., 224, 225, 257;
Thomas Kraemer, Filderstadt: S. 164, 166, 167, 252, 253;
Jochen Müssig, München: S. 39, 40;
Paolo Succu, Cagliari: S. 13 o., 15 l., 102 o., 102 u., 103;
Thomas Winzker, München: S. 13 u., 17.

Umschlag:
Vorderseite. oben v. l. n. r.: Sciara del Fuoco des Stromboli (Huber /
Bartuccio); Auf der Lassithi-Hochebene, Kreta (LOOK / Richter);
Strandkorb auf Sylt (LOOK / D. Schoenen); unten: Strand von
Palombaggia, Korsika (LOOK / K.Wothe).

Rückseite, v. l. n. r.: Strand von Dueodde (LOOK / K. Wothe), Bornholm; Romeria
in Los Realejos, Teneriffa (LOOK / K. Maeritz); Cefalú, Sizilien
(LOOK / S. Lubenow).

S.1: Der Mann und das Meer. Siesta auf Mykonos.
S. 2/3: Die Cala Tortuga auf Menorca im S'Albufera des
Grau Natural Park.